Blohm

Organisation, Information und Überwachung

Prof. Dr.-Ing. Hans Blohm

Organisation, Information und Überwachung

3., völlig neu bearbeitete Auflage

Betriebswirtschaftlicher Verlag Dr. Th. Gabler · Wiesbaden

ISBN-13: 978-3-409-31174-8   e-ISBN-13: 978-3-322-83894-0
DOI: 10.1007/ 978-3-322-83894-0

Copyright by Dr. Th. Gabler-Verlag, Wiesbaden 1977

Vorwort zur 1. und 2. Auflage

Der Erfolg des Zusammenwirkens der in einem Betrieb tätigen Menschen hängt in starkem Maß von der Güte der Organisation ab, insbesondere der Gestaltung des Informationsaustausches. Der Informationsaustausch wiederum dient zu einem erheblichen Teil der Überwachung, insbesondere der Sicherung des zielgerichteten Zusammenwirkens und der kritischen Beurteilung der Struktur und der Abläufe des Betriebes, also der Weiterentwicklung der Organisation. Das ist der grundlegende Zusammenhang, der eine geschlossene Darstellung der drei Themen Organisation, Information und Überwachung nahelegte. Gerade ein Grundriß sollte die wesentlichen Zusammenhänge nicht zerschneiden, sondern diese zeigen.

Die Schrift ist als Einführung im Sinne einer Herausarbeitung der wesentlichen Gedanken, die mittels praxisnaher Beispiele erläutert werden, gedacht und weniger als ein Versuch, eine geschlossene theoretische Konzeption zu bieten.

Hans Blohm

Vorwort zur 3. Auflage

Nachdem die 2. Auflage gegenüber der 1. Auflage unverändert herausgegeben wurde, konnte jetzt nur eine völlige Neubearbeitung den eingetretenen Veränderungen der Bedingungen des betrieblichen Organisierens entsprechen. Auch konnte ich inzwischen selbst einige weitere praktische Erfahrungen sammeln, die hier eingearbeitet sind, so schwer es für einen Universitätslehrer heute auch ist, die unerläßlichen Praxiskontakte zu erlangen.

Ich bin nunmehr in der Lage, ein pragmatisches Konzept, wie man zielorientiert auf wissenschaftlicher Grundlage organisieren kann, vorzustellen. Es beruht auf dem Prinzip von Lernprozessen, d. h. der schrittweisen Annäherung an Optima. Aus der bisherigen Dreiteilung der ersten Auflagen in Organisation, Information und Überwachung wurde ein Gesamtrahmen des Organisierens durch methodisches Informieren und Überwachen entwickelt. Der Organisation des Informationswesens konnte durch Wahl geeigneter Beispiele eine zentrale Stellung belassen werden.

Vollständigkeit in der Behandlung organisatorischer Gestaltungsmöglichkeiten, der Entscheidungs-, Darstellungs- und Durchsetzungsmethoden wurde nicht angestrebt zugunsten der Herausarbeitung des praktischen Vorgehens beim Organisieren. Schließlich gibt es hervorragende Handwörterbücher und Einzelheiten betonende Gesamtdarstellungen auf dem Gebiet der Organisation.

Ich hoffe, die Auswahl des Stoffes ist in der Weise gelungen, daß repräsentativ die wichtigsten Tatbestände und Zusammenhänge vermittelt werden und mein Hauptanliegen, das Gesamtkonzept zu verdeutlichen, unterstützt wird.

Mein Dank gilt den Mitarbeitern des Institutes für Angewandte Betriebswirtschaftslehre — Unternehmensführung der Universität Fridericiana in Karlsruhe. Sie haben mir manche Arbeit abgenommen und mir mit ihrer Kritik geholfen. Ebenso danke ich den Verantwortlichen der Unternehmen, die mir mit Material behilflich waren. Das gilt insbesondere für die Herren Dr. Klaus und Wolfgang Seppeler in bezug auf die Förderung von wissenschaftlichen Arbeiten in den von ihnen geleiteten Betrieben der Rietberg-Gruppe. Auch danke ich den zahlreichen Teilnehmern der von mir in den letzten Jahren geleiteten außeruniversitären Seminare, die mir mit ihren Beiträgen und Hinweisen einen praxisorientierten Lernprozeß ermöglicht haben. Meine Fachkollegen bitte ich um Verständnis, daß ich bei den Einzelzitaten repräsentativ vorgehen mußte, um die Lesbarkeit nicht zu beeinträchtigen. Im Literaturverzeichnis war ich um Vollständigkeit wenigstens der neueren Buchveröffentlichungen im deutschen Sprachraum bemüht.

Hans Blohm

Inhaltsverzeichnis

Seite

A. Grundsätzliches über Organisation, Organisieren und die Wissenschaft von der Organisation 17

    I. Was soll unter „Organisation" verstanden werden? 17

    II. Betriebliche Zielsetzung und Organisation, Anforderungskataloge . 21

    III. Die Wissenschaft vom Organisieren — Erreichtes und Unerreichtes — Erreichbares und Unerreichbares 24

B. Das Metaregelsystem als Idealmodell organisatorischen Gestaltens . . 29

    I. Einführung in die Denkweise 29

    II. Das Regelkreismodell 30

    III. Organisieren als Regel- und Lernprozeß 38

    IV. Hauptproblem Kommunikation 45

    V. Die Aufgabe des Organisierens, ihre Komplexität 46

C. Grundsätzliche Möglichkeiten organisatorischen Gestaltens 49

    I. Zerlegen — Zusammenfügen 50

        1. Zerlegen als Vorstufe schöpferischen Gestaltens 50

        2. Aufgabengliederung und Aufgabenzuordnung 51

        3. Stellen- und Abteilungsbildung 58

        4. Modellbeispiel für die Aufgabengliederung und Aufgabenzuordnung 65

        5. Abteilungen mit „Funktionsbezeichnungen" — Ausgangspunkt einer kritischen Analyse (Exkurs) 70

        6. Leitung als Aufgabe und als Institution 73

        7. Die Verkehrswege als Unterscheidungsmerkmal von Organisationsmodellen 80

        8. Zentralisation und Dezentralisation 85

        9. Koordinierung 87

Seite

    II. Auslese — Anpassung 91
        1. Grundsätzliches 91
        2. Mensch und Aufgabe 92
        3. Die Personalabteilung als Sachwalter der Auslese- und Anpassungsvorgänge (Exkurs) 99
        4. Mensch und sachliche Hilfsmittel 102
        5. Der Computereinsatz im besonderen (Exkurs) 108
        6. Hinweise auf weitere organisatorisch relevante Auslese- und Anpassungsvorgänge 117

    III. Beharrung — Veränderung 118
        1. Grundsätzliches 118
        2. Flexibilität (bzw. Elastizität) der Organisation 119
        3. Generelle und fallweise Regelungen 123
        4. Voraussetzung des Lernprozesses im Metasystem 123

D. Die Organisationsentscheidungen und ihre Einflußfaktoren 125

    I. Rationale Organisationsentscheidungen 125

    II. Die wichtigsten betrieblichen Einflußfaktoren 127
        1. Allgemeine betriebswirtschaftliche Charakteristik des Betriebes 128
        2. Betriebs- und Unternehmensgröße 131

    III. Außerbetriebliche Einflußfaktoren 132
        1. Rechtsordnung 132
        2. Wirtschaftssystem und überbetriebliche Organisationsformen . 134
        3. Sonstige Umweltbedingungen 135

E. Entscheidungshilfen 137

    I. Organisationsgrundsätze und Schwachstellenkataloge 137
        1. Charakteristik der Organisationsgrundsätze 137
        2. Schwachstellenkataloge 144
        3. Zusammenfassende Bewertung der Grundsätze und Schwachstellenkataloge als Entscheidungshilfen 148

    II. Orientierung an Modellen 149
        1. Real- und Idealmodelle 149
        2. Entscheidungsmodelle zur Optimumbestimmung 152

	Seite
III. Beispiele einfacher Modelle als Entscheidungshilfen	159
1. Zuordnungsmodelle	159
2. Warteschlangenmodelle	165
3. Scoring-Modelle	171
4. Kommunikationsmatrizen	178
IV. Beispiele komplexer Modelle	183
1. Ablauf einer Simulation	184
2. Modell zur Planung und Untersuchung von Datenverarbeitungsanlagen	191
V. Real- und Idealmodelle als Orientierungshilfen für Gesamtkonzeptionen	197
1. Grundsätzliches zur Vorgehensweise	197
2. Beispiel aus dem Berichts- bzw. Informationswesen: Institutionalisierung der Berichterstattung für das Management	198
F. Die Überwachung der Organisation	211
I. Grundsätzliches zur Überwachung der Organisation	211
II. Durchführung von Organisationsprüfungen	212
1. Aufgabenstellung, Untersuchungsfeld	212
2. Prüfungsvorbereitung	214
3. Aufnahme des Ist-Zustandes und Darstellung der Organisation	217
III. Auswertung der Istaufnahme	234
1. Kritische Analyse des Ist-Zustandes, Entwicklung des Soll	234
2. Beseitigung von Prüfungsmängeln	235
IV. Stellenbeschreibung für den Leiter einer Organisationsabteilung (Exkurs)	238
G. Psychologische Aspekte der Realisierung organisatorischer Maßnahmen	241
H. Zusammenfassung, Schlußbemerkungen	245
Literaturverzeichnis	249
Stichwortverzeichnis	267

Bilderverzeichnis

Bild		Seite
1:	Der Informations- und Leistungsbereich des Systems Wirtschaftsbetrieb	32
2:	Analogie von Betrieb und Regelkreis	34
3:	System von Regelkreisen	35
4:	Analogie von Regelkreis und Betrieb, Beispiel eines einfachen Regelkreises	37
5:	Organisieren als Lernprozeß	40
6:	Unbewerteter Anforderungskatalog, Beispiel: Marktforschungsbereich	41
7:	Bewerteter Anforderungskatalog, vereinfachtes Beispiel	41
8:	Der morphologische Kasten als Hilfsmittel zur Formulierung von Organisationsalternativen, Beispiel: Beschaffungsbereich	42
9:	Idealmodell der Wechselwirkung von Wissenschaft und Praxis	44
10:	Zerlegen und Zusammenfügen nach verschiedenen Gliederungsgesichtspunkten	54
11:	Eine „dreidimensionale" Gliederung — Zerlegung in Elementaraufgaben	57
12:	Schematische Darstellung der Breiten- und Tiefengliederung	61
13:	Die Möglichkeiten der „hierarchischen" Ordnung	66
14:	Zerlegen und Zusammenfügen einer Gesamtaufgabe nach zwei Kriterien	67
15a:	Die Aufgabenzuordnung, 1. Möglichkeit	68
15b:	Die Aufgabenzuordnung, 2. Möglichkeit	68

Bild		Seite
16:	Die Aufgabenzuordnung, 3. Möglichkeit: Matrixorganisation	69
17:	Aufgabe und Institution in Abteilungen mit „Funktionsbezeichnung"	71
18:	Die Organisationsabteilung(en), Institutionalisierung, Aufgaben, Kompetenz und Zuordnung des Organisationsbereiches	75
19:	Informationswege	81
20:	Ältere Organisationsmodelle	84
21:	Zwei Wege der Horizontalregelung	90
22:	Auslese- und Anpassungsvorgänge bei der Maschinisierung und Mechanisierung von Büros	105
23:	Die Verschiebung der Wirtschaftlichkeitsgrenze zweier Maschinen unterschiedlicher Kostenstruktur in Abhängigkeit vom Lohn	106
24:	Automatisierung der Schreibarbeiten in einer Verkaufsabteilung	107
25:	Leistungsgrößenordnungen	115
26:	Allgemeine Zielmatrix des Organisierens	126
27:	Charakteristik der Betriebe	129
28:	Organisatorisch bedeutsame Vorschriften des Handels-, insbesondere Gesellschaftsrechts	133
29:	Orientierung der Berichterstattung am Informationszweck	146
30:	Operations Research (Übersicht)	155
31:	Zielgrößen	158
32:	Organisieren als Zuordnung (Systematik)	160
33:	Grundschema von Warteschlangenproblemen	167
34:	Aufbau und Anwendung eines Scoring-Modells	172

Bild		Seite
35:	Vergleich zweier realisierbarer Organisationsstrukturen (Modell des Einkaufsbereiches eines dezentralen Betriebes)	174
36:	Die organisatorische Gestaltung, Beispiel: Einkauf	175
37:	Beispiel des bewerteten Anforderungskataloges zum Vergleich zweier Gestaltungsmöglichkeiten	177
38:	Beispiel bewerteter Kommunikationsmatrizen	182
39:	Simulationsmodell: Parameter und Alternativen	186
40:	Graphische Darstellung des Simulationsmodells	187
41:	Arbeitsablauf bei der Erledigung von Anträgen auf Durchführung von Gesundheitsmaßnahmen nach Reorganisation	188
42:	Grober Modellablauf mit einigen Ausschnitten aus der Codierung 1100 SSM	192
43:	Ausschnitt aus den Ausgabedaten 1100 SSM	195
44:	Die „Größen" des Regelkreissystems	201
45:	Laufende Berichterstattung und Berichterstattung auf Abruf	202
46:	Organisatorische Einordnung der Stelle „Zentrales Berichtswesen"	203
47:	Entscheidungsmatrix	207
48:	Die stufenweise Ableitung von Stellen und Aufgaben aus dem Idealmodell	209
49:	Fragebogen als Grundlage für eine Organisationsprüfung	218
50:	Hilfsmittel zur Darstellung organisatorischer Tatbestände	220
51a:	Organigramme; zwei Beispiele nur mit den disziplinarischen Unterstellungsverhältnissen	222
51b:	„Totales" Organogramm mit disziplinarischen und sachlichen Unterstellungsverhältnissen und sonstigen Verkehrswegen	223

Bild		Seite

52: Darstellung eines einfachen Arbeitsablaufs nach dem „Fünf-Elementesymbol-Verfahren" 224

53: Symbole zur Arbeitsablaufdarstellung (DIN 66001) 225

54: Zwei Verfahren zur schaubildlichen Darstellung von Arbeitsabläufen (Arbeitsablauf in einer Einkaufsgruppe) 226

55: Symbole für Arbeitsablaufschaubilder (manuelle Bearbeitung) . . . 227

56a: Symbole der Blockschaltbildmethode zur Darstellung von Arbeitsabläufen 228

56b: Beispiel zur Anwendung der Blockschaltbildmethode: Teil eines Arbeitsablaufs bei Fremdbezug 229

57: Darstellung der Informationsverarbeitung in einer Abteilung (Einkauf) 230

58: Das Zusammenwirken von Stellen (Entscheidungsprozesse) 231

59: Funktionendiagramm einer Produktgruppe 232

60: Anmerkungen zum Funktionendiagramm 233

61: Führungskonzepte im Regelkreis nach Schwartz 242

62: Führungskonzepte nach J. Wild 243

63: Organisieren als Entwerfen und Gestalten von soziotechnischen Systemen mit erwünschten Eigenschaften 247

A. Grundsätzliches über Organisation, Organisieren und die Wissenschaft von der Organisation

I. Was soll unter „Organisation" verstanden werden?

Im praktischen Sprachgebrauch hat der Begriff „O r g a n i s a t i o n" keinen so klar umrissenen Inhalt, daß man ihn ohne nähere Erläuterungen in eine Organisationslehre übernehmen könnte. Dazu ein Beispiel: Stauen sich Reiselustige am Fahrkartenschalter der Eisenbahn, so kann man die Kritik hören, die „Organisation" sei schlecht. Beschwert man sich über die Mängel bei der Abfertigung, erhält man vielleicht die Antwort, die Fahrkartenausgabe sei gerade im Stadium der „Neuorganisation". Ist nach einiger Zeit ein neuer Fahrkartenautomat in Betrieb genommen oder ist in den Stoßzeiten ein zusätzlicher Schalter geöffnet, so daß die Abfertigung zügig vonstatten geht, wird sicherlich auch einmal eine lobende Äußerung fallen, die „Organisation" sei jetzt besser, es brauche eben in einer „Riesenorganisation" wie der Eisenbahn alles seine Zeit.

Diese Äußerungen geben Bestandteile von B e g r i f f s i n h a l t e n wieder, wie sie mit gewissen Einschränkungen auch für die Organisationslehre verwendet werden können:

- Es handelt sich um die Verbindung von Menschen (Schalterbeamte) und Sachen (Druckeinrichtung usw.) zur Erfüllung von Aufgaben (Fahrkartenausgabe).

- Die Aufgaben sind Teile übergeordneter Aufgaben (Bahnhofsdienst), sie haben Gliedcharakter, und sie dienen bestimmten Zielen: schnelle Bedienung; diese bezweckt Zufriedenstellung der Kunden, was wiederum von Zielen, wie Erhaltung der Kundschaft, Behauptung — möglicherweise sogar Stärkung — der Position der Eisenbahn gegenüber der Kraftwagen- und Luftverkehrskonkurrenz, nachhaltige Besserung der Ertragslage, abgeleitet ist.

- Es wird sowohl für die T ä t i g k e i t des Organisierens als auch für das Ergebnis dieser Tätigkeit, also für einen Z u s t a n d, der Begriff „Organisation" angewendet.

- Es lassen sich Werturteile fällen über die Organisation in dem Sinne: Entsprechen die Mittel und die Kombination der Mittel der Aufgabenstellung bzw. der Zielsetzung; wird das Ziel überhaupt, wird es auf zweckmäßige, wirtschaftliche Weise erreicht?

In einem weiteren Punkt ist allerdings der allgemeine Sprachgebrauch für die Übernahme in die wissenschaftliche Terminologie so unscharf, daß unbedingt eine **Begriffsabgrenzung** vorgenommen werden muß:

Setzt man „Organisation" mit dem Unternehmen bzw. dem Betrieb einfach **gleich**, so gibt man dem Begriff den weitestmöglichen Inhalt. Hier dagegen wird unter Organisation nur der Rahmen verstanden, in dem sich die betrieblichen Handlungen vollziehen; der Rahmen ist die Summe der Regelungen, durch die das Zusammenwirken der Menschen und Sachen im Sinne dauerhafter Zielerreichung gesichert werden soll. Freilich ist die Organisation ein so hervorstechendes Merkmal namentlich des Großbetriebes, daß es schon naheliegt, den Betrieb als ein organisatorisches Gebilde oder schlicht als „Organisation" zu bezeichnen. Damit wird aber eine Eigenschaft des Betriebes für das Ganze gesetzt. Das wird von zahlreichen Autoren in Übereinstimmung mit der neueren Organisationstheorie hingenommen.

Das **Wesen der Organisation** soll unter Verdichtung der bisher getroffenen Feststellungen wie folgt charakterisiert werden:

Organisation ist die methodische Zuordnung von Menschen und Sachen, um deren bestmögliches Zusammenwirken im Sinne einer dauerhaften Erreichung gesetzter Ziele zu gewährleisten.

Als wesentlich sind folgende Punkte dieser Definition hervorzuheben:

(1) Die Zuordnung der Organisationsträger erfolgt **systematisch, methodisch**.

(2) Die Organisation setzt keine Ziele, dies ist Aufgabe der Planung, sondern stellt den **Rahmen** dar, in dem sich die Handlungen zwecks Zielerreichung vollziehen (organon = das Werkzeug). Wesensmerkmal der Organisation ist die **Sicherung dauerhafter Zielerreichung**. Diese gedankliche Trennung ist nicht immer praktikabel oder zweckmäßig.

(3) Das Zusammenwirken soll „bestmöglich" sein, das heißt, Menschen und Sachdinge müssen geeignet sein, und ein **optimales Verhältnis von Kosten und Nutzen** soll für die Informations- und Leistungsprozesse, die sich in dem organisatorischen Rahmen vollziehen, begünstigt werden.

Zu beachten ist weiterhin, daß sich dieses Zuordnen, Zusammenfassen auf

- das Verhältnis **Mensch zu Mensch**,
- das Verhältnis **Mensch zu Sachen** und
- das Verhältnis **Sache zu Sache**

in einer ganz bestimmten **räumlichen** und **zeitlichen** Ordnung erstreckt.

Aus der Zuordnung von Menschen und Sachen ergeben sich weitere Zuordnungsnotwendigkeiten, insbesondere die von Aufgaben und Informationen.

Es sei nochmals betont, daß der Begriff „Organisation" in der Fachliteratur keinesfalls einheitlich verwendet wird. Das kann ohne eine Konvention auch nicht erwartet werden; denn Begriffe mit ihren Inhalten sind zweckbezogen; sie hängen von den Zwecken und Grundlagen der beabsichtigten Aussagen ab. Es wäre deshalb müßig, von „richtigen" oder „falschen" Begriffen zu sprechen. Geeignetes Beurteilungskriterium eines Begriffes ist es vielmehr, zu fragen, wie gut und wie schlecht er die ihm gestellten Aufgaben erfüllt. So kann es u. U. zweckmäßig sein, auf eine letzte Präzisierung des allgemeinen Begriffes zu verzichten, diese vielmehr im einzelnen Anwendungsfall vorzunehmen und damit dem Begriffsinhalt bewußt eine „unscharfe Randzone" zu belassen. In der Umgangssprache ist das besonders ausgeprägt der Fall; die Flexibilität der Sprache wird damit erhöht.

Meinungsverschiedenheiten bezüglich des zweckmäßigen Organisationsbegriffes können insbesondere entstehen, je nachdem, ob man unter Organisation

(1) nur den Zustand, das Gewordene, oder auch die Tätigkeit der Gestaltung (das Organisieren),

(2) nur generelle oder auch fallweise Regelungen,

(3) nur den äußeren Rahmen des betrieblichen Geschehens oder mehr (Extrem: der Betrieb *ist* eine Organisation, hier heißt es, er *hat* eine Organisation)

verstehen will.

Die Festlegungen des vorstehenden, hier grundsätzlich verwendeten Organisationsbegriffes sind in obiger Gegenüberstellung hervorgehoben.

Bleibt man für die allgemeinen Ausführungen im Begrifflichen etwas flexibel, so erhält man auch mit neueren und älteren Begriffsbestimmungen eine ausreichende Kompatibilität. So lautet z. B. die Definition der Akademie für Organisation (Handlexikon Organisation, s. Literaturverzeichnis): „Organisation als Tätigkeit ist die integrative Strukturierung von Ganzheiten (nach Kosiol). Es erfolgt eine auf Dauer ausgerichtete systematische, planvolle Koordination von Menschen und Menschen, Menschen und Sachen sowie von Sachen und Sachen zur Erreichung gesetzter Zwecke. Als Ergebnis (Organisat) dieser Tätigkeit entsteht ein System von Regelungen, das die Organisationsstruktur im Rahmen der Aufbau- und Ablauforganisation darstellt."

Folgt man der neueren, als „Systemtheorie" bekanntgewordenen Betrachtungsweise, so kann man Organisieren kurz und treffend als Gestalten von soziotechnischen Wirksystemen mit bestimmten Eigenschaften beschreiben. Dabei ist ein soziotechnisches Wirksystem die spezielle Art von Systemen, zu der auch Betriebe bzw. Unternehmen zu rechnen sind.

Ein System soll verstanden werden als Gesamtheit von Elementen, die zur Erreichung von Zielen in einem Zusammenhang stehen und gegen die Umwelt abgegrenzt sind. Im System „Betrieb" ist der „Zusammenhang" ein „Wirkzusammenhang"; er besteht in einem Austausch von Informationen und Leistungen. Damit ist der Betrieb als „Wirksystem" charakterisiert. Der Informationsaustausch dient in diesem System der Überwachung und Steuerung der Leistungsprozesse. In Analogie zum technischen Sprachgebrauch kann man die Überwachungs- und Steuerungsprozesse, die der methodischen Annäherung an Ziele entgegen dem Wirken von Störungen dienen, als Regelungsprozesse, den Vorgang als „Regeln" bezeichnen. Die „Elemente" des Systems sind als „Menschen und Sachen" im Sinne der Definition des Organisationsbegriffes aufzufassen. Als „Regelungen" (im Unterschied zu „Regeln" als Überwachungs- und Steuerungsprozeß) werden Anordnungen, Richtlinien, Anweisungen und ähnliche Ausdrucksformen organisatorischer Gestaltungsarbeit (Output des Organisierens) verstanden. Die Analogie wird im Kapitel B II fortgesetzt.

Die hier angeführten grundlegenden Begriffe sind auch mit älteren Abgrenzungen durchaus verträglich, das zeigen die folgenden Zitate:

Otto R. Schnutenhaus: „Organisation ist innerhalb eines geistigen Zweckgebildes, bestehend aus persönlichen und gegebenenfalls sachlichen Organisationsträgern, ein Gebilde eigener Art, gekennzeichnet dadurch, daß unter veränderbaren Aufgaben und Bedingungen ein störungsfreier, übersichtsmaximaler Wirkzusammenhang innerhalb der Organisationsträger einerseits und zwischen ihnen und ihren Leistungsobjekten und Leistungsempfängern andererseits durch die Anwendung spezifischer Sicherungsmittel garantiert wird"[1]).

Erich Gutenberg: „Ihr (der Organisation) obliegt es, die Ziele, die sich die Unternehmungsleitung gesetzt hat, und die Planungen, in denen diese Zielsetzungen ihren Niederschlag gefunden haben, zum praktisch betrieblichen Vollzug zu bringen ... Sie realisiert lediglich eine ihr vorgegebene, geplante Ordnung. Aber diese Ordnung selbst zu entwerfen ist nicht ihre Aufgabe. Hält man sich den instrumentalen Charakter der Betriebsorganisation vor Augen, dann wird ohne weiteres verständlich, daß sie aus Regelungen besteht, nach denen sich bestimmte Vorgänge vollziehen sollen. Diese Regelungen können in Vorschriften, Anweisungen, Richtlinien, Übereinkommen, Gewohnheiten, auch in gesetzlichen Bestimmungen und Verordnungen bestehen ... Im allgemeinen unterscheidet man zwischen fallweisen und generellen Regelungen ..."[2]).

Der wie hier abgegrenzte Organisationsbegriff ist zweckmäßigerweise für einige Themen, z. B. Führungsstile und andere Management-Probleme, inhaltlich etwas zu erweitern, um den Problemzusammenhängen besser Rechnung zu tragen.

---

1) Schnutenhaus, O. R., Allgemeine Organisationslehre, Berlin 1951, S. 20; dort zitiert nach: Schnutenhaus, O. R., Probleme der Organisationstheorie und -praxis — Ein Beitrag zur Geschichte der betriebswirtschaftlichen Organisationslehre, in: BFuP, 1 (1950) 2, S. 88.
2) Gutenberg, E., Einführung in die Betriebswirtschaftslehre, Wiesbaden 1958, S. 49.

II. Betriebliche Zielsetzung und Organisation, Anforderungskataloge

Organisation ist Mittel zum Zweck; sie schafft einen Rahmen von Regelungen, in dem sich die Entscheidungen und Handlungen vollziehen, die der Erreichung der kurz-, mittel- und langfristigen Ziele dienen.

Unter Z i e l e n werden hier konkrete Planvorgaben verstanden (z. B. der Umsatz in der Artikelgruppe A soll bis 1980 auf 8 Mio. DM gesteigert werden). Z w e c k e sind die übergeordneten, nicht als Plandaten ausgedrückten Komponenten eines Zielsystems (z. B. „auf lange Sicht einen maximalen Gewinn unter Beachtung von weiteren Zwecksetzungen erzielen durch Herstellung und Vertrieb bestimmter Produkte"). Der Zweck ist, sofern man eine begriffliche Unterscheidung zwischen Zweck und Ziel vornehmen will, eine allgemeinere Form des Ziels im Sinne einer Absichtserklärung, die allenfalls als Richtungsziel formuliert sein kann (z. B. „Forschung und Entwicklung betreiben"). Mit „Ziel" wird dann ein angestrebtes Ergebnis angesprochen, das erreichbar und auch meßbar sein muß. Die Zwecke zeichnen sich im Zielsystem des Betriebes durch relative Konstanz aus; im Planungssystem — in der üblichen Form der „rollenden" Planung — werden dagegen selbst die langfristigen konkreten Ziele in verhältnismäßig kurzen Abständen den wechselnden Bedingungen angepaßt.

Der Betrieb (bzw. das Unternehmen) dient tatsächlich nicht einem einheitlichen Zweck, sondern vielen u. U. nicht einmal harmonisierenden Zwecken, zwischen denen ein Kompromiß gefunden werden muß. Unterschiedliche Zwecke werden von verschiedenen innerhalb oder außerhalb des Betriebes stehenden Personen, Personengruppen oder Institutionen vertreten, z. B. Lohnforderungen von den Gewerkschaften, Forderungen bezüglich der Abgeltung des unter Risiko erfolgenden Kapitaleinsatzes von den Vertretern der Kapitaleigner. Die Möglichkeiten der Durchsetzung unterschiedlicher Forderungen sind durch die Rechtsordnung und die tatsächlich gegebenen Machtverhältnisse sowie die Bereitschaft, sich gemeinsamen — insbesondere langfristigen — Zielsetzungen zu unterwerfen, bestimmt. Das Zielsystem des Betriebes kann als Resultierende unterschiedlicher konkretisierter Zwecksetzungen gesehen werden, wobei gewisse Zielkomponenten kaum umstritten sind, z. B. die Realisierung des Wirtschaftlichkeitsprinzips.

Für die Organisation ist der primäre Ansatzpunkt aber nicht das Zielsystem selbst, sondern die Gesamtheit der Entscheidungen und Handlungen, die zur Realisierung der Ziele erforderlich ist, d. h. die Gesamtaufgabe oder Hauptaufgabe.

Die Organisationstätigkeit besteht im Kern darin, diese Gesamtaufgabe in Teilaufgaben zu zerlegen, diese zu gestalten und in sinnvoller Kombination Aufgabenträgern zuzuordnen und damit ein zielorientiertes Zusammenwirken in Richtung auf die gemeinsamen Ziele zu sichern.

Dem System Betrieb sollen also bestimmte Eigenschaften verliehen werden, bzw. es soll so organisiert sein, daß bestimmte Eigenschaften, im Sinne von Verhaltensweisen, begünstigt, andere gehemmt werden.

Die Ziele, die mit der Tätigkeit des Organisierens erreicht werden sollen, bestehen also darin, dem System Betrieb in seiner Gesamtheit und in seinen Teilen gewisse Eigenschaften zu verleihen[3]). Die Aufstellung der zu erreichenden Eigenschaften wird hier als **Anforderungskatalog** bezeichnet, er ist die Zielfigur des Organisators.

Verlangt man z. B. von einer Marktforschungsabteilung, sie solle möglichst *objektiv* bemüht sein, Marktgegebenheiten, insbesondere Prognosen, zu vermitteln, so ist das eine solche Eigenschaft, die von dieser Institution erwartet wird. Um diese Eigenschaft organisatorisch zu begünstigen, muß dem bei der Eingliederung der Stelle (nicht dem Verkauf unterstellen, der an eine Manipulation der Marktforschungsdaten interessiert sein könnte), bei dem Rang (in der unteren und auch in der mittleren Leitungsebene sind zu viele Rücksichten zu nehmen), bei der personellen Ausstattung und bei der Überwachung (Manipulationsprüfungen vorsehen) Rechnung getragen werden. Gesichtspunkte der Auswahl der geeigneten Alternative aus mehreren Möglichkeiten der organisatorischen Gestaltung ist die Realisierungschance des Anforderungskataloges.

Wie kommt man·für eine bestimmte Organisationsaufgabe auf nachvollziehbarem Weg zu dieser logisch ersten Stufe der Problemlösung, nachdem die Problemanalyse vollzogen ist?

Die Anforderungskataloge ergeben sich aus der Herausstellung, Präzisierung und problemorientierten Gewichtung von Anforderungen, die aus einem Katalog deduziert sind, der eine zunächst allgemein gehaltene Beschreibung der möglichen Eigenschaften einer Organisation enthält.

Diese möglichen **Eigenschaften** sind:

(1) Durch die Organisation bedingte Kostenkomponenten   (z. B. Kosten für mehr Personal)

(2) Durch die Organisation bedingte Ertragskomponenten   (z. B. Erträge durch höhere Lieferbereitschaft)

(3) Durch die Organisation bedingter mengenmäßiger Input, der nicht nur wegen der Kosten zu beachten ist   (z. B. Raumbedarf bei knappem Raum)

(4) Durch die Organisation bedingter mengenmäßiger Output, der nicht nur wegen des Kosten/Ertragsverhältnisses zu beachten ist   (z. B. Leistungsmenge bei Engpässen)

(5) Durch die Organisation bedingte Qualität des Outputs   (z. B. objektive Arbeitsweise)

---
[3]) Im Sinne von Heinen (Heinen, E., Grundlagen betriebswirtschaftlicher Entscheidungen — Das Zielsystem der Unternehmung, 2. Aufl., Wiesbaden 1971) handelt es sich hier um sogenannte Formalziele. Im noch darzustellenden Regelkreissystem handelt es sich um Metaziele.

(6) Ausprägungen der Eigenschaft, sich anzupassen

(Formen der Flexibilität)

(7) Ausprägungen der Eigenschaft, eine Koordination mehr oder weniger zwangsläufig zu bewirken

(z. B. zwangsläufige Absprache durch Begründung gemeinsamer Verantwortung)

(8) Ausprägungen der Eigenschaft, durch selbstverstärkende Prozesse sich bestimmten Zielen anzunähern

(z. B. Verbesserungen am Arbeitsplatz, verminderte Fehlzeiten, damit kann noch mehr für verbesserte Arbeitsplätze getan werden; Prozeß setzt sich fort)

(9) Bestimmte erwünschte Eigenschaften, die durch die Organisationsform erst oder in besonderem Maße verliehen werden

(z. B. starke Verhandlungsposition durch Zentralisation und hohen Rang)

(10) Bestimmte unerwünschte Eigenschaften, die durch die Organisationsform beeinflußt bzw. verhindert werden

(z. B. „Wasserkopfbildung" durch Dezentralisation verhindern)

(11) Selbsttätiges Kontrollieren

(z. B. „Abstimmung" aus den Zahlen des Rechnungswesens)

Die Anforderungskataloge (konkrete Beispiele folgen; Bild 6 und 7 mögen vorab einen Eindruck vermitteln) unterscheiden sich weniger durch die Art der Anforderungen, die alle auf die elf allgemein formulierten Grundeigenschaften vorstehender Aufstellung zurückgeführt werden können, als durch das G e w i c h t , mit dem die Anforderungen in den Katalog ihrer Bedeutung (Grenzfall Null) eingehen. Man kann sagen, die Anforderungskataloge stellen eine Präferenzordnung präzisierter Grundeigenschaften dar.

Die Aufstellung der Anforderungskataloge und die Gewichtung der geforderten Eigenschaften ist nur in Grenzen streng nachvollziehbar im Sinne einer zwingenden Ableitung aus den übergeordneten Zwecken und langfristigen Zielen. Am besten hat sich bisher eine methodische Auswertung von Expertenurteilen im Sinne der *Delphi-Methode* bewährt, nach der zunächst Fachleute getrennt befragt werden und ihnen dann das Gesamtbefragungsergebnis wieder getrennt zu getrennter Stellungnahme übermittelt wird. Es findet dabei ein Lernprozeß statt; Fehler und Abweichungen durch unklare Problemformulierung, unscharfe Begriffsabgrenzungen usw. werden abgebaut, die Ergebnisse gleichen sich an; echte Auffassungsunterschiede werden als solche deutlicher. Die endgültige Angleichung sollte dann in offener Aussprache erfolgen.

Im übrigen ist der Anforderungskatalog auch als Modellvorstellung eingehend zu testen, um dann Gegenstand eines Lernprozesses zu sein, womit Mängel der Erstkonzeption abgebaut werden. Das ist noch eingehend zu erläutern.

Den Ausführungen über Zweck, Ziel und Mittel im Hinblick auf die Organisation soll noch ein Hinweis auf Parallelen zum Organismus angefügt werden. Nach *Kant* ist ein organisiertes Produkt der Natur das, in welchem alles Zweck und wechselseitig auch Mittel ist. Dieses Prinzip ist ein allgemeiner Gesichtspunkt für die Beurteilung der inneren Zweckmäßigkeit organisierter Wesen.

Die Organisation (als Ergebnis des Organisierens) ist — wie ausgeführt wurde — als die Gesamtheit der Regelungen aufzufassen, die der dauerhaften Durchsetzung der Zwecke bzw. Ziele (in der Regel unter Beachtung des Prinzips der Wirtschaftlichkeit) die größten Chancen einräumen. Das Problem liegt darin, daß theoretisch zahlreiche Möglichkeiten zu organisieren gegeben sind, unter denen sich im Regelfall auch mehrere Möglichkeiten als realisierbar erweisen.

Es gilt also, die Möglichkeit zu erkennen und Gestalt werden zu lassen, die der Realisierung des Anforderungskataloges die größten Chancen gibt. Dieser soll seinerseits wieder der Realisierung der Unternehmenszwecke und -ziele die größten Realisierungschancen verleihen.

Der spekulative Charakter dieses Vorgehens ist nicht ein Wesensmerkmal des hier vorzutragenden Konzeptes, es ist W e s e n s m e r k m a l j e d e s O r g a n i s i e r e n s. Aus der Verkennung dieses Sachverhaltes sind schon manche Enttäuschungen erwachsen. Das Ganze wäre freilich einfacher, ließe sich das Organisieren in seiner Wirkung isolieren und in einer (möglichst monetären) Größe ausdrücken. Das ist offensichtlich nicht der Fall; es wird aber darüber noch zu sprechen sein.

III. Die Wissenschaft vom Organisieren — Erreichtes und Unerreichtes — Erreichbares und Unerreichbares

Die Organisation bzw. das Organisieren von Betrieben hat schon in den Anfängen der Betriebswirtschaftslehre hervorragende Vertreter dieser Disziplin beschäftigt. Entsprechend der Entwicklung in der Betriebswirtschaftslehre selbst hat sich die betriebswirtschaftliche Organisationslehre von einer angewandten Kunstlehre immer mehr zu einer wissenschaftlichen Teildisziplin entwickelt. Sie bedient sich in wachsendem Maße w i s s e n s c h a f t l i c h e r A r b e i t s m e t h o d e n ; dazu gehören das streng systematische Vorgehen und die Besinnung über Grenzen und Möglichkeiten der angewandten Methoden. Alle bekannten wissenschaftlichen Verfahren werden heute von der Organisationslehre angewendet: Beobachten, Messen, Zählen, Versuche, Umfragen, Deutung, Erklärung, Ableitung des Besonderen aus dem Allgemeinen *(Deduktion)* sowie des Allgemeinen aus dem Besonderen *(Induktion)*, verbunden mit abnehmender bzw. zunehmender *Abstraktion, Modellformulierung* und *Simulation*.

Beschränkt man das Erkenntnisobjekt der Organisationslehre nicht auf die Organisation von Wirtschaftsbetrieben, sondern wendet man es auf das Leben schlechthin an, so tut sich ein Feld von fast unübersehbarer Mannigfaltigkeit auf. Um dies zu verstehen, braucht man sich nur vor Augen zu halten, daß praktisch jeder in einem zivilisierten Staat lebende Mensch im Spannungsfeld organisierter Gebilde steht, von denen der Betrieb nur eines unter vielen ist. Derartige **organisierte Gebilde** sind z. B.:

- überstaatliche Zusammenschlüsse;
- Staat, Land, Stadt, Gemeinde;
- Schule, Universität;
- Sozialversicherung;
- Verbände (Verbraucherverbände, Arbeitgeber-, Arbeitnehmerverbände);

- Heer, Marine, Luftwaffe;
- Parteien;
- Kirchengemeinschaften;
- Rundfunk, Fernsehen, Presse;
- Verkehrseinrichtungen;
- Wirtschaftsbetriebe aller Art.

Die Erforschung der Wirkungsweise dieser Gebilde muß dazu führen, die Organisation als einen wesentlichen Faktor des Daseins zu begreifen. Das trifft sowohl für das moderne menschliche Leben als (i. w. S.) für die von bewußter menschlicher Gestaltung unberührte Natur zu; nicht nur — wie schon angedeutet — der einzelne Organismus, das einzelne Lebewesen kann mit einem organisatorischen Gebilde verglichen werden, es gibt überindividuelle „Organisationen" wie die Termitenstaaten.

Erwähnt sei, daß die betriebswirtschaftliche Organisationslehre zahlreiche Anregungen aus dem militärischen Bereich erfahren hat. Begriffe wie Stab, Linie, Division u. a. zeugen davon.

Über die Stationen des Weges der betriebswirtschaftlichen Organisationslehre zu ihrem heutigen Stand sind viele Arbeiten erschienen, die sich insbesondere mit den verschiedenen „Ansätzen", zu wissenschaftlich fundierten Ergebnissen zu gelangen, beschäftigen. Es genügt deshalb hier, die wichtigsten Gesichtspunkte herauszustellen; im übrigen wird auf die Literatur verwiesen[4].

Die **traditionelle Organisationslehre** wurde im deutschen Sprachraum von Betriebswirten wie Gutenberg, Hennig, Kosiol, Linhardt, Nicklisch, Nordsieck, Plenge, Schnutenhaus, Schramm, Ulrich u. a. entwickelt. Ihr „Ansatz" war in der Regel die auch hier bereits herausgestellte Gesamtaufgabe, die zu zerlegen und arbeitsteilig zu erfüllen sei. Der Praxis wurden insbesondere Organisationsgrundsätze im Sinne von Gestaltungsempfehlungen angeboten. Deren Aussagewert wird noch eingehender behandelt werden. Die Leistung der traditionellen Organisationslehre ist aber keineswegs nur anhand der hinsichtlich

---

[4] Hill, W. — Fehlbaum, F. — Ulrich, P., Konzeption einer modernen Organisationslehre, in: ZfO, 43 (1974) 1, S. 4 ff.; Berthel, J., Wirksame Organisation — Eine Utopie ohne interdisziplinäre Wissens-Integration, in: ZfO, 42 (1973) 8, S. 431 ff.; Schweitzer, M., Zum Wandel in den betriebswirtschaftlichen Organisationsvorstellungen, in: WiSt, 2 (1973) 4, S. 170 ff.; Mag, W., Grundfragen einer betriebswirtschaftlichen Organisationstheorie — Eine Analyse der Beziehungen zwischen unternehmerischer Zielsetzung, Entscheidungsprozeß und Organisationsstruktur, 2. Aufl., Köln/Opladen 1971; Wild, J., Neuere Organisationsforschung in betriebswirtschaftlicher Sicht, Berlin 1968; Wild, J., Grundlagen und Probleme der betriebswirtschaftlichen Organisationslehre — Entwurf eines Wissenschaftsprogramms, Berlin 1966.

ihres Aussagewertes recht problematischen Grundsätze zu beurteilen; wurden doch hier auch umfangreiche Begriffssysteme geschaffen, die geeignet sind, das Feld der Organisation zumindest zu beschreiben, wenn sie auch keine befriedigende Einsicht in die Zusammenhänge von Ursache und Wirkung bzw. von Mittel und Ziel zu bieten vermochten. Es ist freilich zu fragen, ob das als *allgemeine Aussage* überhaupt möglich ist oder auch nur anzustreben sei.

Bei der jüngeren, „s y s t e m t h e o r e t i s c h e n" O r g a n i s a t i o n s k o n z e p t i o n seien hier nach M. Schweitzer[5]) zwei Gruppen von Ansätzen unterschieden:

(1) *Verhaltenstheoretisch fundierte Ansätze*, welche Fragen der Teilnehmerreaktionen bei strukturellen Veränderungen untersuchen und eine entsprechende praktische Anwendung anstreben. Ansatzpunkt ist der Entscheidungsprozeß.

(2) *Interdisziplinäre Ansätze zur Systemanalyse und Systemplanung* richten sich auf die Entwicklung von Strategien zur Gestaltung umfassender komplexer Systeme. Sie fußen auf der Allgemeinen Systemtheorie und der Kybernetik.

Die Ansätze werden hinsichtlich des Erreichens eines theoretischen Wissenschaftszieles von Schweitzer wie folgt beurteilt: „... während die verhaltenstheoretischen Ansätze durchaus zu Hypothesen über Strukturen und deren Wirkungen kommen, bleiben die systemanalytischen Ansätze im Bereich sehr globaler Steuerungsaussagen ganzer Sozialgebilde stehen und stoßen zur Hypothesenformulierung der engeren Strukturierungsproblematik nicht vor. Aber auch die verhaltenstheoretischen Ansätze liefern keineswegs Aussagen im betriebswirtschaftlich-organisatorischen Sinne, sondern durchweg im soziologischen oder sozialpsychologischen Sinne. ... Nur selten werden z. B. als Wirkungen Schnelligkeit und Fehlerlosigkeit untersucht, die einen direkten Bezug zu betriebswirtschaftlich relevanten Wirkungen erkennen lassen"[6]).

Die begrenzte Möglichkeit, zu allgemeinen (d. h. über den einzelnen Anwendungsfall hinausgehenden) Aussagen zu gelangen, wird in dieser Arbeit als Eigenart des Erkenntnisobjektes bewußt hingenommen. Es wird versucht, von der Verpflichtung der Wissenschaft zur Lieferung praktisch verwertbarer Ergebnisse ausgehend, organisatorisch verwendbare Verfahren ohne Rücksicht auf ihre Herkunft zusammenzutragen und durch einen gemeinsamen Rahmen zu verbinden. Dieser Rahmen ist ein Begriffsgerüst und eine Problemlösungs- und Entwurfssystematik. Es sollen alle Einsichten, die für die praktische Aufgabe des Organisierens nützlich sein können, herangezogen werden. Der begriffliche Rahmen soll dabei flexibel und möglichst allgemeinverständlich, die Problemsystematik soll praxisorientiert und die Lösungssystematik soll anwendungsgerecht sein.

---

[5]) Schweitzer, M., Zum Wandel in ..., a. a. O., S. 170 ff.
[6]) Schweitzer, M., Zum Wandel in ..., a. a. O., S. 173 ff.

Damit ergibt sich die folgende Grobgliederung dieses Buches:

(1) Grundsätzliches zum Organisieren
(2) Organisatorische Gestaltungsmöglichkeiten
(3) Die Wahl der geeigneten Alternativen (Organisationsentscheidungen) und deren Durchsetzung
(4) Die Überwachung der Organisation

Die Berechtigung zu einem dergestalt pragmatischen Vorgehen, ohne die Vollendung einer Theorie abzuwarten oder selbst zu versuchen, in die sich alle Aussagen widerspruchsfrei und vollständig einordnen lassen, wird aus der Notwendigkeit abgeleitet, die dringend anstehenden Probleme zu lösen.

Die Rationalisierungserfolge in der Produktion drohen durch ständig steigende Kosten der Verwaltung im weitesten Sinne mehr als aufgezehrt zu werden. Die Rationalisierung der Verwaltung wird also ein immer dringenderes Anliegen. Der Kern dieser Tätigkeit besteht in der methodischen Gestaltung der informationellen Vorgänge, dem Organisieren der Informationserarbeitung, -weiterleitung und -verarbeitung, denn was ist Verwaltung anderes als Informationsbearbeitung?

Dem Organisieren kommt deshalb eine ständig wachsende Bedeutung zu; hier wird über die Behauptung des einzelnen Betriebes auf dem Markt entschieden. Demgemäß kann Organisieren weder „nebenbei" noch allein aus dem Gefühl heraus betrieben werden, bis eine Theorie als gesicherte Grundlage geschaffen ist. Der Computer hat diesen Tatbestand nur noch deutlicher gemacht. Er verlangt eine geeignete Organisation und ersetzt diese nicht.

Der Weg zum „exakten" Organisieren, bei dem objektive, nachvollziehbare Urteile über die Ergebnisse dieser Tätigkeit möglich werden, ist noch weit, man sollte aber nicht müde werden, diesen Weg zu ebnen.

B. Das Metaregelsystem als Idealmodell organisatorischen Gestaltens

I. Einführung in die Denkweise

Der Denkansatz des hier vorzuschlagenden Weges nachvollziehbaren Organisierens beruht auf meiner in zwanzig Jahren praktischer Organisationsarbeit und in zahlreichen Fachgesprächen mit Praktikern und Wissenschaftlern gewonnenen Einsicht, daß methodische Annäherungen an Optima in äußerst komplexen, probabilistischen Systemen — wozu Wirtschaftsbetriebe als differenzierte, unter Ungewißheit und Risiko operierende Wirksysteme zu rechnen sind — nur schrittweise im Vollzug eines Lernprozesses erfolgen können[7].

Warum war das erste 1886 erbaute Automobil Gottlieb Daimlers nicht mehr als eine motorisierte Pferdekutsche und in seiner Gestalt eigentlich noch gar kein Automobil, wie wir es heute verstehen? Konnte man nicht gleich Chassis, Karosserie, Lenkung und Bremssystem den Anforderungen eines Motorfahrzeuges entsprechend gestalten? Es gibt offenbar etwas wie einen optimalen Schritt des Vordenkens im Modell gegenüber dem Realsystem. Dann muß eine Idee realisiert werden, auch wenn sie offensichtlich noch verbesserungswürdig ist. Ein weiterer erfolgversprechender Schritt kann erst auf den Erfahrungen des Realsystems aufbauen; die offenbarten Mängel sind wichtige Stufen des Fortschritts. So hat sich die Gestalt des Automobils von der Idee zur Realität zu einer neuen Idee und wieder zur Realität entwickelt, bis verhältnismäßig stabile Formen erreicht waren.

Was für weitgehend determinierte und weniger komplexe Systeme, wie Kraftfahrzeuge, gilt, gilt erst recht für die Gestaltung weit komplexerer Systeme, wie der Betriebe. Von dieser These ausgehend, sei das hier vertretene pragmatische Organisationskonzept, das wissenschaftstheoretisch als „s i t u a t i v e r A n s a t z"[8] bezeichnet werden kann, in vier Punkten umrissen:

(1) *Das wissenschaftliche Bemühen um die Organisation wird mehr auf die Tätigkeit des Organisierens als auf das Ergebnis dieser Tätigkeit gerichtet.*

   Das bedeutet, die Prozesse im Betrieb, die zur schrittweisen Annäherung an Optima unter ständig wechselnden Umweltbedingungen führen, werden vorrangig behandelt. Die Bemühungen, über organisatorische Strukturen

---

[7] Näher ausgeführt in: Blohm, H., Die Gestaltung des betrieblichen Berichtswesens als Problem der Leitungsorganisation, 2. Aufl., Herne/Berlin 1974, S. 100 ff. und S. 144 ff. Die Bezeichnung „äußerst komplex" verweist auf die Vielzahl der Beziehungen und Zusammenhänge; das Wirksystem Betrieb ist außerdem „probabilistisch", d. h. hier: über die Wirkungen bestimmter Maßnahmen können keine sicheren Aussagen erfolgen. Der Gegensatz hierzu wäre ein einfaches, deterministisches System.
[8] Vgl. dazu Labsch, N., Intuition und Unternehmungsentscheidungen: Unternehmerische Problemlösungsprozesse im Lichte der neueren Denkpsychologie, in: ZfO, 42 (1973) 3, S. 156—162.

bzw. Abläufe allgemeingültige, mindestens in einem genau definierten Anwendungsbereich geltende Einsichten zu gewinnen, können zurücktreten gegenüber der weiteren Erforschung dieser betrieblichen, mehrschichtigen *Lernprozesse*, in denen individuelle Optima angestrebt, durch gezielte Rückmeldungen laufende Korrekturen der Optimumvorstellungen selbst ausgelöst und immer neue Schritte zu ihrer Erreichung im jeweiligen Realsystem eingeleitet werden.

(2) <u>*Das Ergebnis wissenschaftlicher Arbeit wird demgemäß vorrangig als ein Repertoire von Einsichten und Methoden auf dem Gebiet der Tätigkeit des Organisierens aufgefaßt.*</u>

Das Repertoire wird auch durch einen methodischen Lernprozeß, der sich aus einer engen Kommunikation zwischen der Wissenschaft und der Wirtschaftspraxis ergibt, ständig erneuert und erweitert. Das Repertoire enthält weiterhin Gestaltungsmöglichkeiten der Strukturen und Abläufe, die nicht mehr als erwägenswerte Alternativen zu sein brauchen, über die es im *Einzelfall* zu befinden gilt. Das Repertoire enthält weiterhin Modelle und Methoden zur rationalen Entscheidung zwischen alternativen Lösungsmöglichkeiten. Gestaltungsmöglichkeiten und Entscheidungsmethoden sind Bestandteile der permanenten Lernprozesse zur Annäherung an betriebsindividuelle Optima im Einzelfall.

(3) <u>*Praktisches Organisieren wird damit ebenso wie die Forschungsarbeit auf dem Gebiet des Organisierens in erster Linie als ein Informationsaustausch, d. h. als ein Kommunikationsproblem gesehen.*</u>

Die Kommunikation, *nach den Prinzipien des mehrschichtigen Regelkreises* gestaltet, entspricht den Bedingungen des äußerst komplexen, probabilistischen Systems Betrieb.

(4) <u>*Die heute in der Praxis häufig anzutreffenden Methoden des als „intuitiv" bezeichneten Organisierens sind nicht von vornherein als unwissenschaftlich und obsolet zu betrachten.*</u>

Sie sind vielmehr vorurteilsfrei zu erforschen, gegebenenfalls auf das höchstmögliche wissenschaftliche Niveau zu heben und an geeigneter Stelle in ein System methodischen Organisierens einzuordnen[8]).

II. Das Regelkreismodell

Das Regelkreismodell ist ein Idealmodell. Die Definition des Begriffes „Idealmodell" ergibt sich aus der folgenden Darstellung, wird aber unter Kapitel E, II, 1 noch präzisiert.

Organisieren nach dem vorliegenden Konzept ist in mehrfacher Hinsicht an das Idealmodell des Regelkreises[9]) geknüpft:

(1) Der Regelkreis kann als idealtypisches Modell der Gestaltung von Aufbau und Ablauf gegebener Betriebe dienen. Der einzelne B e t r i e b ist so gesehen als ein vertikal und horizontal vermaschtes S y s t e m v o n R e g e l k r e i s e n zu begreifen.

(2) Die Tätigkeit des O r g a n i s i e r e n s ist als ein übergeordneter R e g e l - u n d L e r n p r o z e ß zu verstehen. Das gilt auch dann, wenn der Gegenstand des Organisierens, der Betrieb oder einzelne betriebliche Bereiche, nicht als Regelkreissystem, wie unter Punkt 1 dargelegt, aufgefaßt wird.

Um diese Zusammenhänge eingehender erläutern zu können, muß zunächst der Regelkreis selbst erläutert werden.

Die Regelkreis-Analogie entspricht einer kybernetischen Betrachtung des Betriebes. Kybernetik ist dabei als Wissenschaft von der Kommunikation und Regelung insbesondere in komplexen und äußerst komplexen Systemen aufzufassen.

Der B e t r i e b stellt in dieser Betrachtung ein S y s t e m mit den Elementen Menschen und Sachen dar, die zusammenwirken, um Leistungen hervorzubringen, die auf dem Markt verwertet werden. Dabei wird die Gesamtheit der unmittelbar auf die Leistungserstellung gerichteten Aktivitäten, der „Leistungsbereich", von dem „Informationsbereich" überwacht und gesteuert, d. h. gegen die Einwirkung von Störeinflüssen auf die vorgegebenen Ziele hin ausgerichtet. Diese Zusammenhänge sind in Bild 1 vereinfacht dargestellt. Im unteren Teil ist der gedanklich abgegrenzte Leistungsbereich in Form eines Rechteckes eingezeichnet, hier findet die Kombination der Einsatzfaktoren Stoffe, Betriebsmittel, Arbeit und Energie zur betrieblichen Leistung statt, die materieller und auch immaterieller Art sein kann. Entgegen dem Strom von Stoffen, Betriebsmitteln, Arbeit und Energie bzw. der daraus erstellten Leistungen fließt der Strom an finanziellen Mitteln: Erlöse aus der Verwertung der Leistungen einerseits, Bezahlung der Einsatzfaktoren andererseits.

Der betriebliche Leistungsprozeß dient der Erreichung der betrieblichen Zwecke und Ziele, mögen diese z. B. in einem Planungssystem bewußt gemacht sein oder nicht. Der Betrieb operiert in einer U m w e l t , aus der von den Beschaffungsmärkten die Einsatzfaktoren kommen und in der auf den Absatzmärkten die Leistungsverwertung stattfindet. Die Umwelt wirkt mannigfaltig auf das betriebliche Geschehen ein. Sie kann die betriebliche Zielerreichung fördern

---

[9]) Hinweise aus der umfangreichen Literatur: Blohm, H., Die Gestaltung . . ., a. a. O., S. 109 ff. Zur Regelungstechnik und -theorie: Fuchs, H., Systemtheorie und Organisation, Wiesbaden 1973; Schiemenz, B., Regelungstheorie und Entscheidungsprozesse — Ein Beitrag zur Betriebskybernetik, Wiesbaden 1972; Lehmann, H. — Fuchs, H., Probleme einer systemtheoretisch-kybernetischen Untersuchung betrieblicher Systeme, in: ZfO, 40 (1971) 5, S. 251 ff. (mit ausführlichem Literaturverzeichnis); DIN-Taschenbuch 25 — Informationsverarbeitung, Berlin/Köln/Frankfurt a. M. 1969, S. 25—51.

Bild 1: Der Informations- und Leistungsbereich des Systems Wirtschaftsbetrieb

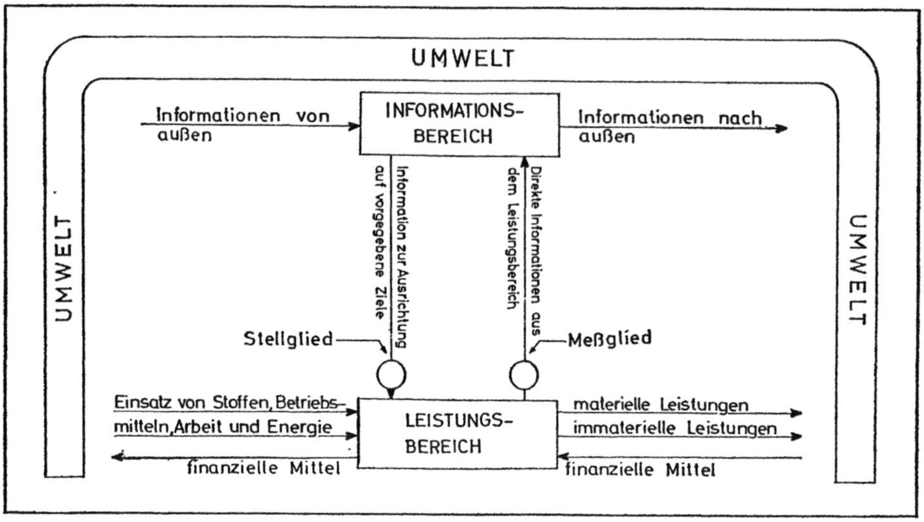

oder ihr mehr oder weniger entgegenwirken. Darum müssen Regelungsprozesse dafür sorgen, daß Abweichungen von den Zielvorstellungen rechtzeitig erkannt werden und diesen Störeinflüssen entgegengewirkt wird.

Zur Regelung (als methodischer Ansteuerung von Zielen entgegen dem Wirken von Störeinflüssen) ist der Informationsbereich durch den Meßwertgeber einerseits und das Stellglied andererseits mit dem Leistungsbereich verknüpft. In dem Meßglied werden Leistungstatbestände in Informationen umgesetzt (z. B. die Herstellung fehlerhafter Stücke findet Niederschlag in einer Ausschußmeldung), die Grundlage für Eingriffe in den Leistungsbereich sind. Im Informationsbereich werden diese Informationen ebenso wie Informationen, die von außen, d. h. aus der Umwelt, kommen, zu Entscheidungen über Aktionen verarbeitet. Diese Entscheidungen sind zunächst Informationen, sie wirken über das Stellglied auf den Leistungsbereich und sollen eine Ausrichtung aller betrieblichen Handlungen auf die Zielerreichung bewirken. Aus dem Informationsbereich gehen selbstverständlich auch Informationen nach außen, die für die Verknüpfung des Betriebes mit der Umwelt sorgen.

Informationserarbeitung und -verarbeitung sowie der Informationsaustausch dienen der systematischen Ansteuerung der betrieblichen Ziele. Diese Prozesse müssen organisatorisch abgesichert sein, um dauerhaft die Zielerreichung zu gewährleisten.

Die enge Verknüpfung von Informations- und Leistungstatbeständen zeigt, daß eine isolierte Betrachtung der leistungsbezogenen Organisation einerseits und der informationsbezogenen andererseits nicht möglich ist; beides bildet eine Ganzheit und verlangt dementsprechend auch eine zusammenhängende Betrachtung. Mit Bild 1 soll deutlich gemacht werden, daß letzten Endes die Aufnahme, die Verarbeitung und Abgabe von Informationen ihren Problemschwerpunkt in den Entscheidungsprozessen findet, mit denen idealtypisch zunächst Wahlmöglichkeiten aufgezeigt werden und dann aus gegebenen Möglichkeiten die nach bestimmten Zielkriterien geeigneten (im Idealfall die „optimalen") ausgewählt werden. Ein Optimum orientiert sich jeweils an einer übergeordneten Zielgröße, es ist jene Alternative, bei der eine Zielfunktion maximiert oder minimiert wird. So ist z. B. das optimale Transportprogramm (orientiert an der übergeordneten Zielvorstellung der Kostenminimierung) dasjenige, bei dem die Summe der anfallenden Transportkosten für eine gegebene Transportleistung geringer ist als bei allen anderen realisierbaren Alternativen.

Auch der Organisator orientiert sich an Zielvorstellungen, die in der Regel in einem Komplex von Teilzielen bestehen, die dem übergeordneten Ziel, wie Sicherung der Erreichung aller Ziele des Unternehmens, dienen. Derartige Ziele können (wie bereits eingangs dargestellt wurde) als erwünschte Eigenschaften eines Organisationsbereiches, die in Anforderungskatalogen zusammengestellt und über ein Bewertungssystem quantifiziert sind, dargestellt werden.

Schon bei der Erläuterung von Bild 1 wurden Begriffe und Modellvorstellungen verwendet, die dem technischen Regelkreis entnommen sind. Im Sinne von DIN 19226 ist ein Regelkreis ein aus Regeleinrichtung (Regler) und dem zu regelnden Bereich (Regelstrecke) bestehendes Gebilde, in dem eine veränderliche Größe, die Regelgröße, die durch eine unabhängige Größe, Störgröße, beeinflußt wird, auf einen vorgegebenen Wert, den Sollwert oder die Führungsgröße, gebracht und gehalten wird. Die Abweichung der Regelgröße von diesem vorgegebenen Wert wird festgestellt (Soll-Ist-Vergleich, Regelabweichung) und dient zur Bestimmung der Ausgangsgröße des Reglers (Stellgröße). Die Umsetzung der Leistungstatbestände in Informationen findet, wie gezeigt wurde, im Meßglied statt; die Umsetzung der in der Stellgröße enthaltenen Informationen in Leistungstatbestände findet im Stellglied statt. Die Störgröße ist die einer Zufallsverteilung unterliegende Größe, der durch Entscheidungen und Handlungen des Reglers hinsichtlich ihrer Einwirkung auf die Erreichung der Ziele entgegenzuwirken ist.

In Bild 2 ist im linken Teil der **Gesamtzusammenhang eines Regelkreises** dargestellt; man kann sich darunter Regelkreise in technischen Systemen oder auch in organischen Systemen vorstellen. Ein solcher Regelkreis in technischen Systemen ist z. B. durch einen Thermostaten gegeben, der in die Wasserkühlung eines Automobils eingebaut ist. Zu regeln ist die Temperatur des Motors, die einen bestimmten Maximalwert nicht überschreiten darf, der

Bild 2: Analogie von Betrieb und Regelkreis

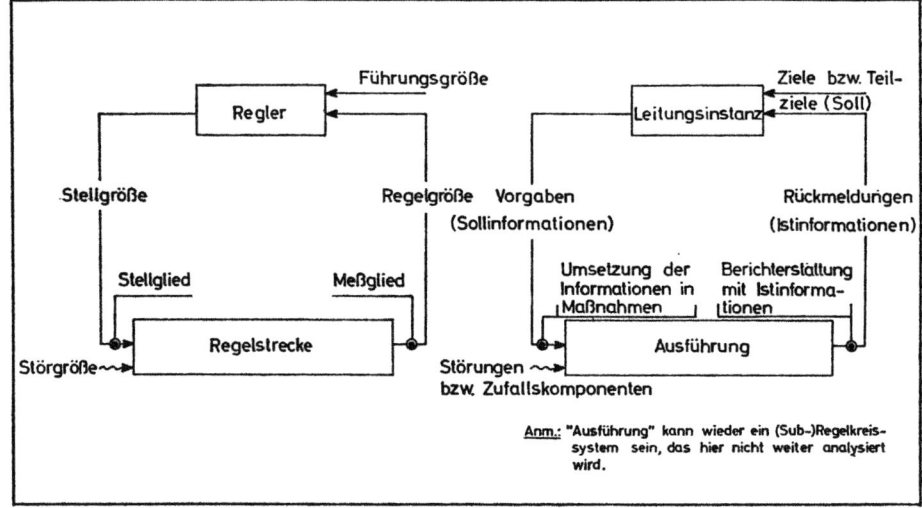

Regelmechanismus bedient sich der Zuführung von Kühlwasser. In organischen Systemen ist beispielsweise die Regelung der Körpertemperatur auf einen konstanten Wert (wie 37° C) diesem Vorgang vergleichbar.

Die Möglichkeit, organische, technische und soziotechnische Systeme in ihren Regelprozessen miteinander zu vergleichen und Schlüsse auf die praktische Gestaltung dieser Systeme zu ziehen, ist eine der wesentlichen Fragestellungen der Kybernetik. Die kybernetische Betrachtung von Betrieben hat sich schnell über einen Höhepunkt zu weit gesteckter Erwartungen, dem eine Ernüchterung folgen mußte, durchgesetzt. Dabei wird das Regelkreismodell als eine idealtypische Vorstellung zur Gestaltung von Struktur und Ablauf im Informations- und Leistungsbereich realer Betriebssysteme verwendet. Es bringt aber nicht, wie teilweise erwartet wurde, naturwissenschaftliche Exaktheit in die Gestaltung soziotechnischer Systeme.

Während im linken Teil des Bildes 2 ein Regelkreismodell zunächst in allgemeiner Form abgebildet ist, enthält der rechte Teil bereits einige Bezeichnungen, die dem System Betrieb entsprechen. So ist die Regelgröße (auch Rückmeldung, Rückkopplung oder Feed-back genannt) als eine Größe charakterisiert, die aus Ist-Informationen besteht, die vergangenheits- oder zukunftsbezogen sein können, während die Stellgröße Soll-Informationen enthält, worunter Anordnungen, vorgegebene Plandaten, Budgetwerte usw. zu verstehen sind. „Regler" ist durch eine organisatorische Bezeichnung ersetzt; die Führungsgröße, die für die Entscheidungen des Reglers die Entscheidungsgrundlage

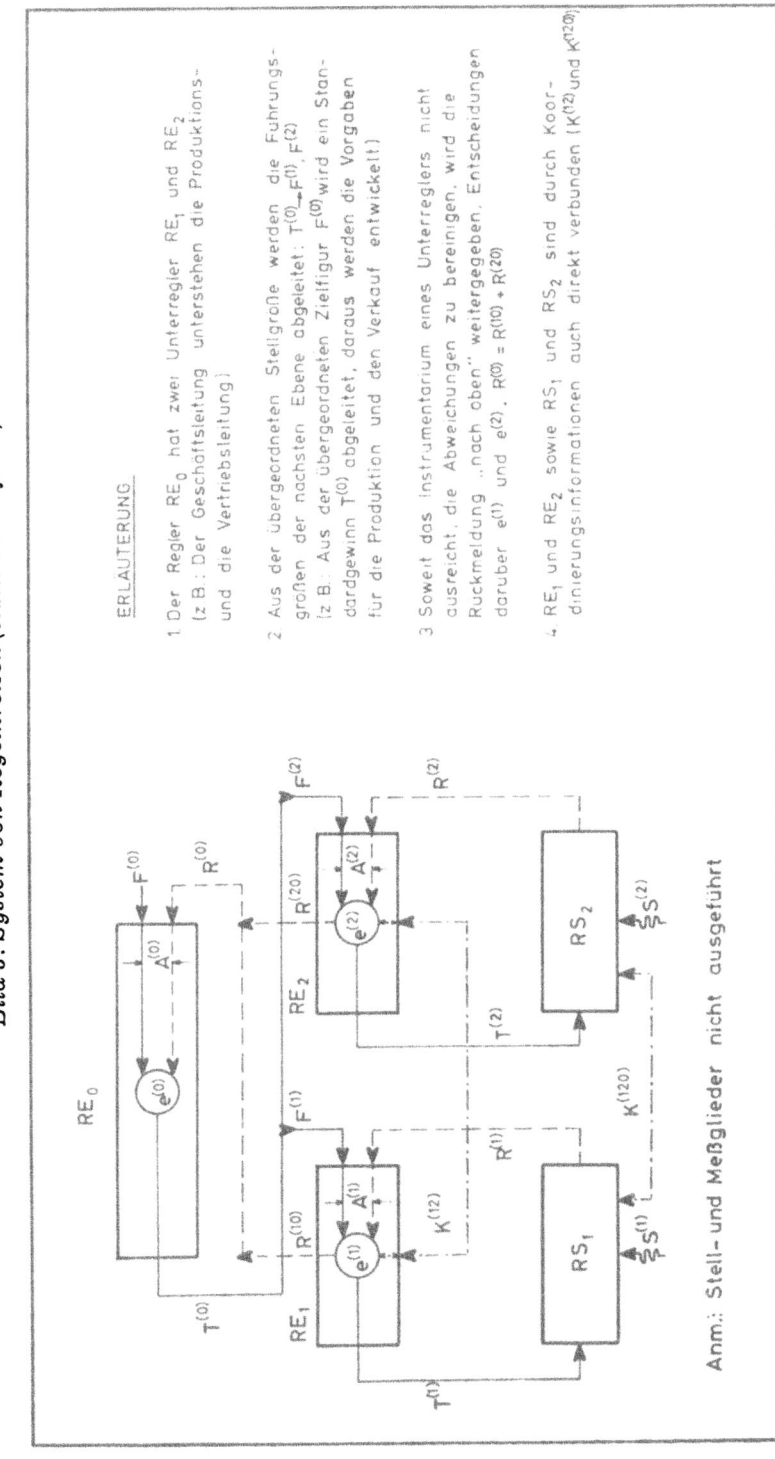

Bild 3: System von Regelkreisen (stark vereinfacht)

abgibt, ist als (übergeordnete) Soll-Größe charakterisiert; die Regelstrecke ist vereinfacht mit „Ausführung" gekennzeichnet; die Störgröße ist allgemein mit „Störungen" bezeichnet.

Die **Führungsgröße** besteht im Realsystem aus zahlreichen kurz-, mittel- und langfristigen Zielvorgaben, die im zeitlichen Ablauf Veränderungen unterworfen sind.

Zur Realitätsnähe des Modells sei weiter bemerkt, daß die **Stellgröße** durchaus nicht auf einen Ausführungsbereich zu wirken braucht, es ist im Betrieb vielmehr als Normalfall anzusehen, daß entsprechend dem mehrstufigen, hierarchischen System Betrieb eine Vielzahl von Regelkreisen, die nebeneinander und übereinander angeordnet sind, zusammenwirken, so daß sich aus den Stellgrößen eines Leitungsorgans wieder die Führungsgrößen der nachgeordneten Leitungsorgane ergeben. In der Horizontale finden ebenfalls solche Regelprozesse statt, die mit Hilfe von Koordinierungsinformationen ein auf die Gesamtziele ausgerichtetes Handeln aller Regelkreise gewährleisten. Diese **„Vermaschung" von Regelkreisen** ist in Bild 3 dargestellt.

Zum Begriff **„Störungen"** sei noch gesagt, daß es sich hier keineswegs um „unerwünschte" Erscheinungen im Sinne der Betriebsziele zu handeln braucht; vielmehr sind hiermit Einwirkungen gemeint, die „nicht determiniert" sind, also hinsichtlich Zeitpunkt, Zeitraum und Folgen ihres Wirkens nicht vorausberechnet werden können, also „zufällige" Einwirkungen darstellen, weshalb auch die Bezeichnung „stochastische Größe" zutreffender ist als „Störgröße". In diesem Sinne ist eine nicht im voraus zu berechnende Entnahme aus einem Lager eine Störgröße. Man kann wohl keineswegs sagen, daß Entnahmen aus einem Lager unerwünscht sind, vielmehr ist das Lager eine Bereithaltung von Stoffen für die Entnahme. „Störungen" im eben gekennzeichneten Sinn machen gerade das eigentliche Wesen des Betriebes aus; sie geben ihm den probabilistischen Charakter. Damit dürfte der äußerst komplexe, probabilistische Charakter des Betriebes ausreichend gekennzeichnet sein, auch um diese Wesensmerkmale als bestimmende Eigenschaften für die Tätigkeit des Organisierens zu verstehen.

In Bild 4 sind die zunächst noch allgemein gehaltenen betriebswirtschaftlichen Bezeichnungen der Bilder 2 und 3 anhand eines Beispiels durch konkrete betriebswirtschaftliche Begriffe ersetzt. Es handelt sich um ein Ersatzteillager, das nach dem Bestellzeitpunktverfahren aufgefüllt wird. Die Entnahme ist detailliert nicht vorherzuberechnen; allenfalls können mittel- und langfristige Prognosen über den Verbrauch angestellt werden. Der Regler wird durch den Lagerdisponenten dargestellt, die Regelstrecke, d. h. der zu regelnde Bereich, ist das Lager in seinen Beständen selbst. Als **Führungsgröße** dient eine bestimmte Bestandsvorgabe, die im Interesse einer ökonomischen Bewirtschaftung des Lagers nicht unterschritten werden darf, ohne daß die Nachbestellung

Das Regelkreismodell

*Bild 4: Analogie von Regelkreis und Betrieb,
Beispiel eines einfachen Regelkreises*

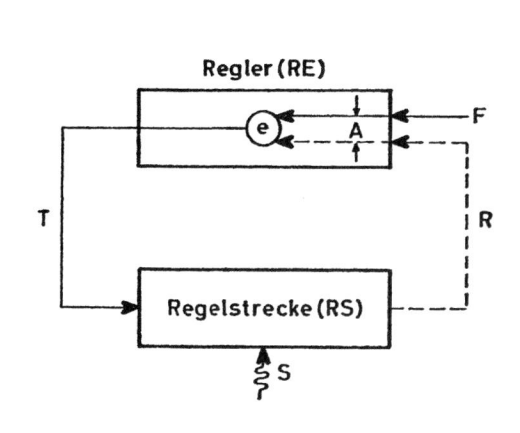

```
                    Regler (RE)
              ┌─────────────────┐
              │        ↑        │◄─── F
              │   (e)◄─┤A├──────│
              │        ↓        │◄ ─ ┐
              └────▲────────────┘    │
                   │                 │
              T    │                 │ R
                   │                 │
              ┌────┴────────────┐    │
              │                 │    │
              │  Regelstrecke(RS)├ ─ ┘
              └─────────────────┘
                      ↑ S
```

ERLÄUTERUNGEN

Modell	Betriebsw. Beispiel
Regler	— Lagerdisponent
Regelstrecke	— Lager als tatsächlicher Lagerbestand zu den Feststellungszeitpunkten t (t = 1,2,3,.........m)

"Soll"-Informationen

F = Führungsgröße	— Aus dem erstrebten Servicegrad abgeleitete Bestellpunkt- bzw. Mindestbestandsvorgabe
T = Stellgröße	— Bestellung (Auslöser für Lieferung)
T_t = Stellgröße zum Zeitpunkt t	— Bestellung zum Zeitpunkt t

"Ist"-Informationen

R_t = Rückmeldung zum Zeitpunkt t	— Bestandsmeldung zum Zeitpunkt t
$R_t - F_t = A_t$ = Abweichung	— Mehr- oder Minderbestand zum Zeitpunkt t

S_e = Störgröße	— Lagerabgang durch Entnahmen (e = 1,2,3,......n)
e_t = Entscheidungen über T_t (t = 1,2,3,......n)	— (z.B.: Bestellung, wenn $A_t \leq 0$)

eines bestimmten Loses erfolgt (Bestellpunkt). Diese Führungsgröße ist von einer übergeordneten Soll-Vorstellung abgeleitet, die etwa in einem bestimmten Servicegrad gesucht werden kann. Unter dem Servicegrad ist die Sicherheit zu verstehen, mit der auftretender Bedarf aus dem Lager tatsächlich befriedigt werden soll. „90 % Servicegrad" bedeutet demnach z. B., daß von 100 Anfragen 90 mit hoher Wahrscheinlichkeit (etwa 95 %) bedient werden können. Die Rückmeldung wird durch Ist-Bestandsmeldungen gekennzeichnet, diese Ist-Bestandsmeldungen werden mit dem Bestellpunkt als Bestandsvorgabe verglichen. Sobald der Bestellpunkt erreicht oder unterschritten wird, findet eine Nachbestellung statt. Die Nachbestellung muß so rechtzeitig erfolgen, daß der erwartete Verbrauch bis zur Einstellung der angelieferten Ware in das Lager überbrückt wird. Die Störgröße ist der Lagerabgang. Die Stellgröße besteht in der Bestellung und Lieferung, als Aktion also in der Auffüllung des Lagers. Diese Stellgröße kann Ergebnis von Einzelentscheidungen sein, es kann aber auch eine Automatisierung in der Weise stattfinden, daß bei Eintreten eines Minderbestandes automatisch eine Nachbestellung ausgelöst wird. Die Information über das Erreichen oder Unterschreiten des Bestellpunktes ist der sogenannte Auslöser.

III. Organisieren als Regel- und Lernprozeß

Der Betrieb wurde idealtypisch als ein äußerst komplexes, probabilistisches System beschrieben, das aus Subsystemen in Gestalt von Regelkreisen besteht, die horizontal und vertikal vermascht sind. So gesehen ist das System zunächst zweidimensional; es hat Regelkreise, die in gleicher Ebene angeordnet sind, und Regelkreise, die „hierarchisch" über- oder untergeordnet sind. Man kann unter dem speziellen Aspekt des Organisators diesen beiden Dimensionen gedanklich noch eine „dritte Dimension" hinzufügen.

Wenn man eine bestimmte Anordnung und Ausgestaltung von Regelkreisen in einem zu organisierenden Bereich als die Gestaltungsaufgabe des Organisators, (bzw. einer organisierenden Gruppe oder Stelle) ansieht, so ist dieser zu organisierende Bereich für ihn die Regelstrecke. Er selbst stellt in dem Sinne den Regler dar, daß er auf der Grundlage einer Zielvorstellung (hier in Gestalt eines Anforderungskataloges) Maßnahmen organisatorischer Art ergreift, um seinen Bereich in der Struktur und in den Abläufen so zu gestalten, daß er in höchstmöglichem Maß den vorgegebenen Zielvorstellungen entspricht. Dieser weitere Organisationsbereich kann in seinen informationellen Zusammenhängen als Meta-Informationsbereich bezeichnet werden, da er einen übergeordneten Regelkreis darstellt, dessen Regelstrecke die horizontal und vertikal vermaschten Regelkreise des Systems sind. Der Metabereich umfaßt die Regelung der Regelprozesse.

An dieser Stelle ist auch der Begriff des Bereiches näher zu erläutern. Über diesen Begriff gibt es keine Konvention, so daß er hier, ohne mit einer Begriffssystematik zu kollidieren, definiert und verwendet werden kann.

Unter „Bereich" sei die Gesamtheit der unter einem bestimmten Gesichtspunkt zusammenhängenden Teilfunktionen ohne Rücksicht auf ihre strukturorganisatorische Verankerung verstanden.

Der Bereichsbegriff muß eingeführt werden, um einen aufgabenmäßigen Zusammenhang darstellen und organisatorische Alternativen erörtern zu können ohne Rücksicht auf konkrete organisatorische Lösungen, die u. U. eine Dezentralisierung unter bestimmten Aspekten zusammengehöriger Funktionen vorsehen. Typisch dafür ist z. B. der Investitionsbereich; die Teilaufgaben sind in der Regel über den gesamten Betrieb verstreut. Die Organisation des Investitionswesens erfordert aber eine zusammenfassende Betrachtung.

Das Organisieren als „Regeln im Metabereich" ist — zunächst allgemein — in seinen informationellen Zusammenhängen in Bild 5 dargestellt. Das verantwortliche Leitungsorgan (z. B. A, Geschäftsleitung) gibt, von einer Führungsgröße (10) ausgehend, die grundsätzliche Anweisung (abgeleitete Führungsgröße) für die Gestaltung eines Bereiches in Form eines Anforderungskataloges (Bild 6), der möglichst bewertet sein soll (Bild 7). Sowohl der Anforderungskatalog, der die geforderten Eigenschaften des zu organisierenden Bereiches im Dienste des Gesamtbetriebes und ihre Wertung enthält, als auch die organisatorischen Lösungen zur Erfüllung des Anforderungskataloges sind Gegenstand von Lernprozessen. Der Anforderungskatalog wird zunächst im Sinne einer Modellvorstellung (Bild 5, B) am „Modell", z. B. in Gedankenexperimenten, getestet (11); nur Anforderungen, die sich in der Modellanalyse bewähren (15), werden dann in den Anforderungskatalog aufgenommen (12). Dieser wird von dem Leitungsorgan in Zusammenarbeit mit allen fachlich betroffenen Stellen aufgestellt. Der Anforderungskatalog ist ein Gegenstand des Lernprozesses im Leitungsorgan (A), das dazu gezielte Rückmeldungen auswertet. Die Meldungen kommen teils direkt aus dem betroffenen Bereich (F), insbesondere über Organisationsprüfungen (27), teils kommen sie von Stellen, die für die Organisation verantwortlich sind (D, 28). Der Kommunikationskanal (27) enthält freilich auch Meldungen, die der zu organisierende Bereich selbst gibt, die aber, um dem hierarchischen System zu entsprechen, ebenfalls an (D) gehen müssen (26). Der Organisator oder die organisierende Stelle (D) versucht, durch entsprechende Gestaltung des Bereiches in seinem Aufbau, seinen Abläufen und seiner Verzahnung mit anderen Bereichen die Forderungen des Anforderungskataloges (C, 20) zu realisieren (21, 22). Auch (D) schaltet der Realisierung möglicher Alternativen eine Modellanalyse vor (21, E, 25). Gestaltungsmöglichkeiten, die mit hoher Wahrscheinlichkeit die Erreichung der im Katalog geforderten Eigenschaften (C, 20) erwarten lassen, werden dann realisiert (22). Über die tatsächliche Bewährung erfolgen Rückmeldungen über Kanal (26). Die Be-

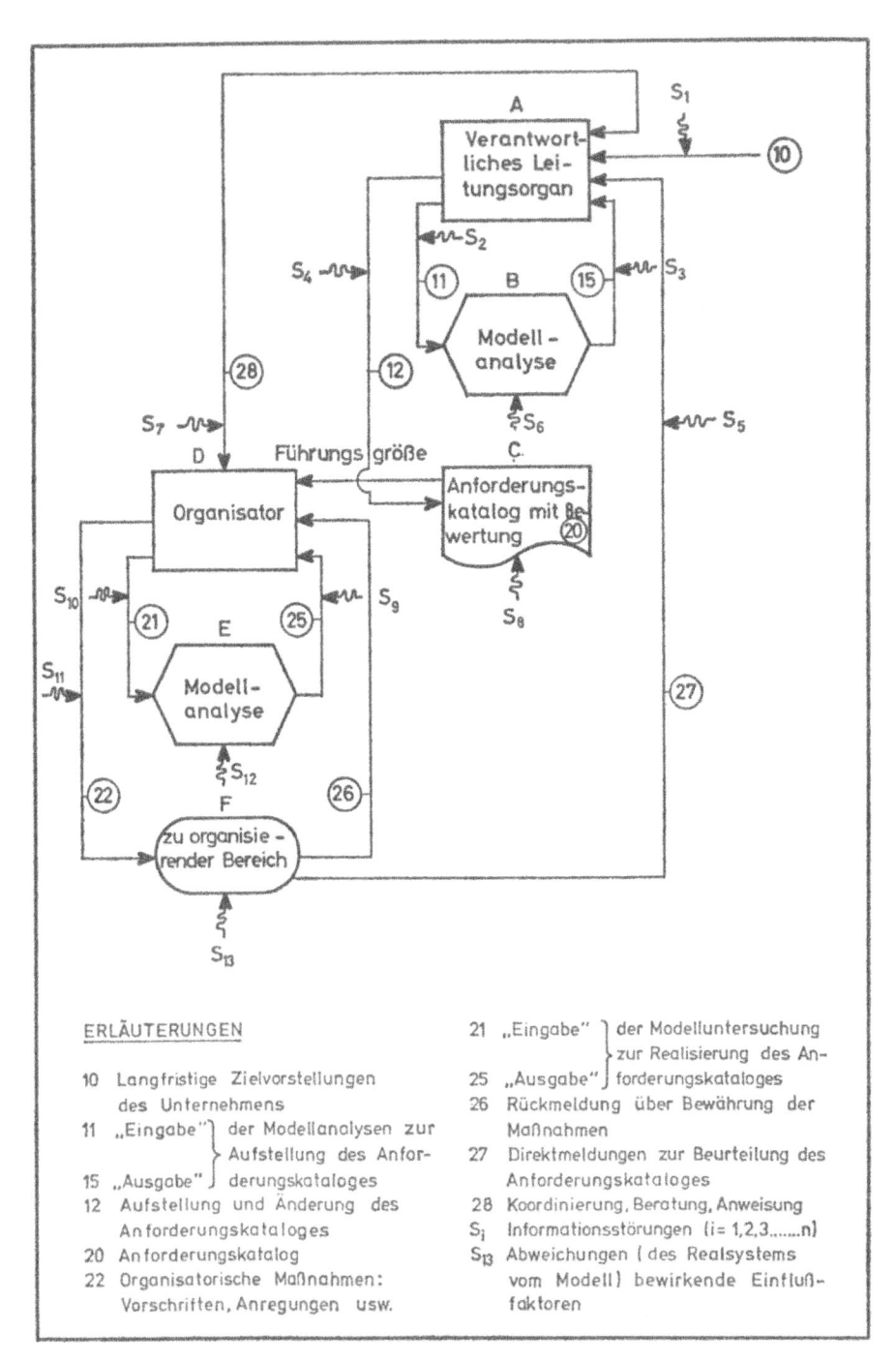

Bild 5: Organisieren als Lernprozeß

ERLÄUTERUNGEN

10 Langfristige Zielvorstellungen des Unternehmens
11 „Eingabe" ⎫ der Modellanalysen zur
15 „Ausgabe" ⎭ Aufstellung des Anforderungskataloges
12 Aufstellung und Änderung des Anforderungskataloges
20 Anforderungskatalog
22 Organisatorische Maßnahmen: Vorschriften, Anregungen usw.
21 „Eingabe" ⎫ der Modelluntersuchung
25 „Ausgabe" ⎭ zur Realisierung des Anforderungskataloges
26 Rückmeldung über Bewährung der Maßnahmen
27 Direktmeldungen zur Beurteilung des Anforderungskataloges
28 Koordinierung, Beratung, Anweisung
S_i Informationsstörungen (i = 1,2,3......n)
S_{13} Abweichungen (des Realsystems vom Modell) bewirkende Einflußfaktoren

Bild 6: Unbewerteter Anforderungskatalog, Beispiel: Marktforschungsbereich

a) Erfüllung der Aufgabe, die äußeren Kosten- und Ertragsfaktoren zu erfassen und in geeigneter Form allen Interessenten (unterschieden in laufende Berichterstattung und Berichterstattung auf Abruf) zu übermitteln, unter weitestmöglicher Objektivität gegenüber allen betrieblichen Bereichen, insbesondere Investition, Vertrieb und Produktion.

b) Koordinierung mit allen Bereichen, mit denen Informations- und Bearbeitungszusammenhänge bestehen, aus eigener Verantwortung.

c) Laufende selbsttätige Anpassung der Methodik an den neuesten Stand in Wissenschaft und Praxis durch Prüfung, wie und in welchem Umfang neue Marktforschungsmethoden angewendet werden können, Aufnahme der geeigneten Methoden und Erfolgsselbstkontrolle.

d) Bemühen um eigene Weiterentwicklung der Methoden und kritische Beurteilung derselben.

e) Sicherung des optimalen Einsatzes maschineller Hilfsmittel, insbesondere der EDV.

f) Sicherung der optimalen Abgrenzung von Eigen- und Fremdleistung (der Marktforschungsinstitute usw.).

g) Erfüllung der Aufgabe mit geringstmöglichen Verwaltungskosten bei gegebenem Leistungsniveau.

Die Beschreibung der Eigenschaften ist als Anforderungskatalog in eine Kurzform zu bringen, die Eigenschaften sollen gewichtet werden.

Bild 7: Bewerteter Anforderungskatalog, vereinfachtes Beispiel

Beispiel: Ersatzteillager für hochwertige Ersatzteile				
a	b	c	d	e
Anforderungsart	Gewichtungsfaktoren	Istbeurteilung*)	Einzelwert $b \cdot c$	Max. Punktwert $4 \cdot b$
Lieferbereitschaft gemäß vorgegebenem Servicegrad	10	3	30	40
Koordinierung mit Einkauf	6	2	12	24
Koordinierung mit Abnehmern	5	2	10	20
Flexibilität	5	4	20	20
Koordinierung mit den übrigen Abteilungen	2	3	6	8
Verwaltungskosten	1	4	4	4
Summe		—	82	116

*) 4 = gut erfüllt, 3 = befriedigend erfüllt, 2 = mangelhaft erfüllt, 1 = schlecht erfüllt.
Die einzelnen Anforderungen sind zu erläutern, das Anspruchsniveau der verschiedenen Erfüllungsgrade ist festzulegen.

urteilung von Organisationsalternativen auf ihre Wirkungen im konkreten Fall ist eine der wichtigsten Aufgaben des Organisators; er verfügt dazu über ein Repertoire an Modellen.

Die Gestaltungsmöglichkeiten bzw. Organisationsalternativen (11, 21) sind Ergebnis kreativer Akte unter Rückgriff auf ein *Alternativen-Repertoire*. Die Kreativität kann methodisch gefördert werden, z. B. durch „*Brainstorming*" oder *kybernetische Analogiebetrachtungen*. In diesem Sinn ist „Intuition" nicht nur zulässig, sondern notwendiger Systembestandteil!

Die Gestaltungsmöglichkeiten können auch *analytisch-synthetisch* gefunden werden, z. B. im sog. m o r p h o l o g i s c h e n   K a s t e n (siehe Bild 8).

Bild 8: *Der morphologische Kasten als Hilfsmittel zur Formulierung von Organisationsalternativen, Beispiel: Beschaffungsbereich*

Kriterien (Auswahl) \ Gestaltung		01	02	03	04
10	Umfang der Aufgabe: Bestellvorgang	11) Formelle Abwicklung vorgegebener Bestellungen	12) Teilweise selbständige Lieferantenauswahl	13) Grundsätzlich freie Lieferantenauswahl	14) —
20	Umfang der Aufgabe: Mengendisposition	21) Keine eigene Mengendisposition	22) Teilweise eigene Mengendisposition	23) Grundsätzlich eigene Mengendisposition	24) —
30	Ebene der Leitung des Bereiches	31) Oberes Management	32) Mittleres Management	33) Unteres Management	34) —
40	Instanzenzug	41) Ohne eigenen Instanzenzug	42) mit Instanzenzug über 2 Ebenen	43) mit Instanzenzug über 3 Ebenen	44) mit Instanzenzug über mehr als 3 Ebenen
50	Grad der Zentralisation	51) Zentrale Leitung und zentrale Ausführung	52) Zentrale Leitung und dezentrale Ausführung	53) Zentrale Richtlinienkompetenz, dezentrale Leitung und Ausführung	54) völlig dezentraler Aufbau allenfalls mit Koordinierungsstelle
	Realisierbare Kombinationen	D: (12 o. 13) → (22 o. 23) → 32 → 42 → (52 o. 53) Z: (12 o. 13) → (22 o. 23) → 32 → 41 → 51			

Kurze Charakteristik der morphologischen Methode (MM)

Unter der MM sei das m e h r d i m e n s i o n a l e   K l a s s i f i z i e r e n eines Sach- oder Sinnbereiches nach bestimmten Regeln, die eine zielorientierte Synthese ermöglichen, verstanden. Die Methode wird in der Literatur als der Analyse/Synthese, der Prognose und der Kreativitätsförderung (namentlich im Bereich der Technik) dienend dargestellt. Die bisherige Behandlung im betriebswirtschaftlichen Schrifttum wird ihrer Problemlösungspotenz nicht gerecht.

Kreativität sollte klar zur Intuition abgegrenzt werden. Intuition ist das Gewahrwerden eines Sachverhaltes, das nicht auf einer bewußten, lückenlos nachvollziehbaren Hinführung beruht. Intuition ist zweifellos ein Weg zu „neuen, wertvollen Informationen" (K. Steinbuch, Innovationen), aber nur einer; ein anderer Weg ist der einer rationalen, bewußten, nachvollziehbaren Erarbeitung.

Die beiden Wege, kreativ zu wirken, der intuitive und der rationale, schließen sich nicht aus; im Gegenteil, sie ergänzen und verstärken sich wechselseitig. Das wird deutlich, wenn man die heute praktizierten Methoden der Kreativitätsförderung studiert. Die rationale Komponente ergibt sich aus der Tatsache, daß Kreativität in gewissen Grenzen als lehr- und lernbar angesehen wird.

Bei der MM überwiegt in der Regel das rationale Element, indem für ein Problem zunächst analytisch alle möglichen Teillösungen in einer Matrix nach intensionalen und extensionalen Merkmalen klassifiziert zusammengestellt werden. Dann wird die Brauchbarkeit der möglichen Kombinationen geprüft, um so synthetisch realisierbare Lösungen zu finden. Die Auslese einer begrenzten Zahl realisierbarer Alternativen aus der großen Anzahl der theoretisch gegebenen Kombinationen stellt durch kausale Abhängigkeit der Teillösungen und zu beachtende Nebenbedingungen in der Praxis kein Problem dar (Bsp.: Kapitel E, V, 1)

Literaturhinweise: G. Ropohl: Systematische Ansätze bei der Anwendung der morphologischen Methode in der Praxis, in: Blohm, H. und Steinbuch, K. (Hrsg.), Technische Prognosen in der Praxis, Düsseldorf 1972, S. 29—39; Zwicky, F.: Entdecken, Erfinden, Forschen im morphologischen Weltbild, München/Zürich 1966, Taschenbuchausgabe München/Zürich 1971; Kesselring, F.: Schöpferische Arbeit in Technik und Wirtschaft, in: Fortschrittliche Betriebsführung, 21 (1968), S. 39—59.

Lernprozesse dieses Typs sind es, die nach Auffassung des Verfassers in stärkerem Maße Gegenstand wissenschaftlicher Untersuchungen und wissenschaftlich fundierter Gestaltungsprinzipien werden sollten, wie es in den einleitenden Thesen gefordert wurde. Das bedeutet nicht, daß die Versuche, optimale Strukturen und Abläufe auf der Grundlage wissenschaftlich abgesicherter Erkenntnisse zu entwickeln, aufgegeben werden sollten.

Das Lernen im Betrieb zwecks Annäherung an optimale Strukturen und Abläufe und das Lernen der Wissenschaft im Sinne eines mehrdimensionalen, hierarchischen Systems sind miteinander verbunden, wie Bild 9 zeigt:

Der Betrieb lernt, wie er sich Optimalzuständen zu nähern hat, die Wissenschaft zieht daraus allgemeine Erkenntnisse und liefert neue Gestaltungsmöglichkeiten. Beide Systeme lernen in Wechselwirkung, insbesondere, wie man zu lernen hat.

Es handelt sich also um mindestens zwei verkoppelte Regelkreise:

(1) Der eine besteht aus den wissenschaftlich-forschenden Organisatoren als Regler, die in Bild 9 vereinfachend als ein einheitliches Element dargestellt sind (wie auch die weiteren Personen- und Objektgruppen). Die Regelstrecke, der zu regelnde Bereich, ist das Repertoire der wissenschaftlichen Erkenntnis, das aus Modellvorstellungen über Gestal-

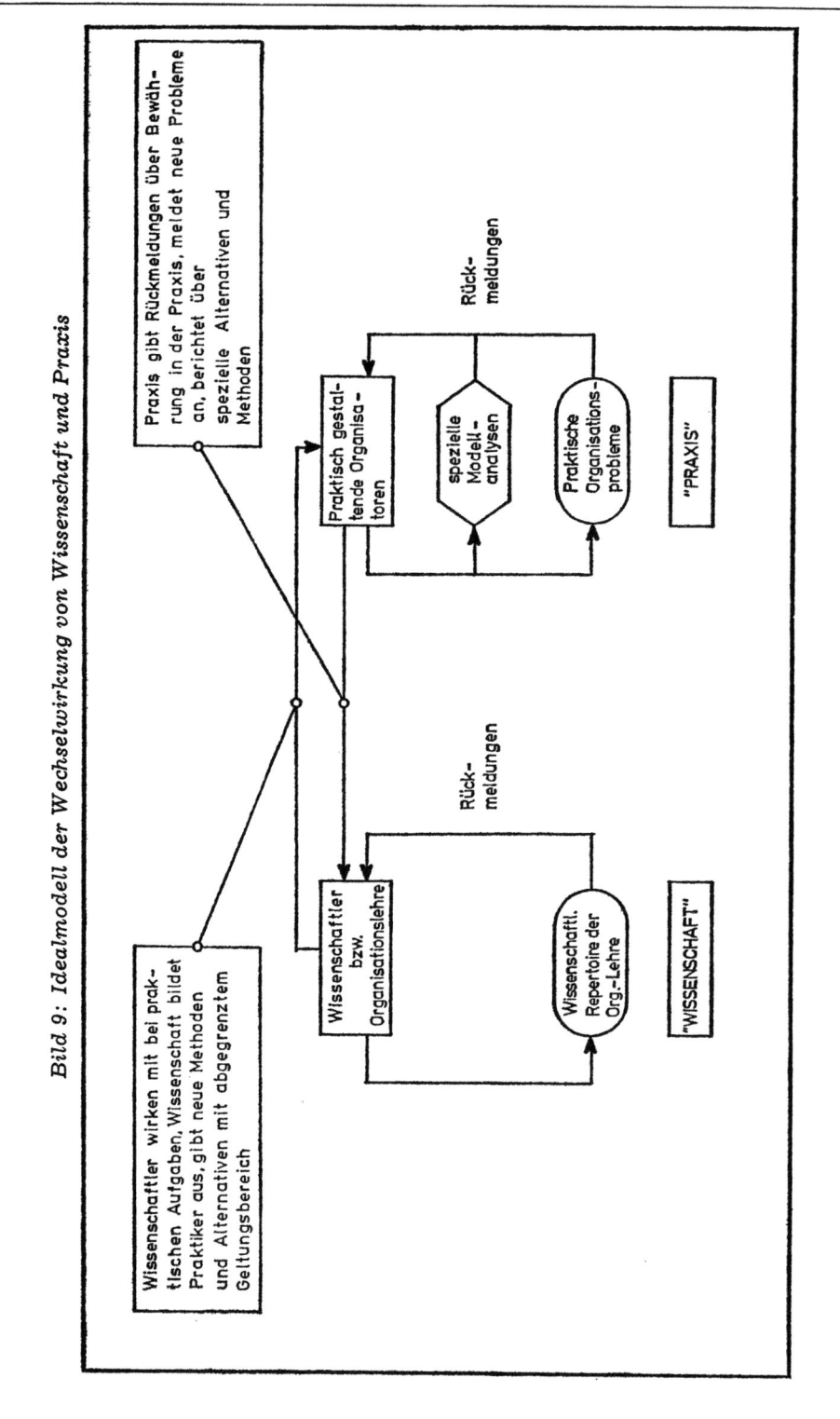

44 Das Metaregelsystem als Idealmodell organisatorischen Gestaltens

Bild 9: Idealmodell der Wechselwirkung von Wissenschaft und Praxis

Wissenschaftler wirken mit bei praktischen Aufgaben, Wissenschaft bildet Praktiker aus, gibt neue Methoden und Alternativen mit abgegrenztem Geltungsbereich

Praxis gibt Rückmeldungen über Bewährung in der Praxis, meldet neue Probleme an, berichtet über spezielle Alternativen und Methoden

Praktisch gestaltende Organisatoren

spezielle Modellanalysen

Praktische Organisationsprobleme

Rückmeldungen

"PRAXIS"

Wissenschaftler bzw. Organisationslehre

Wissenschaftl. Repertoire der Org.-Lehre

Rückmeldungen

"WISSENSCHAFT"

tungsmöglichkeiten, Entscheidungswege, Zusammenhänge und Methoden der verschiedensten Art bestehend angenommen wird. Diese Modelle haben in der Regel zunächst hypothetischen Charakter. Sie werden dann wissenschaftlich geprüft, indem man sie mittels Simulation und Gedankenexperimenten — soweit möglich auch mit Hilfe von Realexperimenten — zu falsifizieren versucht. Wesentlich für die Übertragung allgemeiner wissenschaftlicher Erkenntnisse auf Realsysteme ist die Abgrenzung des Geltungsbereichs und die Formulierung der Prämissen der Anwendung. Gerade hier liegt das gegenwärtige Repertoire im argen.

(2) Alle die Falsifizierungsversuche im Modell überstehenden wissenschaftlichen Aussagen werden dem Repertoire der praktisch-gestaltenden Organisatoren zugeführt; sie verändern oder vermehren deren Handlungsalternativen und Auswahlmethoden. Auch im Regelkreis der praktisch-gestaltenden Organisatoren finden wieder Gedankenexperimente und Simulationen statt, allerdings sind diese normalerweise betriebsindividuell gestaltet. Erfolgreich getestete organisatorische Lösungsmöglichkeiten werden realisiert. Sowohl die Modellstudien als auch die realisierten Lösungen geben ihre Rückmeldungen zwecks Ableitung neuer Stellgrößen (u. U. auch zur Veränderung der Führungsgrößen) an den eigenen Regler im Betrieb und an den Regler „wissenschaftliche Forschung" zurück.

Durch die „vermaschten" Kreisprozesse wird eine ständige Erweiterung und Bereinigung des Repertoires an wissenschaftlicher Erkenntnis und an praktischen Handlungsalternativen zur aktiven Gestaltung realer Systeme und zu deren Anpassung an veränderte Umweltbedingungen erreicht.

IV. Hauptproblem Kommunikation

Die Idee, aus Rückmeldungen zu lernen, ist ein uraltes Naturprinzip und auch als Handlungsprinzip in künstlichen Systemen nicht neu. Dessenungeachtet gehören in der heutigen Organisationspraxis methodisch gestaltete Lernprozesse innerhalb eines Betriebes zu den Ausnahmen. Es wird im Normalfall nicht einmal versucht, sich gezielt die notwendigen Informationen zu beschaffen, um die Effizienz einer Organisation möglichst frei von subjektiver Einschätzung beurteilen zu können. Soll-Ist-Vergleiche als Vorbedingung der Meta-Regelung scheitern auch daran, daß ein Sollzustand z. B. in Gestalt eines Anforderungskataloges überhaupt nicht formuliert wird, geschweige denn ein solcher als Gegenstand eines übergeordneten Lernprozesses angesehen wird. Modelluntersuchungen organisatorischer Alternativlösungen (bzw. geänderter Bedingungen des Anforderungskataloges im übergeordneten Regelkreis) scheitern ebenfalls durch Mangel an Informationen und an geeigneten (insbesondere quantitativen) Methoden. Man geht wohl nicht fehl, den Kommunikationsprozeß über die Organisation als eine Schwachstelle des Betriebes zu bezeichnen, die eine Weiterentwicklung der Organisation ernsthaft hemmt. Das wäre ein weiterer Grund, auf diesen Punkt das Schwergewicht der wissenschaftlichen Arbeit zu legen.

V. Die Aufgabe des Organisierens, ihre Komplexität

(Überleitung zum praktischen Teil, Kapitel C bis G)

Jeder Mensch, der sich über den Einzelfall hinaus Gedanken macht, wie Aufgaben zweckmäßig erledigt werden können, organisiert. So organisiert auch im Betrieb eigentlich jeder. Eine völlige Zentralisierung der Aufgabe ist also nicht möglich. Das wäre auch keinesfalls zweckmäßig; vielmehr kommt es auf die geeignete Arbeitsteilung zwischen Organisations-Fachstellen und dezentralem Organisieren bis hin zu dem einzelnen Arbeitsplatz an.

Die Aufgabe kann auch eine recht unterschiedliche Struktur je nach den Bedingungen, der Problemsituation und dem Mitteleinsatz haben. Als zweckmäßig zur Charakterisierung der Organisationsprozesse hat sich folgende Einteilung in A u f g a b e n t y p e n erwiesen:

(1) L a u f e n d e   o r g a n i s a t o r i s c h e   A r b e i t: Verbesserungen, nachträgliche und vorausschauende Anpassungsmaßnahmen, Ergänzungen. Hier ist der Prototyp der Lernprozesse angesprochen. Es geht darum, die Organisation schrittweise zu verbessern.

(2) O r g a n i s a t o r i s c h e   Ä n d e r u n g e n   a u s   b e s o n d e r e m   A n l a ß: Inhaltlich stimmt dieser Typ mit dem ersten überein, lediglich der Anlaß ist besonderer Art, wie z. B. Eingliederung einer Tochtergesellschaft. Aus dem Anlaß können sich besondere Zielkomponenten ergeben, wie organisatorische „Gleichschaltung" der Tochtergesellschaft.

(3) V ö l l i g e   N e u g e s t a l t u n g   e i n z e l n e r   B e r e i c h e: Derartige Aufträge können unterschiedliche Tiefen aufweisen; im äußersten Grenzfall reichen sie von der Istaufnahme und Istanalyse über den Entwurf, die Aufstellung von Alternativen, die Auswahl der geeigneten Alternative, die Einführung des „Soll" bis zur Einführungskontrolle. Typisch für Organisationsstellen und Organisationsberater und von diesen in der Begrenzung manchmal nicht ungern gesehen ist der Abschluß mit Vorschlägen in einem „Bericht". An eine solche Neukonzeption schließt sich dann der Lernprozeß an, soweit er nicht schon Teil der Auftragsausführung ist.

(4) V ö l l i g e   N e u g e s t a l t u n g   e i n e s   B e t r i e b e s bzw. eines Unternehmens oder Unternehmensverbundes, einer Behörde, eines Verbandes usw.: Das zum dritten Typ Gesagte gilt hier sinngemäß.

Weitere Besonderheiten der einzelnen Typen ergeben sich aus den folgenden Kapiteln, ausdrücklich angesprochen wird dieses Thema mit der Schlußfeststellung, die auf einem Schaubild (Bild 63), die Organisationstätigkeit darstellend, basiert. Nicht ausdrücklich als Aufgabentypen herausgestellt wurden die Teilaufgaben wie Organisationsprüfungen, die selbstverständlich Organisationsaufgaben sind.

Allen Organisationsaufgaben gemeinsam ist die Notwendigkeit der Erarbeitung und Verknüpfung bestimmter Informationen mit Soll- und Istcharakter (Zielvorstellungen, Anforderungen, Alternativen, Entscheidungskriterien, Wirkungen bestimmter Organisationsformen, gegebene Strukturen und Abläufe, Änderungsmöglichkeiten, Bedingungen, menschliches Verhalten) sowie die Komplexität der Organisationsaufgabe.

Die K o m p l e x i t ä t der Organisationsaufgabe beruht zunächst auf dem Tatbestand, daß im Betrieb alles von allem abzuhängen scheint (Interdependenz), und dann auf der in der Regel recht großen Zahl theoretisch gegebener Lösungsmöglichkeiten eines Problems. Dazu sei ein Beispiel gegeben, das zugleich die Problematik einer Formalisierung organisatorischer Probleme zeigen soll.

Beispiel:
In einem Betrieb wird die Einkaufstätigkeit nach den zu beschaffenden Objekten in zehn Beschaffungsgebiete eingeteilt:

$$\text{Beschaffungsgebiete: } b_1, \ldots, b_{10}$$

Die Aufgabe ist von zwei Einkäufern mit je 5 Beschaffungsgebieten zu erledigen:

$$\text{Einkäufer: } e_1, e_2$$

Unter der Prämisse, daß jede Kombination zulässig ist, ergeben sich unter Heranziehung der Formel für die Permutationen mit Gruppenanordnung folgende Möglichkeiten

$$p(E_{10}^{5,5}) = \frac{10!}{5! \cdot 5!} \frac{1\cdot 2\cdot 3\cdot 4\cdot 5\cdot 6\cdot 7\cdot 8\cdot 9\cdot 10}{1\cdot 2\cdot 3\cdot 4\cdot 5\cdot 1\cdot 2\cdot 3\cdot 4\cdot 5} \approx 250 \text{ Zuordnungsmöglichkeiten}$$

Selbst unter diesen stark vereinfachten Bedingungen gibt es also rund 250 Möglichkeiten der Aufgabenzuordnung; wer wollte angesichts dessen unter realistischen Bedingungen bei vielleicht 100 Beschaffungsgebieten und 5, 10 oder 15 Aufgabenträgern behaupten, eine gegebene Lösung sei „optimal", was ja heißen würde, es gebe keine bessere Aufgabenverteilung als diese gerade praktizierte?

Das Problem der Aufgabenzuordnung wird noch wesentlich komplexer, wenn man folgende Bedingungen des Realsystems berücksichtigt:

(1) Die Aufgabengliederung in 10 Beschaffungsgebiete (wie im Beispiel) ist *nur eine unter praktisch unendlich vielen Möglichkeiten;* so könnte man z. B. einteilen:

Eisen / Nichteisenteile oder: Normteile / nicht genormte Teile oder: Lieferer Inland / Lieferer Ausland oder: Lieferer im Konzern / Lieferer außerhalb des Konzerns.

In allen Möglichkeiten dieser willkürlich vorgenommenen Erweiterung des Beispiels erfolgt die Bildung der Beschaffungsgruppen nach anderen Kriterien, zunächst bleibt aber noch das Grundprinzip der „Gliederung nach Objekten" erhalten. Hebt man noch dieses Grundprinzip auf, so wird deutlich, daß der Zahl der Gestaltungsmöglichkeiten kaum eine Grenze gezogen ist. So könnte man nach der Art der Verrichtung einteilen in: Bestellvorbereitungsarbeiten, Bestellwesen, Lieferkontrolle, Erledigung von Rückfragen usw.; oder nach Bedarfsstellen am Ort A, B, C, D usw.

(2) Der Vielzahl von Möglichkeiten steht nicht einmal ein geeignetes Verfahren zur Bestimmung der *Effizienz der schon realisierten Möglichkeiten* gegenüber und schon gar nicht ein Verfahren zur Bestimmung der *Effizienz erst noch zu realisierender Möglichkeiten*. Nur zu leicht verfällt man bei Betrachtungen der letztgenannten Art in den Fehler, eine Lösung, die ihre Mängel bereits offenbart hat, auf gleicher Stufe mit einer Lösung zu vergleichen, die ihre Fehler erst noch offenbaren wird. Selbst wenn man sich dieser Gefahr bewußt ist, fällt es schwer, eine zu pessimistische Betrachtung einerseits oder eine zu optimistische Betrachtung andererseits des Neuen, noch Unerprobten zu vermeiden.

(3) Obwohl die Organisationslehre vergangener Zeiten eindeutig zu der Aussage tendierte, die Organisation habe sich an rein sachlichen Erwägungen und nicht an den „zufälligen" Fähigkeiten und Eigenschaften der Mitarbeiter zu orientieren, um die Organisation unabhängig von der personellen Besetzung zu gestalten, neigt man heute — aus Gründen, die später noch zu behandeln sind — auch zum Gegenteil. Das zeigt nicht nur die Grenzen allgemeiner Aussagen über das „Wie" des Organisierens, es weist auch darauf hin, daß *Organisations-Optima nur betriebsindividuell bestimmbar* sind, denn jede personelle Zusammenstellung ist betriebsindividuell.

Diese Aufzählung, die deutlich die Komplexität des Organisierens zeigt, ließe sich noch fortsetzen; doch mögen diese sich an das Beispiel anschließenden drei Punkte genügen, um zu zeigen, warum hier der Standpunkt vertreten wird, das Streben nach organisatorischen Optima sei nur auf dem Wege methodischer Lernprozesse zu realisieren. Voraussetzung dazu ist allerdings eine ausreichende Flexibilität der Organisation (im Sinne einer Gestaltung, die Änderungen zuläßt), um die Annäherungsschritte auch vollziehen zu können. Das ist kein Nachteil in einer schnellebigen Zeit, die dem in jeder Hinsicht flexiblen Betrieb die größeren Chancen einräumt.

C. Grundsätzliche Möglichkeiten organisatorischen Gestaltens

Welche Möglichkeiten stehen dem Organisator (im weitesten Sinne) zur Verfügung?

Die grundsätzlichen Gestaltungsmöglichkeiten bieten sich als eine Reihe von polaren Gegensatzpaaren dar, die von den drei grundlegenden Gegensatzpaaren abgeleitet werden können:

(1) Zerlegen — Zusammenfügen,

(2) Auslese — Anpassung,

(3) Beharrung — Veränderung.

Innerhalb dieser gegensätzlichen Gestaltungsmöglichkeiten muß sich der Organisator entscheiden. Die Entscheidung hat nur in Ausnahmefällen den Charakter eines „Entweder — Oder"; es gilt vielmehr, zwischen den Extremen ein zweckgerichtetes Maß zu finden bzw. die Gegensatzpaare zu einem höherwertigen Ganzen unter dem Aspekt übergeordneter Ziele zusammenzuführen.

Beispiel:

In einem Verkaufsbezirk sollen Vertreter eingesetzt werden; der Umfang der Aufgabe erfordert drei Personen. Zunächst ist also die Aufgabe zu zerlegen in Teilaufgaben; dies kann durch Untergliederung des Verkaufsbezirks in drei Reisebezirke oder durch Aufteilung der zu vertreibenden Artikel nach Erzeugnisgruppen geschehen. Ganz gleich, welcher Weg beschritten wird, stets ist an die organisatorische Sicherung des Zusammenfügens zu denken, an die Koordinierung, um eine einheitliche Behandlung der Kundschaft und eine gleiche Bearbeitungsintensität, bei der Gliederung nach Erzeugnisgruppen auch eine zeitliche Abstimmung der Kundenbesuche zu gewährleisten. Übergeordnetes Ziel ist die Sicherung der Zielerreichung im Vertriebsbereich unter optimaler Ausnutzung der Sachkenntnis der Vertreter einerseits und der wirksamen Bearbeitung jedes einzelnen Kunden andererseits.

Eine ähnliche Betrachtungsweise, wie sie hier versucht wird, klingt schon bei dem Altmeister der Organisationslehre, Bogdanow, an, wenn er die Organisation als ein System der *An- und Zuordnung von Kräften und Gegenkräften* unter bestimmten Gesichtspunkten auffaßt: „Das erste entscheidende organisatorische Merkmal ist die Verbindung dieser Kräfte und Widerstände in der Weise, daß sie sich zu einem höherwertigen Ziel zusammenfinden"[10].

---
[10] Bogdanow, A., Allgemeine Organisationslehre, I. Band, Berlin 1926, S. 65 ff. Vgl. dazu: Grochla, E., Organisationstheorie, 1. Teilband, Stuttgart 1975; Grochla, E., Unternehmensorganisation, Reinbek b. Hamburg 1972; Riester, W., Die Organisation, in: Die Lehre vom Wirtschaftsbetrieb, 3. Buch, Hrsg.: W. Prion, Berlin 1936, S. 109.

Dieses System von Gegensatzpaaren, die sich zu einer höheren Einheit verbinden, ist in der Philosophie als „*Polarität*" bekannt und bildet bei *Heraklit* die Grundlage seiner Metaphysik: „Der Streit ist der Vater aller Dinge, alles vollzieht sich in Gegensätzen, die sich ausgleichen". *Nietzsche* definiert die Polarität als „das Auseinanderstreben einer Kraft in zwei quantitativ verschiedene, entgegengesetzte und zur Wiedervereinigung strebende Tätigkeiten" (Philosophie im tragischen Zeitalter der Griechen).

I. Zerlegen — Zusammenfügen

1. Zerlegen als Vorstufe schöpferischen Gestaltens

Am Anfang jeder Gestaltungsarbeit steht das Zerlegen; so löst der Naturwissenschaftler die von der Natur gegebenen Stoffe in seine Bestandteile und sogar weiter in die Moleküle und Atome auf, um sie dann wieder zusammenzufügen, wie er es will. Zum Beispiel: Abdestillieren (Zerlegen) des Rohöls und Schaffung neuer Erzeugnisse, indem Zusätze hinzugefügt und chemische Veränderungen vorgenommen werden, um Schmieröle, Heizöle, Benzine usw. mit den gewünschten Eigenschaften zu erhalten.

Auch die menschliche Arbeit wurde — namentlich als Folge des Wirkens in der von F. W. Taylor gewiesenen Richtung — immer mehr von diesem Vorgang ergriffen. Man entdeckte, daß die alten, organisch gewachsenen Ordnungen der bäuerlichen und handwerklichen Arbeit nur in ihre Elemente aufgelöst zu werden brauchen, um dann aus Elementarbewegungen, Elementarzeiten, Elementarbegriffen und Elementarwegen Arbeitsprozesse zu schaffen, wie man sie will und braucht. Daraus entstand die A r b e i t s t e i l i g k e i t, die Mechanisierung und Automatisierung der ursprünglich ganzheitlich ausgerichteten Arbeitstätigkeit.

Aus einer weitgehenden Arbeitsteilung ergeben sich eine Reihe von Vorteilen:

(1) genauere Kenntnis der einzelnen Tätigkeiten und Vermeidung von Verlustzeiten;
(2) quantitative und qualitative Leistungssteigerung durch Übung;
(3) Elementarfunktionen sind quantitativ zu erfassen, sie sind meßbar bezüglich der benötigten Zeit;
(4) die Tätigkeiten können standardisiert werden;
(5) Ersatz gelernter durch ungelernte oder angelernte Kräfte wird möglich;
(6) Arbeitsabläufe werden ganz oder zum Teil automatisierbar.

Es hat sich bald gezeigt, daß es einseitig ist, das Prinzip der Zerlegung immer weiterzutreiben, und daß es notwendig ist, z u g l e i c h d i e Z u s a m m e n - f a s s u n g zu bewirken. Es kann zu keiner Optimallösung führen, wenn ein

Prinzip der Analyse zu einem Grundsatz des Handelns gemacht wird. Die einzelne Tätigkeit muß zwar zunächst analysiert, studiert und verbessert werden, aber produktiv ist der Mensch erst, wenn er die Elemente wieder zu sinnvollen Ganzheiten integriert. — Das Bilden von Ganzheiten ist sowohl für den Arbeitsbereich des einzelnen Menschen als auch für die einzelnen Aufgabenbereiche und das übergeordnete Betriebsganze anzustreben. Heute spricht man deshalb wieder mehr von Arbeitserweiterung und Arbeitsbereicherung, was allein gesehen ebenfalls einseitig ist.

2. Aufgabengliederung und Aufgabenzuordnung

Das **Zerlegen** der Gesamt- oder Hauptaufgabe galt einmal als das Kardinalproblem der betriebswirtschaftlichen Organisationslehre. Auch heute noch ist die Wahl geeigneter **Gliederungskriterien**, um die Gesamtaufgabe in Stufen bis herab zu Elementarfunktionen zu gliedern, die dann zu geeigneter Zusammenfassung den Stellen zugeordnet werden, ein wichtiges Grundproblem der Theorie und der praktischen Organisationsarbeit.

*Sieht man von der rein quantitativ-mengenmäßigen Unterteilung ab (jeder pflügt einen Morgen Land, Meier bearbeitet Buchstaben A bis O, Lehmann F bis K... usw.), so gilt die Gliederung nach dem „**Verrichtungsprinzip**" als die klassische Art, die immer als geeignet angesehen wurde, wenn eine andere Art nicht zwingend geboten erschien oder sich eindeutig als überlegen erwies.*

In neuerer Zeit werden immer neue Kriterien gefunden und erprobt, während ältere, wie die quantitativ-mengenmäßige Unterteilung, mit zunehmender Automatisierung von Massenarbeiten an Bedeutung verlieren.

Bei Zerlegung der Hauptaufgabe[11]) können aufbauorganisatorische (Aufgabenanalyse) und ablauforganisatorische (Arbeitsanalyse) Gliederungsgesichtspunkte unterschieden werden.

Die **Aufgabenanalyse** umfaßt insbesondere sachlich-technologische sowie formale Gliederungskriterien. *Sachliche und technische* Gegebenheiten des Einzelbetriebes stehen bei der Gliederung

(1) nach den Verrichtungen (nach Tätigkeitsarten wie z. B. Einkaufen, Verkaufen, Montieren),

(2) nach den Objekten (nach den Gegenständen der Aufgabe wie z. B. End-, Zwischenprodukte, Rohstoffe, Marktbezirke, Abnehmer) und

(3) nach örtlichen bzw. räumlichen Gesichtspunkten (Verkauf Inland — Verkauf Ausland, Werk Augsburg — Werk Hannover)

im Vordergrund.

---
[11]) Vgl. Kosiol, E., Grundlagen und Methoden der Organisationsforschung, 2. Aufl., Berlin 1968, S. 25 ff.

Mehr *formaler* Art sind die folgenden Gliederungskriterien:

(4) nach dem Rang (d. h. rangmäßige Zuordnung der Aufgaben als Entscheidungs- und Ausführungsaufgaben) — eine andere Bezeichnung für Rang wäre „Funktionsebene" —,

(5) nach der Phase (die Entwicklungsstadien einer Aufgabe werden in Planungs-, Vollzugs- und Überwachungsaufgaben getrennt),

(6) nach dem Zweck (wie: Gliederung der Aufgabe in primäre Zweckaufgaben und sekundäre Verwaltungsaufgaben).

In allen Fällen sind weitere Untergliederungen möglich.

Die Elemente bei der A r b e i t s a n a l y s e, d. h. bei der Strukturierung der in der Unternehmung ablaufenden Arbeitsprozesse, sind:

(7) Raum (Ort, an dem die Aufgabe gelöst werden soll, vgl. hierzu Punkt 3 dieser Aufzählung!),

(8) Zeit (Zeitpunkt, zu dem die Aufgaben erfüllt werden sollen),

(9) Reihenfolge der Erledigung,

(10) Arbeitsmittel (Hilfsmittel, die zur Durchführung der Arbeitsprozesse zur Verfügung stehen).

Neue Gliederungskriterien sind z. B.:

(11) Zerlegung der Gesamtaufgabe in Routine- und Nichtroutineaufgaben, auf gleicher Linie liegt die Unterteilung in „Normalfälle" und „Ausnahmefälle",

(12) Zerlegung der Gesamtaufgabe in Bereitstellungsaufgaben (Anlagen, Personal, Material) und Ablaufaufgaben (Beschaffung, Herstellung, Vertrieb). Hierzu wird ein Beispiel in Kapitel C, II, 3 gegeben werden.

Auf die Analyse, die zunächst nur als eine gedankliche Zerlegung des empirisch gegebenen Aufgabenkomplexes zu verstehen ist, folgt die S y n t h e s e, die die Teilaufgaben zu sinnvollen Kombinationen zwecks Zuordnung an Institutionen zusammenfaßt. Die Besetzung dieser Stellen erfolgt dabei durch die Erfüllungsfaktoren:

— „Aufgabenträger" (Personen zur Erfüllung der Stellenaufgabe) und

— „Arbeitsträger" (Sachmittel höherer Ordnung zur Erfüllung der Stellenaufgabe).

Für die Zusammenfassung der bis zu den kleinsten Einheiten zerlegten Teilaufgaben (Elementaraufgaben), die Zuordnung sinnvoller Aufgaben-„Pakete" an Institutionen und die Zusammenfassung der Institutionen zu Institutionen höherer Ordnung sind die gleichen Kriterien — hier zunächst als Möglichkeiten — gegeben wie für die Zerlegung.

Bild 10 zeigt die Gliederung der Gesamtaufgabe eines Betriebes nach verschiedenen Gesichtspunkten. Die Darstellung erfolgt mittels eines O r g a n o - g r a m m s , das als Darstellungsmittel im Zusammenhang mit der Behandlung der Stellen- und Ableitungsbildung noch näher zu erläutern ist.

Unabhängig davon, ob der Übertragung von Teilaufgaben an die einzelnen „Stellen" oder Funktionsträger dieses oder ein anderes Einteilungsprinzip zugrunde gelegt werden soll, stets ist eine grundlegende gedankliche Gliederung nach den „Verrichtungen" in G l i e d a u f g a b e n eine zweckmäßige Analyse, die am Anfang jedes organisatorischen Gestaltens stehen sollte.

So kann man sich die Hauptaufgabe des Betriebes, die Erstellung der betrieblichen Leistung, in eine Reihe von Gliedaufgaben zerlegt denken, die in der historischen Terminologie der Organisationslehre — und heute noch häufig in der Praxis — als G r u n d f u n k t i o n e n (besser wäre „Grundaufgaben") bezeichnet werden. Für einen mittelgroßen Industriebetrieb dürften folgende Grundfunktionen repräsentativ sein:

- Beschaffung (auch Einkauf genannt),
- Lagerung (bzw. Lagerhaltung),
- Erzeugung (oder als Produktion, Leistungserstellung bezeichnet),
- Werkverkehr (oder Innentransport),
- Vertrieb (weniger treffend: Absatz, umfassender: Marketing),
- Verwaltung (enger: Allgemeine Verwaltung),
- Gestaltung (enger: Forschung und Entwicklung).

(1) Zur B e s c h a f f u n g gehören Anfragen, Bestellungen, Lieferungsabschlüsse sowie Lieferungsüberwachung der von fremden Lieferanten zu beziehenden Materialien, Halbteile, Vorerzeugnisse und Fertigfabrikate, Anlagegegenstände, Versorgungs- und Dienstleistungen.

(2) Die L a g e r u n g umfaßt

a) die sachgemäße Lagerung von Roh-, Hilfs- und Betriebsmaterialien, Vorerzeugnissen, Zubehörteilen, Halb- und Fertigfabrikaten;

b) die termingerechte und im Hinblick auf einen gewünschten Servicegrad ausreichende Bereitstellung der im Lager geführten Roh-, Hilfs- und Betriebsmaterialien sowie der Vorerzeugnisse, Zubehörteile, der Halb- und Fertigerzeugnisse.

(3) Der E r z e u g u n g obliegt die Vorbereitung, Durchführung und Kontrolle der Verfahren zur qualitäts-, mengen- und termingerechten Erstellung aller für fremden und betriebseigenen Bedarf bestimmten Erzeugnisse und Leistungen.

Grundsätzliche Möglichkeiten organisatorischen Gestaltens

Bild 10: Zerlegen und Zusammenfügen nach verschiedenen Gliederungsgesichtspunkten

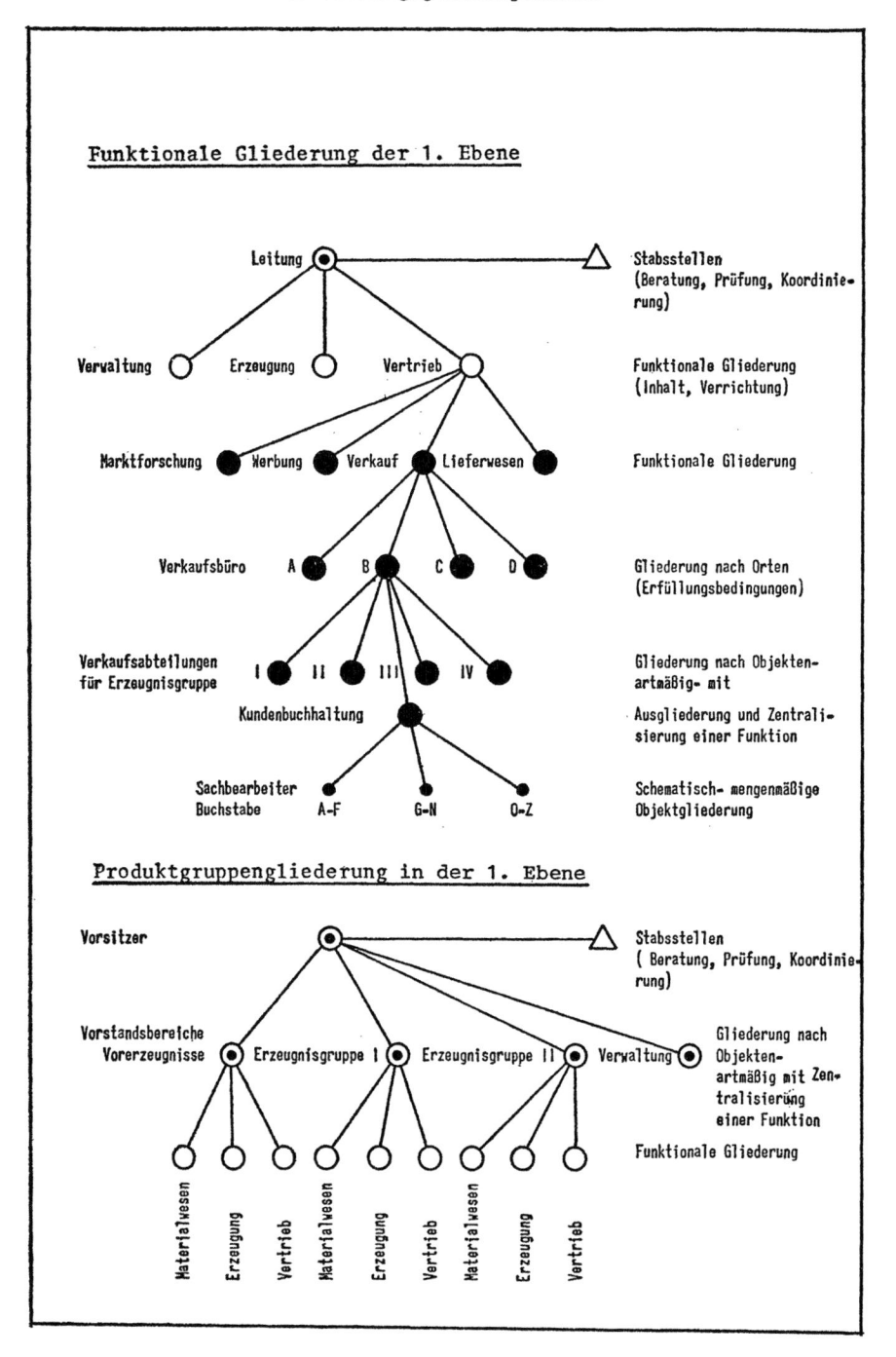

Funktionale Gliederung der 1. Ebene

- Leitung → Stabsstellen (Beratung, Prüfung, Koordinierung)
- Verwaltung, Erzeugung, Vertrieb — Funktionale Gliederung (Inhalt, Verrichtung)
- Marktforschung, Werbung, Verkauf, Lieferwesen — Funktionale Gliederung
- Verkaufsbüro A, B, C, D — Gliederung nach Orten (Erfüllungsbedingungen)
- Verkaufsabteilungen für Erzeugnisgruppe I, II, III, IV — Gliederung nach Objektenartmäßig- mit
- Kundenbuchhaltung — Ausgliederung und Zentralisierung einer Funktion
- Sachbearbeiter Buchstabe A-F, G-N, O-Z — Schematisch- mengenmäßige Objektgliederung

Produktgruppengliederung in der 1. Ebene

- Vorsitzer → Stabsstellen (Beratung, Prüfung, Koordinierung)
- Vorstandsbereiche: Vorerzeugnisse, Erzeugnisgruppe I, Erzeugnisgruppe II, Verwaltung — Gliederung nach Objektenartmäßig mit Zentralisierung einer Funktion
- Materialwesen, Erzeugung, Vertrieb (je Bereich) — Funktionale Gliederung

(4) Unter **Werkverkehr** werden zusammengefaßt:

   a) der Transport aller Sachgüter innerhalb der Werke und zwischen Werken und Bahnhof, Hafen usw.;

   b) der Transport von Halbteilen, Vorerzeugnissen und Fertigfabrikaten von Werk zu Werk mit eigenen und fremden Transportmitteln, wenn der Betrieb auf verschiedene Standorte verteilt ist;

   c) die Beförderung von Nachrichten und Personen im Werk und, soweit betriebseigene Verkehrsmittel benutzt werden, auch außerhalb des Werkes;

   d) alle sonstigen Transportleistungen mit Werkfahrzeugen.

Die Grundaufgaben Lagerung, Erzeugung und Werkverkehr charakterisieren die Aufgabenstellung des *Industrie- und Handwerksbetriebes*. Eine für *alle* Betriebe geltende Zusammenfassung dieser Aufgaben wäre besser als „L e i - s t u n g s e r s t e l l u n g" zu bezeichnen. Dabei ergeben sich allerdings einige Probleme. Die Lagerhaltung gehört z. B., soweit es sich um die Bereitstellung der Roh-, Hilfs- und Betriebsmaterialien, Vor- und Halberzeugnisse handelt, zur Erzeugung; das Fertigwarenlager, soweit es der Vertriebsdisposition dient, also nicht fertigungstechnisch (zwecks Beschäftigungsausgleich usw.) bedingt ist, müßte aber dann auch folgerichtig zum Vertrieb gezählt werden.

Es zeigt sich eben hier, daß bei jeder Gliederung, auch bei einer „funktionalen", Zusammenhängendes getrennt werden muß, da alle betrieblichen Funktionen mehr oder weniger in einem inneren Zusammenhang stehen (Interdependenz des betrieblichen Geschehens).

Freilich kann man unterstellen, daß bei einer Gliederung nach dem Verrichtungsprinzip noch am ehesten der Schnitt dort angesetzt wird, wo die Informations- und Bearbeitungszusammenhänge am schwächsten sind. Darauf kommt es aufbauorganisatorisch bei einer Zuordnung von Teilaufgaben (Paketen) an die verantwortlichen Institutionen möglicherweise an, wenn man die Kriterien des Zerlegens und Zusammenfügens optimieren will.

Die Grundaufgabe „Leistungserstellung" könnte für die einzelnen Betriebsarten entsprechend abgewandelt werden, z. B.

Handel → Lagerhaltung und Sortimentsgestaltung,
Banken → Disposition.

(5) Dem **Vertrieb** obliegen:

   a) die Marktforschung, d. h. die Marktanalyse und Marktbeobachtung;

   b) die Werbung;

   c) der Verkauf und der Versand der Erzeugnisse;

   d) die Überwachung der Kreditwürdigkeit und der termingemäßen Belieferung der Kunden;

   e) der Kundendienst.

Auch hier zeigt sich wieder, daß jede Gliederung nur beispielhaft dargestellt werden kann. Man könnte z. B. unter dem Oberbegriff *Marketing* die Vertriebsaufgabe weit umfassender definieren. Insbesondere wären dem Marketing als Aufgabenpaket die Produktentwicklung und die gesamte Verkaufsförderung einschließlich der Öffentlichkeitsarbeit zuzuordnen.

(6) Die Verwaltungsfunktion umfaßt:

a) das innerbetriebliche Berichtswesen einschließlich des gesamten Rechnungswesens;

b) die Pflege der Beziehungen zur Öffentlichkeit (Public Relations);

c) die Behandlung der sozialen und personellen Angelegenheiten;

d) die Behandlung der Rechts- und Steuersachen;

e) die Überwachung und Regelung des Zahlungs- und Kreditverkehrs;

f) die Finanzierung und auch die Anlage vorübergehend freigewordener Geldbeträge des Unternehmens.

Was zur Verwaltung gehört, wird sehr unterschiedlich abgegrenzt; oft ist Verwaltung eine Restfunktion, die alles aufnimmt, was nicht anderweitig unterzubringen ist.

(7) Die Gestaltungsfunktion umfaßt Forschung und Entwicklung, insbesondere Laboratoriumsversuche, Aufstellung von Rezepten, Ausarbeitung von Nutzrechtsansprüchen, Konstruktionen, Terminberechnungen, Erprobung von Neukonstruktionen, Rationalisierung, Typisierung, Normung.

Man kann auch die Grundplanung (Aufstellung der Wirtschafts- und Anlagenpläne sowie die Gestaltung der Organisation), ferner die Aufstellung der Werbe-, Vertriebs-, Produktions-, Kosten- und Finanzpläne zur Gestaltung rechnen; diese Teilaufgaben sind aber besser in ein Gliederungssystem einzuordnen, wenn man die Gesamtaufgabe nicht nur in einer Ebene, z. B. nach Verrichtungen, sondern *simultan nach mehreren Kriterien* gliedert. Das gilt auch für die Leitung als Aufgabe. Planung und Leitung sind z. B. in einem dreidimensionalen Gliederungssystem darzustellen, das die Gesamtaufgabe

— nach Grundfunktionen,

— nach Phasen (Planung, Vollzug, Überwachung),

— nach Rang (Funktionsebenen, Mindestgliederung: Leitung, Ausführung)

zerlegt, etwa so, wie man einen Würfel durch Schnitte in drei Ebenen in Teilkörper zerteilt (Bild 11).

Der Vorgang der Zuordnung erfolgt auch dann in der Weise, daß Pakete von Elementarfunktionen, die durch den Zerlegungsvorgang — als nicht mehr zu zerlegende kleinste Einheiten — gewonnen wurden, den Personen bzw. Institutionen übertragen werden. Auch das zeigt Bild 11. Zu der dreidimensionalen

Bild 11: Eine „dreidimensionale" Gliederung — Zerlegung in Elementaraufgaben

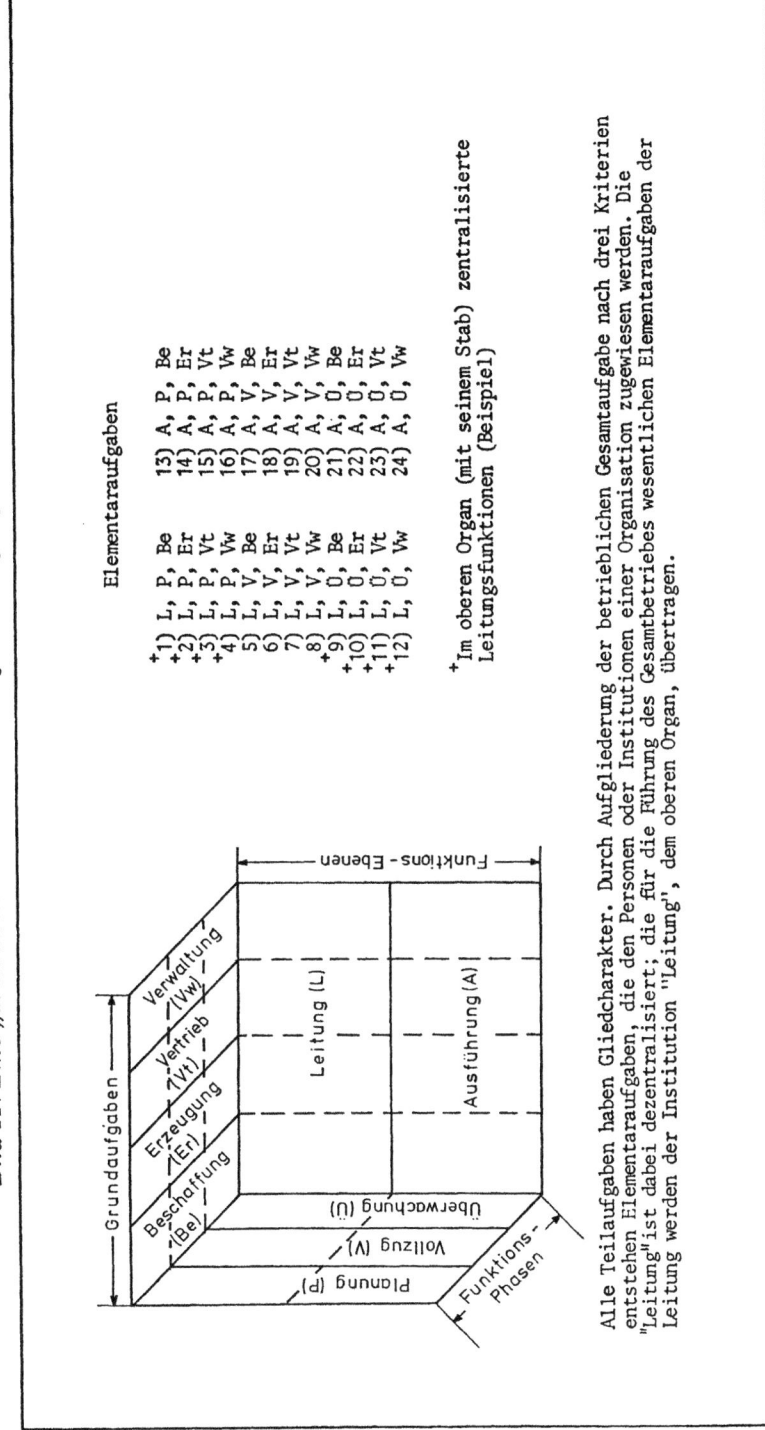

Elementaraufgaben

+1) L, P, Be 13) A, P, Be
+2) L, P, Er 14) A, P, Er
+3) L, P, Vt 15) A, P, Vt
+4) L, P, Vw 16) A, P, Vw
 5) L, V, Be 17) A, V, Be
 6) L, V, Er 18) A, V, Er
 7) L, V, Vt 19) A, V, Vt
 8) L, V, Vw 20) A, V, Vw
+9) L, Ü, Be 21) A, Ü, Be
+10) L, Ü, Er 22) A, Ü, Er
+11) L, Ü, Vt 23) A, Ü, Vt
+12) L, Ü, Vw 24) A, Ü, Vw

+Im oberen Organ (mit seinem Stab) zentralisierte Leitungsfunktionen (Beispiel)

Alle Teilaufgaben haben Gliedcharakter. Durch Aufgliederung der betrieblichen Gesamtaufgabe nach drei Kriterien entstehen Elementaraufgaben, die den Personen oder Institutionen einer Organisation zugewiesen werden. Die "Leitung" ist dabei dezentralisiert; die für die Führung des Gesamtbetriebes wesentlichen Elementaraufgaben der Leitung werden der Institution "Leitung", dem oberen Organ, übertragen.

Darstellung dieses Bildes sei noch bemerkt, daß die Beschränkung auf drei Kriterien hier nur deshalb erfolgte, weil damit die Grenze bildhafter Darstellung erreicht ist. So ist eine n-dimensionale Zerlegung der allgemeine Ausdruck des analytischen Vorgehens. Weitere Dimensionen ergeben sich aus der Aufzählung der Gliederungskriterien.

Die organisatorischen Probleme der Zuordnung sowie die grundlegenden Überlegungen zu ihrer Lösung sollen an einem stark vereinfachten Beispiel — ebenfalls mittels des Würfelmodells — erläutert werden. Dazu sind aber zunächst noch einige grundlegende Aussagen zur Abteilungsbildung zu machen.

3. Stellen- und Abteilungsbildung

Es wurde gezeigt, daß die Gesamt- oder Hauptaufgabe des Betriebes gedanklich in kleinste Einheiten (Elementaraufgaben) zerlegt werden muß, um Bausteine zu erhalten, die dann in geeigneter Kombination den Personen bzw. Institutionen zugeordnet werden können. Die analytisch gewonnenen Elementaraufgaben sollen also dergestalt abgegrenzt werden, daß bei dem Vorgang der Synthese, der Zuordnung von Elementaraufgaben oder Paketen von Elementaraufgaben, keine weitere Untergliederung mehr erforderlich wird, es sei denn bei der Arbeitsanalyse und Gestaltung der Arbeitsabläufe (Prozesse) zur Gewinnung von A r b e i t s g ä n g e n, worunter Aufgabenerfüllungsvorgänge eines instrumentalen oder persönlichen Arbeitsträgers an einem Arbeitsobjekt mit Hilfe von Arbeitsmitteln in einem räumlichen Wirkungsbereich verstanden werden.

Festzuhalten ist hier, daß die Frage, wie weit die Untergliederung der Hauptaufgabe in Teilaufgaben zu gehen hat, um Elementaraufgaben zu gewinnen, nicht generell, sondern nur im konkreten Einzelfall — und stets unter Berücksichtigung der Zuordnung — erfolgen kann.

Die Zuordnung der Elementaraufgaben erfolgt — wie bereits dargestellt — an Aufgabenträger oder Arbeitsträger, d. h. an personale oder instrumentale Ausführende von Verrichtungen.

Personen, denen die durch Aufgabensynthese gebildeten Aufgaben (Stellenaufgaben) im Hinblick auf ihre Erfüllung zugeordnet werden, sollte man als Aufgabenträger bezeichnen.

Hier taucht der bisher bewußt vermiedene Begriff der S t e l l e auf, der in der Organisationslehre ebenfalls mehrdeutig ist. Man kann darunter zunächst ganz allgemein eine Institution, eine organisatorische Einheit verstehen, also eine Arbeitsgruppe mit einem abgegrenzten Aufgabengebiet, für das ein Leiter verantwortlich ist und für das er mit den notwendigen Vollmachten bzw. Kompetenzen ausgestattet wurde.

Im engeren Sinne ist eine Stelle die kleinste organisatorische Einheit. Sie grenzt aufgabenmäßig den Zuständigkeits- oder Kompetenzbereich für eine Person (Stelleninhaber) ab.

Es handelt sich also um einen personenbezogenen Aufgabenkomplex, der vom Personenwechsel gedanklich unabhängig ist. Es spricht einiges dafür, den Stellenbegriff im letztgenannten, engeren Sinn zu verwenden, da sich die Bezeichnung „Stellenbeschreibung" für die Darstellung des Stelleninhaltes (Stelle im engeren Sinn) durchgesetzt hat. Auch Wortverbindungen wie „Stellenbesetzung" sind besser verständlich, wenn man sich an den engeren Inhalt hält. Für den allgemeinen Begriff einer organisatorischen Einheit muß man dann allerdings eine andere Bezeichnung, z. B. „Abteilung", wählen, was auch nicht ganz unproblematisch ist, da in der Praxis darunter eine ganz bestimmte Einheit innerhalb der hierarchischen Ordnung (zwischen Hauptabteilung und Unterabteilung) verstanden wird. Es gibt aber keine Terminologie ohne derartige Probleme, das dürfte der kurze Exkurs gezeigt haben. Hier wird deshalb von „Stelle i. e. S." gesprochen, wenn damit speziell die kleinste Einheit gekennzeichnet werden soll.

Zu ergänzen ist dieser begriffliche Exkurs noch um den Begriff „I n s t a n z". Instanzen sind Stellen (und/oder Personen) mit L e i t u n g s a u f g a b e n. Dabei ist eine Leitungsaufgabe durch eine sachbezogene Aufgabenstellung mit den folgenden drei Merkmalen charakterisiert:

— Entscheidungs- und Anordnungsbefugnis,

— schöpferische Eigeninitiative,

— Eigen- und Fremdverantwortung (Verantwortung ist die Pflicht, über die zielgerechte Aufgabenerfüllung Rechenschaft abzulegen).

Von der Leitungsaufgabe wird die F ü h r u n g s a u f g a b e unterschieden. Hierbei handelt es sich um eine Aufgabe mit einer personenbezogenen (sozialhumanen) Zielsetzung. Auch diese Bezeichnung wird unterschiedlich verwendet, z. B. in „Unternehmensführung" als Oberbegriff für alle nicht ausführenden Tätigkeiten.

Auf dieser Grundlage kann nunmehr die Erläuterung der Instanz fortgesetzt werden. Die Stellenaufgabe bildet den Zuständigkeits- oder K o m p e t e n z b e r e i c h (oder das „Ressort") der Instanz. Instanzen können nach zentralisierten Aufgaben gegliedert werden, z. B. in:

— Planungsinstanz,

— Überwachungsinstanz (auch begrifflich mehrdeutig: „Kontrollinstanz"),

— Verwaltungsinstanz.

Eine andere Gliederung ist die nach instanziellen Aufgaben in:

— Entscheidungsinstanzen,

— Anordnungsinstanzen,

— Disziplinarinstanzen,

— fachliche Instanzen.

Wie werden Abteilungen gebildet?

Das Bilden von Stellen (i. w. S. — bzw. von Institutionen oder Abteilungen im allgemeinen Sinn) ist ein Zerlegen, wenn man von der Hauptaufgabe ausgeht, dagegen ein Zusammenfügen, wenn man von den Elementaraufgaben ausgeht.

Maßgebend für die Bildung einer Abteilung sind folgende Gesichtspunkte:

(1) Art, Bedeutung und Zusammengehörigkeit der Aufgaben;

(2) Umfang der Arbeiten unter Berücksichtigung der Möglichkeiten des Einsatzes sachlicher Hilfsmittel und des Grades der Automatisierung;

(3) Übersehbarkeit des dem Stellenleiter unterstellten Bereiches, so daß er ihn verantwortlich zu führen vermag; ein häufiges Beurteilungskriterium hierfür ist die Anzahl der ihm direkt unterstellten Personen (Leitungsspanne);

(4) fachliche Eignung des Stellenleiters.

Zu beachten ist der alte Grundsatz, die Organisation möglichst nicht von den zufälligen Eigenschaften und Kenntnissen bestimmter Personen abhängig zu machen; daraus zieht man heute allerdings nicht mehr den Schluß, die Organisation keinesfalls nach den jeweils gegebenen Eigenschaften der Aufgabenträger auszurichten.

Die Stellengliederung ist zweidimensional, sie schafft ein System von Bereichen nebeneinander (B r e i t e n g l i e d e r u n g) und auch von Stufen über- bzw. untereinander (H i e r a r c h i e, T i e f e n g l i e d e r u n g).

Durch die T i e f e n g l i e d e r u n g (Instanzenbau) erhält die Organisation eines Betriebes den bekannten pyramidenförmigen Aufbau (vgl. Bild 12). Wenn alle Abteilungen direkt dem oberen Leitungsorgan des Betriebes unterstehen, handelt es sich um eine sogenannte e i n s t u f i g e Organisation; werden mehrere mit Leitungsbefugnis ausgestattete Organe (Instanzen) zwischen die obere Leitung und die letzten nicht mehr untergliederten Stellen geschaltet, handelt es sich um eine m e h r s t u f i g e Organisation. Je mehr Stufen (Instanzen) übereinander und je weniger nebeneinander geordnet sind, desto spitzer wird die Pyramide. Im Normalfall wird die Aufgabe der einzelnen Stellen von oben nach unten immer spezieller, und die Befugnisse werden immer geringer. Entsprechend wird der Informationsbedarf von oben nach unten spezieller.

Bild 12: *Schematische Darstellung der Breiten- und Tiefengliederung*

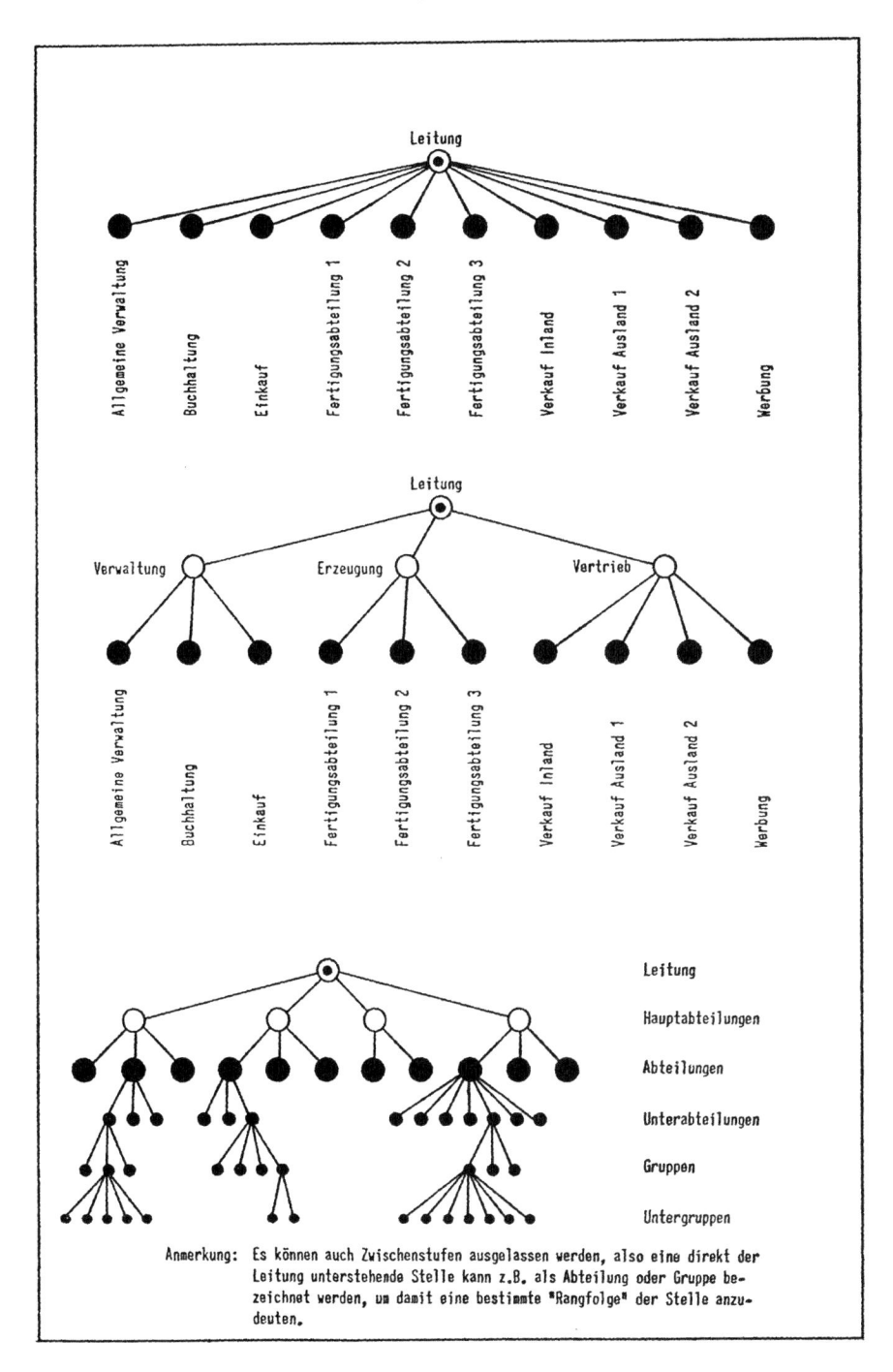

Anmerkung: Es können auch Zwischenstufen ausgelassen werden, also eine direkt der Leitung unterstehende Stelle kann z.B. als Abteilung oder Gruppe bezeichnet werden, um damit eine bestimmte "Rangfolge" der Stelle anzudeuten.

Typisch dürften die folgenden Bezeichnungen sein:

- Leitung, allgemeiner: oberes Leitungsorgan; spezieller: Vorstand, Geschäftsleitung usw. Sofern die Mitglieder einer mehrköpfigen Leitung bestimmten Hauptabteilungen vorstehen, bezeichnet man das Arbeitsgebiet dieser Leitungspersonen oft als „Ressort".
- Hauptabteilung,
- Abteilung,
- Unterabteilung,
- Gruppe,
- Untergruppe.

Bei der Zusammenfassung mehrerer Stellen im Instanzenbau sind gewisse Erfordernisse zu beachten; so sollen Stellen, von denen eine die andere zu kontrollieren hat, organisatorisch möglichst weit voneinander getrennt werden. Das bedeutet z. B., daß die Kontrolle der Lieferantenrechnungen nicht dem Leiter des Einkaufs, sondern der Abteilung für Finanzen und Rechnungswesen zuzuordnen ist. Andererseits spricht die Notwendigkeit gegenseitiger Kontaktnahme für eine möglichst enge Zusammenfassung in aufbauorganisatorischer Hinsicht. Das gilt ebenso, wenn gemeinsam Akten geführt werden oder gegenseitige Vertretungen möglich sind. Eine Quantifizierung der für oder gegen eine enge organisatorische Zusammenfassung sprechenden Determinanten wäre die Grundlage einer nachvollziehbaren Optimierung der Aufbauorganisation.

Die hierarchische Struktur ist in der Praxis durch folgende Merkmale gekennzeichnet:

(1) Es gibt Vorgesetzte und Untergebene.

(2) Je weiter „oben" eine Stelle in die Hierarchie eingeordnet ist, desto größer ist ihre Entscheidungsgewalt.

(3) Die Vorgesetzten tragen die Verantwortung für ihren Bereich.

(4) Die Untergebenen werden gewissen Zwängen unterworfen.

(5) Die Vorgesetzten werden mit Statussymbolen ausgestattet.

Die Hierarchie ist ein bewährtes Gestaltungsprinzip von Organismen. Arthur Koestler schreibt dazu: „Organismen und soziale Gemeinschaften sind vielschichtige Hierarchien von halbautonomen Subeinheiten, die sich zu Subeinheiten einer niederen Ordnung verzweigen"[12]. Häufig wird die Hierarchie mit dem Walten eines autoritären Führungsstiles[13] verwechselt und die Abschaffung der Hierarchie gefordert. In derartigen Forderungen zeigt sich ein Mangel

---

[12] Koestler, A., Das Gespenst in der Maschine (deutsche Übersetzung), Wien/München/Zürich 1967, S. 69.

[13] Zu den Begriffen „Führungsstil" und „Führungsform" vgl.: Bleicher, K., Führungsstile, Führungsformen und Organisationsformen, in: ZfO, 38 (1969) 2, S. 31 ff.

an Differenzierungsvermögen zwischen einer wertneutralen Organisationsform und den angewandten Führungsstilen, die diese Form ausfüllen. So kann innerhalb der Hierarchie durchaus kooperativ geführt werden; in japanischen Betrieben wird das besonders deutlich.

Ebenso, wie jede Stelle i. w. S. durch ihren Aufgabenbereich und die damit verbundenen Befugnisse und Unterstellungsverhältnisse einen bestimmten Rang in der Organisation einnimmt, gibt es auch eine p e r s ö n l i c h e R a n g o r d n u n g für die im Betrieb tätigen Menschen. Diese ist von Betrieb zu Betrieb verschieden, sie knüpft vielfach an die Vertretungsbefugnisse des Handelsrechtes an und regelt die persönlichen Vollmachten, Rechte und Pflichten. Es wird also in der Betriebsorganisation ähnlich wie beim Militär häufig zwischen „Dienststellung" und „Dienstrang" unterschieden. Die Rangfolge kann z. B. wie folgt festgelegt sein:

— Bei Führungsgremien „Vorsitzer", als Erster unter Gleichen oder als Vorgesetzter auch „Generaldirektor" genannt:

  — *Vorstands*mitglieder bei Aktiengesellschaften,

  — *Geschäftsführer* bei Gesellschaften mit beschränkter Haftung,

  — *Inhaber* oder *Gesellschafter* bei Einzelkaufleuten oder Personengesellschaften.

— Weitere Stufen:

  — Generalbevollmächtigte

  — Prokuristen

  — außertarifliche Angestellte

  — Handlungsbevollmächtigte

  — Tarifbeschäftigte verschiedener Gruppen

Vorstandsmitglieder, Geschäftsführer, Inhaber oder Gesellschafter ebenso wie einige vom Betrieb dazu ermächtigte leitende Angestellte, in der Regel Prokuristen, werden in einigen Betrieben als „Direktor" tituliert. Die Vorsitzer von Vorständen mit Vorgesetzteneigenschaften gegenüber den anderen Vorstandsmitgliedern nennen sich oft „Generaldirektor". Mit diesen Titeln können weitere Abstufungen verbunden sein, indem man z. B. Prokuristen mit „Direktortitel" mehr Befugnisse einräumt als Prokuristen ohne diese Dienstbezeichnung. Auch hinsichtlich der Unterscheidung in institutionelle und persönliche Rangfolge sind Änderungsbestrebungen im Gange. Für die Beibehaltung wird oft die Tatsache angeführt, daß Titel immer noch die billigste Art der Anerkennung darstellen. Für eine Änderung spricht die Abkehr vom Denken in Rangordnungen, die allerdings mehr Wunsch der „Zukurzgekommenen" als Wirklichkeit ist.

Die A n z a h l d e r S t u f e n in einer Organisation (sowohl die der Stellen-Tiefengliederung als auch die der persönlichen Rangfolge) richtet sich in erster Linie nach der Betriebsgröße. Nach Schnutenhaus kann man „entsprechend der

Größenordnung der Betriebe in der Wirtschaft mit drei bis zwölf Rangstufen auskommen"[14]). Zu viele Stufen erschweren die Kommunikation und machen den Betrieb schwerfällig, zu wenige führen zu einer unvertretbaren Breite der Organisation und können zur Überschreitung der zulässigen Leitungsspanne führen.

Der Begriff „L e i t u n g s s p a n n e" entspricht dem englischen „span of control", er drückt die Breite der Leitungsgliederung aus und wird durch die *Zahl der Stellen* bestimmt, die von einer übergeordneten Instanz optimal geleitet werden können (Soll) bzw. die von ihr tatsächlich geleitet werden (Istzustand). Die angemessene Leitungsspanne wird insbesondere durch folgende Kriterien bestimmt:

— Schwierigkeitsgrad der Ausführungsaufgabe (durch Anwendung des Rangmerkmales analytisch gewonnene ausführende Aufgabe) bzw. Schwierigkeitsgrad der nachgeordneten Leitungsaufgaben,

— Grad der Koordinierungsnotwendigkeit im sach- und sozialhuman bezogenen Sinne.

Modelle zur objektiven Bestimmung der Leitungsspanne werden in mehreren Betrieben erprobt[15]).

Die Leitungsspanne ist zu unterscheiden von der K o n t r o l l s p a n n e, die die Zeit ausdrückt von der Entscheidung bis zum frühesten Zeitpunkt einer möglichen, wirkungsvollen Überwachungshandlung zur Beurteilung der Entscheidung. Die Kontrollspanne nimmt im Prinzip von „unten" nach „oben" zu, sie beträgt für Ausführende einen Zeitraum von i. d. R. weniger als einem Monat, für die obere Leitungsebene mehrere Jahre (Investitionen!)[16]).

In Bild 10 wurde bereits der nach verschiedenen Gliederungsprinzipien erfolgte Aufbau einer mehrstufigen Organisation schematisch dargestellt. Die Organisation im Beispiel 1 dieses Bildes ist primär nach Verrichtungen, im Beispiel 2 unten nach Objekten artmäßig gegliedert. Die zweite Form ist besonders häufig in Großbetrieben anzutreffen, in denen sich die obere Leitung auf die Überwachung und Gesamtplanung beschränkt und die Befugnisse und die Verantwortung weitgehend an die mittleren und unteren Instanzen delegiert (Dezen-

---

14) Schnutenhaus, O. R., Allgemeine Organisationslehre, a. a. O., S. 143.

15) Vgl. z. B.: Jaques, E., Preliminary Stretch of a General Structure of Executive Strata, in: Brown, W. — Jaques, E. (Hrsg.), Glacier Project Papers, London 1965, S. 114 ff.

16) Frank, G., Die Verantwortungsspanne in der Organisationsstruktur, in: Industrielle Organisation, 42 (1973) 3, S. 101—104; Lukatis, I., Organisationsstrukturen und Führungsstile in Wirtschaftsunternehmen, Frankfurt a. M. 1972, S. 76 ff.; Meyer, E., Bestimmungsfaktoren der Leitungsspanne, in: ZfO, 37 (1968) 4, S. 121 ff.; Bell, G. D., Determinants of Span of Control, in: The American Journal of Sociology, Vol. 73 (1967/68) 1, S. 100 ff.; Dale, E., Organization, New York 1967; Koontz, H., Making Theory Operational: The Span of Management, in: The Journal of Management Studies, Vol. 3 (1966) 3, S. 229 ff.; Barkdull, C. H., Span of Control, A Method of Evaluation, in: Michigan Business Review, Vol. 15 (1963) 3, S. 25 ff.; Fisch, G. G., Stretching the Span of Management, in: Harvard Business Review, Vol. 41 (1963) 5, S. 80; Entwisle, D. R. — Walton, J., Observations of the Span of Control, in: Administrative Science Quarterly, Vol. 6 (1961) 4, S. 522 ff.; Ulrich, H., Kontrollspanne und Instanzenaufbau, in: Agthe, K. — Schnaufer, E. (Hrsg.), Organisation, TFB-Handbuchreihe, Band I, Berlin/Baden-Baden 1961, S. 267 ff.

tralisation der Leitung). In den USA ist dieser Aufbau als Gliederung nach der „*Production-Line*" bekannt, in Deutschland als *Produktgruppengliederung* oder *Spartenorganisation*.

Diese Problematik ist auch dem nun folgenden Beispiel für die Aufgabengliederung (Analyse) und Aufgabenzuordnung (Synthese) zugrunde gelegt.

4. Modellbeispiel für die Aufgabengliederung und Aufgabenzuordnung

Bei Zuordnung der durch Zerlegung gefundenen Teilaufgaben an Stellen (Institutionen) ist davon auszugehen, daß die Stellengliederung zweidimensional ist und einen hierarchischen Aufbau aufweist. Im oberen Teil des Bildes 13 ist eine Gliederung nach hierarchischen Gesichtspunkten zunächst in allgemeiner Form dargestellt. Eine Hauptaufgabe (HA) ist untergliedert in 4 Aufgaben (A 1, A 2, A 3, A 4), die einzelnen Aufgaben sind in Unteraufgaben untergliedert (hier nur für A 1 ausgeführt in UA 11, UA 12, UA 13, UA 14).

Die hierarchische Gliederung, die in Organigrammen (konventionell: „Organisationsplänen") die Aufbauorganisation eines Betriebes darstellt, ist in der Regel schon damit angedeutet, daß von oben nach unten eine hierarchische Überordnung gegeben ist.

Man kann nun die hierarchische Ordnung — das sei angemerkt — als eine partielle oder als eine umfassende Hierarchie auffassen:

— Als umfassende Hierarchie wird hier eine Ordnung verstanden, in der ein Vorgesetzten- und Untergebenenverhältnis für alle Stellenaufgaben und auch für die persönlichen Beziehungen gegeben ist.

— Bei der partiellen Hierarchie werden bewußt die Personen- und Sachbeziehungen untereinander und zueinander einer differenzierten Ordnung unterworfen, wobei die persönliche hierarchische Ordnung noch methodisch wechseln kann (z. B. wechselnder Vorsitz in einem Gremium) oder auf den methodischen Wechsel auch verzichtet werden kann (vgl. Bild 13 unten).

Eine Differenzierung der hierarchischen Ordnung ergibt sich auch, wenn mehrere Gliederungskriterien bei der Aufgabenzuordnung gleichzeitig angewendet werden.

Bild 14 veranschaulicht die Zerlegung der Gesamtaufgabe eines Handelsbetriebes, vereinfacht nach zwei Kriterien:

(1) nach den Grundaufgaben, hier Beschaffung und Vertrieb,

(2) nach Objekten, hier Produktgruppe C und G.

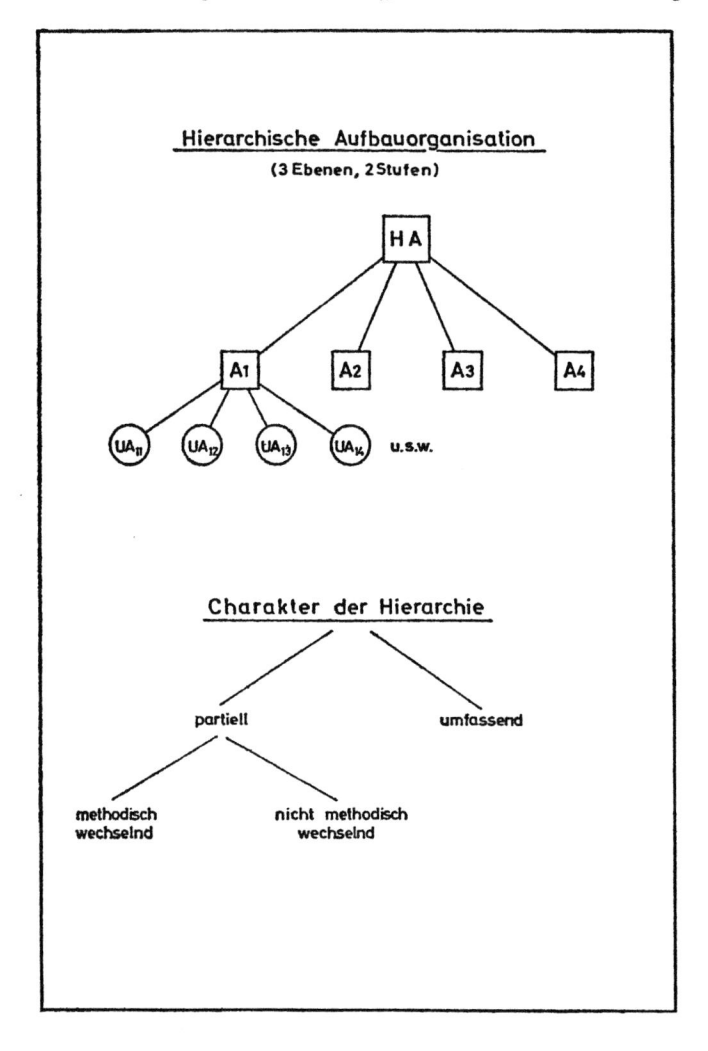

Bild 13: Die Möglichkeiten der „hierarchischen" Ordnung

Hierarchische Aufbauorganisation
(3 Ebenen, 2 Stufen)

HA — A1, A2, A3, A4
A1 → UA_{11}, UA_{12}, UA_{13}, UA_{14} u.s.w.

Charakter der Hierarchie

- partiell
  - methodisch wechselnd
  - nicht methodisch wechselnd
- umfassend

Auch hier ist analog der bereits gezeigten Würfeldarstellung die Wahl von zunächst 2 Schnittebenen eine Beschränkung, die der Vereinfachung zwecks Hervorhebung des Wesentlichen dient. Theoretisch sind sehr viel mehr Ebenen möglich, z. B. nach örtlichen Bereichen, nach Phasen (Planung, Vollzug, Überwachung). Eine dritte Ebene ergibt sich auch hier durch Trennung von Leitung und Ausführung.

Eine der Möglichkeiten, die durch Zerlegung lt. Bild 14 gewonnenen Elementarfunktionen einer hierarchisch geordneten Struktur zuzuordnen, ist in Bild 15 a dargestellt. In der ersten der Leitung (L) nachgeordneten Ebene, der Ebene der Hauptabteilungen, wird n a c h F u n k t i o n e n g e g l i e d e r t. (Es

Bild 14: Zerlegen und Zusammenfügen einer Gesamtaufgabe nach zwei Kriterien

Produkt / Funktion	C	G
B	Aufgabe B/C	Aufgabe B/G
V	Aufgabe V/C	Aufgabe V/G

sei am Rande bemerkt, daß die Unterstellung von nur 2 nachgeordneten Stellen normalerweise keine ausreichende Leitungsspanne darstellt; dieses Problem soll aber hier ausgeklammert werden.) Nach der Untergliederung der Hauptabteilungen unter dem Gesichtspunkt der Funktionen (Verrichtungsart) erfolgt eine Untergliederung nach Produkten (Objektgliederung).

Wenn man die spezielle Problematik, die sich aus einer solchen Gliederung ergibt, verstehen will, muß man sich einmal als Beispiel vor Augen führen, daß eine Koordinierung aller Belange im Produktgruppenbereich notwendig erscheine. Wir haben als Untergliederung von B und von V jeweils eine Unterabteilung C, so daß jetzt diese zwei „C-Gruppen" zusammenarbeiten müssen, wenn eine Koordinierung stattfinden soll. Es gibt aber kein Leitungsorgan, das sich speziell der Koordinierung der Belange von C widmet. Wohl aber sind alle B-Funktions- sowie alle V-Funktionsangelegenheiten in einer Hand und haben damit eine starke Koordinierung durch Führung. Wenn also eine straffe Ausrichtung auf ein Produkt erfolgen soll (Marketing-Konzept, „Profit-Center-Konzept" mit Erfolgsausweis jeder Produktgruppe u. ä.), ist die primär funktionale Gliederung unter diesem Aspekt weniger geeignet.

Die P r o d u k t g r u p p e n g l i e d e r u n g (auch Divisionsgliederung oder Spartenorganisation), bei der die erste Ebene nach Produktgruppen gegliedert ist, hat dementsprechend eine Reihe von Vorteilen, insbesondere den Vorteil der *straffen Zusammenfassung aller produktbezogenen Probleme in einer Hand*; damit werden eine an der Marktseite orientierte straffe Produktplanung (Marketing-Konzept) und ein Erfolgsausweis je Produktgruppe begünstigt, was wiederum die Delegationsmöglichkeiten und damit die Einführung moderner Führungskonzepte begünstigt (Bild 15 b).

Bild 15 a: Die Aufgabenzuordnung, 1. Möglichkeit

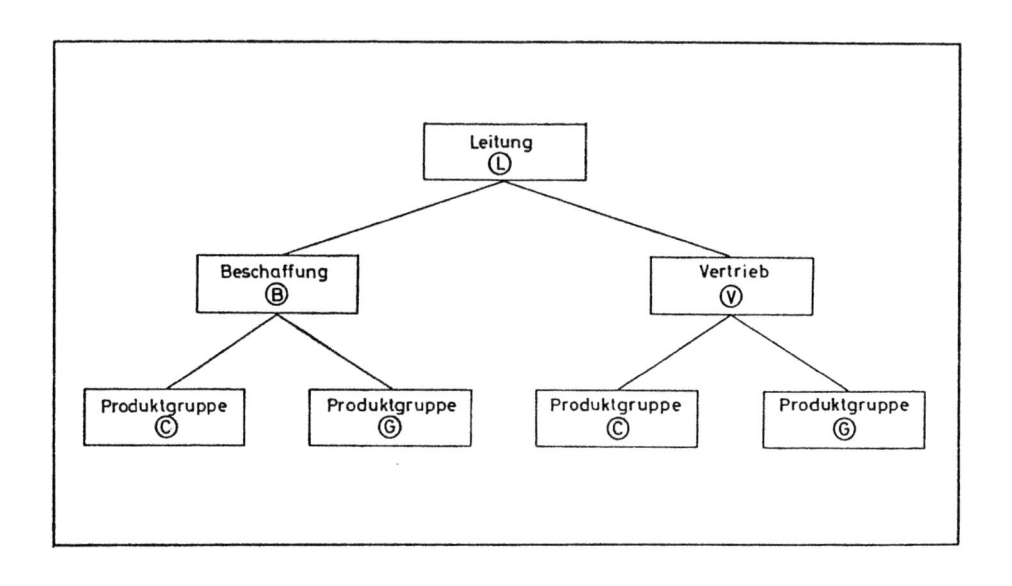

Bild 15 b: Die Aufgabenzuordnung, 2. Möglichkeit

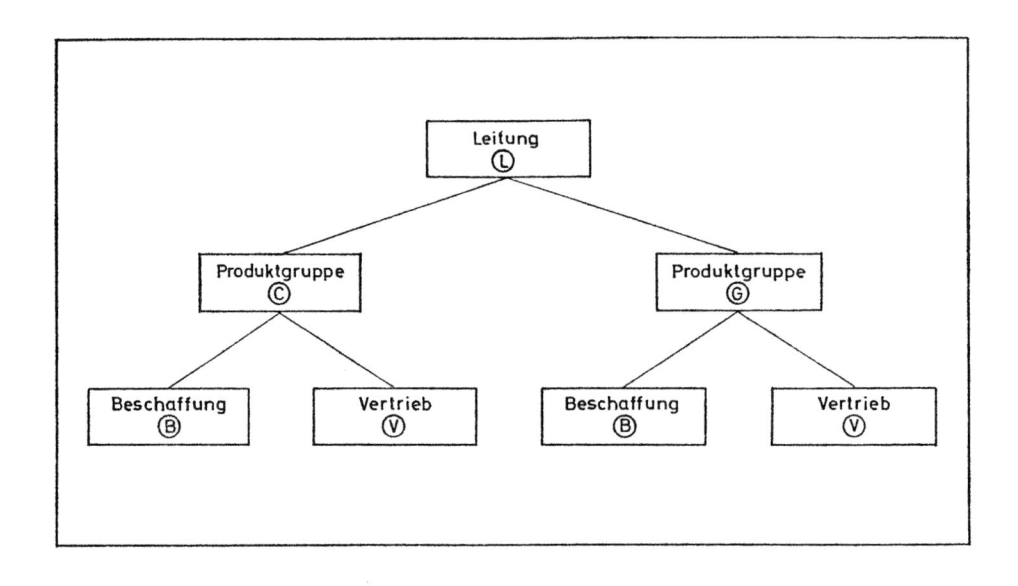

Die praktischen Gliederungsschemata weisen meistens Kombinationen dieser Gliederungsmöglichkeiten auf. So sind in der Regel nur diejenigen Funktionen, die ausgesprochen produktgruppenorientiert sind, wie Produktion und Vertrieb, u. U. auch Beschaffung, nach dem Produktgruppenprinzip organisiert, während die Funktionen, für die das Produkt nur eine untergeordnete Rolle spielt (wie z. B. Verwaltung), in Zentralstellen für alle Produktgruppen zusammengefaßt sind. Immer aber werden Vorteile mit Nachteilen erkauft. Deshalb ist der Weg beschritten worden, ähnlich der mehrdimensionalen Funktionsgliederung auch eine mehrdimensionale Aufgabenzuordnung vorzunehmen. Man spricht in diesem Fall von einer **Matrixorganisation**, wenn zwei Kriterien gleichzeitig, und von einer **Tensororganisation**, wenn mehr als zwei Kriterien (z. B. Funktionen, Objekte, geographische Gliederung) gleichzeitig angewendet werden.

Bild 16: Die Aufgabenzuordnung, 3. Möglichkeit: Matrixorganisation

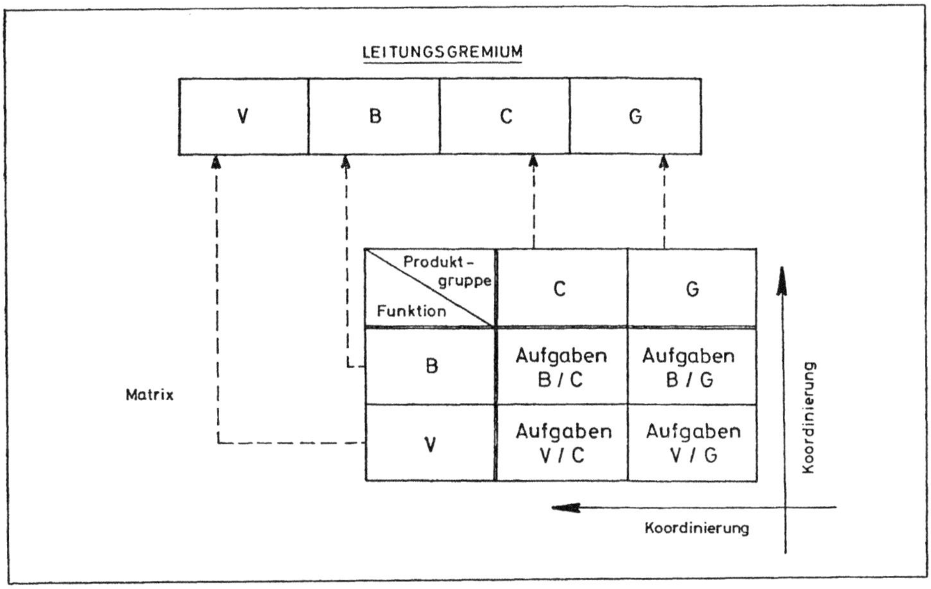

Bild 16 zeigt schematisch eine Matrixorganisation. Die Leitungsaufgaben sind von vornherein nach zwei Ebenen gegliedert, der Funktionsebene und der Produktgruppenebene.

Ein alter Grundsatz (von Fayol), nach dem für eine Leitungsaufgabe nur eine Person oder Stelle zuständig ist und damit eine eindeutige Zuständigkeit gegeben sein soll, wird hier bewußt durchbrochen. Es wird demgegenüber das Prinzip aufgestellt, daß für eine Aufgabe durchaus mehrere Personen zuständig sein können, sofern diese Zuständigkeit festgelegt und die Zusammenarbeit optimal organisiert ist.

So ergeben sich also je nach der Aufgabenstellung Zuständigkeiten der Leitungsorgane B, V und der Leitungsorgane C, G, die in der zweidimensionalen hierarchischen Gliederung in einer Ebene untergebracht sind, sich in ihrer Wirksamkeit also bewußt überschneiden, wobei die funktionsorientierten Leitungsstellen die Koordinierung in der Funktionsebene, die produktgruppenorientierten Leitungsstellen die Koordinierung in der Produktebene vorzunehmen haben.

Gewisse Zwischenformen zwischen einer solchen Matrixorganisation und der Funktionsgliederung einerseits sowie der Produktgruppengliederung andererseits ergeben sich durch die Einrichtung sogenannter Produktgruppen-Managerpositionen, wobei der Produktgruppen-Manager in der Regel die Aufgabe hat, alle Belange einer Produktgruppe quer über alle Stellen hinweg zu koordinieren.

Die Auffassung, Sparten- und Matrixorganisation seien Großbetrieben vorbehalten, ist heute widerlegt. Auch Mittel- und Kleinbetriebe wenden diese Organisationsform an. Selbstverständliche Voraussetzung ist freilich ein differenziertes Produktions- und/oder Vertriebsprogramm. Erfolge dieser Organisationstypen sind vor allem dann zu verzeichnen, wenn die „Divisionalisierung" zur Verselbständigung der Produktgruppen bis zu „Profit-Centers" (selbständig einen Gewinn erwirtschaftende Einheiten) führt.

5. Abteilungen mit „Funktionsbezeichnungen" — Ausgangspunkt einer kritischen Analyse (Exkurs)

In der Praxis findet man sehr häufig organisatorische Einheiten (Hauptabteilungen, Abteilungen usw.), die „Funktionsbezeichnungen" tragen, z. B. „Abteilung Einkauf". Aus diesem Tatbestand kann aber weder abgeleitet werden, daß in der betreffenden Abteilung *alle* Entscheidungen und Handlungen vorgenommen werden, die unter der Aufgabenbezeichnung verstanden werden, noch kann daraus geschlossen werden, daß nicht auch gänzlich andere Arbeiten dort erledigt werden. So ist es zum Beispiel üblich, daß die Materialien für die Betriebskantine nicht von der Abteilung Einkauf, sondern von den Verantwortlichen der Kantine selbst beschafft werden. Andererseits hört man in Einkaufsabteilungen häufig Klagen über Nebenarbeiten — wie Anfertigung von Statistiken —, die angeblich mit der „eigentlichen" Aufgabe nicht oder nur wenig zu tun hätten. Bei Erörterung der Zuordnungsfragen im vorstehenden Abschnitt wurde unterstellt, „Beschaffung" und „Vertrieb" als Aufgabe und als Institution deckten sich; in der Praxis ist das anders.

Es leuchtet ein, daß es auch gar nicht anders sein kann. Nur muß man skeptisch sein, ob die Aufgabenzuordnung im gegebenen Einzelfall auch wirklich zweckmäßig ist — von „optimal" soll noch gar nicht gesprochen werden — oder ob hier etwa das Resultat von Machtkämpfen sichtbar wird, in denen die Stärkeren

Zerlegen — Zusammenfügen

sich die besseren Teilaufgaben gesichert haben, während weniger attraktive Aufgabenteile gern dem Schwächeren überlassen wurden. Dazu sei das Einkaufs-Beispiel fortgeführt:

In der Mehrzahl der Betriebe findet sich eine Einkaufsabteilung, die einerseits keineswegs alle Einkaufsaufgaben vollzieht, andererseits aber auch mehr tut, als einzukaufen. Wendet man auf sie die hier angestellte Betrachtung in Form des Bildes 17 an, so erkennt man in der Regel folgendes:

Bild 17: Aufgabe und Institution in Abteilungen mit „Funktionsbezeichnung"

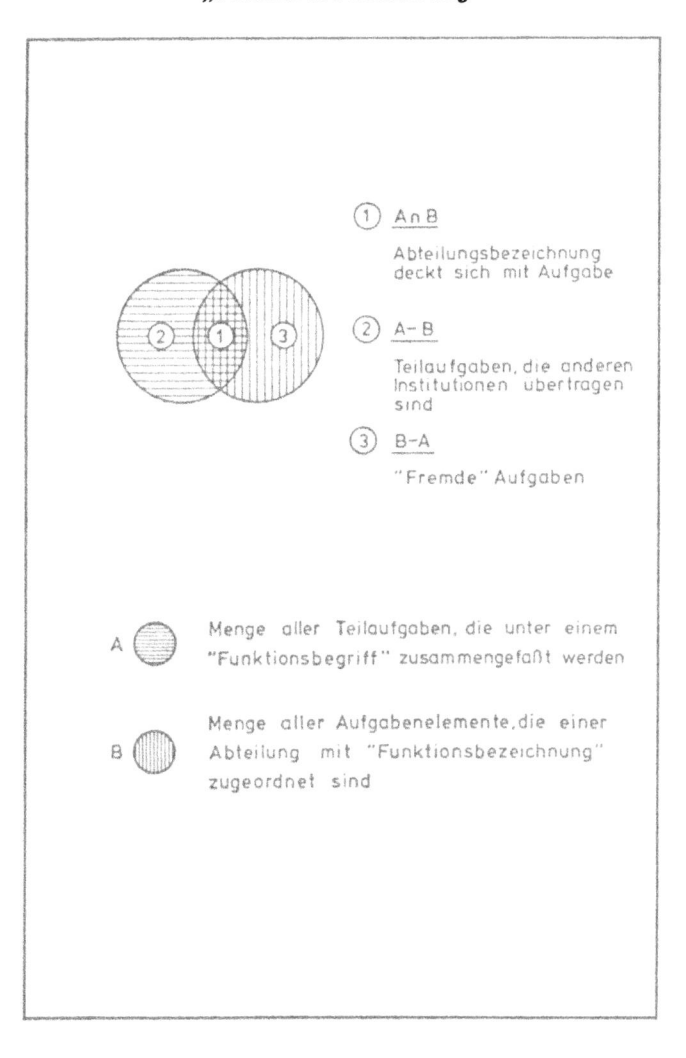

① A ∩ B
Abteilungsbezeichnung deckt sich mit Aufgabe

② A−B
Teilaufgaben, die anderen Institutionen übertragen sind

③ B−A
"Fremde" Aufgaben

A Menge aller Teilaufgaben, die unter einem "Funktionsbegriff" zusammengefaßt werden

B Menge aller Aufgabenelemente, die einer Abteilung mit "Funktionsbezeichnung" zugeordnet sind

a) Der Tätigkeitsbereich, der sich mit der Aufgabenbezeichnung deckt (1, Bild 17), ist hier klein (meßbar mittels der dafür tatsächlich aufgewendeten Arbeitsstunden). Es kann zweckmäßig sein, daß nur bestimmte Beschaffungsaufgaben zentralisiert werden.

b) Die Abteilung ist mit zahlreichen Arbeiten betraut, bei denen der Charakter als Einkaufsarbeit zumindest zweifelhaft ist (3). Auch das kann durchaus zweckmäßig sein.

c) Ein erheblicher Teil der Einkaufsaufgaben wird außerhalb der Abteilung erledigt (2). Das ist immer dann zweckmäßig, wenn die Vorteile der Dezentralisierung überwiegen.

Diese Betrachtung ist dadurch erschwert, daß es in der Mehrzahl der Fälle nicht eindeutig ist, welche Teilaufgaben nach dem „Verrichtungsprinzip" zusammengehören. Man denke nur an die Erarbeitung von Basisdaten für die Einkaufsstatistik in der Einkaufsabteilung. Gehört das zur Einkaufsaufgabe oder zu einer selbständigen Kommunikationsaufgabe? Gehört das Formularwesen zum „Organisieren" oder zur Tätigkeit der Beschaffung?

Trotz der angedeuteten Schwierigkeiten der eindeutigen Abgrenzung bietet der in Bild 17 skizzierte Denkansatz die Möglichkeit zu einer kritischen Analyse der Aufbauorganisation, indem man folgende Fragen stellt und zu beantworten versucht:

(1) Sind für die Übertragung „fremder" Aufgaben an die Abteilung rationale, nachvollziehbare Gründe maßgebend?

(2) Ist mit hoher Wahrscheinlichkeit anzunehmen, daß bei einer Ausgliederung der betreffenden Aufgaben die bewerteten Nachteile stärker ins Gewicht fallen als die bewerteten Vorteile oder umgekehrt?

(3) Sind für die Übertragung von Aufgaben, die zu dem Aufgabenbereich gehören, an andere Institutionen rationale, nachvollziehbare Gründe maßgebend?

(4) Ist mit hoher Wahrscheinlichkeit anzunehmen, daß bei einer Angliederung der betreffenden Aufgaben die bewerteten Nachteile stärker ins Gewicht fallen als die bewerteten Vorteile oder umgekehrt?

Aus der Fragestellung wird auch deutlich, daß es für das Ergebnis der kritischen Analyse wichtiger ist, die möglichen Vor- und Nachteile zu erfassen und über ein Bewertungssystem meßbar zu machen, als die in Bild 17 unterschiedenen drei Aufgabenbereiche exakt gegeneinander abzugrenzen.

Diese Art der kritischen Analyse sei zur eindeutigen Ansprache als Z w e i - k r e i s - A n a l y s e bezeichnet. Schon für die Behandlung des nächsten Problems, die Leitung als Institution und Aufgabe, ist die vorstehende Betrachtung bedeutsam.

6. Leitung als Aufgabe und als Institution

„Leitung" kann als eine sachbezogene Aufgabenstellung aufgefaßt werden, die durch die folgenden Merkmale charakterisiert ist:

— Entscheidungs- und Anordnungsbefugnis,

— schöpferische Eigeninitiative,

— Eigen- und Fremdverantwortung.

Entscheidungen sind Wahlakte zur Festlegung von Zielen und Teilzielen oder von Mitteln zur Erreichung der Ziele. Entscheidungen sollen rational, nachvollziehbar und treffsicher sein, wenn man den Einsichten der neueren Betriebswirtschaftslehre folgt.

Verantwortung ist — wie auch an anderer Stelle ausgeführt — die Pflicht eines Aufgabenträgers, persönlich Rechenschaft für die zielentsprechende Erfüllung einer Aufgabe abzulegen. Verantwortung ist eines der Merkmale leitender und auch ausführender Tätigkeiten.

Mit der Eigenverantwortung stehen leitende und ausführende Aufgabenträger für die Erfüllung der eigenen Stellenaufgaben ein. Mit der Fremdverantwortung wird ein Einstehen für die Handlungen der weisungsabhängigen Aufgabenträger begründet, soweit sich diese Handlungen aus der Erfüllung der Leitungsaufgabe ergeben.

Leitungsaufgaben werden nach dem Rang differenziert und sind von den Ausführungsaufgaben zu unterscheiden.

Managementaufgaben werden häufig mit Leitungsaufgaben gleichgesetzt, was insofern nicht ganz korrekt ist, als unter Leitung nur die *sachbezogene* Aufgabe verstanden werden kann, Management aber auch das *personenbezogene* Führen auf allen Leitungsstufen des Betriebes (Top-, Middle-, Lower-Management — obere, mittlere, untere Leitungsebene) umfaßt. Die Managementaufgaben bestehen in folgenden Aufgabengruppen:

— Entscheidungen über Ziele (Planen),

— Entscheidungen über den Einsatz von Menschen und Sachen und Einwirkung auf Menschen sowie Nutzung von Sachen zur Erreichung der Ziele (Organisieren, Disponieren, Motivieren),

— Überwachungshandlungen zum Vergleich des Erreichten mit den Zielen, die wieder Entscheidungen über Ziele und Mittel auslösen (Prüfung und Kontrolle).

Einzelne *Institutionen* tragen im Betrieb normalerweise die Bezeichnung „Leitung" wie „Verkaufsleitung", „Werkleitung" oder andere Bezeichnungen, die auf Leitungsaufgaben hindeuten wie „Geschäftsleitung", „Vorstand" usw. Das bedeutet nicht, daß in diesen Institutionen nur Leitungsaufgaben anfallen. So kann das obere Leitungsorgan eines mittleren Betriebes eine Reihe von Teilaufgaben allein oder unterstützt durch beratende und prüfende Fachstellen ohne Anordnungsbefugnis („Stabsstellen") wahrnehmen, die nur zum Teil „reine" Managementaufgaben sind, zum anderen Teil auch Ausführungskomponenten verschiedener Art aufweisen. Eine klare Grenze zur „Ausführung" kann ohnehin nicht gezogen werden. Ist „Ausführung" alles, was man selbst vollendet? So könnte man definieren.

Die Teilaufgaben des oberen Leitungsorgans (Top-Management) in praxisbezogener Gliederung sind:

- die Personalführung,

- die obere sachbezogene Leitung aller Teilaufgaben und deren Koordinierung,

- die Kapitalbeschaffung,

- die Kapitalverfügung,

- die Planung (das Setzen von Zielen und Teilzielen),

- das Organisieren,

- die Überwachung.

Teilaufgaben der Planung werden häufig an *Stabsstellen* übertragen. Diese übernehmen alle Vorbereitungsarbeit sowie die detaillierte Ausarbeitung der Pläne in Zusammenarbeit mit den zuständigen Fachabteilungen.

Die Planung bleibt trotzdem eines der wichtigsten Anliegen der Leitung, da in der Planung die Ziele gesetzt werden, an denen sich alle betrieblichen Entscheidungen und Handlungen orientieren sollen. Die Planungsziele werden als Teilziele den einzelnen Verantwortungsbereichen übertragen und sind für deren Arbeit maßgebend.

Die Teilziele müssen aufeinander abgestimmt sein, also eine Zusammenfassung der Tätigkeit aller Stellen zu dem übergeordneten Gesamtziel bewirken.

Auch das Organisieren kann als Leitungsaufgabe angesehen, einer „Organisationsabteilung" zugeordnet oder anderen Stellen übertragen werden. Die Schaffung der Spitzenorganisation mit Abgrenzung der Verantwortungsbereiche der Hauptabteilungen und Abteilungen behält sich jedoch meistens das obere Leitungsorgan vor, so daß einer Organisationsabteilung in der Regel nur die folgenden Arbeitsgebiete verbleiben:

Bild 18: Die Organisationsabteilung(en), Institutionalisierung,
Aufgaben, Kompetenz und Zuordnung des Organisationsbereiches

	Kriterien	Gestaltung 01	Gestaltung 02	Gestaltung 03	Hinweise, Bemerkungen
10	Umfang der Aufgabe und Verantwortung	Spezialfragen, Grundsatzfragen, Sonderfälle	begrenzter Aufgabenkatalog mit und ohne Istaufnahme	alle Fragen, die sich aus dem Organisieren von Struktur und Ablauf ergeben	Veranschaulichung im „Zweikreismodell" (Bild 17)
20	Auslöser des Tätigwerdens	Anforderung, festgelegte Ausnahmekriterien	Einsatz aufgrund von Prüfungsfeststellungen von dritter Seite oder auf Grund vorgegebener Planung	eigene, autonome Planung auf der Grundlage eines eigenen Auslösungssystems	Rückmeldungen im Sinne des Regelkreismodells (Kap. B, II)
30	Grundidee der Institutionalisierung	Bildung einer Kerngruppe für Projektarbeiten und Sonderaufgaben	Zusammenstellen eines optimalen Aufgabenbündels, Richtlinien, Detailausführungs- und Beratungsaufgaben	Zusammenfassung aller Aufgaben des Organisierens, Abweichungen nur, soweit zweckmäßigkeit erwiesen	Beziehung von formellen und informellen Verbindungen (Kap. C, I, 7)
40	Grad der Zentralisierung	eine Zentralstelle ohne institutionalisierten „Unterbau" oder mit Unterbau auf kooperativer Basis	dezentralisierte Organisationsstellen mit loser Koordinierung	Zentralstelle mit Instanzenzug, dezentralisierte nachgeordnete Organisationsstellen	Zentralisation/Dezentralisation als ein Grundproblem des Organisierens, Scoring-Modell (Kap. E, III, 3)
50	Anordnungsbefugnis	ohne Anordnungsbefugnis, Beratungs-, evtl. auch Prüfungsaufgaben	ohne Anordnungsrecht mit Ausnahmen für Einzelaufgaben, Richtlinien usw.	volles Anordnungsrecht für einen bestimmten Verantwortungsbereich	Problem der Stab-/Linienorganisation, Matrixorganisation (Bild 13—16)
60	Verbindung mit anderen Aufgabenbereichen	ohne Verbindung mit anderen Aufgabenbereichen	mit EDV-Planung verbunden, EDV-Vollzug anderweitig eingeordnet	weitgehende Verschmelzung mit verwandten Gebieten wie EDV und/oder Revision, Berichtswesen, OR	Trennung von Routine und Nichtroutineaufgaben (Kap. C, I, 2)
70	Stellung der Stelle in der Hierarchie	untere Ebene (Abteilungen, Unterabteilungen)	in der Ebene der gehobenen Stäbe und des mittleren Managements (Werke, Hauptabteilungen)	obere Ebene in der Geschäftsleitung, dem Vorstand unmittelbar nachgeordnet	Verhältnis Hierarchie und Führungsstil (Bild 13, 61, 62)
80	Größe der Stelle	minimale Auslegung über der Schwelle, die sich aus der Spezialisierungsnotwendigkeit ergibt	mittlere Ausstattung	großzügige Ausstattung auch zur selbständigen Durchführung eines umfangreichen Aufgabenbündels	Scoring-Modelle, Kosten-Nutzen-Analyse (Kap. E, III, 3)

— Arbeitsablaufgestaltung,

— Einsatz von sachlichen Hilfsmitteln (Büromaschinen usw.),

— Formulargestaltung u. ä.

In einem Grenzfall wird die Organisationsabteilung als Expertengruppe verstanden, die keine laufenden Arbeiten durchführt, sondern von Fall zu Fall Leiter und sachverständige Mitarbeiter für Projektgruppen auf dem Gebiet des Organisierens stellt.

Werden der Organisationsabteilung laufende Arbeiten übertragen, so kann sich die Tätigkeit auf Beratung der Fachabteilungen beschränken, so daß die Organisationsabteilung den Charakter einer Stabsstelle erhält; sie kann aber auch Exekutivvollmachten beinhalten. Zum Beispiel können „Organisationsrichtlinien", die Arbeitsabläufe (namentlich den Zwischenabteilungsverkehr) regeln, von einer Organisationsabteilung erlassen werden. Auch kann ein Bewilligungs- oder Genehmigungsverfahren im Betrieb vorgesehen sein, nach dem alle Anschaffungen an sachlichen Verwaltungshilfsmitteln zunächst von der Organisationsabteilung begutachtet werden müssen. Die Prüfung der Organisation kann ebenfalls Aufgabe der Organisationsabteilung sein; diese Aufgabe wird aber häufig an eine betriebseigene Revisionsabteilung oder an betriebsfremde Organisatoren oder Revisoren übertragen. Verschiedene Möglichkeiten der Institutionalisierung des Organisierens zeigt Bild 18.

Die Überwachung als eine typische Leitungsaufgabe neben der Planung besteht aus Kontrolle (als Bestandteil der Arbeitsabläufe) und Revision. Diese Begriffe werden noch eingehend behandelt, hier genügt eine kurze Erläuterung.

(1) Die Kontrolle ist stets dezentralisiert, sie stellt eine laufende Überwachung der Betriebstätigkeit und Einrichtungen zwecks richtiger Erledigung der einzelnen Vorgänge dar. Kontrollen sind an zahlreichen Stellen in den Betriebsablauf eingebaut, z. B.

— in der Produktion als Qualitätskontrollen,

— im Kassenwesen zur Vermeidung von Veruntreuungen.

Die Kontrollen können sich — wie in der Geschäftsbuchhaltung durch das System der Doppik — zum Teil selbständig ergeben, sie können auch durch entsprechende Gestaltung der Arbeitsabläufe geschaffen werden; Beispiel:

Jede Eingangsrechnung muß vor der Zahlungsanweisung eine Kontrollstelle passieren.

(2) Die Revision wird als eine abgeleitete Leitungsfunktion meist von einer nur der Leitung verantwortlichen Stabsstelle vorgenommen. Sie stellt eine Ergänzung der Kontrollen durch nachträgliche, meist stichprobenweise, kritische Überprüfung der Entscheidungen und Handlungen dar.

Die Kapitalbeschaffung ist ebenfalls eine Aufgabe, über deren Zuordnung man unterschiedlicher Meinung sein kann; bei Institutionalisierung einer besonderen Aufgabe Finanzierung wäre die Kapitalbeschaffung dazuzurechnen. Mellerowicz zählt die Bereitstellung von Geldkapital sogar zur Beschaffung im Sinne von „Einkauf i. w. S."[17]).

Die ursprünglichen Kernaufgaben der Leitung (Teilmenge 1 im Sinne von Bild 17) bestehen in der Personalführung und der Koordination aller Funktionen. Entsprechende Befugnisse ebenso wie Befugnisse der Kapitalverfügung können bei der oberen Instanz konzentriert oder an nachgeordnete Instanzen delegiert werden.

Die Personalführung umfaßt:

(1) Auswahl der Bewerber bei Neueinstellungen und Umbesetzungen;

(2) Übertragung von Aufgabengebieten entsprechend den Fähigkeiten;

(3) Anleitung und Weiterbildung des Personals auf dem speziellen Fachgebiet und auch darüber hinausgehend;

(4) Sorge für angemessen gestaltete und ausgerüstete Arbeitsplätze;

(5) Aufsicht über das dienstliche Verhalten (Pünktlichkeit usw.) und über die Erzielung ausreichender Leistungen (qualitativ und quantitativ);

(6) langfristige Personalplanung mindestens mit dem Ziel, für jeden Mitarbeiter in gehobener Stellung wenigstens eine geeignete Ersatzkraft zur Verfügung zu halten;

(7) Genehmigung bzw. Befürwortung des Urlaubs sowie besonderer Vergünstigungen (z. B. Darlehen);

(8) Beurteilung der Leistungen und des dienstlichen Verhaltens für Gehaltsfestsetzungen und Förderungsmaßnahmen sowie für Abgangszeugnisse;

(9) Pflege der zwischenmenschlichen Beziehungen.

Die Anordnungsbefugnis auf dem Gebiet der Personalführung wird als *disziplinarische Anordnungsbefugnis*, die Unterstellung auf diesem Gebiet wird als *disziplinarische Unterstellung* bezeichnet. Auch die Personalführung wird zum Teil von anderen Organen wahrgenommen, über nähere Einzelheiten unterrichten die Bestimmungen des Betriebsverfassungsgesetzes.

---

17) Vgl. Mellerowicz, K., Allgemeine Betriebswirtschaftslehre, Band 3, 13. Aufl., Berlin 1971, S. 7 ff.

Die sachbezogene Leitung umfaßt:

(1) Setzen von Arbeitsaufgaben und Arbeitszielen;

(2) Bestimmung der Art der Durchführung der Aufgaben, soweit dies den nachgeordneten Instanzen bzw. Personen nicht selbst überlassen werden soll;

(3) Information der gleich- oder nachgeordneten Institutionen oder Personen über alle zur Erfüllung ihrer Aufgaben wesentlichen Tatsachen, Zusammenhänge und Entwicklungen, soweit dies nicht anderweitig, z. B. durch besondere Abteilungen für das innerbetriebliche Berichtswesen, erfolgt;

(4) Berichterstattung „nach oben" über die Arbeitsergebnisse, soweit die vorgesetzten Stellen zur Erfüllung ihrer Aufgaben darüber unterrichtet sein müssen.

Die Kapitalverfügung umfaßt:

(1) die nach außen gerichtete Vertretungsbefugnis (z. B. Berechtigung zur Unterzeichnung von Verträgen);

(2) die innerbetriebliche Anweisungsbefugnis (z. B. Berechtigung zur Genehmigung einer Reiseabrechnung und Freigabe zur Auszahlung).

Die Leitungsbefugnisse können

(1) unmittelbar oder

(2) mittelbar

ausgeübt werden. Bei der unmittelbaren Ausübung der Leitungsbefugnisse hat der Leiter die Arbeiten der Mitarbeiter so zu verantworten, als wären es seine persönlichen Arbeiten. Er gibt jedem Mitarbeiter unmittelbare Anweisungen, macht Vorhaltungen und prüft deren Arbeiten im einzelnen. Bei der mittelbaren Ausübung der Leitungsbefugnisse überwacht der Leiter die ihm unterstehenden Stellen nur im ganzen, er gibt Anordnungen grundsätzlich über den zwischengeschalteten Stellenleiter. Greift er doch unmittelbar ein, wird er auch unmittelbar verantwortlich.

Bei der Stellvertretung einer Leitungskraft werden zwei Formen unterschieden:

(1) Eine der nachgeordneten Personen vertritt den Vorgesetzten nur bei Abwesenheit, bei Verhinderung oder auf seine ausdrückliche Anweisung. Nur in diesen Fällen besteht ein Vorgesetztenverhältnis des Stellvertreters zu den ihm meist gleichgeordneten anderen Mitarbeitern der Abteilung.

(2) Der Stellvertreter ist fest in den Instanzenweg eingebaut, die dem Leiter unmittelbar unterstehenden Personen und Stellen werden dem Stellvertre-

ter direkt zugeordnet und unterstehen dem Leiter nur noch mittelbar. Dieses Vertretungsverhältnis wird als „ständige Vertretung" bezeichnet. Der Grad der Selbständigkeit des ständigen Vertreters ergibt sich von Fall zu Fall aus den ihm übertragenen Vollmachten und Aufgaben.

Das obere Leitungsorgan eines Betriebes kann aus einer oder aus mehreren Personen bestehen. Eine mehrköpfige „Leitung" kann in der Form

(1) des Direktorialsystems oder

(2) des Kollegialsystems

errichtet werden. Beim Direktorialsystem konzentriert sich die oberste Gewalt auf eine Person, die über einem Kollegium von Leitungskräften steht. Das Kollegialsystem beruht auf der gleichberechtigten Leitung des Unternehmens durch mehrere Leitungspersonen, von denen in der Regel jeder ein Ressort verwaltet. Ein Mitglied dieses Kollegiums kann den ständigen Vorsitz als „Erster unter Gleichberechtigten" führen; seine Stimme entscheidet dann bei Meinungsverschiedenheiten und Stimmengleichheit. Jede dem obersten Leitungsorgan angehörende Person ist in ihrem Bereich in bestimmten Grenzen, die durch die *Geschäftsordnung* festgelegt sind, selbständig. Werden einzelne Leitungsinstanzen von mehreren Stellen oder Personen gemeinsam wahrgenommen, spricht man von *Pluralinstanzen*.

Zu ergänzen wären diese Ausführungen noch um die organisatorisch bedeutsame Feststellung, daß auch die Einrichtung des "Controllers", eines Leitungsorgans, das Funktionen der Planung, Überwachung und Berichterstattung auf sich vereinigt, eine wertvolle Bereicherung der Leitungsorganisation darstellen dürfte, da die Ausrichtung der Teile auf das gemeinsame Ziel und das rechtzeitige Erkennen etwaiger Abweichungen von der erstrebten Entwicklungsrichtung durch diese Einrichtung begünstigt wird.

Die Leitungsorganisation dient dem *Zusammenfügen* der Teile, da jeder Leiter für die Einheitlichkeit der Arbeit in seinem Bereich und die Ausrichtung seiner Arbeit auf das Ganze verantwortlich ist. Wenn aber die gemeinsame Spitze zweier Stellen, die auf Zusammenarbeit angewiesen sind, zu weit „oben" in der Hierarchie untergebracht ist, so daß dem beiden Stellen gemeinsamen Vorgesetzten die Beschäftigung mit entsprechenden Details, um mögliche Auseinanderentwicklungen zu verhüten oder Streitfälle zu schlichten, nicht mehr zugemutet werden kann, sind *besondere Koordinierungsmaßnahmen* notwendig. So haben z. B. die Entwicklungsabteilung und der Vertrieb normalerweise erst im oberen Leitungsorgan einen gemeinsamen Vorgesetzten; Abteilungen, Unterabteilungen oder Gruppen beider Bereiche können aber in Fragen der Erzeugnisgestaltung nur durch enges Zusammenwirken zu den Ergebnissen gelangen, die im Gesamtinteresse liegen.

7. Die Verkehrswege als Unterscheidungsmerkmal von Organisationsmodellen

Eine Frage, die im Zusammenhang mit der Leitungsfunktion zu klären ist, lautet: „Auf welchem Wege gelangen die Anordnungen, Informationen und Arbeitsunterlagen von oben nach unten?", und umgekehrt: „Welche Wege sind für die Arbeitsunterlagen, Berichte, Entscheidungsvorlagen, weiteren Informationen von unten nach oben vorgesehen?"

Das Zusammenfügen der Teile zu einem übergeordneten Ganzen erfolgt durch einen entsprechenden Informationsaustausch (K o m m u n i k a t i o n).

Informationen stellen die Verbindung zwischen den einzelnen Aufgabenträgern her (sowie zwischen dem Betrieb mit seinen Aufgabenträgern und der Umwelt des Betriebes, was jetzt hier nicht zu behandeln ist). Weiterhin erfolgt die Verbindung durch Weitergabe von A r b e i t s o b j e k t e n (Gegenstände, an denen Verrichtungen zur Aufgabenerfüllung vollzogen werden).

Die Wege von Informationen *und* Arbeitsobjekten (Abgrenzung ist nicht eindeutig, da Arbeitsobjekte häufig Informationen enthalten) werden als V e r k e h r s w e g e bezeichnet. Will man ausdrücklich nur die Wege von Informationen kennzeichnen, so spricht man von *Informationswegen*. Die Verkehrswege schließen also die Informationswege ein.

Bei den I n f o r m a t i o n s w e g e n wird zwischen

(1) Dienstweg (Instanzenzug, indirekter Weg) und

(2) Direktweg (und auch Instanzensprung, bei dem die Informationen direkt, aber über den Vorgesetzten des Empfängers geleitet werden)

unterschieden.

Bei Einhaltung des D i e n s t w e g e s wird die Information über die zuständigen Vorgesetzten geleitet, beim d i r e k t e n W e g geht sie direkt vom Absender an den Empfänger (vgl. hierzu Bild 19). Eine Zwischenform ist die direkte Unterrichtung unter Übersendung eines Durchschlages des Schriftstückes an die zuständigen Vorgesetzten.

Informationen *von oben nach unten* sind oft Anordnungen, Anweisungen, Richtlinien. Entsprechend dem Umfang der Entscheidungsbefugnis, die an untere und mittlere Leitungsorgane sowie an die Ausführenden delegiert ist, schreiben diese Anordnungen usw. auch den zu beschreitenden Weg im einzelnen vor.

Je mehr Eigenverantwortlichkeit den mittleren und unteren Organen zugebilligt wird, desto wichtiger wird die Information über das Ziel, um koordiniertes und zweckgerichtetes Handeln zu sichern, desto bedeutsamer wird auch die Kontrolle, ob alle am gleichen Strang und, wenn ja, auch in die gleiche Richtung ziehen.

Bild 19: Informationswege

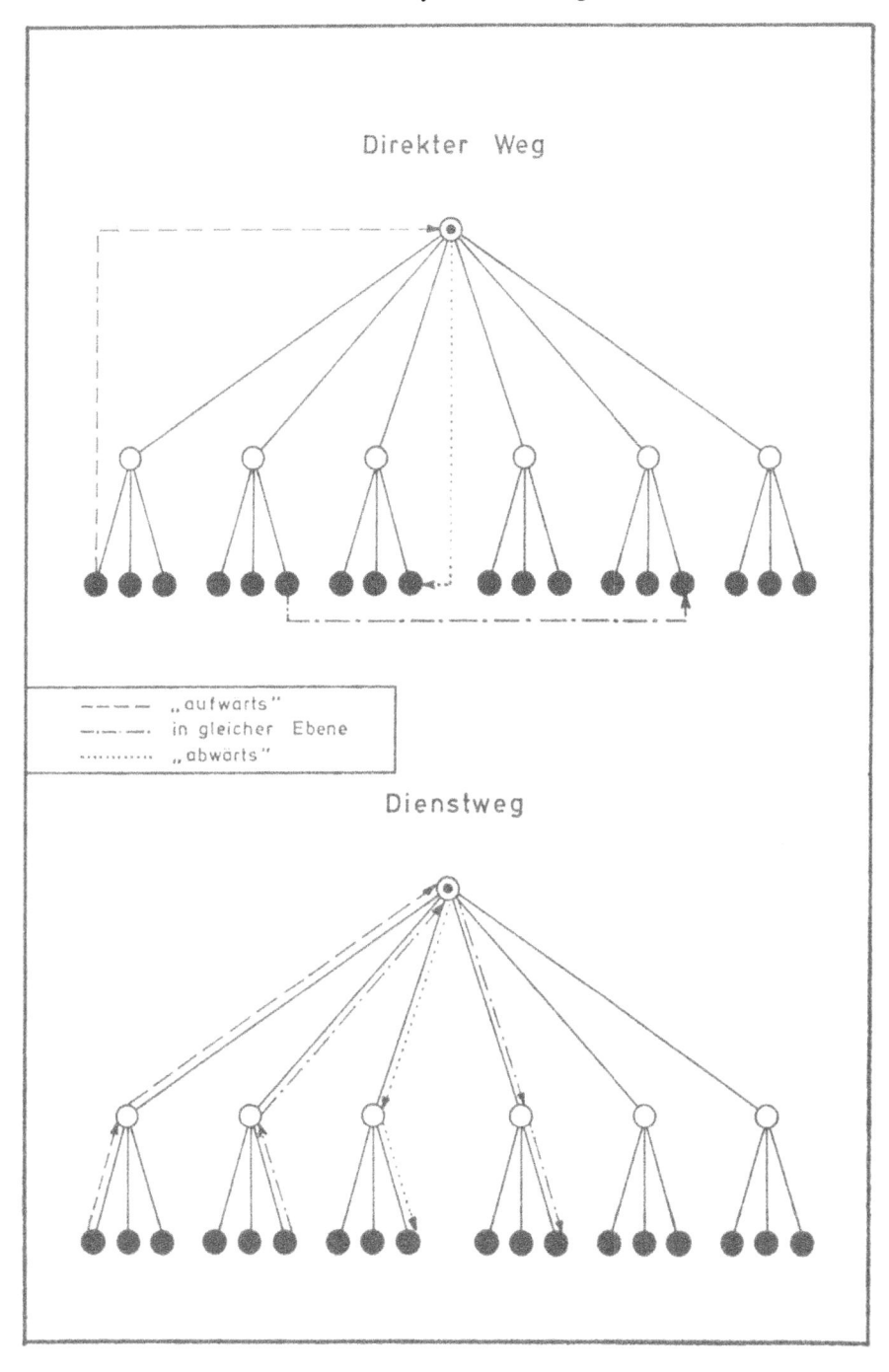

Der letztgenannte Zusammenhang ist allerdings nicht zwangsläufig; es kann durchaus sein, daß durch ein hohes Maß an Eigenverantwortlichkeit eine so positive Einstellung zum Betrieb und seinen Zielen erreicht wird, daß diese eher ein zielgerechtes Handeln gewährleistet als die vorbeugende und korrigierende Wirkung von Überwachungshandlungen.

Berichte *von unten nach oben* haben vorwiegend Informationen über Arbeitsergebnisse, Beschwerden, aber auch Vorschläge und Anregungen zum Inhalt.

In gleicher Ebene dienen Informationen häufig der Sicherung der Zwischenabteilungszusammenhänge in den Arbeitsabläufen oder allgemein der Koordinierung.

Die strenge Einhaltung des Dienstweges ist heute kaum mehr zu finden, da dies einige schwerwiegende Nachteile für den Betrieb bringen könnte:

(1) Es geht zuviel Zeit für die Übermittlung der Informationen verloren.

(2) Die Organisation wird zu schwerfällig und paßt sich dann nicht elastisch genug wechselnden Aufgabenstellungen an.

(3) Die Informationen können auf dem langen Wege verändert, d. h. in einem der Zielsetzung der Berichterstattung abträglichen Sinne verfälscht werden. Das kann bewußt geschehen („Manipulieren" unbequemer Meldungen) oder auch unbewußt (Mißverständnis, falsche Interpretation usw.). Allerdings bestehen derartige Gefahren auch bei der Direktübermittlung, jedoch in geringerem Maße.

(4) Die Zwischenstellen werden durch die „Briefträgerfunktion" überlastet. Selbst der mögliche Vorteil des Dienstweges, die bessere Unterrichtung der Zwischeninstanzen, kann in das Gegenteil umschlagen, wenn die Stoffmenge nicht mehr bewältigt werden kann.

Die Einhaltung des Dienstweges ist deshalb heute *nur noch in Sonderfällen* vorgeschrieben, z. B. für Personalangelegenheiten (Beförderungen, Gehaltsfragen usw.). Nur durch die Beschränkung auf bestimmte Anwendungsfälle kann der ursprüngliche Zweck des Dienstweges (die unbedingte, nachweisbare Unterrichtung) noch gewährleistet werden.

Im übrigen ist heute überall, wo keine zwingenden Gründe dagegen sprechen, die flexible Art der D i r e k t ü b e r m i t t l u n g vorgesehen. Die zunehmende Bedeutung der Computerorganisation mit der Möglichkeit, Informationen von einem Speichersystem abzurufen, hat ohnehin die „Informationspräferenzen" abbauen helfen und zu einer neuen Denkweise geführt.

Der mögliche Nachteil der Direktübermittlung, daß die unmittelbar betroffenen Stellen sich zwar schnell notwendige Informationen zuleiten, ihre Vorgesetzten aber immer mehr den Überblick verlieren, kann durch geeignete Maßnahmen ausgeschaltet werden. Derartige Maßnahmen sind:

(1) Direktverkehr mit nachträglicher formloser Benachrichtigung des (der) Vorgesetzten;

(2) Direktverkehr mit anschließendem Bericht an den (die) Vorgesetzten;

(3) Direktverkehr nach allgemeiner oder spezieller Erlaubnis durch den (die) Vorgesetzten.

Die grundsätzlichen Regelungen über Verkehrswege erschienen schon in der älteren Organisationslehre so wichtig, daß sie als Kriterium für „Organisationssysteme" (also von Idealtypen, die als Modell für die praktische Organisationsarbeit verwendet wurden) dienten. Man unterschied folgende Systeme (vgl. Bild 20):

(1) Liniensystem,

(2) Funktionssystem,

(3) Stabliniensystem.

Die Anordnungen gehen im Liniensystem von der Leitung zu den jeweils unmittelbar nachgeordneten Stellen. Auf diese Weise kann ein Untergebener nur von seinem jeweiligen Vorgesetzten, also von *einer* Person, Anordnungen empfangen. Das System ist in reiner Form gegeben, wenn nicht nur Anordnungen, sondern der gesamte Geschäftsverkehr — also alle Informationen usw. — zwischen verschiedenen Stellen gleicher oder verschiedener Rangstufen alle zwischen ihnen und der oberen Leitung eingebauten Instanzen durchläuft.

Vorteile des Liniensystems sind:

(1) straffer Aufbau der Organisation,

(2) klare Festlegung von Anordnungsrecht und Verantwortung.

Nachteile des Liniensystems sind:

(1) Schwerfälligkeit besonders bei schnell wechselnden Aufgaben bzw. Teilzielsetzungen (z. B. neue Erzeugnisse sollen hergestellt und vertrieben werden),

(2) starke Belastung der oberen Instanzen, da sie den Verkehr zwischen den gleichrangigen Stellen zu vermitteln haben.

Man sollte dieses System heute zur eindeutigen Bestimmung als „*Einliniensystem*" bezeichnen.

Das Liniensystem ist wegen seines Vorteils der einheitlichen Führung von dem französischen Verwaltungsfachmann *Fayol* besonders herausgestellt worden[18]).

---

18) Vgl. Fayol, H., Allgemeine und industrielle Verwaltung, München/Berlin 1929.

84 Grundsätzliche Möglichkeiten organisatorischen Gestaltens

Bild 20: Ältere Organisationsmodelle

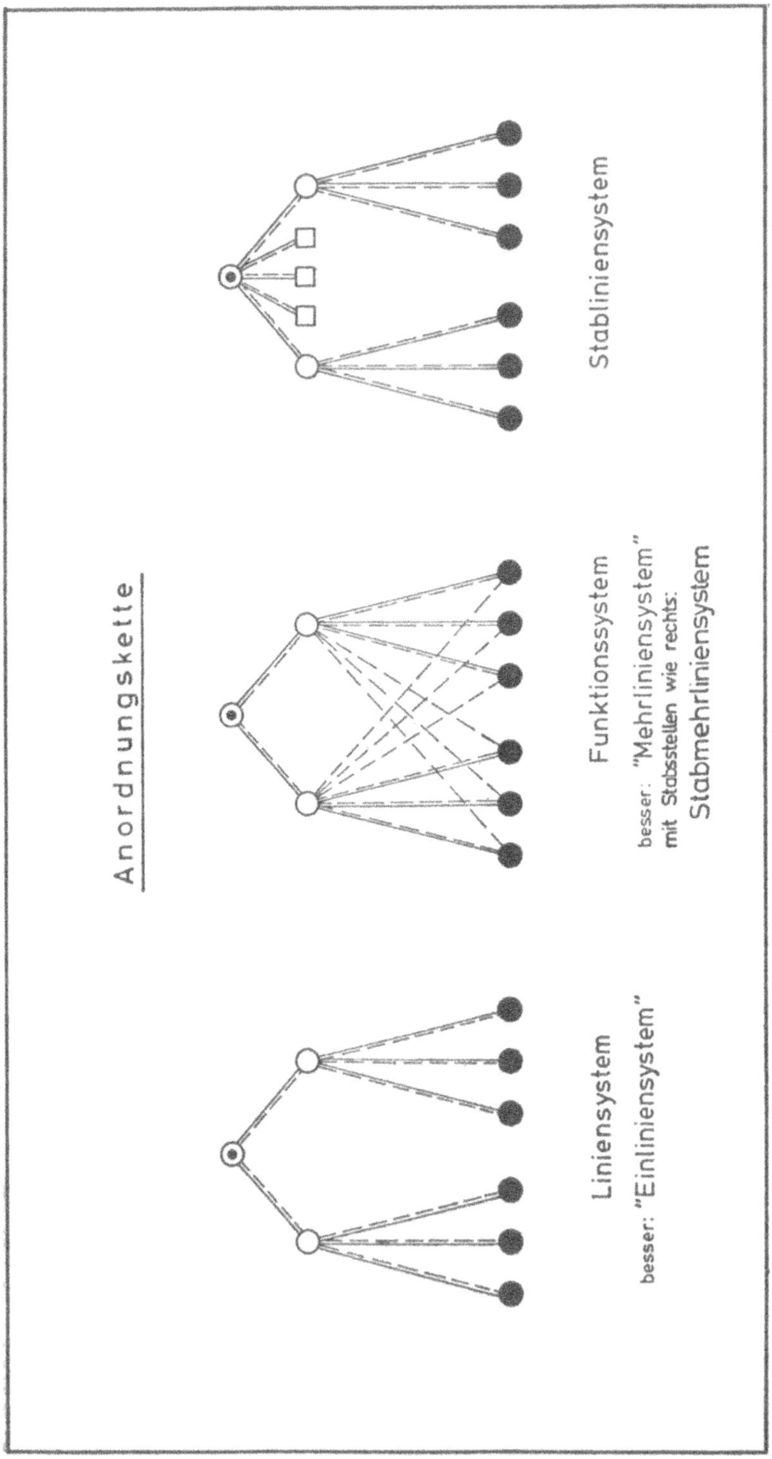

Anordnungskette

Liniensystem
besser: "Einliniensystem"

Funktionssystem
besser: "Mehrliniensystem"
mit Stabstellen wie rechts:
Stabmehrliniensystem

Stablinensystem

Das **Funktionssystem** (besser wäre „Mehrlinienystem") entspricht den Auffassungen, wie sie u. a. *Taylor*[19]) vertreten hat. Es beruht auf einer Spezialisierung von Funktionen, die dazu führt, daß ein Funktionsträger von mehreren Fachvorgesetzten Sachanweisungen, von mehreren Stellen sonstige Informationen empfängt. Er gibt selbst Informationen an Gleich-, Über- und Untergeordnete; er kann auch auf seinem Fachgebiet als Fachvorgesetzter Anweisungen geben. Man benutzt also den „direkten Weg". In disziplinarischer Hinsicht bleibt im Regelfall auch beim Funktionssystem die Unterstellung unter einen Vorgesetzten bestehen. Das System hat den Vorteil der größeren Beweglichkeit, der Entlastung der Führungsinstanzen; dafür wird die Einheitlichkeit der Leitung geopfert. Auch dieses System kann zu einem Mangel an Informationen bei den Leitungsstellen führen, was aber durch eine geeignete Organisation des innerbetrieblichen Berichtswesens verhindert werden kann.

Im **Stabliniensystem** treten neben die nach dem Liniensystem aufgebauten Instanzen sogenannte *Stabsstellen*, die keine Anordnungsbefugnis haben, sondern als Fachberater fungieren oder sich mit Berichterstattung und Prüfung befassen. Auf diese Weise wird die spezialisierte fachliche Beratung der Leitung unter Vermeidung des bürokratischen Instanzenweges ermöglicht, ohne die straffe Gliederung der Linienorganisation aufheben zu müssen.

In der Praxis findet man normalerweise eine **Kombination** der verschiedenen Möglichkeiten. Die heute vorherrschende Gestaltung der Verkehrswege, insbesondere der Anordnungs- und Informationswege, wird ebenfalls als Stabliniensystem bezeichnet, doch versteht man darunter i. d. R. die Kombination eines speziellen Funktionssystems (in der Personalführung Liniensystem, in der Sachführung Funktionssystem) mit der Zuordnung von Stabsstellen an die Leitungsinstanzen. Eine zutreffende Bezeichnung dieses heute vorherrschenden Systems wäre „*Stab-Mehrliniensystem*".

Die praktische Bedeutung der hier dargestellten formellen Verkehrswege ist schon deshalb geringer als manchmal angenommen wird, weil die *informellen Informationswege* (wie ein persönliches Gespräch am Mittagstisch, ein persönliches Telefongespräch mit dienstlichen Anmerkungen über alle Organisationsstrukturen hinweg) einen erheblichen Umfang haben und Mängel aus der Festlegung der formellen Wege ausgleichen oder verstärken können.

8. Zentralisation und Dezentralisation

Im engeren Sinne wird unter dem Gegensatzpaar Zentralisation/Dezentralisation die Art der Verteilung der Anordnungsbefugnis und Verantwortung verstanden.

---

19) Vgl. Taylor, F. W., Die Grundsätze wissenschaftlicher Betriebsführung (The Principles of Scientific Management), übersetzt von R. Roesler, 3. Aufl., München/Berlin 1919.

Danach bedeutet Dezentralisation, daß die Entscheidung einem größeren Kreis von Leitungspersonen verschiedener Leitungsebenen innerhalb des Instanzenbaus überantwortet wird, während unter Zentralisation die Konzentration der Anordnungsbefugnis bei bestimmten Leitungsorganen zu verstehen ist.

Im weiteren Sinne spricht man auch von dezentralisierter oder zentralisierter ausführender Tätigkeit (z. B.: Abteilungsregistratur — Zentralregistratur) und von örtlicher Dezentralisation bzw. Zentralisation.

Gerade bei dem Problem der Dezentralisierung zeigt sich der Charakter organisatorischen Gestaltens, das Wählen zwischen zwei polaren, d. h. sich wechselseitig bedingenden Gegensätzen. So hielt man die Dezentralisierung für die Verwaltung großer Betriebe eine Zeitlang fast für ein Allheilmittel gegen die sogenannte „Wasserkopfbildung", womit das übermäßige Anwachsen der Verwaltung und die Verbürokratisierung gemeint ist. Mit der Weiterentwicklung der Computertechnik schien dann wieder die Zentralisierung zumindest auf Teilgebieten neue Möglichkeiten zu eröffnen. Neuerdings dürfte diese Entwicklungstendenz durch die Konstruktion leistungsfähiger Terminals und Kleinrechenanlagen wieder an Bedeutung verloren haben. Auf dem Gebiet der Fertigung wird die Automatisierung vielleicht wieder Tendenzen zu stärkerer Zentralisation auslösen. Es gilt eben, unter Würdigung aller inner- und außerbetrieblicher Faktoren das rechte Maß zwischen den Extremen der Gestaltungsmöglichkeit zu finden, wobei „das rechte Maß" betriebsindividuell zu definieren ist.

Eine besondere Form des dezentralisierten Großunternehmens stellt ein Konzern dar, der aus einem Verbund rechtlich selbständiger Betriebe besteht, die einer mehr oder minder starken Zentralgewalt seitens des beherrschenden Unternehmens unterworfen sind. Organisatorisch ist nur ein geringer Unterschied zu dem als einheitliches Unternehmen geführten dezentralisierten Großbetrieb; ja oft haben die rechtlich unselbständigen Teilbetriebe eines Großbetriebes (sofern es Produktionsstätten sind, häufig „Werke" genannt) mehr Entscheidungsbefugnis als formell selbständige, vom Konzern abhängige Unternehmen. Die Größe der Hauptverwaltung eines dezentralisierten Großbetriebes oder eines Konzerns wird wesentlich durch den Umfang der von ihr zu bewältigenden Aufgaben bestimmt. Beschränkt sich die Hauptverwaltung auf Leitungsaufgaben, so kann sie kleiner sein, als wenn sie auch noch ausführende Aufgaben ganz oder zum Teil übernimmt. Für Hilfsfunktionen besteht eine stärkere Tendenz zur Zentralisierung als für andere Funktionen. Entscheidend für die Wahl des rechten Weges ist die Wirtschaftlichkeit des Gesamtverbundes.

Die Frage der Zentralisation bzw. Dezentralisation ist eines der Kernprobleme praktischen Organisierens. Objekte der Zentralisation sind die Teilaufgaben, wobei folgende Merkmale der Zusammenfassung unterschieden werden können:

(1) *persönliche* Zentralisation (führt zur trägerorientierten Betriebsgliederung wie „technischer" und „kaufmännischer" Bereich eines Werkes),

(2) *sachliche* Zentralisation:

— Verrichtungszentralisation (führt zur verrichtungsorientierten Betriebsgliederung, z. B. „Zentraleinkauf"),

— Objektzentralisation (führt zur produktorientierten Betriebsgliederung),

(3) *formale* Zentralisation: Entscheidungs-, Planungs-, Überwachungs-, Verwaltungszentralisation,

(4) *Sachmittelzentralisation:* Raum- und Zeitzentralisation

(nach „Akademie für Organisation").

9. Koordinierung

Je größer ein Betrieb wird, je weiter die Betriebsaufgabe untergliedert werden muß, desto dringender wird die Herbeiführung einer zielgerichteten Zusammenarbeit. Ein Beispiel soll diese Zusammenhänge veranschaulichen.

Beispiel:

Die Absatzlage eines Erzeugnisses hat sich in einem Großbetrieb nicht so günstig entwickelt wie in der Planung vorgesehen wurde. Daraus ergeben sich Folgerungen für eine Reihe von Stellen, die verschiedenen Bereichen angehören. Die notwendigen detaillierten Maßnahmen müssen durch Abstimmung der grundsätzlich in gewissen Grenzen selbstverantwortlich handelnden *Stellen* und nicht durch abgestimmte Anordnungen der *Führung* auf eine gemeinsame Linie gebracht werden, wenn man vermeiden will, das allen Beteiligten gemeinsame Leitungsorgan (in diesem Falle den Vorstand) mit belastenden Einzelheiten zu befassen. Die Folgerungen aus der unerwarteten Entwicklung des Absatzes sind z. B.:

Maßnahme:	Stelle:
— Zurücksetzung der Fertigungsmenge	Werke
— Überprüfung der Investitionsvorhaben, soweit sie der Herstellung des betreffenden Erzeugnisses dienen	obere Werkleitung
— Korrektur der Finanzplanung und Finanzdisposition	Finanzabteilung
— Forcierung anderer Erzeugnisse, um die Umsatzhöhe *insgesamt* wie vorgesehen zu erreichen	Werbung, Verkauf
— Überprüfung von Abschlüssen mit Lieferanten für Vorprodukte des betreffenden Erzeugnisses	Einkauf

Bei wichtigen Teilvorgängen, z. B. der Überprüfung der Investitionsvorhaben, dürfte sich das Leitungsorgan, das für das richtige Zusammenwirken der ihm unterstellten Abteilungen verantwortlich ist, einschalten. Auch bei weniger wichtigen Fragen kann dies, wenn keine Einigung der gleichgeordneten Stellen untereinander erfolgt, der Fall sein.

Von der Leitung aus gesehen, kann man diese Art des Eingreifens in Ausnahmefällen als „*passive Koordinierung*" (Koordinierung im engeren Sinne) bezeichnen im Unterschied zur „*aktiven Koordinierung*", die in der Erteilung aufeinander abgestimmter Anordnungen an die dem betreffenden Leitungsorgan unterstellten Aufgabenbereiche zu sehen ist.

Eine Maßnahme der a k t i v e n K o o r d i n i e r u n g in dezentralisierten Großbetrieben ist die Bildung von besonderen für die Koordinierung zuständigen Stellen, wie es verschiedentlich erwähnt wurde. Auch die Bestellung gemeinsamer Leitungsorgane für verschiedene Stellen gehört zur aktiven Koordinierung.

Die wichtigste Maßnahme zur p a s s i v e n K o o r d i n i e r u n g besteht in der Bildung von A u s s c h ü s s e n, in denen Entscheidungen und Maßnahmen der verschiedenen Stellen auf die gemeinsamen Ziele ausgerichtet werden. Hier verhält sich die Leitung grundsätzlich passiv und greift erst ein, wenn keine Einigung zustande kommt.

Zahlreiche weitere Maßnahmen können der Förderung der Zusammenarbeit der einzelnen Stellen untereinander, also der passiven Koordinierung, dienen. Es kann vorgesehen werden, daß

(1) für Aufgaben, die von verschiedenen Abteilungen gemeinsam erledigt werden müssen, eine gemeinsame Verantwortung begründet wird,

(2) gewisse Entscheidungen, die mehrere Funktionsbereiche berühren, stets nur gemeinsam getroffen werden dürfen,

(3) eine Pflicht zur gegenseitigen Information über koordinierungsbedürftige Vorgänge der Stellen untereinander sowie der Stellen an die Leitungsorgane angeordnet wird,

(4) Überwachungs- und Beratungsorgane geschaffen werden,

(5) doppelte Arbeitsunterlagen beseitigt werden, um so einen gegenseitigen Kontakt zu erzwingen,

(6) Abteilungen, die zusammenarbeiten sollen, räumlich vereinigt werden,

(7) durch geeignete Maßnahmen das Gemeinschaftsgefühl, besonders das Gefühl, an einer gemeinsamen Aufgabe zu schaffen, gestärkt wird,

(8) eine gründliche Schulung, in der die Notwendigkeit einer Koordinierung betont wird, und ein umfassendes Informationswesen eingerichtet werden,

(9) Arbeitsplätze für eine gewisse Zeit ausgetauscht werden, um sich gegenseitig über die Koordinierungsnotwendigkeit zu unterrichten („Job Rotation"),

(10) die Revision sich speziell mit Koordinierungsmängeln befaßt, um so präventiv zu wirken.

Durch Koordinierung soll alles Streben in die vorgeplante Richtung gelenkt werden. Dazu gehört es nicht nur, Abweichungen von dieser Linie, die durch *Unkenntnis* infolge ungenügender Information oder durch *Unvermögen*, d. h. mangelndes Können, entstehen könnten, zu verhindern, sondern auch solche Abweichungen zu vermeiden, die aus dem unzureichenden *Willen zur Zusammenarbeit*, der mangelnden Bereitwilligkeit, die eigenen Ziele den Gesamtzielsetzungen unterzuordnen, entstehen. Die organisatorisch stärkste Sicherung ist die Herstellung eines *Koordinierungszwanges*, was zu den schwierigsten und dringendsten Aufgaben moderner Großbetriebe gehört. Die Matrixorganisation hat in dieser Aufgabe ihre Wurzel.

In den Begriffen des Regelkreismodells kann man die K o o r d i n i e r u n g als „H o r i z o n t a l r e g e l u n g" auffassen, wobei zwei Formen zu unterscheiden sind (Bild 21):

(1) Von mehreren gleichgeordneten Reglern erhält für bestimmte Aufgaben oder in bestimmten Situationen einer den Charakter des übergeordneten Reglers, die übrigen ihm gegenüber die Stellung von Subreglern.

(2) Mehrere Regler bilden einen übergeordneten Regler unter den oben genannten weiteren Bedingungen.

Mit dem Übergang von der „ganzheitlichen" Hierarchie zur „partiellen" gewinnen in der Praxis beide Formen sowie zahlreiche Varianten an Bedeutung in Gestalt von Gruppenarbeit, Ausschußarbeit usw. — Organisationsstrukturen, die, um wirksam werden zu können, durch einen kooperativen Führungsstil (im Unterschied zum autoritären) zu ergänzen sind.

Koordinierung ist nicht nur — vielleicht nicht einmal in erster Linie — ein Problem zweckmäßiger Organisation; es ist auch oder vor allem ein Problem der M o t i v a t i o n : Die in einem Betrieb tätigen Menschen müssen überzeugt und willens sein, an gemeinsamen Zielen zu arbeiten und diesen Zielen egoistische Ziele unterzuordnen.

Ideal wäre es, wenn es gelänge, die Auffassung durchzusetzen, daß die Belegschaft eines Betriebes ein Zusammenschluß freier Bürger ist, die sich unterordnen, weil die *gemeinsame Zielsetzung* es erfordert. Dieses Gefühl wachzuhalten dient dem Interesse des Betriebes, weil so auch das Gefühl der Mitverantwortung jedes einzelnen begünstigt wird, das so wichtig für die Koordinierung zu einem Ganzen und für die Hervorbringung von Ideen aus einem breiten Kreis von Mitarbeitern ist. Es stimmt bedenklich, wenn die Trennung zu sehr betont wird, ja sogar der Versuch unternommen wird, die hierarchische Ordnung des Betriebes auf die private Sphäre auszudehnen.

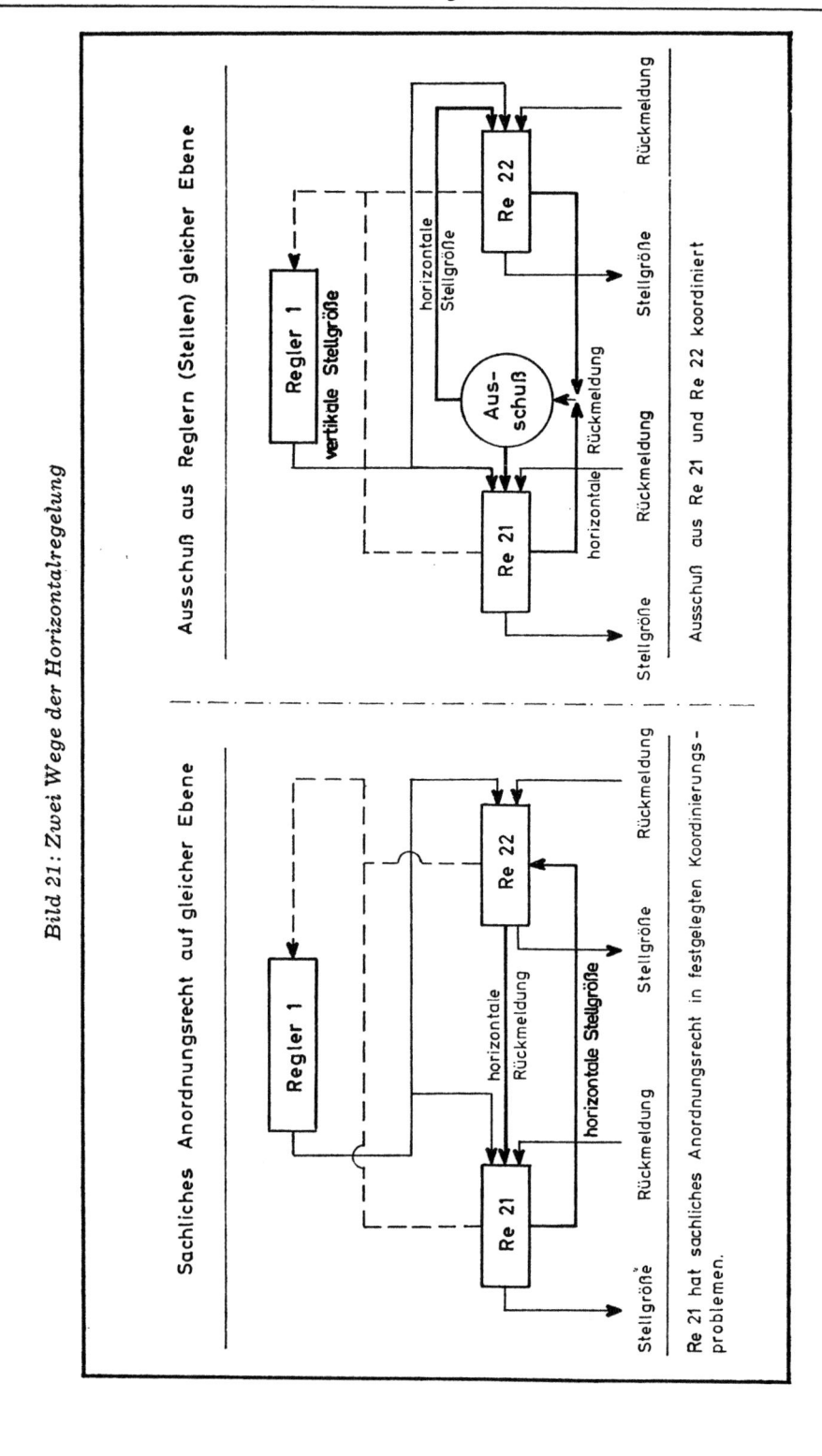

Grundsätzliche Möglichkeiten organisatorischen Gestaltens

Bild 21: Zwei Wege der Horizontalregelung

Dazu ein Auszug aus einer „Porträtskizze": „Die Sorgfalt, mit der alle Stufen der kleinen bis zu den leitenden Angestellten voneinander getrennt sind, erinnert geradezu an militärische Exaktheit, auch wenn ihr keine schriftliche Dienstverordnung zugrunde liegt. Sind beim Militär Rangabzeichen, Schulterstücke, Mützenkordel die Merkmale und Symbole dafür, wer was zu sagen hat, so sind es in den Büros der Industrieverwaltungen die Größe der Zimmer, mit oder ohne Teppich ausgelegt, mit eingebauter Waschgelegenheit oder nicht, die Zahl der Fenster, mit oder ohne Vorhänge, der Umfang des Schreibtisches, die Qualität der Tapeten und zahllose andere Utensilien, an denen sich die Herrschaftsbefugnis ablesen läßt. Nicht selten machen zwar die Bewohner solcherart als Dienstuniform dekorierter Büros ihre Witze über diese Zeichen ihrer Geltung, aber das schließt nicht aus, daß sie strikt um die Einhaltung der Reihenfolge dieses Prestigezubehörs besorgt sind"[20]).

Das organisatorische Gestalten als Zerlegen und Zusammenfügen ist mit diesem Abschnitt so weit abgehandelt, daß sich nunmehr die grundsätzliche Darstellung des nächsten polaren Gegensatzpaares anschließen kann: Auslese — Anpassung.

II. Auslese — Anpassung

1. Grundsätzliches

Auslese und Anpassung sind zwei grundsätzlich verschiedene und sich doch ergänzende Wege zur Erreichung einer bestmöglichen Übereinstimmung, insbesondere

(1) von Aufgaben und Arbeitsträgern (Menschen, Sachen);

(2) von Menschen, die an gemeinsamen Aufgaben wirken, untereinander;

(3) von Menschen und Sachen (wie Maschinen) zueinander;

(4) von Sachen zueinander;

(5) von Teilaufgaben zu Teilaufgaben und Teilaufgaben in Beziehung zur Gesamtaufgabe;

(6) von Betrieb und Umwelt;

(7) von Menschen (auch Aufgaben, Sachen) und Informationen zueinander.

Die Sicherung einer methodischen Auswahl zwischen den beiden Wegen durch Schaffung eines Rahmens, in dem Auslese und Anpassung im Sinne der Zielerreichung optimal wirken können, sowie die zweckmäßige Anwendung dieser Prinzipien bei der Schaffung und Weiterentwicklung des Organisationsrahmens (beim „Organisieren") selbst ist Gegenstand der folgenden Ausführungen. Hingewiesen sei auf die noch an anderer Stelle (Kap. D, III, 1) näher auszuführende

---

[20] Horné, A., Die leitenden Angestellten, in: Der Volkswirt, 14 (1960) 28, S. 1402 ff. Es mag sich seit dieser Darstellung manches geändert haben, im Prinzip handelt es sich aber um die Äußerung des menschlichen Bedürfnisses nach Differenzierung, das auch heute noch besteht.

Tatsache, daß Organisieren formal als Zuordnungsprozeß aufgefaßt werden kann; Auslese und Anpassung dienen der optimalen Zuordnung; damit ist die Bedeutung des in diesem Abschnitt II vom Grundsätzlichen her behandelten Stoffes ausreichend verdeutlicht.

2. Mensch und Aufgabe

Die gegenseitige Abstimmung von Mensch und Aufgabe ist ein gezielter Auslesevorgang, wenn unter Anwendung geeigneter Methoden aus einer größeren Anzahl von Bewerbern diejenigen ausgewählt werden, die den sich aus der Stellenaufgabe ergebenden Anforderungen am besten gerecht werden.

Voraussetzung der Auswahl ist die A n a l y s e d e r A u f g a b e zur Ermittlung der A n f o r d e r u n g e n (Ergebnis: „Anforderungsbild"), die an den persönlichen Arbeitsträger (= Aufgabenträger) gestellt werden müssen.

Das Anforderungsbild muß zunächst eine Aussage über die A n f o r d e r u n g s a r t e n enthalten, wie:

- Arbeitskenntnisse (Ausbildung und Erfahrung),
- Geschicklichkeit (Handfertigkeit und Körpergewandtheit),
- Arbeitsbelastung (körperliche Belastung, geistige Beanspruchung),
- Verantwortung (für die eigene Arbeit, für die Arbeit anderer, für die Sicherheit anderer),
- Umgebungseinflüsse (z. B. Akustik, Klima, Beleuchtung).

Diese Gliederung nach Anforderungsarten kann noch verfeinert werden, indem die Anforderungen nach der Bedeutung im Hinblick auf den Aufgabenträger abgestuft werden:

(1) Welche Eigenschaften und Kenntnisse muß der Aufgabenträger unbedingt mitbringen?

(2) Welche Eigenschaften darf er nicht haben?

(3) Welche zusätzlichen Eigenschaften sind wertvoll und erwünscht?

(4) Welche Einflüsse übt die dauerhafte Beschäftigung mit der gestellten Aufgabe auf den Betreffenden aus?

(5) Welchen Umwelteinflüssen wird der Arbeitende ausgesetzt?

Für Führungskräfte pflegt man die Anforderungen in der Gruppierung „Wissen", „Können", „Haltung" zu formulieren.

In jedem Fall dienen Analyse und Synthese dazu, eine Übereinstimmung zwischen den aus der Aufgabe resultierenden Anforderungen und den Eigenschaften und Fähigkeiten der Aufgabenträger herbeizuführen. Ausbildung und Erfahrung z. B. sind dabei Anpassungsvorgänge, die dem *Erwerb* des erforderlichen Wissens und Könnens dienen. Stehen genügend Bewerber für eine Aufgabe zur Verfügung, kann der Betrieb die Personen auswählen, die *bereits über den erforderlichen Stand an Fähigkeiten und Eigenschaften verfügen* (Auslese). Andernfalls muß die Anpassung während der Betriebszugehörigkeit erfolgen. Es mag auch u. U. keine andere Möglichkeit verbleiben, als die Aufgabe den Eigenschaften, Fähigkeiten und — das wird immer bedeutsamer — den Zielvorstellungen der Aufgabenträger anzupassen. Der letztgenannte Vorgang sollte m. E. nur dann bedenklich stimmen, wenn nicht die tatsächlichen Zielvorstellungen, sondern die vemeintlichen oder — noch schlimmer — die oktroyierten Berücksichtigung finden.

Ein typisches Anforderungsbild (dieses kann zugleich auch Grundlage einer Bewertung der Arbeit sein) für einen Betriebsmeister[21]) hat etwa folgenden Inhalt:

(1) *Können und Wissen*

    a) *Erforderliche Anlern-, Lehr- und Fachausbildung:*

       Geistige Fähigkeiten, wie sie nach Abschluß einer Handwerks- oder Industriemeisterausbildung erwartet werden können.

    b) *Zusätzlich erforderliche Betriebserfahrung:*

       Über zweieinhalb Jahre Betriebserfahrung, erweitert durch Kenntnisse in mindestens einem Abschlußgebiet.

    c) *Handfertigkeit:*

       Handfertigkeit und Geschicklichkeit (meistens durch Lehre ausgebildet), wie sie für die sachgemäße und leistungsgerechte Ausübung handwerklicher Tätigkeiten erforderlich sind.

(2) *Beanspruchung*

    a) *Geistige Beanspruchung und Beanspruchung der Aufmerksamkeit:*

       Beanspruchung von Denkvermögen, Kombinationsfähigkeit und Verhandlungsgeschick, verbunden mit dem Bearbeiten eines Sachgebiets bei einfacher, aber wechselnder Aufgabenstellung oder bei schwieriger, aber kaum wechselnder Aufgabenstellung.

    b) *Körperliche Beanspruchung:*

       Beanspruchung bei Tätigkeiten, die überwiegend mit Umhergehen verbunden sind.

(3) *Verantwortung*

    a) *Verantwortung für die eigene Arbeit:*

       Verantwortung für das Leiten eines qualifizierten Sachgebietes oder Betriebsbereichs kleinen Umfangs oder für das selbständige Durchführen von Einzelaufgaben vergleichbaren Verantwortungsgrades.

    b) *Verantwortung für Personalführung:*

       8—15 Arbeitnehmer, Tarifgruppe . . .

(4) Die *Umgebungseinflüsse* sind von Fall zu Fall festzuhalten.

---

[21]) Darstellung nach Zander, E., Wie sich Leistung bewerten läßt, in: Energiewirtschaftliche Tagesfragen, 19 (1969) 5, S. 185 ff. Wesentlich an dieser Darstellung ist das analytische Vorgehen nach den vier Anforderungsarten.

Die **Auslese** des geeigneten aus mehreren Bewerbern kann erfolgen mittels:

(1) Auswertung der Bewerbungsunterlagen (oder Personalunterlagen, wenn die Bewerber aus dem eigenen Betrieb kommen), Zeugnisse, Lebenslauf, Selbstbeurteilung;

(2) persönliche Aussprache;

(3) Eignungsuntersuchung; Eignungstests;

(4) ärztliche Untersuchung;

(5) Probearbeit oder Beschäftigung auf Probezeit.

Der Auslese folgt i. d. R. die **Anpassung**; denn nur in den seltensten Fällen weist ein Bewerber alle Eigenschaften und Kenntnisse auf, die eine bestimmte Funktion im Betrieb erfordert. Durch Schulung, Information, Förderung der Arbeit der Menschen an sich selbst zur Mehrung ihres Wissens und Könnens und auch zur Anpassung ihres Charakters und Verhaltens kann die Übereinstimmung von Mensch und Aufgabe immer mehr verbessert werden.

Auch der umgekehrte Vorgang ist, wie bereits erwähnt, möglich, indem für einen bestimmten Menschen ein Aufgabenbereich ausgewählt, entsprechend abgegrenzt oder angepaßt wird, der die Entfaltung seiner Eigenschaften und Fähigkeiten ermöglicht. Dieser Vorgang ist notwendig, wenn es darum geht, außergewöhnliche Fähigkeiten eines Menschen (z. B. in Forschung und Entwicklung) zu nutzen. Auch ist bei jeder Lage des Arbeitsmarktes die Anzahl der für eine Aufgabe in Frage kommenden Bewerber begrenzt, so daß Anpassung der *vorhandenen* Kräfte an die Aufgaben, Auswahl geeigneter Aufgaben und Anpassung der Aufgaben an die vorhandenen oder die wenigen zur Auswahl stehenden Kräfte stets bedeutsam ist. Das gilt auch im Hinblick auf die sich immer häufiger wandelnden Anforderungen im Laufe eines Berufslebens.

Schließlich sei noch darauf hingewiesen, daß nicht nur eine *qualitative* Anpassung von Mensch und Aufgabe, sondern auch eine *quantitative* Anpassung entsprechend der menschlichen Leistungsfähigkeit erfolgen muß.

*Die **Übereinstimmung von Mensch und Aufgabe** ist eines der Kernprobleme unserer Zeit: Jede Organisation wird erst durch die tätigen Menschen mit Leben erfüllt. Diese melden ihre Zielvorstellungen an und fordern den Organisator heraus, sich der Rolle des Menschen in der Organisation bewußt zu werden.*

Hierbei sind drei Aspekte zu unterscheiden:

(1) Der Mensch wird organisiert, er ist Teil der Organisation; daraus können Konflikte zwischen persönlichen Zielen und Betriebszielen erwachsen.

(2) Der Mensch gestaltet die Organisation, er organisiert; damit erhält die Organisation eine subjektive Komponente.

(3) Alle betriebliche Organisation ist nicht Selbstzweck, sie dient den Betriebs- bzw. Unternehmenszielen, in die die Zielvorstellungen der Mitarbeiter als ein wesentlicher Bestandteil eingehen.

Entsprechend dieser zentralen Stellung des Menschen in der Organisation und für die Organisation hängt von der Herbeiführung einer optimalen Übereinstimmung von Mensch und Aufgabe sehr viel ab. Es geht im einzelnen um folgendes:

(1) Brauchbare menschliche Anlagen durch geeignete Auswahlmethoden entdecken und dem Betrieb nutzbar machen, die günstigen Anlagen in Können durch Ausbildung und Fortbildung umsetzen und die Haltung durch Motivation positiv entwickeln, um so die Betriebsziele durch Effizienzsteigerung zu fördern.

(2) Der Mensch, der seine Eignung für bestimmte Aufgaben bestätigt findet und in Harmonie mit der betrieblichen Umwelt lebt, erlangt berufliche Befriedigung und ist eher geneigt, dem Betrieb die Treue zu halten; damit wird die Organisation stabilisiert. Befriedigung bei der Arbeit durch die Möglichkeit der Selbstverwirklichung ist wichtiger für das Wohlbefinden eines Betriebsangehörigen als die Höhe der Entlohnung und soziale Leistungen[22].

(3) Menschen, die mit ihrer Arbeit zufrieden sind, werden zu konstruktiven Elementen der eine Organisation tragenden Gemeinschaft und stabilisieren damit die Umweltbedingungen.

(4) Die Möglichkeit der Übertragung von Verantwortung und selbständiger Entscheidungsbefugnis an eine mittlere und untere Führungsschicht hängt davon ab, wieweit die Betreffenden auch ohne detaillierte Anweisung und Kontrolle bereit und in der Lage sind, die Gesamtziele des Betriebes zu verfolgen.

(5) Die Dynamik und die Möglichkeit einer laufenden Verbesserung der Organisation hängt von der Mitarbeit der Menschen in dieser Organisation ab. Wie wichtig die Beteiligung aller Mitarbeiter ist, zeigt folgende Überlegung: Die letzten Einzelheiten eines Arbeitsablaufes und die Fehlermöglichkeiten kennt nur derjenige, der mit diesen Arbeiten befaßt ist. Er kann Schwierigkeiten aufbauschen; er kann aber durch Mitdenken und Mitwirken auch die Anpassung in den Einzelheiten herbeiführen; damit entscheidet sich der Erfolg vieler Rationalisierungsmaßnahmen und damit die Wirtschaftlichkeit des Betriebes.

---

22) Diese Problematik wurde in neuerer Zeit u. a. bearbeitet von: Hinterhuber, H. H., Entwicklungslinien der Arbeitsorganisation, in: Fortschrittliche Betriebsführung und Industrial Engineering, 24 (1975) 4, S. 197—203; Ulich, E. — Brüggemann, A. — Groskurth, P., Neue Formen der Arbeitsgestaltung, Frankfurt 1974; Camra, J. J., Gedanken zur Humanisierung der Arbeit, in: Fortschrittliche Betriebsführung, 23 (1974) 1, S. 19—20; Ulich, E., Neue Formen der Arbeitsstrukturierung, in: Fortschrittliche Betriebsführung, 23 (1974) 3, S. 187—196; Rühl, G., Untersuchungen zur Arbeitsstrukturierung, in: Industrial Engineering, 3 (1973) 3, S. 147—197.

(6) Der Umfang des in der Organisation vorzusehenden Überwachungssystems ist u. a. abhängig von dem Grad des Mißtrauens, der dem Leistungswillen, dem Können und der Ehrlichkeit der Belegschaft gegenüber angebracht erscheint. Wer sich dem Betrieb verbunden fühlt, neigt weniger zu Handlungen, die geeignet sind, den Betrieb zu schädigen.

(7) Die Möglichkeit, bewußte oder unbewußte Lücken der Organisation durch Improvisation auszufüllen, muß bei Schaffung der Organisation untersucht werden, um den generell geregelten Bereich von dem fallweise zu regelnden Bereich — in dem eine so große Variabilität der Handlungen gegeben ist, daß eine generelle Regelung unter bestimmten Voraussetzungen nicht zweckmäßig erscheint — abzugrenzen. Diese Möglichkeit, der Improvisation einen Spielraum zu geben, hängt weitgehend von der richtigen organisatorischen Einordnung, dem Können, dem Wollen und der Einsicht der Belegschaft (einschließlich der Leitungsorgane) ab. So muß man bei einer in dieser Hinsicht ungünstig zu beurteilenden Belegschaft mehr generell regeln, als man es im anderen Fall tun würde; dies kann zur sogenannten „Überorganisation" mit den Folgen der Kostensteigerung, Verbürokratisierung, mangelnden Beweglichkeit und der negativen Rückstrahlung auf das Wohlbefinden der Menschen, was wieder leistungsmindernd wirkt, führen. In der öffentlichen Verwaltung besteht eine Tendenz zur Überorganisation, um sich „nach oben" abzusichern („es wurde alles Mögliche getan").

Mit der Frage, welchen Menschentyp man allgemein (also nicht im Hinblick auf eine einzelne, bestimmte Aufgabe) bei der Organisation zugrunde legen soll, haben sich in neuerer Zeit viele Theoretiker und Praktiker beschäftigt. Mc Gregor unterscheidet den X-Typ und den Y-Typ[23]:

— Der X - T y p ist arbeitsscheu, bedarf spezieller Antriebe (wie Strafe und materielle Belohnung) und muß eingehend kontrolliert werden. Er will Sicherheit, ist also gegen Veränderungen, und will, daß man ihm sagt, was er zu tun hat. Er strebt nicht nach Ausdehnung seiner Verantwortung.

— Der Y - T y p empfindet die Arbeit so natürlich wie Ruhe und Spiel, er bedarf keiner speziellen Antriebe und Androhungen und ist zur Selbstkontrolle befähigt. Er ist bereit, Verantwortung zu übernehmen, soweit er die Möglichkeit zur Selbstverwirklichung sieht.

Es wäre falsch, die Einteilung so zu interpretieren, als könne man alle Mitarbeiter in diese beiden Gruppen unterteilen (Auslese) und ihnen ihrem Wesen entsprechende Aufgaben zuordnen. Jeder Mensch verfügt über X- und Y-Komponenten, freilich in unterschiedlichem Ausmaß. Aufgabe der Organisation ist es, soweit es der Gesamtzielsetzung entspricht, die Y-Komponenten zu entwickeln und damit einen selbstverstärkenden Prozeß einzuleiten (Anpassung), der das Vorherrschen eines erwünschten Typs in der Belegschaft bewirken kann.

---

23) Vgl. McGregor, D., Der Mensch im Unternehmen (The Human Side of Enterprise), 2. Aufl., Düsseldorf/Wien 1971.

Es erscheint also für die Organisation von größter Bedeutung, daß im Rahmen eines gewissen Spielraumes alles getan wird, um durch geeignete Auslese- und Anpassungsmaßnahmen zu versuchen, einen Menschentyp im Betrieb zu fördern, der als Objekt und Subjekt der Organisation besonders geeignet ist.

Sicherlich ist die Zielvorstellung in möglicher Nähe des Y-Typs zu suchen, wobei aber auch dem X-Typ eine Chance gegeben werden muß. Wahrscheinlich kann ohne den Menschen mit vorherrschenden X-Eigenschaften auch ein moderner Betrieb nicht geführt werden. Wer soll schließlich die repetitiven Arbeiten durchführen?

Von dem *Standpunkt des Organisators* aus könnte man eine Wunschliste menschlicher Eigenschaften aufstellen, die den „i d e a l o r g a n i s i e r b a r e n M e n s c h e n" wie folgt skizziert:

(1) Er ordnet die eigenen Interessen oder die Interessen seines Funktionsbereiches bzw. seiner Abteilung den Gesamtinteressen des Betriebes unter.

(2) Er ist beweglich, dynamisch, d. h. stets bereit, neue Methoden anzuwenden oder die bisherigen Methoden zu verbessern, erforderlichenfalls den Arbeitsplatz zu wechseln. Er ist interessiert, sich in neue Methoden und Arbeitsgebiete einzuarbeiten.

(3) Er ist bereit, in sachlicher Form zu opponieren, wenn er dies für erforderlich hält, aber ebenso bereit, die Entscheidungen zu akzeptieren, auch wenn sie mit Rücksicht auf das Betriebsganze gegen seine eigenen Interessen und Vorstellungen ausfallen; er wird dadurch in seiner Schaffenskraft nicht behindert.

(4) Er bekämpft eine möglicherweise aufkommende Betriebsblindheit durch sein laufendes Bemühen, sich fortzubilden, Zusammenhänge zu sehen und Vergleiche anzustellen; er ist stets bemüht, aus eigenem Antrieb seine Arbeit zu verbessern.

(5) Er verlangt von seiner Arbeit nicht mehr, als daß sie ihn beruflich befriedige und ihm die Möglichkeit gebe, sein Bestes zu leisten. Den Ausgleich zur Arbeit findet er außerhalb der Arbeitszeit in seinem Privatleben. Er reagiert also z. B. niemals Komplexe im Betrieb ab, weder durch übertriebenen Ehrgeiz, gesteigerte Empfindlichkeit und Betriebsamkeit noch durch Machtentfaltung um ihrer selbst willen.

(6) Er schätzt seine eigenen Fähigkeiten realistisch ein und ist bemüht, diese zu verwirklichen.

Irgendwie ist wohl in jedem Betrieb eine Sollvorstellung des ideal organisierbaren Menschen vorhanden. Man kann dies bemerken, wenn durch Forderungen wie z. B. „Bei uns soll der Charakter an erster Stelle stehen!" das Bemühen, die Belegschaft zu einer Gemeinschaft zu formen, zum Ausdruck gebracht wird. Nur selten macht man sich allerdings die Mühe, das Idealbild dieses Mannes der Organisation zu präzisieren und auf die Realisierung hinzuarbeiten.

Auf die Anpassung der Haltung des Menschen an seine Arbeitsumwelt im Sinne positiver Einstellung zu den Betriebszielen ist die als M o t i v a t i o n bezeichnete Führungsaufgabe gerichtet.

Die aus der Motivationsaufgabe abzuleitende Tätigkeit des Managers kann schematisch durch folgende Stufen dargestellt werden:

(1) Erfassung und Analyse der arbeits- und betriebsbezogenen Einzel- und Gruppeninteressen der Mitarbeiter.

(2) Vergleich dieser Interessen und ihrer Leistungswirkungen mit den Erfordernissen einer wirtschaftlichen Erfüllung der Betriebsaufgabe zur Erreichung der betrieblichen Ziele.

Besteht zwischen persönlichen und betrieblichen Zielsetzungen keine Übereinstimmung, dann sind u. a. besondere Motivationsmaßnahmen geeignet, eine Anpassung persönlicher und betrieblicher Interessen zu bewirken.

(3) Die im Einzelfall anzuwendenden Motivationsmaßnahmen werden von folgenden Bedingungen bestimmt:

a) von den Ergebnissen der Situationsanalyse,

b) von den Erfordernissen der betrieblichen Zielsetzungen bzw. der zu erreichenden Teilziele und

c) von den realisierbaren Motivationsmöglichkeiten; hierbei ist nicht primär an materielle Anreize wie Lohnerhöhungen, Änderung der Arbeitsobjekte oder der materiellen Umweltbedingungen gedacht. Vielmehr kommen in erster Linie immaterielle Maßnahmen in Betracht, die einerseits einer Verbesserung des Arbeitsklimas insgesamt dienen, andererseits den spezifischen Bedürfnissen des einzelnen oder der geführten Gruppe entsprechen. Solche Bedürfnisse können das Streben nach Selbstverwirklichung, nach Selbständigkeit, nach menschlichen Kontakten usw. sein.

Den Bedürfnissen kann z. B. durch eine geeignete Arbeitsstrukturierung, durch Anwendung eines modernen Führungsstils (z. B. des kooperativen Führungsstils) und Realisierung entsprechender Managementprinzipien (Management by Exception, Management by Objectives u. a.) entsprochen werden.

Diese schematische Aufzählung dient lediglich der Verdeutlichung der Aufgabe; der sehr subtilen und vielseitigen Motivationstätigkeit eines guten „Managers" kann sie nur unvollkommen gerecht werden. So kann z. B. das „selbsttätige" Wirken auf Mitarbeiter durch Vorbild, durch eine mitreißende und inspirierende Persönlichkeit wichtiger sein als ein noch so ausgefeiltes Motivationsinstrumentarium.

Die skizzierten Maßnahmen dienen, wie eingangs dargelegt, der Harmonisierung von Mensch und Aufgabe und der Menschen untereinander zur Herstellung eines im Sinne der Betriebsziele „positiven" Betriebsklimas, was nichts anderes bedeutet als „Sicherung guter menschlicher Beziehungen". Konflikte in den zwischenmenschlichen Beziehungen können dabei nicht völlig ausgeschlossen werden; manchen Konflikten kann man sogar eine positive Seite abgewinnen (gegenseitige Kontrolle, Leistungsanreiz durch Konkurrenzsituationen). Es kommt aber darauf an, die zersetzende Wirkung von persönlich ausgetragenen Dauerkonflikten zu vermeiden.

Um gute menschliche Beziehungen zu sichern, ist es auch notwendig, neben den positiven Ausleseverfahren (Zusammenspannen passender Charaktere, Aufbau leistungsfähiger, harmonisierender Gruppen, Verbesserung des Betriebsklimas) und neben geeigneten Anpassungsverfahren ein n e g a t i v e s A u s l e s e v e r f a h r e n zu organisieren, um ungeeignete Personen umsetzen oder rechtzeitig entfernen zu können. Robert N. McMurry hat hierzu bedeutsame Feststellungen getroffen[24]). Gemeinschaftsfeindliche Handlungen und Anlagen wie Trägheit, unentschuldigtes Fehlen, Zuspätkommen, mangelndes Interesse, Leichtsinn und Unfähigkeit in technischen Dingen sind danach noch „milde Fälle" gegen die Ausstrahlung von eingebildeten Kranken und Schwermütigen, Alkoholikern, übermäßig Mißtrauischen und Personen mit chronischen finanziellen und häuslichen Sorgen. McMurry führt aus, welchen Schaden diese Leute dem Betrieb bereiten. Man schätzt, daß 80 % aller Aufsichtszeit dafür verwendet wird, die kleine Gruppe von Sorgenkindern, die etwa 20 % der Belegschaft ausmacht, in Schach zu halten (Anwendung der sogenannten 80-20-Regel). Hier scheitert oft jeder Versuch, die Menschen auch nur etwas zu ändern, so daß dann nur die negative Auslese als Heilmittel verbleibt.

Die menschlichen Eigenschaften sind als Organisationsproblem später im Zusammenhang mit der Durchsetzung von Organisationsentscheidungen unter diesem Aspekt weiterzubehandeln (Kapitel G).

3. Die Personalabteilung als Sachwalter der Auslese- und Anpassungsvorgänge (Exkurs)

Eine moderne Konzeption der zentralen Personalabteilung in dezentralisierten Großbetrieben mag als Beispiel für die Zuordnung der im vorstehenden Kapitel dargestellten Anpassungs- und Ausleseaufgaben dienen. Demnach wird die Aufgabe der zentralen Personalleitung als B e r e i t s t e l l u n g s a u f g a b e aufgefaßt.

Ein derartiges Aufgabenpaket begründet die Verantwortung dafür, daß der Betrieb in seiner Entwicklung jederzeit — im Rahmen des Möglichen — qualitativ und quantitativ über das Personal verfügt, das zur Realisierung der lang-, mittel- und kurzfristigen Pläne benötigt wird. In gleicher Weise können Bereit-

---

24) Vgl. McMurry, R. N., Why Management has Difficulty Handling Problem Employees, in: The Iron Age, August 1959, S. 51 ff.

stellungsverantwortungen für Material, für Anlagen, für Know-how begründet werden. Stets wirken die Bereitstellungsaufgaben auf eine harmonische Entwicklung der produktiven Faktoren hin oder — negativ ausgedrückt — auf die Vermeidung von Entwicklungsengpässen. Auf diese Weise wird eine methodische, „überraschungsminimale" Zielansteuerung möglich. Voraussetzungen dazu sind ein funktionierendes betriebliches Planungssystem und die Koordinierung der Bereitstellungsaufgaben mit den Aufgaben der Ablauffunktionen.

Die klassische Personalverwaltung umfaßte ein Bündel aus Organisations-, Rechts- und Abrechnungsaufgaben, das mit der oben erläuterten Bereitstellungsaufgabe nur im Ansatz etwas zu tun hat. Formale Abwicklung von Einstellungen und Entlassungen unter strenger Trennung von Arbeitern und Angestellten der verschiedenen Ebenen, Lohn- und Gehaltsabrechnung, Abfassung von Verträgen, Wahrnehmung personalrechtlicher Positionen vor Gericht und in außer- und innerbetrieblichen Gremien, Hilfestellung (in gewissem Umfang auch Richtlinienkompetenz) für Einzelfragen der Personalwirtschaft, wie Fortbildung, soziale Betreuung usw., waren Bestandteile des Bündels.

Es fehlte bei dieser klassischen Aufgabenstellung eine klare Verantwortlichkeit für die umfassende „Pflege des Produktionsfaktors Mensch", wie man es mit traditionellen Bezeichnungen ausdrücken könnte. Gemeint ist damit die vorausschauende, koordinierte, schöpferisch-gestaltende Durchführung der Bereitstellungsfunktion mit folgenden unabdingbaren V e r a n t w o r t l i c h k e i t e n (die zum Teil als Ausführungs-, zum Teil als Führungsverantwortung mit betriebsindividueller Abgrenzung zu verstehen sind):

(1) Auslese des geeigneten Personals bei Einstellung, Versetzung und Beförderung entsprechend den Anforderungen der sich ständig wandelnden einzelnen Betriebsaufgaben;

(2) ständige Anpassung von Anforderungen und Fähigkeiten bzw. Haltung des Personals durch Motivation; Fortbildung und Unterrichtung, soweit die Auslese nicht ausreicht, den Anforderungen zu genügen, und soweit es gilt, den wechselnden und wachsenden Anforderungen des Betriebes zu entsprechen;

(3) Berücksichtigung von Zielvorstellungen der Mitarbeiter bei der betrieblichen Zielplanung, die wieder die positive Motivation und damit die Sicherheit der Planzielerreichung erhöht, womit ein selbstverstärkender Prozeß eingeleitet wird.

Eine so verstandene Personalwirtschaft ist Teilstück eines Gesamtplanungskonzeptes, in dem der Gewinn als eine Größe zur Realisierung übergeordneter Ziele (Wachstum, Sicherung der Arbeitsplätze, Humanisierung der Arbeit, angemessene Verzinsung des Kapitals, Stärkung der Wettbewerbsfähigkeit) zur entscheidenden konkret vorgegebenen Planungsgröße wird; also „Gewinn" nicht im Sinne des Strebens nach „Gewinnmaximierung", das Theoretiker oft für ihre Modelle benutzen und manchmal sogar als typisches Orientierungsziel der Marktwirtschaft ansehen. Wenn — wie dargestellt — ein weiteren Zielen dienender Gewinn zur entscheidenden Planungsgröße gemacht wird, darf seine Erreichung nicht durch Engpässe behindert werden; dem hat eine vorausschauende Planung vorzubeugen.

In einem solchen zukunftsorientierten Organisationskonzept sind die „klassischen" Aufgaben der Personalabteilung allenfalls noch Zusatzaufgaben, die möglicherweise weiter von der Personalverwaltung, wahrscheinlich besser von anderen Fachbereichen wie Organisation, Recht, Rechnungswesen, EDV u. a. erledigt werden sollten.

Um der Realisierung eines derartigen Konzeptes näherzukommen, muß, nachdem die Notwendigkeit, diesen Schritt zu tun, erkannt ist, Abschied von einigen älteren Organisationsvorstellungen genommen werden.

In diesem Sinne ist insbesondere die überkommende Vorstellung zu nennen, daß die Kompetenzen möglichst überschneidungsfrei abzugrenzen seien. Das wird gar nicht mehr möglich sein, da einerseits die Wahrnehmung der Bereitstellungsfunktion nicht zur völligen Zentralisierung vieler eng mit den Einsatzstellen verbundener Zuständigkeiten in Personalfragen führen kann, andererseits der alte Ausweg, dann eben die zentrale Fachabteilung auf beratende und empfehlende Mitwirkung („als Stabsstelle") zu beschränken, nicht ausreicht, eine Verantwortung für die Erreichung vorgegebener Ziele im Personalbereich zu begründen. Eine „Beratungsverantwortung" entspricht nicht der Bedeutung der Aufgabe. Auch muß gesehen werden, daß über Personalfragen im Verlaufe der Entwicklung zu immer mehr Mitbestimmung ohnehin schon in differenzierter Zuständigkeit entschieden wird.

So bleibt als Lösung nur die methodische Begründung überlappender Zuständigkeiten mit der vollen Problematik, aber auch dem Problemlösungsinstrumentarium wie in der Matrix- oder Tensororganisation. Das Schwergewicht der Organisation ist dabei auf die Koordinierung der verschiedenen an den Entscheidungsprozessen beteiligten Stellen und auf die Fixierung ihres Entscheidungsbeitrages zur Klärung der Verantwortlichkeit zu legen. Keinesfalls dürfen Einwirkungsmöglichkeit und Verantwortung in Zukunft auseinanderfallen.

Die Personalverwaltung muß in dem hier skizzierten Modell voll für die Bereitstellung des Personals verantwortlich sein und alle Kompetenzen erhalten, um die Erreichung der dem Personalwesen im Rahmen der Gesamtplanung vorgegebenen Ziele wirkungsvoll anstreben zu können. Um Entscheidungen in Kollegialorganen mit schwierigen, überlappenden Zuständigkeitszuordnungen wird man in Zukunft nicht herumkommen.

Die Kernaufgabe der so verstandenen Personalverwaltung heißt: zentrale Steuerung der Anpassungs- und Auslesevorgänge in den Beziehungen von Mensch und Aufgabe, von Menschen untereinander sowie von Menschen und Sachmitteln zur Bereitstellung des Personals in optimaler Qualität und Quantität.

4. Mensch und sachliche Hilfsmittel

Auf dem Gebiet der Zuordnung von Menschen und sachlichen Hilfsmitteln („Sachen") — insbesondere Maschinen — ist noch viel zu tun, wenn auch in neuerer Zeit eine erfreuliche Entwicklung in dieser Richtung zu verzeichnen ist. Konstrukteure und Hersteller der Maschinen für Büro und Werkstatt bemühen sich zunehmend, die sachlichen Hilfsmittel den körperlichen und geistigen Bedingungen der Menschen anzupassen. Dieser Weg der Anpassung ist der wichtigere; denn der Mensch soll das Maß der Dinge sein, er soll sich seinerseits nur so weit der Maschine anpassen, wie es unvermeidbar und mit der übergeordneten Zielsetzung der Schaffung humaner Arbeitsplätze vereinbar ist.

Voraussetzung der Auslese geeigneter Maschinen und Einrichtungen für eine Aufgabe sowie der Auswahl geeigneter Menschen für die Bedienung bzw. Nutzung der Sacheinrichtungen ist, daß diese Sachen den genannten Anforderungen entsprechen; die A n p a s s u n g   d e r   S a c h e an den Menschen beim Entwurf und der Konstruktion soll also der primäre Vorgang sein.

Im Bereich des F e r t i g u n g s v o l l z u g e s ist die Frage der Anpassung der Sachen von noch größerer Bedeutung als bei den Büroarbeiten oder ähnlichen Tätigkeiten. Wurden doch hier in der Vergangenheit den Aufgabenträgern oft vermeidbare Belastungen — wie statische Haltearbeit, ungünstige Körperhaltungen u. ä. — zugemutet, die zu erkennbaren Schädigungen führten. Dies zu ändern ist das Ziel arbeitswissenschaftlicher Forschungsarbeiten und laufender Verbesserungsbemühungen in der Praxis. Heute liegen unter dem Sammelbegriff „A r b e i t s s t r u k t u r i e r u n g" wissenschaftlich gesicherte Erkenntnisse vor, die zu einem Teil schon realisiert sind, zum anderen Teil eine durchaus reale Chance haben, in nächster Zeit realisiert zu werden[25]. Leider sind durch publizistische und propagandistische Einwirkung auch in diesem Feld eine Reihe von Falschbehauptungen verbreitet worden, die mit um so mehr Mühe durch wissenschaftlich fundierte Einsichten verdrängt werden müssen, als die Bedeutung dieser Einsichten wächst.

In dieser Weise hat sich in Deutschland besonders G. Rühl verdient gemacht, der gängige Falschbehauptungen zurückweist und an ihre Stelle empirisch untermauerte Erkenntnisse setzt[26]. Angemerkt zu den folgenden Ausführungen sei, daß mit dem Verhältnis Mensch zu Sache auch das Verhältnis Mensch zu Mensch und Mensch zur Aufgabe behandelt wird; damit wird deutlich die Problematik „Was ist an was anzupssen? Welche Auslesevorgänge sind erforderlich?" angesprochen.

---

[25] In § 90 des Betriebsverfassungsgesetzes vom 18. Januar 1972 heißt es: „Arbeitgeber und Betriebsrat sollen die gesicherten arbeitswissenschaftlichen Erkenntnisse über die menschengerechte Gestaltung der Arbeit berücksichtigen." Diese gesetzliche Auflage hat zu einer Grundsatzdebatte geführt, was gesicherte arbeitswissenschaftliche Erkenntnisse eigentlich sind. Dieses Thema kann hier nicht weiter behandelt werden.

[26] Rühl, G., Untersuchungen zur Arbeitsstrukturierung, a. a. O., S. 148. Die Thesen selbst sind jeweils ohne die entsprechenden Hervorhebungen wörtlich zitiert.

Nach dem Bericht wird das Fließband trotz jahrzehntealter berechtigter und unberechtigter Kritik — wenn auch in modifizierten Formen — weiterbestehen. Arbeitsteilung und Taktabstimmung müssen grundsätzlich erhalten bleiben. Doch wird es zwei Entwicklungsrichtungen geben:

(1) zur vollautomatischen Fließstraße,

(2) zu aufgelockerten Fließfertigungssystemen mit mehr Pufferung, Arbeitsplatzwechsel und Gruppenautonomie.

Folgende Erkenntnisse sind hervorzuheben:

- Es gibt keinen arbeitswissenschaftlichen Beweis, daß kein Takt kürzer als eine Minute sein darf. *Andere Faktoren haben sich als wichtiger herausgestellt als die bloße Länge der Zykluszeit.*

- Der heute oft erhobenen Forderung, die „Entfremdung" des Menschen bei der Arbeit müsse dadurch beseitigt werden, daß er ein volles Produkt herstellt, steht das Prinzip der arbeitsteiligen Gesellschaft grundsätzlich entgegen. Die Forderung muß lauten: *Der einzelne oder auch die Kleingruppe, deren Mitglied er ist, muß einen sinnvollen Arbeitsabschnitt verantwortlich zu Ende bringen und möglichst unmittelbar eine Rückmeldung über den Erfolg erhalten.*

- Für die Behauptung, durch autonome Gruppen werden die Führungskräfte und schließlich die gesamte Hierarchie des Betriebes überflüssig, gibt es weder einen Beweis noch einen praktischen Fall, der die Funktionsfähigkeit eines solchen Systems beweist. *Bei arbeitsteiliger Führung müssen grundsätzlich koordinierende Funktionen hierarchisch überlagert werden, wie es an anderer Stelle bereits angeführt wurde.*

- Die These, Humanisierung einerseits und Ökonomisierung andererseits seien unvereinbare Prinzipien, man müsse sich für das eine oder das andere entscheiden, wird zurückgewiesen. *Es könnten Lösungen gefunden werden, bei denen man im menschlichen Optimalbereich bleibt und nach Möglichkeit auch in dem der Technik und Ökonomie.* Dies erscheine erreichbar als Aufgabe einer sozio-technologischen Systemforschung auf der Grundlage gesicherter wissenschaftlicher Erkenntnisse.

- Es geht eben nicht darum, die früher einseitigen Anpassungsvorgänge des Menschen an Sacherfordernisse einfach umzukehren, wie es schlagwortartig gefordert wurde, sondern darum, *sich Optima methodisch zu nähern.*

Diese Einsichten sind zwar in der Fertigung für die Fertigung gewonnen, doch auch für die B ü r o a r b e i t nicht ohne grundsätzliche Bedeutung. Hier ist die vollziehende Massenarbeit im letzten Jahrzehnt in immer stärkerem Maße durch den Computereinsatz geprägt worden, wobei zugleich die Aufgabe gestellt wurde, die für die automatische Bearbeitung erfaßten Daten auch für die Erarbeitung geeigneter Informationen zur Überwachung und Steuerung des Betriebes (Management-Informations-Systeme) nutzbar zu machen. Wegen der überragenden Bedeutung des Computereinsatzes wird dem Problem ein eigener Abschnitt gewidmet. Hier seien nur einige allgemeine Anführungen dem organisatorischen Problem des zweckgerechten Einsatzes von M a s c h i n e n und H i l f s m i t t e l n speziell bei der Büroarbeit angefügt.

Die Anpassungs- und Auslesevorgänge als Organisationsaufgabe zur Herbeiführung einer weitgehenden (mit der Zielrichtung „optimalen") Übereinstimmung von Menschen, Aufgaben und Sachen bei der E r s t - o d e r E r s a t z b e s c h a f f u n g von einfachen Büro-, z. B. Fakturiermaschinen (also nicht komplexer Computer-Konfigurationen) zeigt Bild 22.

Der E i n s a t z d e r M a s c h i n e n bedarf einer laufenden organisatorischen Steuerung und Überwachung, die sich ebenfalls der Auslese und Anpassung bedient:

(1) Sofern nicht eine zu hohe Variabilität der Arbeitsvorgänge gegeben ist, müssen die Abläufe festgelegt, kodifiziert und durch einen Änderungsdienst den sich wandelnden Erfordernissen bzw. den aus der Erfahrung gewonnenen neuen Einsichten angepaßt werden (Lernprozeß). Zur G e s t a l t u n g d e r A r b e i t s a b l ä u f e gehört die Gestaltung der Formulare, für die ebenfalls ein Änderungsdienst vorzusehen ist. Für wiederkehrende Entscheidungen gleichen Typs sind organisatorische Hilfsmittel wie z. B. *Entscheidungstabellen* zu erarbeiten (vgl. Bild 47).

(2) Die A r b e i t s p l a t z g e s t a l t u n g muß dem Maschineneinsatz angepaßt werden. Dabei sind bestimmte Punkte zu berücksichtigen und laufend zu kontrollieren, wie die folgenden:

— Das Blickfeld muß richtig angeordnet sein.

— Die Geräusche müssen vermieden oder gemildert werden.

— Die Vibration muß vermieden werden.

— Die Beleuchtung muß den Anforderungen entsprechen.

— Die Höhe des Arbeitstisches ist richtig zu wählen.

— Die Körperhaltung muß natürlich sein durch
   — Anpassung des Sitzes an die Körperform,
   — Stützung des Rückgrates,
   — Stützung der Füße.

— Die Bewegungsfunktionen müssen möglichst weitgehend vereinfacht werden, was nicht heißt, daß Bewegungen (auch Wege) im Grundsatz zu vermeiden seien (Ausgleichsbewegung!).

*Bild 22: Auslese- und Anpassungsvorgänge bei der
Maschinisierung und Mechanisierung von Büros*

Vorgänge	Beispiele und Hinweise
I. Analyse der Aufgabe 　1. Arbeitsanfall, Art der Aufgabe 　2. Qualitätsbedingungen 　3. Art und Häufigkeit der Auswertung	Schreiben von Rechnungen, z. B.: 100 000 Rechnungen p. a., durchschnittlich 400 pro Arbeitstag, 4 Positionen durchschnittlich je Rechnung. Anforderungen an die Rechnungen im einzelnen je nach betrieblichen Bedingungen: 　1. Rechnungsoriginal 　2. Duplikat 　3. Buchungsbeleg 　4. Lagerbeleg und Packzettel 　5. Unterlage für Statistik
4. Termine, Bearbeitungszeit	Bearbeitung des täglichen Anfalls bis zum nächsten Mittag.
5. Schwankungen des Arbeitsanfalls	Max. 600 pro Tag (Saison), min. 200 pro Tag.
II. Auswahl der technisch geeigneten Maschinen	Abwägen aller Einzelangaben, auch Lieferzeit und Kundendienst beachten.
III. Zusammenstellung und Beurteilung der angebotenen und geeigneten Maschinen zwecks Auswahl 　1. Leistung 　2. Qualität der Maschinen 　　a) Reparaturanfälligkeit 　　b) Umstellungsmöglichkeit 　　c) Mehrfachverwendungsmöglichkeit 　　d) Anforderungen an das Bedienungspersonal	Vergleich möglichst in tabellarischer Form. Meist Angabe der theoretischen Leistung pro Stunde, Ermittlung der praktischen Leistung, Abstimmung der Rechen- und Speicherwerke nach den Erfordernissen. Einholung von Urteilen, Befragung, Besichtigung in Betrieben, welche die angebotenen Modelle bereits verwenden. Wird meist von den Herstellern vermittelt. Probearbeit, Analyse der Arbeitsgänge und der Arbeitsbedingungen (Körperhaltung usw.).
3. Investitionsrechnung 　　a) Kostenvergleich (Auswahlproblem) 　　　— einmalig: Kosten der Umstellung 　　　— laufend: Arbeit, Material, Abschreibung und Verzinsung, sonstige Kosten (Raum, Energie usw.) 　　b) Kostenvergleich (Ersatzproblem)	Kostenvergleich auf der Basis der direkt zurechenbaren Kosten; also keine „Gemeinkosten", die mittels „Schlüssel" verteilt sind, berücksichtigen. Etwaige Steuervorteile durch vorzeitige Abschreibung berücksichtigen. Liquidationsverlust und Zinsausgleich bei vorzeitigem Ersatz.
IV. Anpassung an die Organisation 　1. Gestaltung der Arbeitsabläufe 　2. Schulung des Bedienungspersonals 　3. Raum- und Arbeitsplatzgestaltung 　4. Aufgabenverteilung	 Arbeitsablaufpläne. Am besten Schulung durch Fachpersonal des Maschinenherstellers. Raumbedarf, Lärmbelästigung (Schallisolierung). Eventuell Zentralisierung des Fakturenschreibens notwendig, um auf notwendige Stückzahl zu kommen, sofern die Arbeit bisher örtlich dezentralisiert war.
5. Kontrolle 　　a) besondere Kontrollen in der Übergangszeit 　　b) laufende Kontrollen	 Fehlerhäufigkeit, Ursachenforschung, Abstellung. Einbau laufender Kontrollen in den Arbeitsablauf.
V. Variabilität der Arbeit beurteilen	Sonderfälle, zu erwartender Änderungsdienst, Anpassungsfähigkeit an wechselnde Aufgaben.
VI. Flexibilität beurteilen	Änderungsmöglichkeit der Organisation.

Bild 23: Die Verschiebung der Wirtschaftlichkeitsgrenze zweier Maschinen unterschiedlicher Kostenstruktur in Abhängigkeit vom Lohn

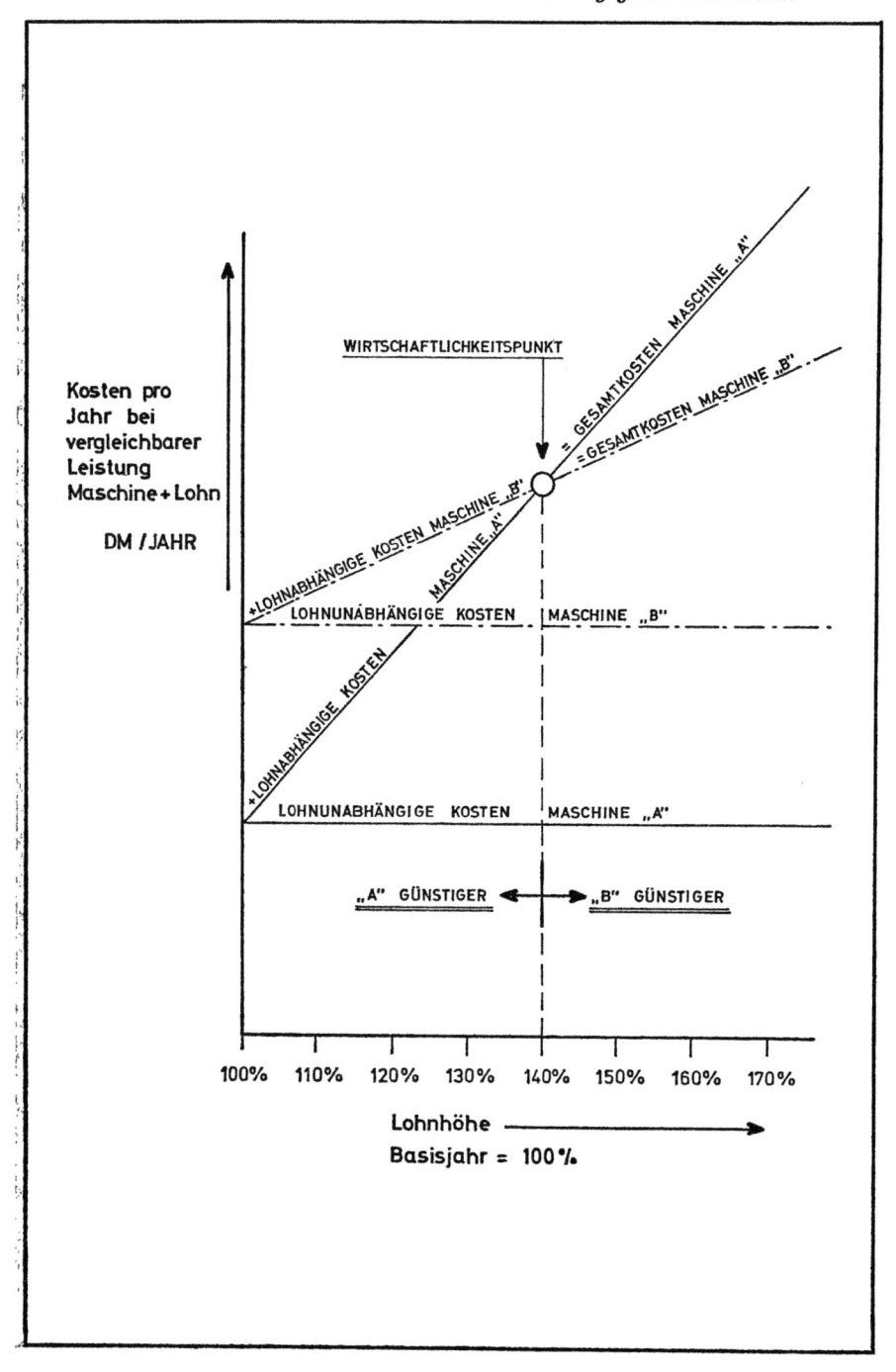

Bild 24: Automatisierung der Schreibarbeiten in einer Verkaufsabteilung

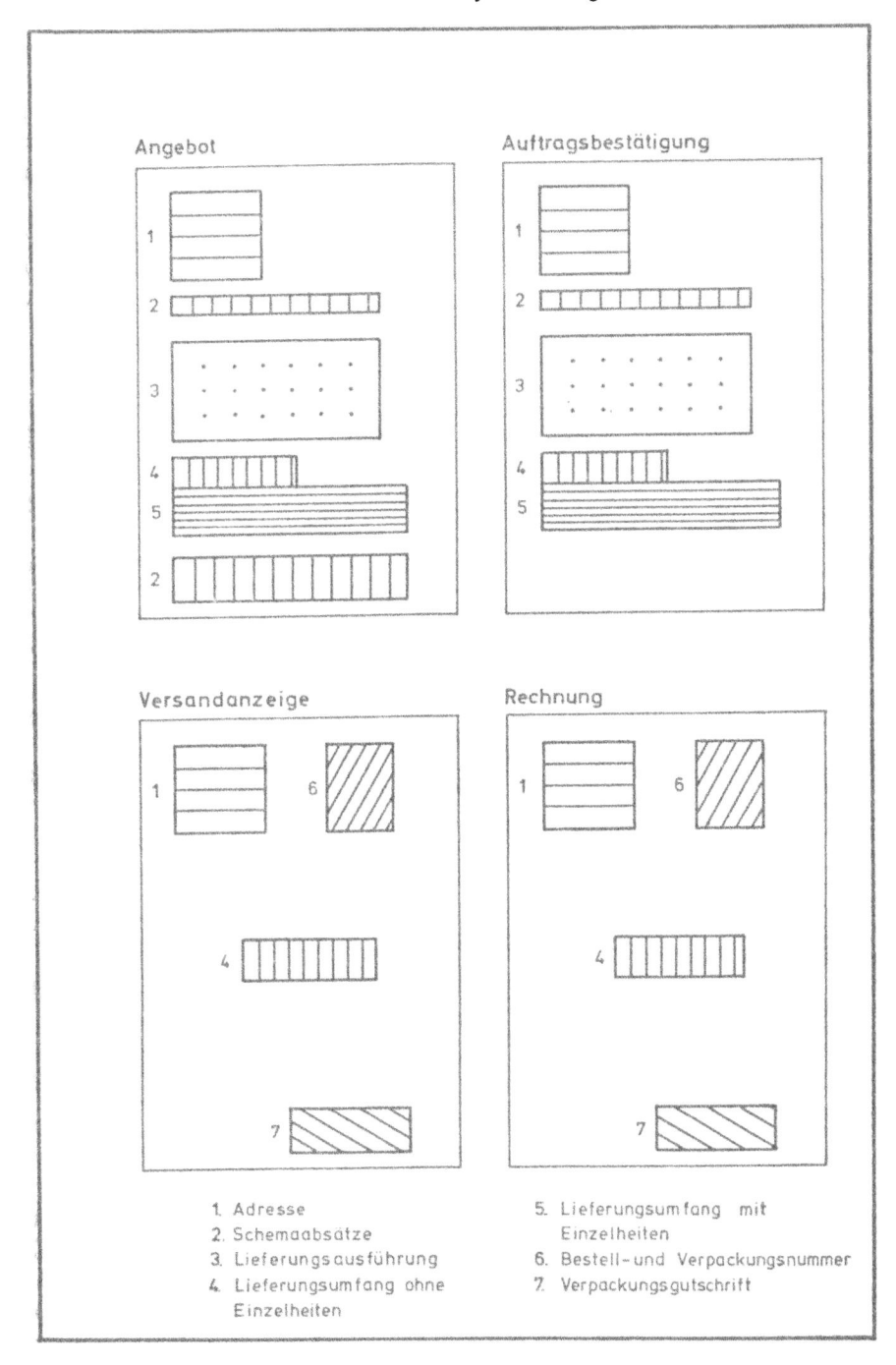

1. Adresse
2. Schemaabsätze
3. Lieferungsausführung
4. Lieferungsumfang ohne Einzelheiten
5. Lieferungsumfang mit Einzelheiten
6. Bestell- und Verpackungsnummer
7. Verpackungsgutschrift

(3) Die Gesamtorganisation muß unter Umständen geändert werden, wenn sich die Notwendigkeit ergibt, einzelne Funktionen (besonders sogenannte Service-Dienstleistungs- oder Hilfsfunktionen) zu zentralisieren, um eine genügende Auslastung der Maschinen zu ermöglichen.

(4) Jede ins Gewicht fallende Wertänderung der Kostenfaktoren (z. B. Lohn- bzw. Gehaltserhöhungen) kann die Wirtschaftlichkeitsgrenze des Maschineneinsatzes verändern (Break-Even-Analyse); eine entsprechende Überwachung ist erforderlich. Ein Beispiel wird mit Bild 23 gegeben.

Erst durch eine systematische Gestaltung der Arbeitsabläufe wird die völlige Übereinstimmung von Mensch, Maschine und Aufgabe erreicht. Ein Beispiel für das Ergebnis einer solchen Abstimmung enthält Bild 24.

Beispiel:

Es handelt sich um eine Verkaufsabteilung, deren Anfall an immer wiederkehrender Schreibarbeit (Angebote, Auftragsbestätigungen, Versandanzeigen, Rechnungen) weitgehend automatisiert wurde. Die Maschine kann Daten aus Datenspeichern entnehmen und auch Daten speichern. Der Arbeitsgang ist in großen Zügen folgender:

(1) Die Teile eines Angebots, die sich ständig wiederholen (Schemaabsätze), werden auf einem Speichermedium vorrätig gehalten.

(2) Beim Schreiben eines Angebots werden die Teile gespeichert, die später für die Auftragsbestätigung und auch für Versandanzeige und Rechnung verwendet werden.

(3) Beim Schreiben der Versandanzeige werden die Texte gespeichert, die für die Rechnung benötigt werden.

(4) Die Formulare werden so angeordnet, daß Textteile, die im Angebot erscheinen, über Auftragsbestätigung und Versandanzeige in der Rechnung verwendet werden.

Die Frage der richtigen Kombination der Sachdinge ist in erster Linie technischer Art; wesentliches Problem ist die Erreichung einer Abstimmung der Leistungsfähigkeit (Ausbringung in der Zeiteinheit) der Einzelaggregate, um Engpässe einerseits und ungenutzte Kapazitäten andererseits im Sinne einer übergeordneten Zielfunktion zu optimieren.

5. Der Computereinsatz im besonderen (Exkurs)

Mit der Entwicklung des Computers sind auf dem Wege der Automatisierung der Datenverarbeitung dem Organisator gänzlich neue Möglichkeiten eröffnet worden wie: Automatisierung von Massenbüroarbeiten, Aufbau von Management-Informationssystemen (MIS), Optimierungsrechnungen zur rationalen Untermauerung von Entscheidungen, Überwachungs- und Steuerungsvorgänge.

Die Bedeutung dieser und ähnlicher Vorgänge, die alle in der methodischen Erarbeitung, Weiterleitung und Auswertung von Informationen bestehen, ist evident. Verwaltungskräfte i. w. S. widmen praktisch ihre gesamte Zeit dem Informationsaustausch: Sie schreiben und lesen Briefe, Berichte und andere Schriftstücke, sie telefonieren, sitzen in Konferenzen und Besprechungen. Mit Informationen steuern und überwachen sie ihren Arbeitsbereich, Informationen unterrichten sie über den Leistungsvollzug und dessen Bedingungen. Sie verwerten und verknüpfen Informationen bei ihren Entscheidungen und ihren Bemühungen, die Entscheidungen zu realisieren. Sie werden selbst durch Informationen überwacht und gesteuert.

Der Informationsbedarf in den unteren Ebenen der Hierarchie ist spezieller, auf Einzelheiten gerichtet, in den oberen Ebenen umfassender, mehr auf die Gesamtschau abgestellt.

Einerseits geben die Leitungsstellen eines Betriebes Informationen durch Formulierung der „Spielregeln" (betriebliche Vorschriften) und Setzen von Zielen (Daten des Planungssystems, Einzelanweisungen, Vorgabe von Maßnahmen). Andererseits benötigen die Leitungsstellen Informationen als Grundlage ihrer Entscheidungen und zur Überwachung ihrer Verantwortungsbereiche.

So überspannt die Berichterstattung den Betrieb mit einem Informationsnetz, das die Teile des Betriebes auf die gemeinsamen Ziele ausrichtet, den Betrieb zu einem aktionsfähigen Ganzen integriert, ihn mit seiner Umwelt verbindet und für die erforderliche Anpassung sorgt.

Die folgenden G e s t a l t u n g s f r a g e n des betrieblichen Informationsaustausches müssen beantwortet werden, wenn der Informationsaustausch organisiert werden soll:

- WAS soll berichtet werden?

- WIE soll berichtet werden?

- WER soll berichten (Sender), und WER soll unterrichtet werden (Empfänger)?

- WANN soll berichtet werden?

Alle Fragen stehen in Wechselwirkung und orientieren sich am Zweck der Berichterstattung, an der z e n t r a l e n F r a g e :

- *WOZU ist zu berichten*[27]*?*

---
27) Ausführliche Darstellung in: Blohm, H., Die Gestaltung des betrieblichen Berichtswesens..., S. 13 f.

Während die betrieblichen Leistungsprozesse (im engeren Sinne von Produktion, Fertigung) seit Jahrzehnten Gegenstand methodischer Rationalisierungsarbeit sind, hinken die Bürotätigkeiten in ihrem Rationalisierungsstand nach. Die für eine Warenproduktion von 1000 DM in der Industrie statistisch erforderlichen Arbeitsstunden sind in den letzten zwanzig Jahren bis Mitte der 70er Jahre auf etwa ein Drittel gesunken; Spitzenreiter — wie der Fahrzeugbau — kommen mit einem Viertel des ursprünglichen Zeitbedarfs und weniger aus. Dafür stieg freilich der Betriebsmitteleinsatz erheblich an, was sich in der Investitionstätigkeit zeigt.

Bremse der Rationalisierungsbemühungen in der Entwicklung der Gesamtproduktivität waren lange Zeit die „Bürotätigkeiten". Das hochentwickelte maschinelle Hilfsmittel Computer schaffte hier einen Wandel; es könnte weit mehr leisten, wenn die Organisation sich den Bedingungen besser anpassen würde. Geeignete Methoden der Organisationsanalyse, Methoden zur Optimierung von Strukturen und Abläufen stehen hier zwar schon bereit; es werden auch ständig neue Methoden — insbesondere auf den Gebieten der Organisationsanalyse und des Operations Research einschließlich der Simulationstechnik — produziert, doch wird der Einsatz des modernen Instrumentariums häufig noch mit zu wenig Nachdruck betrieben. Man hat sich wohl auch noch nicht ausreichend mit dem Gedanken vertraut gemacht, daß eine computergestützte Organisation ebenso Entwicklungsarbeit und damit Entwicklungsinvestitionen erforderlich macht wie ein neues Produkt. Der Computer kann für die moderne Industrieverwaltung erst durch methodische Vorbereitung und Planung seines Einsatzes zu voller Wirkung gebracht werden.

Auch in der öffentlichen Verwaltung ist eine ähnliche Entwicklung zu verzeichnen. Etwa jeder zehnte Erwerbstätige der Bundesrepublik Deutschland ist heute in der öffentlichen Verwaltung tätig. Wachsende Aufgaben und Verkürzung der Arbeitszeit würden eine Verdoppelung dieser Beschäftigtengruppe in wenigen Jahrzehnten erfordern, wenn nichts Entscheidendes geschieht.

Voraussetzung erfolgreichen Computereinsatzes ist — wie betont — die organisatorische Vorbereitung im Sinne einer E i n s a t z p l a n u n g. Grundlage jeder Planung ist die Vorgabe des zu Erreichenden, die Festlegung der Ziele. Hier geht es neben der Bewältigung von Massenarbeiten der Verwaltung i. w. S. um die Schaffung eines modernen betrieblichen Berichtswesens, das gewisse Optimumbedingungen hinsichtlich der Informationsmenge, Informationsqualität (Inhalt und Form) und der organisatorischen Absicherung (wer erfaßt, verarbeitet, wertet aus, entwickelt weiter?) erfüllt. Dabei ändern sich die Optimumbedingungen laufend mit den Bedingungen des Betriebes und seiner Umwelt.

Es gilt also, für die Flexibilität einerseits (Anpassung an wechselnde Bedingungen) und für eine ausreichende Stabilität (Vergleichbarkeit der Ergebnisse, geordnete Abläufe) andererseits das rechte Maß zu finden.

Aus dieser Zielsetzung ergeben sich die konkreten Organisationsaufgaben zur Schaffung günstiger Voraussetzungen eines wirkungsvollen Computereinsatzes.

In der Vorbereitungs- und Anlaufperiode — und modifiziert in der laufenden organisatorischen Betreuung — sind folgende Organisationsaufgaben zu erfüllen:

(1) Auslese der Massenabläufe (wie Brutto- und Nettolohnrechnung), die der Automatisierung zugänglich sind; Gestaltung derselben. Analyse des Datenanfalls auf weitere Verwendungsmöglichkeiten.

(2) Feststellung, was wann, wie, von wo bzw. wem im Rahmen eines Management-Informationssystems zu berichten ist. Die Grundfrage hierzu lautet: Wozu? Sie ist aus einer Funktionsanalyse zu beantworten. Das setzt eine Aufnahme des Istzustandes der Organisation voraus (vgl. hierzu auch Bild 29).

Die Beantwortung der Frage, welche Basisdaten zur weiteren Verwertung bei Automatisierung der Massenabläufe anfallen, ermöglicht die Auswahl der Daten, die in das Management-Informationssystem eingehen sollen.

(3) Falls noch keine Funktionsübersichten und/oder Stellenbeschreibungen bestehen, sind diese anzufertigen, da sie die Funktionsanalyse überhaupt erst ermöglichen und sie erst gesicherte Arbeitsabläufe — auch im nicht generell geregelten Bereich — garantieren.

(4) Nicht nur die der Steuerung und Überwachung des Leistungsbereiches dienenden Informationen sind zu planen, sondern auch die Informationen über die Informationen (Metainformationen), die der Weiterentwicklung des Berichtswesens dienen. (Frage: Wie bewähren sich die Festlegungen des Informationsaustausches?), indem sie Auskunft über Schwachstellen und Bewährtes im gesamten Informationsaustausch geben. Damit wird ein methodischer Lernprozeß eingeleitet, der das Berichtswesen schrittweise dem sich in seinen Bedingungen selbst auch laufend ändernden Optimum anpaßt.

(5) Der Computereinsatz ist im Sinne einer funktionsgerechten Arbeitsteilung zwischen Mensch und Maschine zu planen; ein optimales Mensch-Maschine-System ist anzustreben.

(6) Jede Neukonzeption ist allen Beteiligten zu „verkaufen". Widerstände sind durch Aufklären und Überzeugen zu beseitigen.

(7) Schließlich ist die Einführung der computergestützten Neuorganisation — am besten durch Aufstellung eines Netzplanes — methodisch zu realisieren. Dabei können folgende Stufen der Vorbereitung, Einführung und organi-

satorischen Absicherung eines modernen Berichtswesens (z. B. mit dem Ziel der Schaffung eines Management-Informationssystems) unterschieden werden:

a) Voruntersuchung,

b) Detailuntersuchung und Systementwurf,

c) Systemrealisation,

d) Überleitung des neuen Systems der Berichterstattung und der neuen Organisation in das betriebliche Realsystem.

(8) Selbstverständlich muß auch die Auswahl der geeigneten Anlagenkonfiguration und die Auswahl und Anpassung der Software methodisch im Rahmen eines organisatorischen Gesamtkonzeptes erfolgen.

Das Ziel, Management-Informationssysteme (oder, noch höher gegriffen, integrierte Management-Informationssysteme, bei denen verschiedene Speicherinhalte zu komplexen Informationen kombinierbar sind) zu gestalten, die allen Beteiligten „auf Knopfdruck" alle Informationen verschaffen, welche sie zur Erfüllung ihrer Aufgaben benötigen, ist in nächster Zeit — wenn überhaupt — nicht zu realisieren. Ein Gedanke könnte aber durch methodisches Organisieren auch isoliert realisiert werden:

Für die Berichterstattung soll nicht primär der Rhythmus der Ausarbeitung der Berichte (z. B. unter Anpassung an Rechtsvorschriften oder an Arbeits- oder Maschinenkapazitäten) maßgebend sein, sondern vorrangig der Rhythmus der Auswertung. Eine solche Neukonzeption erfordert die Abgrenzung der laufenden Berichterstattung von der Berichterstattung „auf Bestellung" durch Abruf vom Speicher.

Hierzu sei modellartig eine alte Konzeption ohne Computereinsatz (A) einer häufig anzutreffenden fehlerhaften Konzeption mit Computereinsatz (B) und einer praktikablen Neukonzeption (C) gegenübergestellt (vgl. hierzu auch Bild 45):

(A) Alte Konzeption. Die insbesondere zur Bewältigung von Massenabläufen erfaßten Daten werden verknüpft, unter übergeordneten Gesichtspunkten zu Berichten zusammengestellt und als laufende Berichterstattung den Empfängern zugestellt. In dem Datenfluß ergeben sich gelegentlich Engpässe bei der Datenerfassung und auch bei der Auswertung. Engpässe in der Auswertung führen dazu, daß ein Teil des Berichtsmaterials unausgewertet abgelegt wird.

(B) Fehlerhafte Neukonzeption. Durch Einsatz von Datenverarbeitungsanlagen werden mehr Daten erfaßt, diese nach altem Konzept möglichst vollständig verarbeitet und den Empfängern in Form regelmäßiger oder unregelmäßiger, auf jeden Fall aber im einzelnen unverlangt zugestellter Berichte vermittelt. Der Datenfluß vermehrt sich quantitativ; die qualitative Entwicklung kann so oder so sein. Da normalerweise das mit der Auswertung befaßte Leitungspersonal nicht vermehrt wird, ist eine Verstärkung der Engpaßwirkung bei der Auswertung zu erwarten; der unausgewertet der Ablage zugeführte Teil der Berichte wird also größer. Hieraus ergibt sich zumindest tendenziell eine negative Wirkung hinsichtlich der Möglichkeit zur Annäherung an ein Optimum. Der Lernvorgang ist unzulänglich, da sich aus der Auswertung nur in geringem Maße Rückmeldungen über die praktische Verwertbarkeit und tatsächliche Verwertung der Berichte ergeben. Der Computereinsatz kann so, von der Erledigung von Massenabläufen, insbesondere Abrechnungsaufgaben abgesehen, im kommerziellen Bereich leicht zu einem Schlag ins Wasser werden. Die mangelhafte Auswertung des Informationsmaterials ist freilich eine Erscheinung, die auch in der Vor-Computer-Zeit schon zu den Schwachstellen der Berichterstattung gehörte und z. B. für die buchhalterisch verankerte Kostenrechnung nahezu als typisch anzusehen war.

(C) Praktikable Neukonzeption. Sofern es gelingt, einen etwaigen Engpaß in der Datenerfassung zu überbrücken, kann und sollte die erfaßte Datenmenge gegenüber der Konzeption (B) noch vergrößert werden. Die erfaßten Daten werden aber nur zu einem Teil verknüpft und nur zu einem Teil der laufenden Berichterstattung zugeführt. Dabei ist die laufende Berichterstattung möglichst so zu bemessen, daß kein Auswertungsengpaß auftritt. Die zur laufenden Auswertung bestimmten Berichte müssen auch tatsächlich laufend ausgewertet werden. In der Ablage befindet sich bei Realisierung dieser Konzeption im Idealfall nur noch ausgewertetes Material. Die nicht in die laufende Berichterstattung eingehenden Daten werden — möglichst zum bedarfsgerecht schnellen, aber nicht unbedingt „direkten" Zugriff — gespeichert und auf Abruf den Empfängern zugestellt. Die Speicherung kann unverknüpft oder verknüpft erfolgen.

Voraussetzung des Erfolges der Neukonzeption ist:

— Ein vernünftiges Abgrenzungskriterium zwischen laufender Berichterstattung und Berichterstattung auf Abruf muß gefunden werden.
— Von allen Beteiligten ist eine möglichst vollkommene Information anzustreben, der Datenabruf vom Speicher muß bedarfsorientiert erfolgen.
— Es ist laufend zu ermitteln, welche Abrufe tatsächlich erfolgen und welche Mängel und Lücken der Speicher aufweist, damit diese Tatbestände statistisch ausgewertet werden können und auf diesem Wege die Anpassung an eine Optimumvorstellung erfolgen kann.
— Alle technischen Probleme der Speicherung und des schnellen Zugriffs müssen gelöst werden.

Die Abgrenzung zwischen laufender Berichterstattung und Berichterstattung auf Abruf ist verhältnismäßig leicht aus systematisch-kybernetischen Modellvorstellungen abzuleiten.

Danach können der laufenden (nicht im einzelnen angeforderten) Berichterstattung folgende Zwecke zugeordnet werden:

(1) Handlungen und Entscheidungen der Leitungsorgane auf allen Ebenen einzuleiten. Es handelt sich hier um die *Auslöserfunktion*, die das Eingreifen im Sinne des „Management by Exception" bewirkt, wenn die festgelegten Sollvorgaben über einen bestimmten Toleranzbereich hinaus über- bzw. unterschritten werden.

(2) Eine *allgemeine Unterrichtung* über den Betrieb und seine Umwelt sicherzustellen, damit sich alle Entscheidungen und Handlungen auf der Grundlage einer ausreichenden Kenntnis der allgemeinen inner- und außerbetrieblichen Bedingungen vollziehen können.

Die Berichterstattung auf Abruf dient insbesondere der Bereitstellung von Informationen für die rationale *Untermauerung von Entscheidungen* und Handlungen, also z. B. der Bereitstellung von Unterlagen für Investitionsentscheidungen, aber auch Organisationsentscheidungen.

Schwieriger als die Erfüllung der ersten Bedingung (Abgrenzung) ist die Erfüllung der übrigen. Sofern es gelingt, alle Beteiligten wirklich zur Nutzung des Speichers (auch „Datenbank") zu bewegen, ist die Weiterführung des Berichtswesens im Sinne des Lernprozesses kein ernstes Problem mehr. Im Grunde geht es auch hier, wie schon unter dem Stichwort „Arbeitsstrukturierung" ausgeführt, um die Schaffung zielgerechter Mensch-Maschine-Systeme auf dem Weg über geeignete Auslese- und Anpassungsvorgänge, mit denen folgende Probleme zu lösen sind:

(1) Abgrenzung der Aufgaben zwischen Mensch und Maschine entsprechend dem quantitativen und qualitativen Leistungsvermögen der Arbeitsträger,

(2) bestmögliche Gestaltung der „Übergänge", d. h. der Informationseingabe und -ausgabe, der Programmierung und organisatorischen Vorbereitungsarbeit.

Die Leistungsfähigkeit des Sachelementes „Maschine" des Systems muß, da die Informationen zur weiteren Bearbeitung oder Auswertung stets in bestimmter Auswahl an Menschen gelangen und irgendwie auch vom Menschen kommen, mit der Leistungsfähigkeit des Menschen harmonisiert werden. Dazu gehört in erster Linie eine optimale Arbeitsteilung. Das heißt im Sinne der Definition des Optimums:

Es muß eine solche Zuordnung bzw. Verteilung aller im Büro zu erledigenden Aufgaben auf Menschen und Maschinen bewirkt werden, daß jede andere praktisch mögliche Verteilung und jeder andere praktisch mögliche Einsatz von Menschen oder Maschinen eher eine Verschlechterung als eine Verbesserung der Realisierungschancen der Eigenschaften des Anforderungskataloges erwarten läßt.

Um eine Optimierung in diesem Sinne zu bewirken, müssen die quantitative und qualitative Leistungsfähigkeit von Mensch und Maschine in einer für die praktische Gestaltungsarbeit ausreichenden Genauigkeit bekannt sein.

Für die praktische Gestaltungsarbeit genügen, um die quantitativen Kapazitäten, insbesondere die Eingabe- und Ausgabegeschwindigkeiten, im genannten Sinne anzupassen und um auf diese Weise Engpässe und Überkapazitäten vermeiden zu können, schon *Größenordnungen der menschlichen und maschinellen Leistungsfähigkeit.* Im qualitativen Bereich müssen zumindest die hervorstechenden Stärken und Schwächen von Mensch und Maschine bekannt sein, um die Aufgabenzuordnung entsprechend dieser Charakteristik vornehmen zu können.

Die Aussagen gelten dabei zunächst allgemein. Die Auswahl der geeigneten Maschine (konventionelle Büromaschinentechnik, mittlere Datentechnik, Computertechnik?, welche Konfiguration?), die Auswahl bzw. Ausbildung der geeigneten Personen des Systems sind weitere, hier nicht näher zu behandelnde Themen im Rahmen der Auslese- und Anpassungsproblematik.

Die quantitative Charakteristik sei hier auf der Vergleichsgrundlage einer Leistungsangabe versucht, unter der man sich leicht etwas vorstellen und die man auch nachvollziehen kann: der Leistungsfähigkeit einer auf Elektroschreibmaschine mittelschwierige Korrespondenz nach Tonband schreibenden guten Sekräterin. Diese Leistung sei gleich 1 (eins) gesetzt, wobei hierfür 20 bit/sec als 2,5 Bytes/sec mit 2,5 Anschlägen/sec gleichgesetzt werden. Der letztgenannte Wert entspricht einer reinen Schreibleistung — also ohne Rüst- und Verteilzeiten — von 3 bis 4 Anschlägen je Sekunde.

Bild 25: *Leistungsgrößenordnungen*

Vergleich mit einer Normalleistung (Ln) („Informationsmenge" einer definierten Maschinenschreiberin)	
Leistungen $L_1 \ldots \ldots m = L_n \cdot 10^a$	a
I. Mensch	
1. Speichern im langfristigen Gedächtnis ($L_1 \approx L_n \cdot \frac{1}{10^2}$)	-2
2. Normales Lesen ($L_2 \approx L_n$)	± 0
3. Speichern im kurzfristigen Gedächtnis	± 0
4. Schnellesen ($L_4 \approx L_n \cdot 10$)	$+1$
5. Rechnen (Addition, Multiplikation)	$+1$
6. Sprechen	$+1$
7. Übertragungsfähigkeit des akustischen Kanals	$+3$
8. Übertragungsfähigkeit des optischen Kanals	$+5$
II. Maschine (Computer)	
9. Kartenstanzen (650 Spalten/sec)	$+2$
10. Kartenlesen (72 000 Stück/h)	$+4$
11. Drucken (120 000 Zeilen/h)	$+4$
12. Speichern auf Magnetband	$+4$
13. Rechnen (mit mechanischen bis zu transistorisierten Rechnern)	$+1$ bis $+7$

Auswertungsbeispiel:
Der akustische Kanal kann also das 100 000fache dessen übertragen, was das menschliche Gehirn langfristig (und nicht einmal „exakt") zu speichern vermag.

Die in Bild 25 vermittelte Leistungsübersicht beruht auf Expertenaussagen, sie gibt im Sinne der geforderten „Größenordnung" das Vielfache dieser Vergleichsleistung in Zehnerpotenzen an[28]). Sie zeigt damit schon recht deutlich, daß zwischen der Leistungsfähigkeit der menschlichen Übertragungskanäle und der Speicherfähigkeit des Gehirns ein erheblicher Leistungsunterschied besteht, so daß die an maschinelle Leistungen heranreichenden menschlichen Leistungen nur über das Sieb von Selektionsvorgängen verwertbar im Sinne von speicherbar sind. Das bedeutet praktisch: Nur ein kleiner Teil der aufgenommenen und übermittelten Information kann gespeichert werden. Die (allerdings nur teilweise kontrollierbaren) Selektionsvorgänge sind das eigentliche Charakteristikum der menschlichen Leistung im Sinne des Mensch-Maschine-Systems. Ein weiteres Charakteristikum ist seine Fähigkeit zur Gruppenarbeit, die, an geeigneter Stelle eingesetzt, Leistungssteigerungen bewirken kann.

Den menschlichen Fähigkeiten, aus einer komplexen Situation oder aus einem komplexen Vorgang das „Wesentliche" auf einen Blick herauszufinden, entspricht es auch, komplexe Lösungen nicht nur aus den Elementen zu konstruieren, sondern schon als komplexe Ganzheit zu produzieren. Das zielt auf die Kreativität als eine typisch menschliche Fähigkeit ab und zeigt sich auch in der dem Menschen vorbehaltenen Fähigkeit der Gestalterkennung.

Die Maschinenleistung liegt dort, wo die Maschine besser ist, gleich um Zehnerpotenzen höher und hebt sich damit klar von der menschlichen Leistung ab.

Hinsichtlich der **qualitativen Leistungsfähigkeit** gleicht der Mensch die Unterlegenheit im quantitativen Bereich auf seine Weise wieder aus. Er ist nicht nur überlegen, sondern konkurrenzlos in der Gestalterkennung (z. B Zahlenlesen), der Kreativität (Hervorbringen von Ideen/Alternativen) und der Flexibilität (Anpassung an wechselnde Anforderungen und Situationen).

Der Mensch ist auch überlegen in der quantitativen Speicherkapazität seines allerdings mit spezifischen Speichereigenschaften ausgestatteten Gehirns. Dagegen ist die Maschine hier in bestimmter Weise qualitativ überlegen. Der Speicher „Gehirn" ist gegenüber der Maschine unzuverlässig, da er hinsichtlich Auswahl, Löschung und Veränderung des Gespeicherten nicht voll beherrschbar ist. Außerdem ist die Speicher- und Zugriffsgeschwindigkeit des menschlichen Gehirns vergleichsweise gering.

Diese Charakteristik der Eigenschaften ist bei jedem Ansatz zu optimalen Zuordnungen zu berücksichtigen. Sie setzt auch allen hoch gesetzten Erwartungen in die Entscheidungshilfe durch Computer in komplexen Situationen — wie bei Organisationsentscheidungen — eindeutig Grenzen. Freilich ist hierbei der schnelle technische Fortschritt, der erhebliche Leistungssteigerungen des Computers bewirkt, in den Kalkül einzustellen. Es wäre deshalb vermessen, heute abschließende Aussagen über das zu wagen, was in weiterer Zukunft möglich sein wird[29]).

---

28) Zu den Leistungsgrößenordnungen vgl.: Beer, S., Kybernetische Führungslehre, Frankfurt a. M. 1973; Zispe, H. W., Quantitative Aussage über die Erhöhung der Erfolgswahrscheinlichkeit durch gezielte Informationskopplungen (Kooperation), in: Hoesch-Berichte, Dortmund 1972, S. 101; Mirow, H. M., Kybernetik, Wiesbaden 1969; Hofstätter, P., Gruppendynamik. Die Kritik der Massenpsychologie, 2. Aufl., Hamburg 1968.

29) Zum Einsatz des Computers als Organisationsproblem vgl. z. B. Grochla, E. — Raueiser, H. — Weber, H. — Gärth, H. (Hrsg.), Anwendungen der Mittleren Datentechnik, München 1974; Grochla, E., Integrierte Gesamtmodelle der Datenverarbeitung, München/Wien 1974; Pfau, W. — Knopf, H., EDV-Informationssysteme. Planung, Entwicklung, Einführung, Stuttgart/Berlin/Köln/Mainz 1973; Mertens, P. — Griese, J., Industrielle Datenverarbeitung, Band II, Informations- und Planungssysteme, Wiesbaden 1972; Mertens, P., Industrielle Datenverarbeitung, Band I, Administrations- und Dispositionssysteme, 2. Aufl., Wiesbaden 1972; Futh, H., EDV-Organisation, Band I: Entwicklung eines EDV-Systems, 2. Aufl., München/Wien 1972.

6. Hinweise auf weitere organisatorisch relevante Auslese- und Anpassungsvorgänge

Die Integration der Teilaufgaben zu einer übergeordneten Gesamtaufgabe ist in erster Linie ein Anpassungsvorgang (Koordinierung), wie bereits ausgeführt wurde.

Die Übereinstimmung von Teilzielen bzw. Teilaufgaben untereinander und mit dem Gesamtziel bzw. der Gesamtaufgabe wird aber auch durch Auslesevorgänge bewirkt, die organisatorisch abgesichert werden müssen.

Beispiel:

Bei angespannter Lieferlage verstärkt die Exportabteilung eines Betriebes ihre Anstrengung, sie bringt gerade in den Erzeugnissen Aufträge herein — zu niedrigen Erlösen auf dem von zahlreichen starken Konkurrenten umkämpften Weltmarkt —, in denen ein Produktionsengpaß besteht, der unter großen technischen und finanziellen Anstrengungen beseitigt werden müßte, wenn man das Geschäft tätigen wollte. Das Kosten-Ertrags-Verhältnis würde nach Vornahme der erforderlichen Neuinvestitionen nur noch ungünstiger werden. Derartigen Fehlentwicklungen kann durch eine organisatorische Maßnahme vorgebeugt werden: Es ist ein mit Verantwortung und Kompetenz ausgestatteter Aufgabenbereich vorzusehen, um eine Auswahl der vom Gesamtinteresse des Betriebes aus unerwünschten Aufträge vorzunehmen. Von der Exportabteilung kann man diese Beschränkung kaum erwarten, da es ihr in erster Linie auf die Umsatzsteigerung ankommt und sie vielleicht die Gesamtzusammenhänge bis zur Ergebnisrechnung hin nur unvollkommen überblickt.

Die Harmonie mit der Umwelt erreicht der Betrieb vor allem durch einen laufenden Anpassungsvorgang. Die primäre organisatorische Aufgabe ist hier die Schaffung eines aussagekräftigen Berichtswesens, das über alle gegebenen und zu erwartenden Umweltbedingungen wie

— Markt:
 — Beschaffung, Absatz,
 — Kapital, Geld, Arbeit, Stoffe, Anlagegüter,

— gesetzliche Bestimmungen: Verordnungen, Erlasse,

— öffentliche Meinung,

— politische Gegebenheiten

unterrichtet. Die zweite Aufgabe ist es, die Betriebsorganisation so elastisch zu halten,

(1) daß eine Anpassung möglich ist,

(2) diese rechtzeitig erfolgen kann,

(3) die Anpassung koordiniert und in Übereinstimmung mit dem relativ konstanten Betriebszweck erfolgt,

(4) daß in gewissen Grenzen unter Beibehaltung der gegebenen Organisation wechselnde Aufgaben erledigt und veränderte Ziele angestrebt werden können, was im Zusammenhang mit der Flexibilität (Kapitel C, III, 2) noch zu behandeln ist.

Freilich erfordert die Herbeiführung einer bestmöglichen Übereinstimmung von Betrieb und Umwelt auch A u s l e s e vorgänge. So können Veränderungen auf dem Absatzmarkt eine Bereinigung des Vertriebsprogramms auslösen, Engpässe auf den Beschaffungsmärkten die Aufgabe bestehender und die Entwicklung geänderter Produkte erforderlich machen, oder Schwierigkeiten in einzelnen Teilmärkten können zu einer Diversifikation (d. h. Ausweitung des Produktions- und Vertriebsprogramms) unter Angabe anderer Sparten führen.

Was unter der Überschrift „Auslese und Anpassung" im Grundsätzlichen gezeigt werden sollte, ist der Weg zur Herbeiführung einer Übereinstimmung mehrerer Komponenten des Organisierens bzw. der Organisation. Im Interesse übergeordneter Ziele sind die beiden Möglichkeiten Auslese und Anpassung optimal zu kombinieren. Hier liegt also ein echtes organisatorisches Optimierungsproblem vor.

III. Beharrung — Veränderung

1. Grundsätzliches

In jedem Betrieb bestehen Tendenzen der Beharrung und Tendenzen der Veränderung; gegeneinander wirkende Kräfte, die „richtig" dosiert sein müssen, um langfristig die Zielerreichung des Betriebes zu sichern. Daraus sind erfahrungsgemäß die folgenden Forderungen abzuleiten:

(1) Über die Wirksamkeit der Organisation müssen alle Verantwortlichen laufend und methodisch informiert werden (Auslöser für Analysen und Maßnahmen).

(2) Neue Ideen und Verbesserungen müssen von einem breiten Mitarbeiterkreis hervorgebracht werden, der alle Personen, die zur Weiterentwicklung der Organisation mit Ideen, Anregungen und Initiativen beitragen können, umfaßt.

(3) Die Anregungen müssen in die geeigneten Kanäle gelenkt werden, sie dürfen keinesfalls totgeschwiegen oder schon auf unterer Ebene als unbequeme Veränderungen zu den Akten gelegt werden.

(4) An geeigneter Stelle muß das Alte, das Bewährte gegen das Neue objektiv abgewogen werden. Hier müssen die Regeln der rationalen Organisationsentscheidung, die noch dargestellt werden sollen, gelten. Es ist insbesondere daran zu denken, daß das Neue seine Mängel erst offenbaren wird.

(5) Alle Neuerungen — sowohl die aus dem Mitarbeiterkreis kommenden als auch die von „oben" und allen Ebenen des Betriebes initiierten bzw. angeregten Veränderungen oder Anpassungsvorgänge — müssen, wenn sie der Kritik und Prüfung standhalten, *koordiniert* durchgesetzt werden.

(6) Organisatorische Veränderungen dürfen nicht zu einer dauernden Unruhe und Verunsicherung führen, sie müssen in angemessenen Abständen erfolgen.

(7) Der Betrieb muß sich wechselnden Aufgaben und Bedingungen (strukturelle, konjunkturelle und andere Veränderungen) gewachsen zeigen und sich anpassen können. Ideal wäre eine *Organisationsplanung*, dafür sorgend, daß im Rahmen der langfristigen Entwicklung zu jeder Zeit die geeignete Organisation bereitsteht (Bereitstellungsaufgabe).

Das Gegensatzpaar „Beharrung — Veränderung" kann mit gewissen Einschränkungen oder Abwandlungen als übergeordnete polare Gestaltungskategorie gelten für andere Gegensatzpaare wie:

Tradition	— Fortschritt,
Statik	— Dynamik der Organisation,
Starrheit	— Flexibilität, Elastizität,
dauerhafte Regelung	— vorübergehende Regelung, Improvisation (die im strengen Sinne als „Nichtorganisation" bezeichnet werden könnte),
generelle Regelung	— fallweise Regelung.

Die wichtigsten dieser Komponenten sollen nachfolgend behandelt werden.

2. Flexibilität (bzw. Elastizität) der Organisation

Die Organisation neigt ihrem Wesen nach schon deshalb zur B e h a r r u n g, weil sie auf die langfristige Sicherung der Zielerreichung des Betriebes angelegt ist. Alle Regelungen erfordern zudem Zeit für die Vorbereitung, Einführung und Bewährung. Verstärkt werden diese die Beharrung fördernden Komponenten durch menschliche Bequemlichkeit, die Angst vor Veränderungen, die Sorge, veränderten Anforderungen nicht gerecht zu werden, sowie die Erfahrung, daß unter dem Deckmantel organisatorischer Notwendigkeiten zuweilen ganz andere Ziele verfolgt werden. Demgegenüber wird die Forderung nach einer elastischen Organisation immer bedeutsamer, obwohl die neuere Entwicklung eher geeignet ist, die Starrheit und damit die Neigung zur Beharrung zu fördern.

Strukturelle und konjunkturelle Veränderungen zwingen den Betrieb zur rechtzeitigen (möglichst vorausschauenden) A n p a s s u n g. Technische Neuerungen, geeignet zur Schaffung verbesserter und neuer Produkte, zur Rationalisierung der Verfahren in Produktion und Verwaltung, neue Entscheidungshilfen, Kommunikationsmittel und organisatorische Hilfsmittel, neue wissenschaftliche Erkenntnisse, Veränderungen im Gewicht der Kosten- und Ertragsfaktoren treten in immer kürzerer Zeit auf; der Betrieb muß deshalb organisatorisch auch in wachsendem Maße flexibel gehalten werden; nur so kann der Dynamik des Innovationsgeschehens entsprochen werden.

Das ergibt dann das Dilemma: Einerseits erfordert der Kostendruck — namentlich von der Personalseite verursacht — die weitestmögliche Automatisierung und damit tendenziell wachsende S t a r r h e i t ; andererseits muß gerade diese Starrheit vermieden werden. Zunehmende Starrheit und damit Beharrung bedeutet in diesem Sinne dreierlei:

(1) abnehmende Fähigkeit, wechselnde Aufgaben bei gegebener Organisation zu erledigen und mit „Ausnahmen" bzw. Sonderfällen fertig zu werden;

(2) zunehmende Schwierigkeit, die Aufbauorganisation und die Ablauforganisation der sich wandelnden Aufgabenstruktur, den sich ändernden Zielsetzungen und Bedingungen anzupassen;

(3) Mangel an innerer Dynamik, der Organisation fehlt es an Erneuerung „von innen heraus", es fehlen Anregungen, Impulse.

E r w ü n s c h t wäre es, wenn die Entwicklung in die entgegengesetzte Richtung ginge zu mehr F l e x i b i l i t ä t (gleich Elastizität, man könnte hier differenzieren, doch sind solche begrifflichen Feinheiten kaum durchsetzbar). Tendenziell steht die Forderung nach mehr Flexibilität aber im Widerspruch mit dem Weg zur Automatisierung, die als eine Ursache der Starrheit im Hinblick auf die übergeordneten Ziele optimal zu dosieren ist.

Elastizität oder F l e x i b i l i t ä t bedeutet analog zur Interpretation „Starrheit" ebenfalls dreierlei:

(1) die Fähigkeit, wechselnde Aufgaben und auch Ausnahmen von den normalen Routineabläufen bei gegebener Organisation in vertretbarer Zeit mit vertretbarem Aufwand zu bewältigen,

(2) die Möglichkeit, die Organisation zu verändern, wenn dies notwendig oder zweckmäßig ist,

(3) innere Dynamik.

Die Organisation kleiner und noch übersehbarer Mittelbetriebe ist leichter flexibel zu halten als die großer Betriebe, darum müssen Großbetriebe in stärkerem Maße geeignete organisatorische Vorkehrungen treffen, sich flexibel zu halten oder die Flexibilität gar zu steigern. Solche M a ß n a h m e n sind möglicherweise:

(1) Laufende Überprüfung der Organisation (Organisationsprüfung) durch neutrale Stellen und auch laufende Auswertung geeigneter Kontrollmeldungen; Schaffung eines speziellen Auslöser-Kennzahlsystems, das über organisatorische Tatbestände unterrichtet und damit weitere Untersuchungen und Maßnahmen bewirkt.

(2) Heranziehung eines möglichst breiten Kreises von Mitarbeitern zur Mitwirkung an der laufenden Verbesserung auch der Organisation (betriebliches Vorschlagswesen mit Prämiierung guter Eingaben). Selbst wenn nicht viele konkrete Vorschläge daraus erwachsen, wird doch die Grundhaltung damit positiv beinflußt, was die Elastizität durch Abbau persönlicher Widerstände erhöht. Überhaupt sollte systematisch auf eine veränderungsfreudige Grundstimmung hingewirkt werden.

(3) Bestellung haupt- oder nebenamtlicher Verantwortlicher für Organisationsfragen in jeder größeren Abteilung oder in jedem Bereich, um mit der verantwortlichen Stelle für das Organisieren, mag sie beratend, koordinierend oder selbst gestaltend wirken, laufenden Kontakt herzustellen. Damit wird für die hauptamtlich mit Organisation befaßte(n) Stelle(n) ein „Unterbau" geschaffen.

(4) Nach dem Vorschlag eines maßgebenden Praktikers sollten leitende Personen für ihr Ressort bevollmächtigte jüngere Vertreter haben und nicht Chefsekretäre. Damit sollen der Jugend schöpferische Aktivität oder dahin zielende Anregungen, dem Alter Kritik zufallen. Freilich braucht weder Jugend Aktivität noch Alter Starrheit zu bedeuten, das sei hier angemerkt.

(5) Bei allen Entscheidungen über die Gestaltung der Aufbau- und Ablauforganisation ist die Flexibilität als entsprechend der jeweiligen Bedeutung gewichtete Eigenschaft in den Katalog der Anforderungen aufzunehmen. Das Verhalten der Organisation unter den verschiedenen, Änderungen auslösenden Bedingungen sowie unter unterschiedlichen Aufgebenstellungen sollte vor jeder Entscheidung simuliert werden (Simulation im weitesten Sinne von: „Wirkungen vorab durchdenken, durchspielen").

(6) Bei jeder Maßnahme, insbesondere wenn sie zu einem höheren Grad der Automation führt, ist zu prüfen, welchen Umfang der Änderungsdienst haben wird. Dabei ist von den durch interne und externe Einflüsse erfahrungsgemäß zu erwartenden Änderungsnotwendigkeiten auszugehen. Auch das kann zur Simulation gezählt werden.

(7) Spezielle organisatorische Maßnahmen, um wechselnde Aufgaben in dem relativ starren organisatorischen Rahmen erfüllen zu können. Dazu gehören:

a) Führungs- und Organisationsmaßnahmen mit zeitlicher Begrenzung, wie Projekt-Management im Zusammenhang mit dem Management by Objectives (begrenzte, klar definierte Zielvorgaben), sind zu bevorzugen.

b) Konsequente Trennung von Routine und Nichtroutine in allen betrieblichen Bereichen.

c) Dezentralisierung soweit wie möglich in allen Bereichen.

d) Weitestmögliche Delegation von Vollmachten und Verantwortung.

e) Zweckorientierter Aufbau des gesamten Berichtswesens, Schaffung besonderer Rückmeldungen auf dem Gebiete der Organisation („Metarückmeldungen").

f) Begrenzung des Einsatzes von computergestützten Abläufen, wo besondere Flexibilität verlangt wird.

(8) Spezielle organisatorische Maßnahmen, um die Möglichkeit o r g a n i s a t o r i s c h e r Ä n d e r u n g e n zu erhalten, wie:

a) Leasing statt Kauf, soweit wirtschaftlich vertretbar.

b) Fremdbelastung statt eigener Stäbe, soweit möglich.

c) Untersuchung der Alternative Eigen- oder Fremdleistung auf allen anderen Gebieten. Entsprechende Entwicklung der Leistungsbreite und -tiefe.

d) Maschinisierung speziell zur Vermeidung personeller Bindungen.

e) Überstunden statt Neueinstellung.

Eine organisatorische Regelung, um die Erfüllung wechselnder Aufgaben zu gewährleisten, ist z. B. im F e r t i g u n g s b e r e i c h (bei Serienproduktion) die Ausgliederung der in kleinen Losen angefertigten „Nebentypen" als „Sonderanfertigung" aus der laufenden Serienproduktion, der „Normalfertigung". Am besten wird eine völlige körperliche Ausgliederung in ein gesondertes Werk („Odds-and-Ends"-Fabrik) der Zwecksetzung gerecht. Auch der für die Planung und Programmierung meist genau vorgegebene, also starre Verwaltungsgang darf in ein solches Werk nicht übernommen werden. An seine Stelle muß eine Bearbeitung treten, die ganz unter dem Gesichtspunkt der Elastizität und Geschwindigkeit steht. Hier können auch neue Erzeugnisse, die fertigungstechnisch noch nicht ausgereift sind, so lange hergestellt werden, bis Stückzahl, Konstanz der Nachfrage und der Verfahren eine Übernahme in die Normalfertigung erlauben. Bei einer Automatisierung der Verwaltungsarbeit sollte dieser Sektor nach Möglichkeit ausgenommen werden, da hier die für die Maschinisierung und Mechanisierung wesentliche Voraussetzung, die häufige Wiederkehr gleicher Arbeitsvorgänge, fehlt.

Da — wie bereits betont — namentlich G r o ß b e t r i e b e zur Starrheit neigen, wird vielfach das Prinzip der D e z e n t r a l i s i e r u n g angewendet, um die Vorteile der Beweglichkeit des Klein- und Mittelbetriebes durch Schaffung von selbständigen Verantwortungsbereichen auch dem Großbetrieb zu erhalten.

3. Generelle und fallweise Regelungen

Für die Unterscheidung zwischen generellen und fallweisen Festlegungen (im letzteren Fall liegt im strengen Sinne „Nichtorganisation" vor) kann eine einfache Gesetzmäßigkeit festgestellt werden, die von Gutenberg[30]) als „S u b s t i t u t i o n s p r i n z i p d e r O r g a n i s a t i o n" formuliert wurde: „Die Tendenz zur generellen Regelung nimmt mit abnehmender Variabilität betrieblicher Tatbestände zu." Er führt dazu weiter folgendes aus:

Mit zunehmender Überantwortung der Lenkung des Betriebes an das Prinzip der generellen Regelung verliere die Steuerung des Betriebsprozesses an individueller Substanz. Immer mehr „entpersönlichen" sich dabei die organisatorischen Einrichtungen. „Das Substitutionsprinzip der Organisation überspitzt sich, wenn betriebliche Tatbestände organisatorisch als gleichartige Sachverhalte behandelt werden, obwohl sie es in Wirklichkeit nicht sind."

Es liegt also auch hier ein Optimierungsproblem vor, nämlich das rechte Maß zwischen den theoretisch gegebenen Extremen, alles generell oder alles fallweise zu regeln, zu finden. Wenn Dinge, die besser von Fall zu Fall geregelt werden sollten, in generelle Vorschriften gepreßt werden, spricht man von „Überorganisation", die als eine häufig zu beobachtende Schwachstelle der Organisation anzusehen ist.

Für die Aufbauorganisation sind stets in einem Mindestumfang generelle Regelungen (Aufgabenzuordnung) erforderlich. Die Ablauforganisation ist nur dann (und so weit) generellen Regelungen zugänglich, wenn (bzw. wie) die Variabilität der Vorgänge es zuläßt. Die Festlegung von Abläufen gewinnt mit zunehmender Automatisierung an Bedeutung.

Das „rechte Maß" genereller Regelungen stellt praktisch den optimalen Organisationsgrad dar, der heute noch nicht bestimmt werden kann; liegt doch die eindeutige Messung des Organisationsgrades noch im argen. Verbal kann er als Anteil der durch generelle Festlegungen bestimmten Vorgänge an einem Gesamtablauf definiert werden.

4. Voraussetzung des Lernprozesses im Metasystem

Gegen das hier vertretene Konzept des Organisierens durch methodisches Lernen wird häufig eingewendet, man könne doch die Organisation nicht „dauernd" ändern. Das darf auch nicht geschehen; es kommt, wie bereits herausgestellt wurde, vielmehr auf die optimale Schrittfolge, die ebenfalls erlernt werden muß, an. Selbstverständlich muß, wie im vorigen Abschnitt ausführlich behandelt, die Organisation in jedem Falle elastisch genug gehalten werden, sonst

---
[30] Gutenberg, E., Grundlagen der Betriebswirtschaftslehre, 1. Bd., Die Produktion, 21. Aufl., Berlin/Heidelberg/New York 1975, S. 239 ff.

ist das Konzept nicht realisierbar. Dann ist aber auch jedes andere Konzept zum Scheitern verurteilt; denn wie kann man organisieren, ohne etwas zu verändern? Manchmal erscheinen Neuorganisationen so, als wollte man mit ihnen diese einander widersprechenden Dinge gleichzeitig tun („Wasch mir den Pelz, aber mach mich nicht naß!").

Elastizität ist eine — vielleicht die wichtigste —, aber doch *nur eine* der Voraussetzungen des Lernprozesses. Folgende Punkte müssen gesichert werden:

- *Jeder wesentliche Bereich der Organisation muß laufend der kritischen Beobachtung unterliegen. (Wird im Kapitel F eingehend behandelt.)*

- *Die Soll-Eigenschaften des Systems müssen in operablen Zielgrößen, die einen Soll-Ist-Vergleich ermöglichen, angegeben sein. Auch der Anforderungskatalog als eine solche Zielfigur muß einem Lernprozeß unterliegen (vgl. Bild 5).*

- *Bei allen organisatorischen Regelungen muß von vornherein die Möglichkeit zu koordinierten Änderungen vorgesehen werden.*

Die letztgenannte Forderung gilt allgemein, auch schon für die Wahl der Hilfsmittel. So ist es z. B. besser, Stellenbeschreibungen in die Form von Übersichten — unter Verwendung von Symbolen — zu bringen, als sie in breite verbale Darstellungen, die nur schwierig geändert werden können, zu pressen. Die Folge der relativ starren verbalen Beschreibungen ist dann, daß die Unterlagen veralten, darum niemand so recht mit ihnen zu arbeiten vermag und damit der erforderliche Änderungsdienst u. U. ganz aufgegeben wird. Was aber schlimmer ist: die Änderungen selbst könnten behindert werden, weil zu viele Umstände damit verbunden sind.

Das Verhältnis zwischen Änderungsmöglichkeit einerseits und Beständigkeit der Organisation andererseits muß ausgewogen sein; es liegt also ein Optimierungsproblem vor, das sei abschließend nochmals betont. Die optimale Schrittfolge organisatorischer Weiterentwicklung ist bisher kaum im Gespräch, meist hinkt man mit Organisationsmaßnahmen hinter der Entwicklung her und zieht diese dann zu hastig durch, was den Mangel noch verstärkt.

D. Die Organisationsentscheidungen und ihre Einflußfaktoren

I. Rationale Organisationsentscheidungen

„Organisationsentscheidungen" werden hier als Wahlvorgänge zwischen Organisationsalternativen verstanden, die der Realisierung spezifischer Organisationsziele dienen.

- Es müssen also A l t e r n a t i v e n gefunden werden (eine Möglichkeit dazu ist der morphologische Kasten, vgl. Bild 8),
- es müssen Z i e l f e s t l e g u n g e n erfolgen (z. B. in Gestalt des Anforderungskataloges im Sinne einer Aufstellung der erwünschten Eigenschaften des zu organisierenden Systems),
- die Alternativen müssen im Hinblick auf die Ziele b e w e r t e t werden (dazu können die noch eingehend zu behandelnden Entscheidungshilfen beitragen), und
- schließlich müssen die nach bestimmten Regeln getroffenen Entscheidungen d u r c h g e s e t z t, r e a l i s i e r t und kritisch v e r f o l g t werden.

Die der Wahl der geeigneten Alternative logisch (wenn auch nicht unbedingt im praktischen Vollzug) vorgeschaltete Entscheidung ist die Z i e l w a h l, dann ist unter theoretisch fast unendlich vielen Gestaltungsmöglichkeiten eine begrenzte Zahl von realisierbaren A l t e r n a t i v e n zu formulieren, unter denen zu wählen ist. Praktisch handelt es sich um eine Wechselwirkung zwischen Ziel- und Mittelwahl.

Als die anzustrebende Lösung (nähere Erläuterung erfolgt im Zusammenhang mit den Entscheidungsmodellen) wurde bereits jene herausgestellt, die für die Realisierung von Soll-Eigenschaften des zu organisierenden Systems (Anforderungskatalog) die größten Chancen bietet. Diese A n f o r d e r u n g s k a t a l o g e wurden als Zielgröße (Führungsgröße im Sinne der Regelkreis-Analogie, hier im Sinne des übergeordneten Regelkreises als Metaführungsgröße bezeichnet) bereits vorgestellt. Der Organisator versucht, sie im Realsystem weitestmöglich zu verwirklichen (vgl. Bild 5). Dabei können die einzelnen Zielkomponenten (die erwünschten Eigenschaften) in recht unterschiedlicher Beziehung zueinander stehen. Es sei versucht, dies anhand einer allgemeinen Z i e l m a t r i x (Bild 26), in der die Verträglichkeit einiger Teilziele ausgewiesen wird, klarzumachen. Diese Matrix, die einen Anforderungskatalog für die Tätigkeit des Organisierens in repräsentativer Auswahl von Soll-Eigenschaften des erwünschten Organisationsergebnisses darstellt, braucht nicht symmetrisch zu sein.

Bild 26: Allgemeine Zielmatrix des Organisierens

z_i \ z_j	Flexibilität des Handelns innerhalb der Organisation	Elastizität der Organisation	Hoher Grad der Automatisierung	Nachvollziehbare+) rationale Organisationsentscheidungen	
Flexibilität des Handelns innerhalb der Organisation	—	0	-1	0	
Flexibilität der Organisation selbst	0	—	-1	0	
Hoher Grad der Automatisierung	-1	-1	—	0	
Nachvollziehbare+) rationale Organisationsentscheidungen	+1	-1	+1	—	

+)Nachvollziehbarkeit: Die Regeln und Voraussetzungen sind soweit angegeben, daß jeder Sachverständige bei deren Anwendung und Beachtung zum gleichen Ergebnis kommen muß.

Die Felder geben die Verträglichkeit der Ziele Z_i mit den Zielen Z_j an, es bedeuten:

+1 harmonische Beziehung (Z_i fördert Z_j)

0 kompatible (verträgliche) Beziehung

-1 inkompatible oder partiell inkompatible Beziehung

Bei partiell oder völlig inkompatiblen Beziehungen muß ein Optimum in Hinblick auf die übergeordneten langfristigen Unternehmensziele angestrebt werden.

Harmonische Beziehungen können Grundlage selbstverstärkender Prozesse ("positive Rückkopplung") sein.

So ist die Forderung, alle Entscheidungen *nachvollziehbar* (Erläuterung in Bild 26) zu treffen, nicht völlig mit der Forderung der *schnellen* organisatorischen Anpassung verträglich. Umgekehrt steht eine *elastische* Organisation ihrem Wesen nach nicht in Widerspruch zu der Forderung, *rational und nachvollziehbar* zu gestalten. Zu optimieren ist die Forderung nach Automatisierung mit der daraus resultierenden Tendenz zur Starrheit einerseits und die Forderung nach Flexibilität im Interesse der Effizienz der Aufbau- und Ablauforganisation andererseits.

Die Entscheidungen über die Z i e l e und Teilziele der Organisation sind die erste Gruppe von Entscheidungen, die hier als Organisationsentscheidungen bezeichnet wurden. Die zweite Gruppe umfaßt alle M a ß n a h m e n zur Realisierung der einzelnen Bereichen, Funktionen, Sparten usw. vorgegebenen Organisationsziele und zur Integration des Ganzen im Sinne eines organisatorischen Rahmens für den Gesamtbetrieb in seinem Aufbau und seinen Abläufen.

Alle Entscheidungen sollen rational und nachvollziehbar sein; sie sollen sich an den übergeordneten Zielvorstellungen orientieren, und es soll erklärbar sein, warum gerade diese und keine anderen Entscheidungen getroffen wurden. Nur so kann man aus Fehlern lernen, also Lernprozesse verwirklichen, die eine Annäherung an Optima ermöglichen. Die Frage „Warum so und nicht anders?" ist die Kernfrage.

Die Unsicherheit konventioneller Entscheidungshilfen macht diese so ungeeignet für die Bewältigung unserer heutigen Organisationsprobleme. Repräsentativ für konventionelle Entscheidungshilfen sind Organisationsgrundsätze und Schwachstellenkataloge, die stellvertretend für die konventionellen Methoden im Kapitel E, I behandelt werden sollen. Ohne leugnen zu wollen, daß auch mit Grundsätzen u. ä. durchaus noch befriedigend gearbeitet werden kann, zumindest solange kein geeigneteres Instrumentarium zur Verfügung steht, sollen diese doch als „schrittweise in Ablösung begriffen" charakterisiert werden.

II. Die wichtigsten betrieblichen Einflußfaktoren

Die Wahl der organisatorischen Lösungen, Mittel und Wege ist nur in bestimmten Grenzen „frei"; sie wird durch eine Vielzahl von Faktoren beeinflußt, die teils zwingend sind (z. B. zwingende Normen der Rechtsordnung), sich teils aus der praktischen Anwendung des Prinzips der Wirtschaftlichkeit ergeben, teils mit Rücksicht auf die Zielvorstellungen und die geistigen und körperlichen Bedingungen der Menschen beachtet werden müssen. Letzteres kann sich durchaus mit Wirtschaftlichkeitsüberlegungen in monetären Größen decken, muß aber nicht. Man kann diese Einflußfaktoren, die bei der Aufstellung der Alternativen und/oder bei der Wahl zwischen gegebenen Alternativen wirken, in folgendes S c h e m a bringen:

> Betriebliche Faktoren:
>
> — allgemeine betriebswirtschaftliche Charakteristik des Betriebes,
> — Betriebs- und Unternehmensgröße.
>
> Außerbetriebliche Faktoren:
>
> — Rechtsordnung,
> — Wirtschaftssystem,
> — überbetriebliche Organisationen,
> — sonstige Umweltbedingungen.

1. Allgemeine betriebswirtschaftliche Charakteristik des Betriebes

Art des Betriebes und Gegenstand seiner wirtschaftlichen Betätigung sind Bestimmungsfaktoren der Hauptaufgabe des Betriebes und damit auch seiner Organisation. In Bild 27 sind einige Charaktermerkmale der einzelnen Betriebsarten (auch als „Betriebstypen" bezeichnet) und sich daraus ergebende Schlußfolgerungen für die Organisation herausgestellt.

Die Einwirkung der Wesensmerkmale der einzelnen I n d u s t r i e z w e i g e auf die Organisation kann auf die folgenden Faktoren zurückgeführt werden (analog wäre auch eine detailliertere Charakterisierung der anderen Betriebsarten, wie Handel, Dienstleistungsbetriebe usw., möglich):

(1) E r z e u g n i s s e :

Anzahl der verschiedenen Erzeugnisse, Typen, Sorten, chemische und technische Eigenschaften, Transport- und Lagerfähigkeit.

(2) A b s a t z v e r h ä l t n i s s e :

— Bedeutung des Industriebetriebes im Rahmen des gesamten Industriezweiges und des Industriezweiges im Rahmen der Volkswirtschaft, Marktanteile, Zuwachsraten;

— Konkurrenzverhältnisse: freier Wettbewerb, Kartell, Oligopol, Monopol usw.;

— Abnehmer: Einzelhandel, Produzenten, Konsumenten;

— zu erwartende Strukturwandlungen;

— Konjunktur-, Saison-, Modeeinflüsse.

Bild 27: Charakteristik der Betriebe

Art	Beispiele	Organisationsrelevante Charakteristik
1. Erzeugungsbetriebe von Sachgütern		
a) Land-, Forstwirtschaft, Jagd, Fischerei, Tierzucht	Gutshof, Pelztierfarm	Abhängigkeit von der Natur (Jahreszeiten, Wetter) macht elastische Arbeitsorganisation notwendig. Mehr Tendenz zu fallweisen als zu generellen Regelungen vorhanden.
b) Handwerksbetriebe und industrielle Kleinbetriebe	Kürschnerei, Schneiderei	Elastischer Arbeitsablauf in Abhängigkeit von Umfang und Art des Auftragseinganges. Einfache Aufgabengliederung, übersehbarer Personal- und Sachapparat.
c) Industriebetriebe		
ca) Massenproduktion gestaltloser Erzeugnisse	Zementfabrik, Kokerei	
cb) Massen- und Serienproduktion geformter Erzeugnisse	Glühlampenfabrik, Fahrradfabrik	Vgl. hierzu die Ausführungen in diesem Abschnitt
cc) Einzelfertigung geformter Erzeugnisse	Werkzeugmaschinenfabrik	
2. Versorgungsbetriebe	Elektrizitätswerk, Gaswerk	Sachapparat sehr bedeutsam, Betriebszweck stärker von dem Gedanken der bestmöglichen Versorgung der Abnehmer bestimmt. Häufig Monopolstellung — dann statt Vertriebs- Verteilerorganisation — und sehr anlagenintensive Betriebe. Sonst den Dienstleistungsbetrieben wesensverwandt.
3. Handelsbetriebe		
a) Großhandel	Lebensmittelgroßhandlung	Keine Erzeugung; Einkauf, Lagerhaltung, Verkauf als wesentliche Funktionen.
b) Einzelhandel	Fachgeschäft, Warenhaus, Supermarkt, Versandhaus	Sachapparat weniger bedeutsam, Personalorganisation steht stark im Vordergrund.
4. Dienstleistungsbetriebe	Verkehrsbetriebe, Banken, Versicherungen	Das „Produkt", die Dienstleistung, ist nicht lagerfähig; Bereitschaft, Risiko und Gestaltung des zeitlichen Arbeitsablaufes als Probleme. Oft sehr anlagenintensive Betriebe.
5. Verwaltungsbetriebe	öffentliche Verwaltung	Psychologische Fragen der Zielsicherung und der Erhaltung einer gewissen Dynamik bedeutsam. Personalorganisation entscheidend.
6. Unterbringungs-, Gaststätten- und Unterhaltungsbetriebe	Hotel, Restaurant, Kino, Theater	Personalorganisation entscheidend, sonst ähnlich den Dienstleistungsbetrieben.
7. Haushaltungen	der einzelne private Haushalt	Steht meist noch in einem vororganisatorischen Stadium. Sinnvolle Einbeziehung des Sachapparates (Haushaltsgeräte usw.) erlangt immer mehr Bedeutung.

(3) Beschaffungsverhältnisse:

- Arbeitsmarkt;
- Markt für Rohstoffe, Halbwaren, Maschinen, Werkzeuge, Dienstleistungen;
- Geld- und Kapitalmarkt.

(4) Produktion:

- Grad der Mechanisierung und Maschinisierung;
- Massenproduktion, Serienproduktion, Einzelfertigung, Spezialfertigung;
- Abbau, Aufbereitung, Veredelung, Verarbeitung, Montage;
- Werkstättensystem, Gruppensystem, Fließfertigung;
- zentrale Produktion, Verlagssystem;
- Möglichkeiten der Umstellung des Betriebes auf andere Produkte;
- Kostenstruktur;
- Erzeugung auf Lager oder auf Bestellung.

Aus diesen Wesensmerkmalen des Betriebes ergeben sich wichtige Schlußfolgerungen:

(1) *Das Schwergewicht der Funktionen und der Umfang der Teilfunktionen.*

Beispiele:

Fertigwarenlager bei der Fertigung auf Lager, Roh- und Halbwarenlager bei der Fertigung auf Bestellung als entscheidender Organisationsschwerpunkt zur Sicherung der Lieferfähigkeit.

„Einkauf" im materialintensiven Betrieb bedeutender als im lohnintensiven Betrieb.

Lager für Fertigwaren entfällt, wenn Erzeugnisse nicht lagerfähig sind, dafür Bereitschaftsproblem.

(2) *Die institutionelle Zuordnung der Teilfunktion zu übergeordneten Funktionsbereichen.*

Beispiele:

Bei der Herstellung und dem Vertrieb komplizierter Maschinen, die vielfach eine umfangreiche Projektierung erfordern oder erklärungsbedürftig sind, gehört die Vertriebsleitung meist zum technischen Bereich, bei Herstellung und Vertrieb von Konsumartikeln zum kaufmännischen Bereich. Auch erfordert die Einzelfertigung in der Regel die Vereinigung gleicher Maschinen jeweils in einer Werkstatt (*Werkstattfertigung*). Die Werkstätten werden von jedem Teil je nach den an ihnen zu verrichtenden Operationen nacheinander durchlaufen. Für dieses Werkstättensystem ist eher eine funktionale Gliederung der Organisation zweckmäßig, während bei der *Fließfertigung* eine Gliederung nach Erzeugnisgruppen (Objektgliederung, artmäßig) bevorzugt in Frage kommen kann.

(3) *Spezielle branchen- und betriebseigentümliche Organisationsprobleme.*

Beispiel:

Organisation eines ständigen Beschäftigungswechsels, um typischen Berufskrankheiten vorzubeugen.

Das R e c h n u n g s w e s e n , namentlich die Kostenrechnung, wird in starkem Maße von der Art und der Anzahl der Erzeugnisse und der Art ihrer Erzeugung (Werkstättensystem, Fließarbeit für Massen- oder Serienfertigung usw.) bestimmt. Namentlich die Kalkulation hängt ganz von diesen Branchen- und Betriebseigentümlichkeiten ab (Divisionskalkulation für eine Erzeugnisart in kontinuierlicher Fertigung, Stufendivisionskalkulation bei nicht kontinuierlicher Fertigung; bei mehreren Produkten Äquivalenzziffernrechnung, Zuschlagskalkulation bei Groß- bis Kleinserien- und Einzelfertigung).

Das Rechnungswesen als Teil des Berichtswesens verlangt eine bestimmte Organisation, die wieder die Gesamtorganisation beeinflußt. Als spezielles Ü b e r w a c h u n g s instrument ist das Rechnungswesen ein unentbehrlicher Bestandteil der Gesamtorganisation.

2. Betriebs- und Unternehmensgröße

Betriebsgröße (normalerweise gemessen an der Zahl der Beschäftigten) und Unternehmensgröße (normalerweise gemessen am Kapital) stehen in enger Wechselbeziehung nicht nur zur betriebswirtschaftlichen Charakteristik eines Betriebes, sondern auch direkt zur Organisation. Entsprechend den Größenverhältnissen bieten sich spezielle organisatorische Lösungen an, während umgekehrt auch organisatorische Rücksichten für die Festlegung einer bestimmten Betriebs- oder Unternehmensgröße maßgebend sein können. So bestimmt die Betriebsgröße in starkem Maße die Tiefengliederung oder v e r t i k a l e Gliederung, d. h. die Anzahl der Stufen, die zwischen die obere Leitung und die ausführenden Organe zu schalten sind. Auch die h o r i z o n t a l e Gliederung wird weitgehend von der Betriebsgröße beeinflußt. Umgekehrt wird von einigen Unternehmen die als einheitlicher Teilbetrieb zu führende P r o d u k t i o n s e i n h e i t („Werk") primär unter einem organisatorischen Gesichtspunkt bestimmt: Nicht mehr Leute sollen einem „Werkleiter" unterstellt werden, als er noch persönlich überblicken kann. Bei der General Electric Company, lamp divison, war z. B. die Größe eines Werkes nur unter diesem Gesichtspunkt auf 500 Leute festgelegt worden. Diese Größe wird durch eine entsprechende Dezentralisierung erreicht.

E. Dale[31]) sah den idealen Industriebetrieb in der Größenordnung von höchstens 2500 Mann. Er will diese Größe ebenfalls durch Dezentralisierung erreichen. Die Einzelbetriebe sollen weitgehend verselbständigt werden, die Zentral-

---

31) Dale, E., Planning and Developing the Company Organization Structure, in: American Management Association Research Report No. 20, New York 1952.

verwaltung soll sich neben Planung, Finanzierung, Überwachung und Festlegung der Gesamtpolitik auf jene Funktionen beschränken, die in kleinen Betrieben von Beratungsunternehmen wahrgenommen werden. Er will auf diese Weise die Nachteile des Großbetriebes (Bürokratisierung, Schwächung der Initiative) vermeiden und die Vorteile trotzdem beibehalten. Solche Vorteile sind z. B.: stärkere Marktposition, Übernahme von Funktionen, die sich erst von einer bestimmten Betriebsgröße an lohnen (Forschung und Entwicklung), größere Stückzahlen, Beschäftigungsausgleich durch breiteres Erzeugungsprogramm.

Die Einflüsse der Betriebs- und Unternehmensgröße sind freilich in allgemeiner Form nur mit geringer Sicherheit zu bestimmen. So glaubte man z. B., aus den Erfahrungen, die in den USA vor ein bis zwei Jahrzehnten und bei uns mit einiger Verzögerung gewonnen wurden, ableiten zu können, die Produktgruppen-, Divisions- oder Spartenorganisation sei nur für Großbetriebe geeignet, sofern weitere Merkmale wie insbesondere ein differenziertes Produktionsprogramm und/oder Absatzprogramm gegeben sind. Darauf wird bei der Behandlung von Grundsätzen noch zurückzukommen sein (Kapitel E, I, 1).

III. Außerbetriebliche Einflußfaktoren

1. Rechtsordnung

Die Gestaltungsfreiheit der Organisatoren ist durch die Rechtsordnung beschränkt. Wichtige Rechtsnormen sind gegeben:

— im Handels-, insbesondere Gesellschaftsrecht;
— im Arbeitsrecht einschließlich der Betriebsverfassung- bzw. Mitbestimmungsgesetzgebung.

Das Handelsrecht, insbesondere das Gesellschaftsrecht, legt Beschränkungen in der Wahl der Unternehmungsformen auf und gibt Vorschriften für die Organe der einzelnen Unternehmungsformen, was sich in der Gestaltung der Leitungsorganisation auswirkt. Bild 28 vermittelt einen Überblick über organisatorisch bedeutsame gesetzliche Bestimmungen in Abhängigkeit von der Unternehmungsform. Die gesetzliche Regelung der Mitbestimmung ist dabei noch nicht behandelt.

Das Arbeitsrecht regelt die Beziehungen der in einem abhängigen Arbeitsverhältnis stehenden Personen zu dem Arbeitgeber. Von den Bestandteilen Betriebsverfassungsrecht, Tarifvertragsrecht, Arbeitsvertragsrecht und Arbeitsschutzrecht wird die Organisation wohl am stärksten von dem Betriebsverfassungsgesetz vom 15. Januar 1972 berührt. Danach sind in allen Betrieben der Privatwirtschaft mit mindestens fünf ständigen Arbeitnehmern Betriebsräte zu bilden. Der Betriebsrat hat nach § 80 BetrVG folgende allgemeine Aufgaben:

(1) darüber zu wachen, daß die zugunsten der Arbeitnehmer geltenden Gesetze, Verordnungen, Unfallverhütungsvorschriften, Tarifverträge und Betriebsvereinbarungen durchgeführt werden;

(2) Maßnahmen, die dem Betrieb und der Belegschaft dienen, beim Arbeitgeber zu beantragen;

(3) Anregungen von Arbeitnehmern und der Jugendvertretung entgegenzunehmen und, falls sie berechtigt erscheinen, durch Verhandlungen mit dem Arbeitgeber auf seine Erledigung hinzuwirken; er hat die betreffenden Arbeitnehmer über den Stand und das Ergebnis der Verhandlungen zu unterrichten;

(4) die Eingliederung Schwerbeschädigter und sonstiger besonders schutzbedürftiger Personen zu fördern;

Bild 28: Organisatorisch bedeutsame Vorschriften des Handels-, insbesondere Gesellschaftsrechts

Unternehmungsform	Mindestkapital	Geschäftsführung, Organe	Gesetz
Einzelkaufmann	—	Inhaber oder von ihm bestellter Vertreter	1. Buch HGB
Stille Gesellschaft	—	wie Einzelkaufmann	§§ 335—342 HGB
Offene Handelsgesellschaft	—	Einzelgeschäftsführungsbefugnis aller Gesellschafter. Kontrollrecht der von der Geschäftsführungsbefugnis ausgeschlossenen Gesellschafter. Volle Dispositionsfreiheit für Gesellschaftsvertrag.	§§ 105—160 HGB
Kommanditgesellschaft	—	Komplementäre (Vollhafter) wie OHG, Kommanditisten ausgeschlossen, wenn Gesellschaftsvertrag nichts anderes bestimmt.	§§ 161—177 HGB
Genossenschaft a) mit beschränkter Haftpflicht b) mit unbeschränkter Haftpflicht	—	Vorstand (2 oder mehr Personen). Aufsichtsrat wie AG. Generalversammlung der Genossen oder Vertreterversammlung bei mehr als 3000 Mitgliedern.	Genossenschaftsgesetz vom 1. 5. 1889 mit späteren Änderungen
Gesellschaft mit beschränkter Haftung	20 000 DM bei Neugründungen; 5000 DM nach Umstellung gemäß DM-Bilanz-Gesetz	Leitung durch Geschäftsführer. Gesamtheit der Gesellschafter entspricht Hauptversammlung AG. Aufsichtsrat kann vorzusehen sein.	Gesetz betr. die GmbH vom 20. 5. 1892 mit späteren Änderungen
Aktiengesellschaft	100 000 DM bei Neugründungen; 50 000 DM nach Umstellung gemäß DM-Bilanz-Gesetz	Vorstand (eine oder mehrere Personen) obliegt Geschäftsführung. Aufsichtsrat soll Geschäfte überwachen. Hauptversammlung ist die Vereinigung der Aktionäre.	Aktiengesetz vom 6. 9. 1965
Kommanditgesellschaft auf Aktien	wie AG	Vollhafter sind Geschäftsführer. Aufsichtsrat. Hauptversammlung.	§§ 278—290 AktG §§ 161—177 HGB

(5) die Wahl einer Jugendvertretung vorzubereiten und durchzuführen und mit dieser zur Förderung der Belange der jugendlichen Arbeitnehmer eng zusammenzuarbeiten;

(6) die Beschäftigung älterer Arbeitnehmer im Betrieb zu fördern;

(7) die Eingliederung ausländischer Arbeitnehmer im Betrieb und das Verständnis zwischen ihnen und den deutschen Arbeitnehmern zu fördern.

In sozialen Angelegenheiten sowie in der Frage der Gestaltung von Arbeitsplatz, Arbeitsablauf und Arbeitsumgebung hat der Betriebsrat ein weitgehendes Mitbestimmungsrecht; in personellen Angelegenheiten beschränkt sich das Mitbestimmungsrecht auf Betriebe mit mehr als 20 wahlberechtigten Arbeitnehmern. Unter personellen Angelegenheiten werden Einstellungen, Umgruppierungen, Versetzungen und Entlassungen verstanden. In Unternehmen mit in der Regel mehr als 100 ständigen Arbeitnehmern ist ein Wirtschaftsausschuß zu bilden, der aus mindestens drei und höchstens sieben Mitgliedern besteht, die sämtlich dem Unternehmen angehören und die vom Betriebsrat bestimmt werden. Der Unternehmer hat den Wirtschaftsausschuß rechtzeitig und umfassend über die wirtschaftlichen Angelegenheiten des Unternehmens unter Vorlage der erforderlichen Unterlagen zu unterrichten, soweit dadurch nicht die Betriebs- und Geschäftsgeheimnisse des Unternehmens gefährdet werden, sowie die sich daraus ergebenden Auswirkungen auf die Personalplanung darzustellen.

Für die Betriebe der Grundstoffindustrie Kohle, Eisen und Stahl gilt das „Gesetz über die Mitbestimmung der Arbeitnehmer in den Aufsichtsräten und Vorständen der Unternehmen des Bergbaus und der Eisen und Stahl erzeugenden Industrie" vom 25. 5. 1951, das den Arbeitnehmern ein weitgehendes Mitbestimmungsrecht einräumt. Ein umfassendes Gesetz zur Regelung der Mitbestimmung trat am 1. Juli 1976 in Kraft.

2. Wirtschaftssystem und überbetriebliche Organisationsformen

Auch das Wirtschaftssystem ist nicht ohne Einfluß auf die Betriebsorganisation. Während in der sozialen Marktwirtschaft die freie Gestaltungsmöglichkeit nur durch gesetzliche Verpflichtungen begrenzt ist, wird in einer dirigistischen Wirtschaftsordnung ein Verwaltungsgebilde geschaffen, dessen Spitze weitgehende Möglichkeiten des Eingriffs in die Betriebe hat. Sämtliche Betriebe des gleichen Industriezweiges werden nach Art der Zwangskartelle horizontal zusammengeschlossen, und sämtliche Industriezweige in vertikaler Gliederung vom Rohstoff bis zum Fertigfabrikat werden zum Kombinat vereinigt.

Überbetriebliche Organisationsformen kennt auch die freie Wirtschaft, jedoch handelt es sich hier um Zusammenschlüsse zur Erledigung gemeinsamer Aufgaben oder zur Vertretung gemeinsamer Interessen. Ihre Einwirkung auf die Betriebsorganisation ist vergleichsweise gering und braucht hier nicht näher behandelt zu werden. Auf Teilgebieten ist jedoch ein Einfluß gegeben, man denke z. B. an die Kontenrahmen der einzelnen Wirtschaftszweige, die für die Gestaltung des Rechnungswesens eine erhebliche Bedeutung haben.

3. Sonstige Umweltbedingungen

Die sonstigen sich auf die Organisation auswirkenden Umweltbedingungen sind zu mannigfaltig, um hier auch nur annähernd vollzählig aufgeführt werden zu können, es soll deshalb nur ein repräsentatives Beispiel gebracht werden:

Die Bedeutung der einzelnen Funktionen wechselt mit der Marktsituation und der allgemeinen Entwicklung der Betriebe. In Zeiten der Materialverknappung tritt die Einkaufstätigkeit in den Vordergrund. Wird der Absatz schwieriger, so gewinnen Werbung und Verkauf an Bedeutung. Unter Umständen ist der Export die letzte Möglichkeit, neuen Absatz zu finden, wenn der inländische Markt gesättigt ist. In Zeiten der Kapitalknappheit kann die Finanzierungsfrage zur Schicksalsfrage des Unternehmens werden. Auch kann der Produktionsfaktor Arbeit sich bei einer Anspannung der Arbeitsmarktlage zu einem Engpaß entwickeln, so daß die Personalführung und die Rationalisierung mit dem Ziel der Einsparung von Arbeitskräften zu den entscheidenden Faktoren werden. Diesen wechselnden Bedingungen muß auch die Organisation gerecht werden.

E. Entscheidungshilfen

I. Organisationsgrundsätze und Schwachstellenkataloge

1. Charakteristik der Organisationsgrundsätze

Nachdem das Wesen der rationalen Organisationsentscheidung dargelegt und die Bedingungen, unter denen sich die Entscheidungen vollziehen, kurz skizziert wurden, ist zu fragen, welche Entscheidungshilfen eigentlich „einsatzbereit" zur Verfügung stehen. Das Repertoire ist dürftig, aber in ständigem Ausbau begriffen. Die Gründe für den gegenwärtigen Zustand seien aus den vorangehenden Ausführungen hier noch einmal kurz zusammengestellt:

(1) *Die Komplexität des Systems „Betrieb" nimmt laufend zu.* „Alles hängt von allem ab"; es wird immer schwieriger, Mißerfolge oder Erfolge organisatorischer Maßnahmen zu isolieren. Mißerfolge und Erfolge zeigen sich erst, nachdem die zu beurteilenden Maßnahmen eingeführt sind; zum Zeitpunkt der Entscheidung müssen diese also vorausschauend beurteilt werden.

(2) Im Zusammenhang mit der Verwirklichung kooperativer Führungsstile, der Mitbestimmung in verschiedenen Ausprägungen, im Zusammenhang mit den sich wandelnden Zielvorstellungen der Mitarbeiter wird man mit einem *Trend zu kollektiven oder auch kooperativen Entscheidungen* rechnen müssen. Das bedeutet tendenziell eine Erschwerung der Entscheidungsfindung auch über Organisationsmaßnahmen.

(3) *Der Bewegungsspielraum der Betriebe nach innen und nach außen wird eher enger als weiter,* eine Entwicklung, die mit einigen Stichwörtern wie Umweltschutz, Inflation und Arbeitslosigkeit, Erschwerung der Bildung von Eigenkapital aus Gewinnen, staatliche Eingriffsmöglichkeiten, Gefahr partieller Verknappungen ausreichend belegt sein dürfte. Das alles beeinflußt die Arbeit des Organisators, da es seine Gestaltungsmöglichkeiten einengt.

Diese Bedingungen mögen die schon eingangs getroffene Feststellung noch verständlicher machen, daß wir mit dem praktischen Organisieren auf wissenschaftlicher Grundlage bisher nicht weit vorangekommen sind. Der Zustand wird bedrückend, wenn man die immer perfekter werdenden technischen Hilfsmittel mit dem vergleicht, was wir organisatorisch damit anzufangen wissen. So bleibt oft kein anderer Weg, als sich bei Entscheidungen über neueste Maschinen und Geräte und moderne Organisationsformen der ältesten Entscheidungshilfen zu bedienen, der Organisationsgrundsätze, obwohl deren begrenzte Aussagemöglichkeit allgemein bekannt ist und obwohl sie in der Mehrzahl außerdem veraltet sind, wie noch an einem Grundsatz zu zeigen ist, der als unangreifbar galt. Um was geht es bei den „Grundsätzen"?

Von den ersten Anfängen einer wissenschaftlichen Organisationslehre bis zur Gegenwart haben zahlreiche Autoren versucht, Hinweise zu geben oder auch Regeln aufzustellen, wie sich das praktische Organisieren vollziehen solle und wie Organisationsstruktur und -ablauf zu gestalten seien. Diese „Organisationsprinzipien" oder „Organisationsgrundsätze" wurden teils sehr allgemein formuliert, so daß keine Begrenzung ihres Anwendungsbereiches erkennbar ist, teils wurden sie bewußt auf gewisse zu organisierende Bereiche, wie auf einzelne Funktionen des Betriebes, auf Branchen, Betriebe bestimmter Größen, Unternehmensform usw., begrenzt. Eine Schwierigkeit ergab sich stets aus dem wissenschaftstheoretisch fundamentalen Zusammenhang, daß derartige „Soll-Aussagen" um so mehr an konkretem Gehalt verlieren, je allgemeiner sie sind bzw. je weiter man ihren Anwendungsbereich absteckt.

Wird der Anwendungsbereich gar nicht oder ungenau abgegrenzt, wie es die Regel ist, so ermangelt es der Aussage an Bestimmtheit, sie hat dann für die praktische Anwendung normalerweise nur Erwägungscharakter, etwa im Sinne „Denke auch daran!", allenfalls „Denke in erster Linie daran!".

Es gibt zwei Auswege aus dieser Schwierigkeit:

(1) Auf eine unmittelbare Anwendung wird verzichtet; die Grundsätze werden nur als im Einzelfall *zu erwägende Gestaltungsmöglichkeiten* aufgefaßt, aus denen aber keineswegs zu entnehmen ist, wie man im Einzelfall organisieren soll. Höchstens wird eine im Normalfall geltende Rangordnung von Problemlösungen vermittelt. In diesem Sinne gehören Grundsätze auch in das neuere Instrumentarium des Organisators.

(2) Die Grenzen und Bedingungen der Anwendung werden für jeden Grundsatz *so genau wie möglich* angegeben, um eine *unmittelbare* Verwertung für praktische Problemstellungen zu ermöglichen.

Aus der Verkennung dieser zwingenden Zusammenhänge haben sich in der wissenschaftlichen Diskussion zahlreiche Mißverständnisse ergeben, und es ist viel aneinander vorbeigeredet worden. M. W. Wadia[32]) teilte die Organisatoren geradezu in „Grundsatzgegner" und „Grundsatzbefürworter" ein. Er stellte vor allem folgendes Argument der Grundsatzgegner heraus: Für jeden Grundsatz lasse sich ein ebenso plausibler anderer Grundsatz finden, der genau das Gegenteil besagt. Beide seien unter bestimmten Bedingungen zutreffend, die Bedingungen werden jedoch normalerweise nicht angegeben. Deshalb sei nicht die Aufstellung von Grundsätzen, sondern die Nennung der Bedingungen (!) das Entscheidende.

Man ist sich in der Literatur schon vor Jahrzehnten einig geworden, daß die Grundsätze in der üblichen Formulierung (d. h. ohne genaue Kennzeichnung des Anwendungsbereiches) keine unabdingbaren Forderungen darstellen können. Das drückt O. R. Schnutenhaus in seiner Allgemeinen Organisationslehre

---

[32]) Vgl. Wadia, M. S., Management Principles: Fact or Fallacy, in: Pittsburgh Business Review, Vol. 34 (1964) 9, S. 1 ff.

wie folgt aus: „Die Befolgung des Grundsatzes hat die Wahrscheinlichkeit für sich, leichter zum Ziel zu führen und mit der Befolgung Vorteile irgendwelcher Art zu erreichen. Die Nichtbefolgung dagegen verursacht Nachteile mit größerer Sicherheit, als positive Ergebnisse beim Befolgen erwartet werden können"[33]).

Auch ist man sich einig, daß es bisher nicht gelungen ist, die Organisationsgrundsätze auf ein einheitliches Prinzip zurückzuführen, ja sie auch nur befriedigend zu systematisieren, es sei denn, man wäre geneigt, Definitionen wie die folgende von O. R. Schnutenhaus als ein solches Prinzip zu akzeptieren: „Auf eine kurze Formel gebracht, kann man Organisation auch definieren als kontrollierte übersichtsmaximale Wirkzusammenhangsicherung"[34]).

Entsprechend der gegebenen Darstellung kann man die Organisationsgrundsätze wie folgt einteilen:

(1) Gliederung nach der Abgrenzung des Anwendungsbereiches:

   a) Grundsätze ohne Abgrenzung des Anwendungsbereiches;

   b) Grundsätze mit Abgrenzung des Anwendungsbereiches.

(2) Gliederung nach der praktischen Verwertungsmöglichkeit:

   a) Grundsätze mit Erwägungscharakter, die lediglich Gestaltungsmöglichkeiten angeben, ohne diesen vor anderen Möglichkeiten ausdrücklich eine Präferenz einzuräumen;

   b) Grundsätze mit Empfehlungscharakter, die bestimmte Gestaltungsmöglichkeiten vor anderen herausstellen;

   c) Gestaltungsregeln, für die keine anderen als die ausdrücklich erwähnten Alternativen mehr zu erwägen sind.

Aus 1 a) folgt normalerweise 2 a), allenfalls 2 b), soweit die Abgrenzung evident ist oder der Anwendungsbereich praktisch als unbegrenzt anzusehen ist. Aus 1 b) folgt — je nach der Genauigkeit der Abgrenzung — 2 b) oder 2 c). Gestaltungsregeln entstehen z. B. durch Anwendung der unter 2 a) und 2 b) genannten Grundsätze auf einen bestimmten Betrieb oder Betriebsbereich oder eine bestimmte Situation nach Abwägung der Alternativen; sie haben dann nur in diesem Bereich Geltung.

Die in der Literatur behandelten Grundsätze mit wissenschaftlichem Charakter können Ergebnis einer gedanklich-theoretischen Auseinandersetzung mit Organisationsproblemen oder Ergebnis methodisch ausgewerteter Erfahrung oder beides sein; der erste Typ überwiegt, er wird in der Regel ohne Abgrenzung des Anwendungsbereiches vermittelt. Mit diesem üblichen Typ der Grundsätze

---

[33]) Schnutenhaus, O. R., Allgemeine Organisationslehre, a. a. O., S. 23. Diese Charakteristik gilt insbesondere für die dargestellten Grundsätze ohne Abgrenzung des Anwendungsbereiches.

[34]) Schnutenhaus, O. R., Allgemeine Organisationslehre, a. a. O., S. 20.

werden also nur Möglichkeiten organisatorischer Gestaltung vermittelt. Die Aussagen haben dementsprechend E r w ä g u n g s c h a r a k t e r.

Nachstehend werden die Grundsätze von Mellerowicz einer systematisierten Bestandsaufnahme von Bleicher gegenübergestellt.

Es erscheint angebracht, zunächst auf ä l t e r e Q u e l l e n zurückzugehen, da hier auch die Wurzeln zu suchen sind.

A **Grundsätze nach M e l l e r o w i c z**[35])

(1) Prinzip der Einfachheit, Klarheit und Übersichtlichkeit
(2) Prinzip der genauen Einsicht in die Dinge und ihre Zusammenhänge (größte Sach- und Methodenkenntnis)
(3) Prinzip der Voraussicht, Planung und Arbeitsvorbereitung
(4) Prinzip der Spezialisierung und Arbeitsteilung
(5) Prinzip der Arbeitsvereinigung und harmonischen Zusammenarbeit
(6) Prinzip der Standardisierung der Methoden, Mengen, Zeiten, Kosten und Produkte
(7) Prinzip der scharfen Abgrenzung der Tätigkeiten und Verantwortlichkeiten (Abteilungsgliederung)
(8) Prinzip der Übertragung von Verantwortlichkeit und Autorität an nachgeordnete Stellen
(9) Prinzip der Fernhaltung der leitenden Arbeit von Details und Nebensächlichkeiten
(10) Prinzip der rechnungsmäßigen Messung der Tätigkeiten und Leistungen
(11) Prinzip des Anreizes zur Bestleistung durch Löhne und Prämien
(12) Prinzip der Übereinstimmung von Tätigkeit und Eignung
(13) Prinzip der Unterweisung und Information aller Beteiligten
(14) Prinzip der Elastizität der Organisation, der Unabhängigkeit von der einzelnen Person und des selbsttätigen Ersatzes
(15) Prinzip der selbsttätigen und außerbetrieblichen Kontrolle
(16) Prinzip der Vermeidung von Überorganisation

B **Grundsätze nach einer Zusammenstellung von B l e i c h e r**[36])

I. Grundsatz der Wirtschaftlichkeit
II. Grundsatz der Erhaltung
   Dieser Grundsatz weist drei spezifische Ausprägungen auf:
   (1) Grundsatz der Stabilität
   (2) Grundsatz der Flexibilität
   (3) Grundsatz der Kontinuität

---

[35]) Mellerowicz, K., Allgemeine Betriebswirtschaftslehre, 5 Bände, Band 1, 14. veränd. Aufl., Berlin - New York 1973, S. 814 ff. Vgl. dazu auch: Theisinger, K., Grundsätze der Betriebsorganisation, in: Die Führung des Betriebes, Festschrift für W. Kalveram, Berlin/Wien 1942, S. 142 ff.

[36]) Zitiert nach: Ruffner, A., Prinzipien der Organisation, in: Handwörterbuch der Organisation, Hrsg.: E. Grochla, Stuttgart 1969, Sp. 1330—1339, dort auch ausführliches Literaturverzeichnis.

III. Grundsatz der gegliederten Einheit (im Anschluß an Nicklischs Gesetz der Einung und Gliederung)

Von ihm läßt sich eine größere Anzahl spezieller Grundsätze ableiten, die die Technik der Bildung und Besetzung organisatorischer Einheiten betreffen:

(1) Grundsätze der Aufgabenbildung

    a) Grundsatz der Einheit des Aufgabengebietes (z. B. Grundsatz der Übereinstimmung von Aufgabe, Kompetenz und Verantwortung)

    b) Grundsatz der sachlichen Bildung des Aufgabengebietes

    c) Grundsatz der formalen Bildung des Aufgabengebietes

    d) Grundsatz der persönlichen Bildung des Aufgabengebietes

    e) Grundsätze der räumlichen Bildung des Aufgabengebietes (z. B. Grundsatz des kürzesten Weges)

    f) Grundsatz der zeitlichen Bildung des Aufgabengebietes (Grundsatz der kürzesten Durchlaufzeit)

(2) Grundsätze der Besetzung organisatorischer Einheiten (z. B. Grundsatz der Auslastung von Arbeitsträgern)

IV. Grundsatz der Transparenz

Er umfaßt zwei Gesichtspunkte:

(1) Grundsatz der Einfachheit

(2) Grundsatz der Klarheit

Die Grundsätze von Mellerowicz und die der Zusammenstellung von Bleicher haben, wie bereits betont, nur in einigen Fällen mehr als E r w ä g u n g s c h a r a k t e r. Obwohl weder bei Mellerowicz noch in der Zusammenstellung von Bleicher die Grenzen der Anwendung angegeben sind, werden allerdings nicht nur Gestaltungsmöglichkeiten gleichwertig aneinandergereiht, sondern in einigen Fällen bestimmte Lösungen dadurch herausgestellt, daß mögliche Alternativen überhaupt nicht erwähnt werden. So ist bei Mellerowicz unter (3) das Prinzip der Voraussicht, Planung und Arbeitsvorbereitung genannt; das mögliche Gegenteil, die Improvisation, ist überhaupt nicht erwähnt, obwohl Improvisation an der richtigen Stelle der vorausschauenden Planung überlegen sein kann. Es wird also bereits eine Rangordnung der Lösungsmöglichkeiten geschaffen. Den Organisator würde es aber gerade interessieren, wo die Planung aufhören und die Improvisation anfangen sollte. Mit der Rangordnung werden auch nur Empfehlungen ausgesprochen, der Organisator solle die im Grundsatz enthaltene Problemlösung vor allen anderen möglichen erwägen. Eine derartige konkrete Empfehlung ist eben nur möglich, wenn es sich entweder um elementare Zusammenhänge handelt, die tatsächlich einen sehr weiten, fast unbegrenzten Anwendungsbereich haben, was bedeuten kann, daß die Aussage trivial ist, oder wenn man den Geltungsbereich der Aussage sehr präzis absteckt, was schwierig ist.

Mehr als eine Empfehlung in bestimmten, i. d. R. nicht genau definierten Fällen (z. B. bei „Überwiegen" des allen Bedarfsstellen gemeinsamen Bedarfs, den Einkauf zu zentralisieren) vermögen selbst Grundsätze höheren Grades nicht zu geben (Grundsätze mit E m p f e h l u n g s c h a r a k t e r).

Nur wenige Grundsätze erfüllen die Bedingung von G e s t a l t u n g s r e g e l n, die unbegrenzt oder in genau angegebenen Grenzen gelten. Nur dann wären auf sie bezogene Entscheidungen im Sinne rationaler Entscheidungen nachvollziehbar.

So sei das alte „Prinzip der Übereinstimmung von Kompetenz und Verantwortung" repräsentativ für die letztgenannte Gruppe hier erwähnt. Selbst dieser Grundsatz, der bis heute unbegrenzt im obigen Sinne zu gelten schien: „Niemand soll für etwas verantwortlich sein, das er nicht beeinflussen konnte, und niemand soll etwas beeinflussen, das er nicht zu verantworten hat", erfährt neuerdings mit der Entscheidung in Gruppen, mit der Mitbestimmung im Betrieb, mit der Schaffung überlappender Zuständigkeiten (Matrixorganisation) eine starke Abwandlung. Nicht mehr für eine Entscheidung als Ganzes kann in vielen Fällen die Verantwortung bestimmten Personen oder Stellen zugeordnet werden, sondern nur für einzelne Entscheidungsparameter. Für die Entscheidung als Ganzes wird die klare Zuordnung immer schwieriger.

Wird z. B. für eine mit Investitionen verbundene Organisationsentscheidung eine Investitionsrechnung vorgelegt, so sind in diese Rechnung Schätzungen des künftigen Arbeitsanfalles, der Entwicklung der Lohn-, Material- und anderer Kosten eingegangen[37]. Für diese Schätzungen sind bestimmte Personen bzw. Stellen verantwortlich. Je mehr nun Modelle, in die diese Daten eingehen, die Entscheidung beeinflussen, desto mehr wird damit auch die Verantwortung dezentralisiert. Entscheiden auf der Grundlage von Modellen ist aber der einzige gegenwärtig gangbare Weg, den Grundsatz der Einheit von Vollmacht (Informationen zu geben, die beachtet werden müssen!) und Verantwortung (für diesen Teil der Entscheidung!) noch aufrechtzuerhalten. Daran ändert auch nichts, daß man immer noch so tut, als seien die „Endverarbeiter" der Informationen in den engeren Entscheidungsgremien die alleinigen Entscheider und die Alleinverantwortlichen. Das gilt im Prinzip für alle Entscheidungen, nicht etwa nur für Organisationsentscheidungen.

Eine klare Abgrenzung des A n w e n d u n g s b e r e i c h e s ist eigentlich nur dann möglich, wenn über begrenzte Aufgabenbereiche etwas ausgesagt wird.

Ein dank der intensiven Arbeit des Deutschen Instituts für Interne Revision (Frankfurt/Main) gut überschaubarer Bereich ist die I n n e n r e v i s i o n. Ein schon 1957 formulierter Grundsatz, der zunächst, auf den Erfahrungen nur we-

---

[37] Blohm, H. — Lüder, K., Investition, Schwachstellen im Investitionsbereich des Industriebetriebes und Wege zu ihrer Beseitigung, 3. Aufl., München 1974.

niger Betriebe aufbauend, aus der Aufgabenstellung deduziert wurde, konnte in zwei Erhebungen und zahlreichen Erfahrungsaustausch-Veranstaltungen gestützt werden:

- *Die Bereiche Revision und Organisation sollten auf einer ihnen übergeordneten Stufe in der Unternehmensstruktur zusammengeführt werden; je nach Größe des Unternehmens kann dies auf unterschiedlichen Ebenen erfolgen*[38].

Dieser hinsichtlich des Anwendungsbereiches begrenzte Grundsatz interessiert hier aus zwei Gründen besonders:

(1) Er ist ein Beispiel dafür, daß konkrete Aussagen bei entsprechender Begrenzung des Anwendungsbereiches und ausreichender Absicherung der Grundlagen in Grundsatzform immerhin möglich sind.

(2) Er zeigt einen wichtigen informationellen Zusammenhang des Metaregelkreissystems (vgl. Bild 5): die Sicherung von Rückmeldungen über organisatorische Tatbestände durch eine weitgehend unabhängige Institution.

Trotz ihres begrenzten Aussagewertes sind mit neuen Techniken und neuen Gestaltungsmöglichkeiten auch n e u e G r u n d s ä t z e entstanden.

So glaubte man zum Beispiel, aus den Erfahrungen, die in den USA vor ein bis zwei Jahrzehnten und bei uns mit einiger Verzögerung gewonnen wurden, die bereits einmal erwähnte Auffassung ableiten zu können, die Produktgruppen-, Divisions- oder S p a r t e n o r g a n i s a t i o n sei nur für Großbetriebe geeignet, sofern weitere Merkmale wie insbesondere ein differenziertes Produktionsprogramm und/oder Absatzprogramm gegeben seien. Diese Einsicht war praktisch wie ein anerkannter Grundsatz verbreitet.

Die Vorteile einer produktorientierten (Sparten-)Aufbauorganisation (produktorientierte Marketingkonzeption, Ausweis eines Produktgruppenergebnisses, verstärkte Dezentralisierung der Leitung) schienen den Klein- und Mittelbetrieben insbesondere deshalb verschlossen zu sein, weil den bei konsequenter Spartenorganisation in die nächste Ebene verlagerten Leitern der Funktionsbereiche Absatz, Einkauf, Produktion, Forschung und Entwicklung in kleineren Betrieben ein zu kleines Feld jeweils innerhalb nur einer Produktgruppe verbleibt, so daß die geeignete Besetzung derartiger Positionen auf Schwierigkeiten stößt. Eine Ablösung des neuen Grundsatzes ergibt sich dann, wenn man von einigen sich zäh haltenden, den neuen Grundsatz bestimmenden älteren Grundsätzen Abschied nimmt. Man kommt nämlich in Mittelbetrieben einen erheblichen Schritt in Richtung Spartenorganisation weiter, wenn man die alte Vorstellung verläßt, die Organisation sei vorrangig nach sachlichen Erfordernissen auszurichten und dürfe sich nicht an der („zufälligen") Zusammensetzung des Mitarbeiterstammes orientieren. Fragt man gerade im Gegenteil dazu nach den produkt- und funktionsbezogenen speziellen Fähigkeiten der qualifizierten Mit-

---

[38] Deutsches Institut für Interne Revision (Hrsg.), Bericht über eine Fragebogenerhebung, Berlin 1974, S. 18.

arbeiter und sieht man — unter Aufgabe des etwa noch geltenden Fayolschen Grundsatzes der Einheitlichkeit der Leitung („Einliniensystem") — eine Mehrfachverantwortung vor, so kann man auch für Klein- und Mittelbetriebe mit differenziertem Fertigungs- und Absatzprogramm zu einer leistungsfähigen Sparten- oder auch Matrixorganisation gelangen.

Die weiter gehende Matrixorganisation, bei der bewußt eine Überschneidung von Produktgruppen- und Funktionszuständigkeit herbeigeführt wird, ist unter Umständen noch leichter zu realisieren als die reine Spartengliederung. Zu ergänzen ist hier, daß die Matrixorganisation geeignet ist — schon von der Idee her —, mit einem liebgewordenen Grundsatz zu brechen, dem der strengen Unterscheidung in Linien- und Stabsstellen, wobei den Stabsstellen nur Beratungs- und Überwachungsaufgaben, keinesfalls aber Anordnungsbefugnisse übertragen werden sollen. Funktionszuständigkeit und Produktzuständigkeit wirken zu treffsicheren Entscheidungen zusammen. Wichtig ist dabei dann allerdings die klare Unterscheidung in Routine- und Nichtroutinevorgänge, da über Routinefälle ohne die Matrix-Kompetenzüberlappung im Interesse schneller Abwicklung zu entscheiden ist.

Wie schwer es ist, auf dem Gebiet der Organisation überhaupt — also nicht nur im Gewand von alten und neuen „Grundsätzen" — zu substantiierten Aussagen mit eindeutig abgegrenztem Anwendungsbereich zu gelangen, mag man auch der Diskussion über die organisatorischen Wirkungen des Einsatzes von Computern entnehmen. Zentralisationswirkungen werden mit gleicher Überzeugung vorgetragen wie Dezentralisationswirkungen, je nachdem, welche Anlagenkonfiguration und welche Einsatzbedingungen unterstellt werden. Klar ist eigentlich heute nur, daß derartige Aussagen über allgemein geltende organisatorische Zusammenhänge schon vom Typ her verfehlt sind.

2. Schwachstellenkataloge

Eine andere, den Grundsätzen verwandte Entscheidungshilfe ist das systematische „Abklopfen" der Organisation auf Schwachstellen[39]) oder die Gestaltung der Organisation unter speziellen Vorkehrungen zur Vermeidung von Schwachstellen. Man bedient sich dabei der in der Literatur angebotenen oder auch betriebsindividueller Schwachstellenkataloge.

Schwachstellen der Organisation sind realtypische, komplexe Mängel der Organisation, zu denen auch die Nichtbeachtung bewährter Grundsätze gehört. Schwachstellenkataloge haben gegenüber den Grundsätzen einen erhöhten Aussagewert, da sie hinsichtlich der Erscheinungsformen, der Ursachen und der Möglichkeiten der Beseitigung in der Regel das Ergebnis empirischer Forschung sind, während die in der Literatur angebotenen Grundsätze vorwiegend deduktiv entwickelt und wenig abgetestet wurden.

---

[39]) Eine ausführliche Darstellung der Methodik im Grundsätzlichen in: Blohm, H., Die Gestaltung..., a. a. O., S. 52 ff.

Die Schwachstellenanalyse als Grundlage korrigierender Eingriffe in die Organisation zur Annäherung an Optima erfüllt im Prinzip ebensowenig wie die Anwendung von Grundsätzen die Bedingungen modernen Organisierens. Solange aber in zahlreichen Betrieben, wie die Erfahrung gezeigt hat, noch recht grobe Verstöße selbst gegen die wenigen allgemein geltenden und anerkannten Prinzipien wirtschaftlichen und rationalen Handelns den Regelfall darstellen, ist die Gestaltung auf der Basis von Schwachstellenanalysen zumindest als Vorstufe der Anwendung exakter Methoden ein geeigneter Weg. Es gilt hier das alte Sprichwort: „Auf einen groben Klotz gehört ein grober Keil."

So ist z. B. im Informationswesen die Schwachstelle „Inoffizielle Berichterstattung wird offizieller vorgezogen" fast in jedem Betrieb anzutreffen und durch den Siegeszug des Computers eher begünstigt als beseitigt worden. Zur Veranschaulichung der Arbeitsweise mittels Schwachstellenkatalogen seien drei Schwachstellen aus dem Bereich der Organisation des betrieblichen Berichtswesens näher ausgeführt:

- *Inoffizielle Berichterstattung wird offizieller vorgezogen.*

„Schmierbücher" und durch informelle Kanäle geleitete Informationen treten an die Stelle der offiziellen. Für die offizielle Berichterstattung fehlt es demzufolge an Rückmeldungen zur organischen Weiterentwicklung des Berichtswesens. Fehler und Mängel der inoffiziellen Berichterstattung bleiben unentdeckt. Ursache dieser Schwachstelle sind Mißtrauen und mangelnde Fähigkeit, mit den offiziellen Berichten umzugehen.

Die Feststellung ist schwierig, da derartige Dinge nicht freiwillig offenbart werden. *Durch Verbesserung der offiziellen Berichterstattung und Schulung im Umgang damit kann aber der inoffiziellen Berichterstattung der Boden entzogen werden.*

- *Methode der Er- und Bearbeitung bestimmt den Inhalt und nicht umgekehrt.*

Durch die schnelle Entwicklung der Büromaschinentechnik rückten bei der Maschinisierung und Automatisierung der Arbeitsabläufe zahlreiche alte und neue Fehler in das Blickfeld wie: Erarbeitung von nicht auswertbaren Daten; Einsatz von Maschinen, auch wenn manuelle Arbeit günstiger wäre; Erweiterung der Berichterstattung, primär um ungenutzte Kapazitäten auszulasten.

Am besten können interessenneutrale, betriebsfremde Experten im Zusammenwirken mit betriebseigenen Arbeitsgruppen derartige Mängel aufdecken und abstellen. Stets ist zu beachten, daß eine automatische Datenverarbeitung ohne adäquate Organisation nicht effizient sein kann. *Ziel muß es sein, alle Informationen vom Auswertungszweck her zu bestimmen und auch die Bearbeitungsmethoden daran zu orientieren. Das Wozu bestimmt das Was, Wann, Wer und Wie* (vgl. Bild 29).

Bild 29: Orientierung der Berichterstattung am Informationszweck

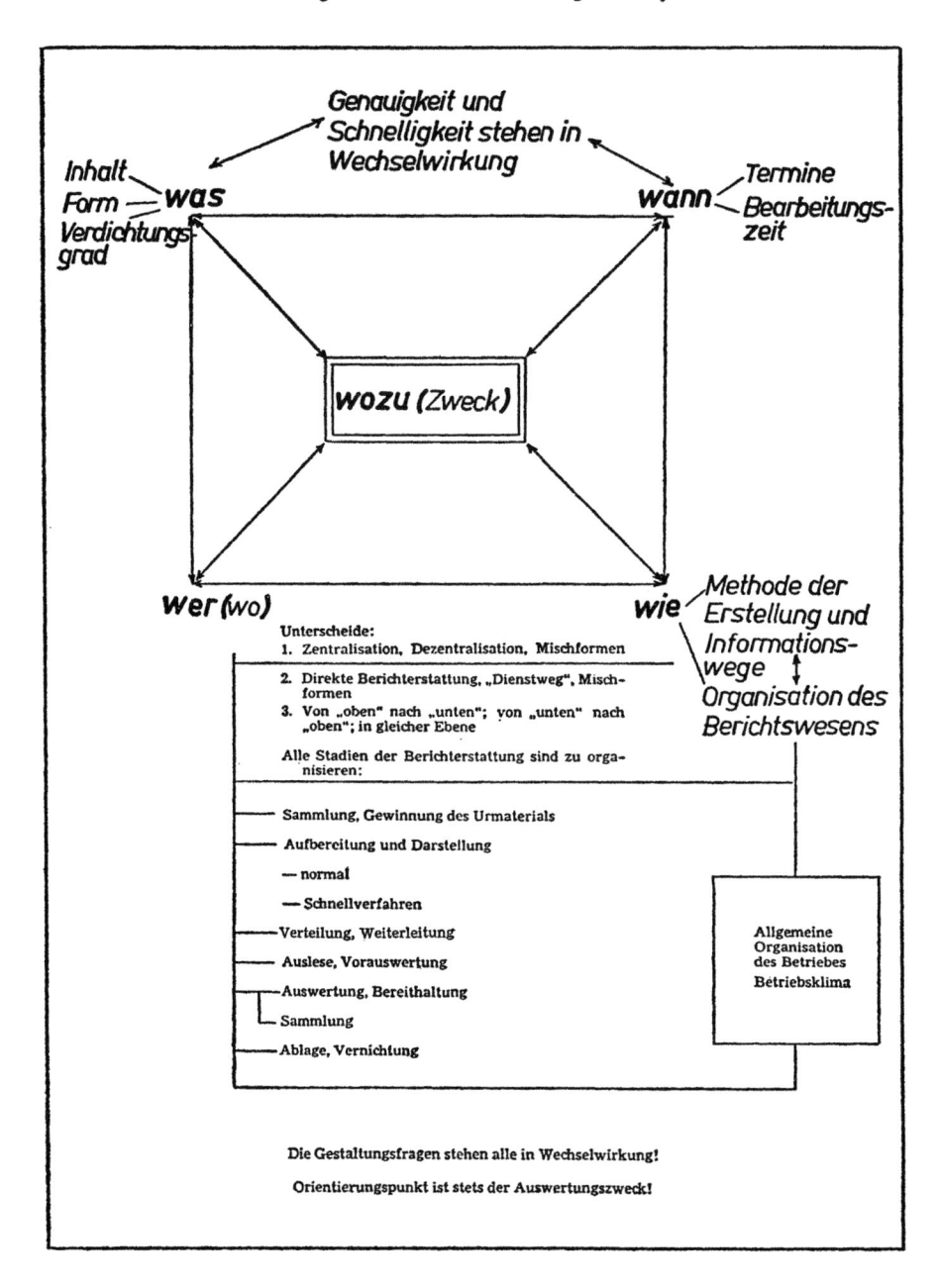

```
                    Genauigkeit und
                    Schnelligkeit stehen in
                    Wechselwirkung
   Inhalt                                              Termine
   Form    —was                          wann         Bearbeitungs-
   Verdichtungs-                                      zeit
   grad

                        ┌──────────────┐
                        │ wozu (Zweck) │
                        └──────────────┘

        wer (wo)                          wie    Methode der
                                                 Erstellung und
                                                 Informations-
                                                 wege
                                                 Organisation des
                                                 Berichtswesens
```

Unterscheide:
1. Zentralisation, Dezentralisation, Mischformen
2. Direkte Berichterstattung, „Dienstweg", Mischformen
3. Von „oben" nach „unten"; von „unten" nach „oben"; in gleicher Ebene

Alle Stadien der Berichterstattung sind zu organisieren:

— Sammlung, Gewinnung des Urmaterials
— Aufbereitung und Darstellung
  — normal
  — Schnellverfahren
— Verteilung, Weiterleitung
— Auslese, Vorauswertung
— Auswertung, Bereithaltung
  — Sammlung
— Ablage, Vernichtung

Allgemeine
Organisation
des Betriebes
Betriebsklima

Die Gestaltungsfragen stehen alle in Wechselwirkung!

Orientierungspunkt ist stets der Auswertungszweck!

- *Er- und Bearbeitung von Informationen an falscher Stelle.*

Für jedes Stadium der Bearbeitung von Informationen (Sammlung bzw. Bearbeitung des Ausgangsmaterials, Verarbeitung, Verteilung, Auswertung, Ablage, Vernichtung) gibt es eine Stelle im Betrieb, die für diesen Vorgang am besten geeignet ist.

Weicht die Organisation davon ab, können die Qualität der Berichterstattung und die Wirtschaftlichkeit leiden. Abteilungsegoismus und das Fehlen geeigneter Vorschriften, deren Einhaltung auch überwacht wird, sind die wichtigsten Ursachen der Schwachstelle.

Diese Mängel können durch eine spezielle Organisationsprüfung oder durch Untersuchung und kritische Beurteilung im Verlauf normaler Prüfungen festgestellt und durch Erarbeitung eines geeigneten Sollzustandes auch abgestellt werden. Der Sollzustand muß dann wirklich durchgesetzt und laufend den wechselnden Bedingungen angepaßt werden.

Der Abschnitt über Schwachstellen sei mit einer Übersicht über empirisch ermittelte Schwachstellen in verschiedenen betrieblichen Bereichen abgeschlossen; im übrigen wird auf die Literatur verwiesen[40]).

Allgemeine und spezielle Schwachstellen der Organisation

I. *Allgemeine Schwachstellen der Organisation*[41])
  (1) Unklare Funktions- und Abteilungsgliederung
  (2) Reibungsverluste durch Kompetenzstreit
  (3) Vollmacht, Verantwortung und Sachkenntnisse stimmen bei den Organisationsträgern nicht überein
  (4) Keine Gesamtkonzeption der Organisation
  (5) Keine ausreichende Delegation von Aufgaben, Vollmachten und Verantwortung
  (6) Zentralisation und Dezentralisation nicht ausgewogen
  (7) Mangelnde Rückmeldung im Primär- und Metabereich
  (8) Mangelnde Flexibilität im Sinne der Möglichkeit, wechselnde Aufgaben bei unveränderter Organisation durchzuführen
  (9) Mangelnde Flexibilität im Sinne der Möglichkeit, bestehende Aufbau- und Ablauffestlegungen zu ändern
  (10) Mangelnde Flexibilität im Sinne innerer Dynamik (neue Ideen)
  (11) Mangelndes Kosten- und/oder Leistungsbewußtsein
  (12) Ungünstiges Organisationsklima (vorherrschende Einstellung zur Organisation und zu organisatorischen Änderungen)
  (13) Unzweckmäßige Institutionalisierung der Organisationsaufgabe

---

[40]) Insbesondere folgende Quellen enthalten Schwachstellenkataloge: Blohm, H. — Heinrich L. J., Schwachstellen der betrieblichen Berichterstattung, Baden-Baden und Bad Homburg v. d. H. 1965; Blohm, H., Die Gestaltung des betrieblichen Berichtswesens als Problem der Leitungsorganisation, 2. Aufl., Herne/Berlin 1974; Blohm, H. — Lüder, K., Investition, Schwachstellen im Investitionsbereich des Industriebetriebes und Wege zu ihrer Beseitigung, 3. Aufl., München 1974; Ausschuß für wirtschaftliche Fertigung e. V. (AWF) (Hrsg), Schwachstellenforschung und Rationalisierungsmaßnahmen im Betrieb, Schriftenreihe „Arbeitsvorbereitung", Heft 2, Frankfurt a. M./Berlin o. J.; Rühl, G., Untersuchungen zur Arbeitsstrukturierung, in: Industrial Engineering (REFA), 3 (1973) 3, S. 147—197; ders., Modische Falschbehauptungen, in: Der Arbeitgeber, 25 (1973) 19, S. 881—885.

[41]) Blohm, H., Die Gestaltung . . ., a. a. O.

II. *Schwachstellen im Bereich der Organisation des Berichtswesens*[42])

(1)	Zu viele Berichte	(Welche sind überflüssig?)
(2)	Zu lange Berichte	(Was kann entfallen oder gekürzt werden?)
(3)	Zu große Verteiler	(Wer hat nichts damit zu tun und bekommt es trotzdem?)
(4)	Sachlich unbegründeter Wechsel im Verteiler	(Wann wurde warum gewechselt?)
(5)	Überhäufung der Leitung	(Was wird wirklich gelesen und ausgewertet? Welche Details sind überflüssig?)
(6)	Fehlende Gesamtkonzeption	(Gesamtaufstellung vorhanden und für Koordinierungszwecke ausgewertet?)
(7)	Privatberichterstattung statt der oder zusätzlich zur offiziellen	(Welche eigenen Aufzeichnungen sind vorhanden, warum?)
(8)	Sachlich unbegründete Unterschiede der verschiedenen Berichte	(Welche Abweichungen in Inhalt, Form usw. stören die Kompatibilität?)
(9)	Keine Auswertung	(Was erfolgt aufgrund dieser Informationen?)
(10)	Methode bestimmt Inhalt	(Alle Gestaltungskriterien am Zweck orientiert?)
(11)	Er- und Bearbeitung der Informationen an falscher Stelle	(Könnte mit einer anderen Zuordnung das Kosten-Nutzen-Verhältnis verbessert werden?)

Ein weiterer Schwachstellenkatalog folgt im Zusammenhang mit der Organisationsprüfung (Mängel der Prüfungstätigkeit) in Kapitel F, III, 2.

3. Zusammenfassende Bewertung der Grundsätze und Schwachstellenkataloge als Entscheidungshilfen

Es besteht in Wissenschaft und Praxis weitgehende Übereinstimmung, daß die herkömmlichen Methoden, mittels überkommener oder auch neugewonnener Grundsätze die Organisation zu gestalten oder auf der Grundlage von Schwachstellenkatalogen korrigierend oder vorbeugend zu wirken, nicht ausreichen.

Den herkömmlichen O r g a n i s a t i o n s g r u n d s ä t z e n kommt i. d. R. nicht mehr als E r w ä g u n g s c h a r a k t e r zu. Das bedeutet, sie geben Gestaltungsmöglichkeiten an, ohne zu verdeutlichen, wo die Grenzen und was die Bedingungen der Anwendung sind, und auch ohne zwischen Ziel, Mittel, Zielwahl, Mittelwahl klar zu unterscheiden.

Da die Ansätze einer modernen wissenschaftlichen Organisationslehre nur wenige praktikable, in der Regel kaum erprobte Lösungen vermitteln und diese Ansätze meistens recht einseitig von verschiedenen Ausgangspunkten („Ansät-

---

[42] Blohm, H. — Heinrich, L. J., Schwachstellen . . ., a. a. O.; Blohm, H., Die Gestaltung . . ., a. a. O.

zen") an die Probleme herangehen (wie vom menschlichen Verhalten, von den informationellen Zusammenhängen, von mathematischen Modellen) und da die Integration der verschiedenen Ansätze zu einem umfassenden Anwendungskonzept noch nicht vollendet ist, bleibt aber oft kein anderer Weg, als mit „bewährten" Grundsätzen und mit Schwachstellenkatalogen zu arbeiten.

Der Wert von Schwachstellenkatalogen ist ebenfalls begrenzt. Sie mögen je nach Problemstellung eine Hilfe zur Diagnose von Mängeln, zur Verbesserung bestehender organisatorischer Regelungen und zur Verhütung von Mängeln sein, sie reichen aber als Grundlage der Gestaltungsarbeit keinesfalls aus.

Es ist ein deutliches Zeichen für den gegenwärtigen unbefriedigenden Stand der Organisationslehre, daß man in der Praxis mit ihrer Hilfe in vielen Situationen noch am weitesten kommt; nicht aber spricht das unbedingt für die Schwachstellenmethode als Verfahren.

Für den hier empfohlenen Weg der schrittweisen Annäherung an organisatorische Festlegungen, die zu den in einem Anforderungskatalog verzeichneten Soll-Eigenschaften des zu organisierenden Systems führen, können Grundsätze und auch Schwachstellenkataloge durchaus als Hilfsmittel herangezogen werden. Die Ergebnisse können aber i. d. R. nicht mehr als eine erste grobe Annäherung bei Teilproblemen sein, allenfalls eine Stützung oder auch Infragestellung von Ergebnissen, die auf anderen Wegen erreicht wurden.

Das moderne Instrumentarium: Realmodelle, Idealmodelle, quantitative Methoden ist gegenwärtig etwa auf dem gleichen Niveau der Praktikabilität wie Grundsätze und Schwachstellenkataloge. Entscheidend ist aber die in dem modernen Instrumentarium liegende weit größere Entwicklungsmöglichkeit. Für die Organisation einzelner Teilbereiche ist das moderne Instrumentarium bereits heute klar überlegen, wenn es im Sinne eines situativen Ansatzes genutzt wird.

II. Orientierung an Modellen

1. Real- und Idealmodelle

Die in der neueren betriebswirtschaftlichen Literatur verwendeten Erläuterungen des allgemeinen Begriffes „Modell" sollen hier wie folgt für die speziellen Begriffe „Real- und Idealmodell" verwendet werden[43].

---

[43] Vgl. hierzu: Köhler, R., Modelle, in: Grochla, E. (Hrsg.): Handwörterbuch der Betriebswirtschaft (HWB), Stuttgart 1975, insbesondere Sp. 2712, dort auch ausführliches Literaturverzeichnis.

Realmodelle sind abgegrenzte, vereinfachte und formalisierte Abbilder von Systemen, die bereits realisiert sind, realisiert werden sollen oder deren Verwirklichung in einem bestimmten Realsystem erwogen wird.

Sie dienen folgenden Z w e c k e n :

(1) Zur möglichst übersichtsmaximalen D a r s t e l l u n g von Realsystemen.

Beispiel:
Die für eine bestimmte Problemsituation als „typisch" oder „repräsentativ" erkannte Organisationslösung wird als Vorbild für Lösungswege in anderen Betrieben mit geeigneten Methoden dargestellt.

(2) Zur E r k l ä r u n g von Realsystemen.

Beispiel:
Mit einem mathematischen Modell oder mit einer graphischen Darstellung wird gezeigt, welche Zusammenhänge in bezug auf die Zahl und die Art (vertikal, horizontal) der Informationswege zwischen Breite und Tiefe der Organisation bestehen (vgl. hierzu Bild 12).

(3) Zur unmittelbaren U n t e r s t ü t z u n g von Entscheidungen.

Beispiel:
Mit einem mathematischen Modell wird die optimale Verrichtungsfolge für Elemente eines Arbeitsablaufes bestimmt.

Entscheidungsmodelle zeichnen sich durch eine Verknüpfung von Erklärungs- oder Prognoseaussagen (z. B. hinsichtlich des zu erwartenden Verhaltens der Organisationsträger) mit den Zielvorstellungen der die Entscheidung vollziehenden Stellen bzw. Personen aus.

(4) Realmodelle können aber auch S o l l k o n z e p t i o n e n realer Systeme sein, wie sich aus der Definition ergibt.

In den Fällen 3 und 4 bezieht sich der Begriff „Realmodelle" auf Systeme, die (in dieser Form) (noch) gar nicht existieren. Die Konzeption eines Sollzustandes dient als Grundlage für eine kritische Auseinandersetzung oder als Anweisung für die Realisierung von Entscheidungen. Wichtig für die Einstufung als Realmodell ist es, daß konkrete Realsysteme in ihrem „Ist" oder „Soll" abgebildet werden.

Sollkonzeptionen können auch einen — wie immer vermittelten — allgemein gehaltenen Orientierungsrahmen, also nicht für ein bestimmtes Realsystem, abgeben, aus dem spezielle Sollzustände erst zu entwickeln sind. Diese „idealen" Formen werden vielleicht niemals in vollem Umfang in die Wirklichkeit umgesetzt. Solche Modelle mit allgemein gehaltenen Aussagen werden hier als I d e a l m o d e l l e bezeichnet.

Das Regelkreismodell ist ein solches Idealmodell. Wer daraus ein konkretes Soll mit den Details unmittelbar ableiten will, sieht die Möglichkeiten des Idealmodells falsch. Es kann nur Anregungen geben und gewisse Mindesterfordernisse zeigen, wie sie z. B. in den Erläuterungen zu Bild 5 ausgewiesen werden. Darauf wird später nochmals zurückzukommen sein.

Die genannten Modelltypen (Realmodelle, Idealmodelle) dienen mittelbar und z. T. unmittelbar (insbesondere die Entscheidungsmodelle) der Entscheidung über Organisationsfragen (Aufbau- und/oder Ablauforganisation). Bei diesen Organisationsentscheidungen geht es stets darum, vor Einführung eines Sollzustandes dessen Wirkungen zu beurteilen, ihn mit anderen zu vergleichen, um die so oft sehr viel teureren Erfahrungen am Realsystem vorwegzunehmen. Gänzlich kann und soll man auf solche Erfahrungen am Realsystem nicht verzichten, denn die Wirklichkeit kann in ihrer Mannigfaltigkeit eben nicht zusammenhanggetreu im Modell dargestellt werden. Zwar sollen die Begrenzungen und Vereinfachungen des Modells so vorgenommen werden, daß es die ihm gestellten Fragen so, wie das Realsystem selbst es tun würde, beantwortet; doch kann man eigentlich erst hinterher — wenn das Modell bereits aufgestellt ist und mit ihm gearbeitet wurde — sagen, ob bzw. wie weit diese Maximalforderung erfüllt wurde und wie weit die mangelhafte Erfüllung dem Aussagewert des Modells abträglich ist.

Das praktische Vorgehen des Organisierens, das mit diesem Buch begründet und empfohlen wird, schließt „**Modellanalyse**" gemäß Bild 5 (hier B, 11, 15, E, 21, 25) in einem weiten Sinne ein, der mehr als die Anwendung der oben genannten und in Einzelheiten noch auszuführenden Modelltypen umfaßt. **Jede methodische Analyse** gegebener Organisationsalternativen wird darunter verstanden, insbesondere auch:

(1) Die methodisch angelegte **Diskussion**, die z. B. mögliche Vor- und Nachteile der Alternativen deutlich zu machen und deren Gewicht zu bestimmen hat.

(2) Die **Fehlersimulation**[44]), die zeigen soll, welche Fehler bei Einführung einzelner Alternativen gemacht werden könnten (z. B. in Ermangelung von Kontrollen) und welche Mängel sich zeigen könnten (Schwachstellen!).

Um diese Analyse durchführen zu können, muß stets der Istzustand aufgenommen werden, bevor ein Soll konzipiert wird, da das Ist die Probleme und Fehlerquellen des Realsystems zeigt, die, soweit sie nicht die Organisation selbst bewirkte, als Problem auch für jede Neukonzeption gelten.

(3) Die „**Änderungsdienst-Simulation**", die die Frage beantworten soll, welche Änderungen zu erwarten sind (Istzustand!) und wie sich die gegebene Organisation diesen Änderungen anzupassen vermag. Unterlas-

---
[44]) Simulation ist als Methode des Operations Research von Müller-Merbach definiert als „zielgerichtetes Experimentieren an Modellen, die der Wirklichkeit nachgebildet sind". Müller-Merbach, H., Operations Research, 3. Aufl., München 1973, S. 451.

sene Änderungsdienst-Simulation hat schon manche böse Überraschung bei der Umstellung von Arbeitsabläufen auf die automatische Datenverarbeitung gebracht.

Nunmehr soll auf einzelne typische Entscheidungsvorgänge unter Anwendung der skizzierten Modellhilfen näher eingegangen werden.

2. Entscheidungsmodelle zur Optimumbestimmung

Mit Entscheidungsmodellen können aus gegebenen Alternativen unmittelbar die unter gewissen Prämissen geeigneten Alternativen quantitativ bestimmt werden. Im höchsten Grad geeignet wäre(n) die optimale(n) Alternative(n). *Optimal ist jene Alternative, die eine Zielfunktion maximiert oder minimiert.*

> *Beispiel:*
>
> Für die Reihenfolge der Bearbeitung von Mängelrügen („Reihenfolgeproblem") soll die Abfertigungsregel (Alternative) gewählt werden, bei der die durchschnittliche Wartezeit („Warteschlangenproblem") je Vorgang am geringsten ist (Zielfunktion) und bei der eine maximale Wartezeit keinesfalls überschritten wird (Nebenbedingung).

Die möglicherweise auf der Grundlage eines Entscheidungsmodells, das mittels Simulation gelöst sein mag, gefundene Regel — vielleicht eine modifizierte KOZ-Regel (kürzeste **O**perationszeit **z**uerst) — gilt dann als die optimale Lösung im Sinne der Zielfunktion. Im strengen Sinne sollte man nur dann von einer optimalen Lösung sprechen, wenn von allen Möglichkeiten (vollständige Alternativen) die gefundene Regel die nachweisbar beste ist.

Ein echtes Optimum zu realisieren ist nicht nur wegen der gezeigten Schwierigkeiten der Isolierung und Messung organisatorischer Tatbestände — von Sonderfällen abgesehen — ein unerfüllbarer Wunsch des Organisators. Das Optimum ist auch theoretisch selbst dann kaum bestimmbar, wenn man von den praktischen Vollzugsschwierigkeiten weitgehend abstrahiert. Man sollte deshalb mehrere S t u f e n d e r Z i e l e r r e i c h u n g bewußt unterscheiden, die hier in Anlehnung an die kaum mehr überschaubare Literatur auf dem Gebiet der Entscheidungstheorie wie folgt für Organisationsentscheidungen definiert werden:

(1) Z u l ä s s i g e L ö s u n g e n sind solche, die keine Nebenbedingungen verletzen.

> *Beispiel:*
>
> Für ein Ablaufproblem ist die Bedingung gesetzt, kein Bearbeitungsvorgang solle länger als drei Tage dauern. Damit sind nur jene Lösungen zulässig, die unter realistischen Annahmen diese Bedingung nicht verletzen.

Die folgenden Stufen setzen stets Stufe 1 (Zulässigkeit) voraus.

(2) **Befriedigende Lösungen** erfüllen ein bestimmtes Anspruchsniveau, ohne aber die Forderung zu erfüllen, nachvollziehbar die *besten* Lösungen unter anderen möglichen und zulässigen darzustellen.

(3) **Suboptimale Lösungen** sind mit Einschränkungen als Bestlösungen zu bezeichnen. Solche Einschränkungen ergeben sich gerade im Bereich des Organisierens häufig aus folgenden Gründen:

a) Isolierte Betrachtung von Teilproblemen führt zu keiner Optimallösung des Gesamtproblems. (Wegen der Totalinterdependenz gibt es im strengen Sinne nur Teilproblem-Behandlungen.)

b) Viele Probleme haben mehrere Optima, ohne daß feststellbar ist, welches das Globaloptimum ist.

c) Es gibt keine mit vertretbarem Rechenaufwand einsetzbaren Verfahren, außer Näherungs- oder heuristischen Verfahren[45].

(4) **Optimale Lösungen** sind Bestlösungen. Die Optimierungsziele (z. B. maximaler Gewinn, minimale Kosten, minimale Durchlaufzeit) müssen dabei angegeben werden.

Für den Bereich des Organisierens kann die obige Stufenfolge noch um eine Stufe erweitert werden, die hier als „Stufe O" außerhalb der Reihe dargestellt werden soll, weil sie einerseits strengen wissenschaftlichen Anforderungen nicht genügt, andererseits aber das Optimum darstellt, an dem man sich heute praktisch zu orientieren pflegt, vielleicht ohne sich dessen bewußt zu sein. Es muß deshalb der praktischen Bedeutung entsprechend herausgestellt werden. Es basiert auf der Tatsache, daß der wissenschaftliche Weg zur tatsächlichen Anwendung rationaler Entscheidungspraktiken über die schrittweise Verbesserung bestehender, bewährter Verfahren führt. Nicht mit einem Riesensprung über die Schwierigkeiten (insbesondere der Datenbeschaffung für die Entscheidungsmodelle) hinweg ist eine Änderung der heutigen Entscheidungspraktiken zu erhoffen. So bedeutet

- *Stufe O: Ein Zustand gilt so lange als **praktisches Optimum**, wie unter Beachtung von Nebenbedingungen bei sorgfältigem Abwägen der zu einem bestimmten Zeitpunkt realisierbaren Alternativen sich keine Alternative abzeichnet, die eine Verbesserung der Eigenschaften des Systems im Hinblick auf einen Anforderungskatalog mit als ausreichend erachteter Wahrscheinlichkeit erwarten läßt.*

Ein Unterschied der Praxis bis zur Realisierung dieser Stufe liegt darin, daß

a) der Anforderungskatalog i. d. R. noch nicht bewußt aufgestellt und operationalisiert wird, sondern vielmehr in diffusen Wunschvorstellungen besteht,

b) das „Abwägen" nicht laufend und methodisch erfolgt.

Die Realisierung der Stufe O wäre also schon ein beachtlicher Fortschritt!

---
[45] Müller-Merbach, H., a. a. O., S. 23/24.

Wenden wir uns nun weiteren Einzelheiten der Entscheidungsmodelle, die im Hinblick auf ihren Einsatz für Organisationsentscheidungen bedeutsam sind, zu.

Mit der in den letzten Jahren zu verzeichnenden, sich fast überschlagenden Entwicklung zu immer neuen und ausgereiften Modellen des **Operations Research** (OR) (mathematisch fundierte Optimierungslehre) wurden mit einiger Verzögerung auch neue Möglichkeiten der Fundierung von Organisationsentscheidungen mittels Entscheidungsmodellen eröffnet. Wegen ihres komplexen Charakters, der mangelnden Isolierbarkeit organisatorischer Tatbestände und der mangelnden Quantifizierbarkeit der Modellgrößen (Datenbeschaffungsproblem) blieben die Erfolge der OR-Anwendung aber hinter denen anderer Bereiche, die auch manche Erwartungen enttäuschten, noch zurück. Enttäuschungen sind m. E. die unausbleibliche Folge von Erwartungen, die sich aus der Euphorie einer zuwenig realitätsbezogenen, in Abstraktionen schwelgenden Denkweise leicht dann ergeben, wenn „moderne" Methoden angeboten werden, die ihre Probleme und Schwierigkeiten mangels praktischer Erprobung noch nicht gezeigt haben, so daß diese von praktisch wenig erfahrenen Theoretikern unterschätzt werden. Sie glauben dann oft, die Praktiker seien nicht in der Lage, ihrem Gedankenflug zu folgen.

Sicherlich werden in nächster Zeit noch manche Schwierigkeiten der praktischen Durchführung — insbesondere die der Datenbeschaffung — gemildert oder zumindest teilweise beseitigt werden. Schon heute aber sind die Entscheidungsmodelle des Operations Research geeignete Mittel zur Erreichung begrenzter Ziele, wie:

(1) Versachlichung aller mit den Entscheidungen verbundenen Verhandlungen,

(2) Verbesserung des Nachvollzuges und der Verantwortungszuordnung,

(3) Erleichterung des Durchsetzens getroffener Entscheidungen auf dem Wege der Überzeugung mit rationalen Argumenten. Das gilt vom Organisator (Organisations-Fachgremium) her gesehen nach „oben" und nach „unten" in der Hierarchie des Betriebes.

Eine auch nur annähernd vollständige Darstellung des sich schnell erweiternden OR-Instrumentariums ist hier weder beabsichtigt noch möglich, dazu muß auf die Spezialliteratur verwiesen werden[46]). Doch sei mit Bild 30 eine Übersicht über die Anwendungsmöglichkeiten, die sich heute zumindest schon abzeichnen, vermittelt. Einige Beispiele sollen dann die grundlegenden Aussagen verdeutlichen, nachdem diese Aussagen durch einige allgemeine Erläuterungen ergänzt wurden.

---

46 a) Zu dem Ablauf komplexer Entscheidungen: Kirsch, W., Entscheidungsprozesse, 3 Bde., Wiesbaden 1970/71; Witte, E., Die Organisation komplexer Entscheidungsverläufe, ein Forschungsbericht, in: ZfbF, 20 (1968) 9, S. 581 ff.; ders., Phasen-Theorem und Organisation komplexer Entscheidungsverläufe, in: ZfbF 20 (1968), S. 625 ff.
b) Die mathematischen Grundlagen des OR vermitteln u. a.: Unsin, E., Wirtschaftsmathematik, Grafenau/Wttbg. und Stuttgart 1975; Kemeny, J. G. — Schleifer, A. — Snell, J. L. — Thompson, G. L., Mathematik für die Wirtschaftspraxis, 2., verb. Aufl., Berlin 1972.

(Fortsetzung auf S. 156.)

Bild 30: Operations Research (Übersicht)

Verfahren und Theorien	Charakteristische Merkmale	Beispiele für mögliche Anwendungsgebiete im Bereich der Organisation
I. Mathematische Programmierung	Maximierung oder Minimierung einer Zielfunktion, wobei gewisse Nebenbedingungen eingehalten werden müssen. Die Nebenbedingungen werden i. d. R. in Form von Ungleichungen angegeben. Ein allgemeines Lösungsverfahren gibt es noch nicht.	Planung von Transportsystemen Standortplanung Kapazitätsplanung Losgrößenbestimmung Zuordnung von Menschen, Sachen, Aufgaben, Informationen Substitution Mensch — Maschine, Maschine — Maschine
(1) Lineare Programmierung	Ziele und Nebenbedingungen sind als lineare Funktionen dargestellt; sämtliche Größen besitzen feste Werte, d. h., sie sind nicht-stochastischer, zufallsbedingter Art.	
(2) Nichtlineare Programmierung	Die funktionalen Abhängigkeiten der einzelnen Größen sind nicht linear.	
(3) Stochastische Programmierung	Einige oder alle Größen unterliegen Wahrscheinlichkeitsverteilungen.	
(4) Dynamische Programmierung	Rechentechnik zur Lösung insbesondere komplexer nichtlinearer Programme. Die Optimierung erfolgt nicht für alle Variablen gleichzeitig, sondern in mehreren aufeinanderfolgenden Schritten.	
(5) Ganzzahlige Programmierung	Beschränkung auf ganzzahlige Lösungswerte, z. B.: Investitionsantrag angenommen ($x_i = 1$) oder Investitionsantrag abgelehnt ($x_i = 0$).	
II. Theorie der Spiele	Verfahren zur Ermittlung optimaler Verhaltensweisen (Strategien) in bestimmten Konfliktsituationen. Ein Spiel (eine Konfliktsituation) umfaßt mindestens zwei Personen bzw. Personengruppen, die unterschiedliche oder sogar gegensätzliche Zielsetzungen verfolgen. Das Ergebnis eines Spieles hängt sowohl von der eigenen Verhaltensweise als auch von derjenigen der Gegenspieler ab.	Möglicherweise für Konfliktforschung geeignet
III. Netzplantechnik	Methode zur Planung komplizierter Projekte, bei welchen zahlreiche Einzelprozesse zu koordinieren sind. Zwei Phasen der Netzplananalyse sind zu unterscheiden: 1. Strukturanalyse: Zerlegung des Projektes in die einzelnen Arbeitsgänge und Darstellung des gesamten Arbeitsablaufes in einem Netzplan, dessen Elemente „Ereignisse" und „Tätigkeiten" sind. 2. Zeitanalyse: Für jede Tätigkeit wird die erwartete Zeitdauer geplant (bestimmter Erwartungswert beim CPM-Verfahren, Wahrscheinlichkeitsbetrachtungen beim PERT-Verfahren). Erweiterungen insbesondere durch Einbeziehung von Kostenüberlegungen (bei PERT/COST).	Termin- und Kostenplanung sowie -überwachung von Arbeitsabläufen im Fertigungs- und Verwaltungsbereich Planung von Bauvorhaben, Forschungs- und Entwicklungsvorhaben Einführung neuer Organisationsformen Umzüge
IV. Theorie der Warteschlangen Probleme „analytisch" auf dem Wege der Simulation lösbar	Untersuchung von Warteschlangensituationen. Warteschlangen bilden sich, wenn in Abläufen ein oder mehrere Engpässe passiert werden müssen und die Ankünfte und/oder die Abfertigungszeiten Wahrscheinlichkeitsverteilungen unterliegen. Mit Hilfe der Warteschlangentheorie lassen sich folgende Fragestellungen behandeln: — Wie groß ist die durchschnittliche Schlangenlänge? — Wie groß ist die durchschnittliche Wartezeit? — Wie groß ist die Wahrscheinlichkeit, daß ein Objekt länger als eine bestimmte Zeitspanne warten muß? — Wie lange sind die Abfertigungsstellen durchschnittlich ohne Beschäftigung? Die zentrale Problemstellung ist: optimale Dimensionierung von Engpässen!	Dimensionierung von Engpässen wie etwa Bearbeitungsstellen, Kontrollstellen, Auslieferungsstellen, Maschinenengpässe Bestimmung von Abfertigungsstrategien (in Verbindung mit Reihenfolgeproblemen)
V. Simulation	Simulationsmodelle sind Modelle, deren Lösung durch Berechnung oder „Durchspielen" einer größeren Zahl alternativer Einzelfälle erfolgt. Sie finden Anwendung, wenn komplexe Modelle mit Hilfe mathematisch-analytischer Methoden nicht gelöst werden können oder wenn eine analytische Lösung zu aufwendig ist.	Lagerhaltungsprobleme Standortprobleme Absatzprobleme Reihenfolgeprobleme Warteschlangenprobleme
Sog. Näherungsverfahren können an die Stelle exakter Verfahren treten.		

Da die OR-Verfahren teils problemorientiert, teils verfahrensorientiert angeboten werden, ist die in Bild 30 dargestellte Auswahl ebenfalls nicht nach einem einheitlichen Kriterium gegliedert. Eine reine **verfahrensorientierte** Unterteilung hätte nach dem Lösungsweg der Modelle zu unterscheiden:

(1) **Analytische Verfahren**: Ein mathematischer Lösungsweg (Algorithmus) führt zu einem nachvollziehbaren Ergebnis.

(2) **Enumeration**: Verschiedene Datenkonstellationen werden durchgerechnet. Werden alle Möglichkeiten durchgerechnet, so spricht man von Vollenumeration oder totaler Enumeration. Begnügt man sich mit teilweiser Enumeration, so kann das mittels Zufallsauswahl oder mit gezielter Auswahl erfolgen. Der letztere Fall ergibt als methodische Entscheidungshilfe die

(3) **Simulation**. Ein zielgerechtes Experimentieren an Realmodellen[47]) mit der Fragestellung: „Was ist, wenn ...?"

(4) **Näherungslösungen** führen eher zu einer befriedigenden Lösung als zu einem Optimum; sie genügen aber häufig angesichts der ungenauen Eingabedaten den Ansprüchen des Problems.

(Fortsetzung der Fußnote 46.)

c) In das Operations Research mit Betonung praktischer Modelle führen ein: Müller-Merbach, H., Operations Research, 3. Aufl., München 1973 (mit ausführlichem Literaturverzeichnis); Desbazeille, G., Unternehmensforschung, Übungen und Aufgaben mit Lösungen, Stuttgart/Berlin/Köln/Mainz 1970; Stahlknecht, P., Operations Research, 2. Aufl., Braunschweig 1970; Mertens, P., Simulation, Stuttgart 1969; Koller, H., Simulation als Methode in der Betriebswirtschaft, in: ZfB, 36 (1966) 2, S. 95 ff.

d) Als ein „klassisches" Werk der Kybernetik, die sich speziell mit äußerst komplexen Problemen befaßt, ist anzusehen: Wiener, N., Kybernetik, Regelung und Nachrichtenübertragung im Lebewesen und in der Maschine, 4. Aufl., Düsseldorf/Wien 1968. Besondere Aspekte dazu gibt: Puschkin, B., Die heuristische Tätigkeit in einem großen System, in: Ideen des exakten Wissens, 1 (1968) 1, S. 5 ff. Weitere Publikationen zur Kybernetik, Regelkreisanalogie und Systemtheorie: Ropohl, G., Systemtechnik — Grundlagen und Anwendung, München 1975; Jirasek, J., Systemdenken — Zur Bewältigung der Komplexität in der Wirtschaft, in: Die Wirtschaftsprüfung, 27 (1974) 13, S. 341—345; Fuchs, H., Systemtheorie und Organisation, Wiesbaden 1973; Kaaz, M. A., Zur Formalisierung der Begriffe: System, Modell, Prozesse, Struktur, in: Angewandte Informatik, 14 (1972) 12, S. 537—544; Zahn, E., Systemforschung in der Bundesrepublik Deutschland, Hrsg.: Stiftung Volkswagenwerk, Göttingen 1972; Zimmermann, D., Produktionsfaktor Information, Band 12 der Schriftenreihe Wirtschaftsführung, Kybernetik, Datenverarbeitung, Hrsg.: P. Lindemann — K. Nagel, Neuwied/Berlin 1972; Lindemann, P., Unternehmensführung und Wirtschaftskybernetik, Band 3 der Schriftenreihe Wirtschaftsführung, Kybernetik, Datenverarbeitung, Hrsg.: P. Lindemann — K. Nagel, Neuwied 1970; Ropohl, G., Systemtechnik als umfassende Anwendung kybernetischen Denkens in der Technik, in: Industrielle Fertigung, 60 (1970) 9, S. 542—545; Flechtner, H.-J., Grundbegriffe der Kybernetik — Eine Einführung, 4. Aufl., Stuttgart 1969; Deutscher Normenausschuß (Hrsg.), DIN 19 226, Regelungstechnik und Steuerungstechnik — Begriffe und Benennungen, Berlin/Köln 1968; Kosiol, E. — Szyperski, N. — Chmielewicz, K., Zum Standort der Systemforschung im Rahmen der Wissenschaften, in: ZfbF, 17 (1965), S. 337 ff.; Bertalanffy, L. v., General Systems Theory, A New Approach to Unity of Science, in: Human Biology, Vol. 23 (1951), S. 303—361; Mirow, H. M., Kybernetik — Grundlage einer allgemeinen Theorie der Organisation, Wiesbaden 1969.

e) Zum Problem der Quantifizierung: Hackstein, R. — Paffenholz, B., Notwendigkeit einer quantitativen Erfassung organisatorischer Sachverhalte, in: Fortschrittliche Betriebsführung, 23 (1974) 2, S. 81—93; Hill, W. — Fehlbaum, R. — Ulrich, P., Organisationslehre, Bd. 1, Bern/Stuttgart 1974, insbesondere S. 186 ff. (Dezentralisationsgrad) und S. 230 (Delegationsgrad); Paffenholz, B., Quantitative Analyse arbeitsorganisatorischer Strukturen mit Hilfe eines neuentwickelten Klassifikationsmodells, in: Zeitschrift für wirtschaftliche Fertigung, 69 (1974) 2, S. 73 ff.; Witte, E., Das Informationsverhalten in Entscheidungsprozessen, Tübingen 1972; Bleicher, K., Die Entwicklung eines systemorientierten Organisations- und Führungsmodells, in: ZfO, 39 (1970) 4, S. 166—176; Hanssmann, F., Optimierung der Organisationsstruktur, in: ZfB, 40 (1970) 1, S. 17—30; Blohm, H., Organisationstheorie und -praxis der Unternehmensführung, in: Rationalisierung, 19 (1968) 5, S. 116—120.

47) Siehe Fußnote 44.

Operations Research ist nur *eine* Quelle des neueren quantitativen Entscheidungsinstrumentariums; weitere Quellen sind für Organisationsentscheidungen insbesondere die Informations-, die System- und die Organisationstheorie.

Die Informationstheorie ist eine aus der Nachrichtentechnik entwickelte mathematische Theorie. Sie beinhaltet Theoreme über Informationsquellen und Übertragungskanäle sowie Ansätze zur Quantifizierung von Informationsvorgängen. Das allgemeine Maß der Informationsmenge ist die Entropie; als Einheit wird das bit (binary digit) verwendet. Die Quantifizierung wird versucht, um Informationsströme und gespeicherte Informationen quantitativ ausdrücken zu können.

Die Systemtheorie als abstraktes Ergebnis der Systemforschung — ungenau „Systemanalyse" — gibt einen systematisch-theoretischen Rahmen zum Beschreiben der allgemeinen Beziehungen in der realen Welt. Unter einem System wird dabei — wie auch hier — die Gesamtheit von Elementen verstanden, die in einem irgendwie gearteten Zusammenhang stehen und gegen die Umwelt gedanklich abgegrenzt sind. So ist z. B. ein Automobilmotor in diesem Sinne ebenso ein System wie ein Organismus, ein Unternehmen oder ein Betrieb. Ein Unternehmen im speziellen ist, wie bereits behandelt, ein Mensch-Sachmittel-Wirksystem, das der Realisierung wirtschaftlicher Ziele dient.

Die Organisationstheorie trägt zur theoretischen Grundlegung dieses Systems bei. Sie schlägt zugleich die Brücke von der allgemeinen Systemtheorie zur Psychologie und Soziologie, auf die im Hinblick auf das Systemelement „Mensch" nicht verzichtet werden kann, sondern auf der bei vielen Problemen sogar das Schwergewicht liegen muß[48]).

Um zu Entscheidungsmodellen für konkrete Problemsituationen zu gelangen, müssen die Einsichten der genannten Theorien, aber auch die weiterer Gebiete wie der Psychologie, Soziologie, Verhaltenswissenschaft mit den Modellansätzen des Operations Research verbunden werden. Dabei beruht Operations Research im Sinne einer exakten Optimierungslehre immer auf der Anwendung der Mathematik.

Bei Organisationsentscheidungen kommt es — wie bereits betont — vor allem darauf an, die Wirkung organisatorischer Maßnahmen vor deren Einführung im Realsystem zu beurteilen (Bild 5, B und E „Modellanalyse"). Dazu ist die Simulation besonders geeignet. Für zahlreiche auf OR-Verfahren ausgerichtete Entscheidungsmodelle sind mehrere Lösungswege möglich. So ist für Warteschlangenprobleme unter gewissen Voraussetzungen ein analytischer Weg gegeben; stets ist die Simulation möglich.

---

[48]) Einen gestrafften Überblick über die Organisationstheorie gibt: Hoffmann, F., Entwicklung der Organisationsforschung, 2. Aufl., Wiesbaden 1976. Vgl. dazu auch die Fußnoten 4 und 9.

Bild 31: Zielgrößen

Möglche Extremwerte für Organisations-Entscheidungsmodelle (auch als Konkretisierung der „Anforderungen" in Anforderungskatalogen)		
Dimension	zu minimieren	zu maximieren
Ausprägung von Eigenschaften (Punktwerte, Erfüllungsgrade)	unerwünschte Eigenschaften wie: Manipulierbarkeit von Informationen Fehlermöglichkeit Anfälligkeit Starrheit Unzufriedenheit unbegründete Unterschiede	erwünschte Eigenschaften wie: Zweckerfüllung von Informationen Zuverlässigkeit Widerstandsfähigkeit Flexibilität Zufriedenheit Einheitlichkeit Verhandlungsposition Sicherheit von Arbeitsplätzen
Zeit	Zugriffszeit Stillstand, Fehlzeit Terminabweichung Bearbeitungszeit durchschnittliche oder maximale Wartezeit	Lebensdauer freiwillige Mitarbeit Bereitschaftszeit
personenbezogene Einheiten	Anzahl der Mitarbeiter abzufertigende Personen	belieferte, erreichte, abgefertigte, erfaßte Personen genutztes Eignungspotential Sachkenntnis
Mengeneinheiten	Material-, Maschinen- bzw. Sachmitteleinsatz Ausschuß, Fehler Bestände (durchschnittliche Bestände, Maxima) Kapitalbindung abzufertigende, wartende Einheiten Engpaßstellen	Ausstoßgrößen Mengenleistungen Lieferfähigkeit belieferte, erreichte, bearbeitete Einheiten Kapazität
Werte	Kosten Aufwand Ausgaben Verlust	Leistung Ertrag Einnahmen Ergebnis, Gewinn

Für zahlreiche, mit Hilfe der linearen Programmierung lösbare Aufgabenstellungen gibt es N ä h e r u n g s l ö s u n g e n unterschiedlicher Qualität. So ist z. B. die Vogelsche Approximation[49]) normalerweise eine hervorragende Lösungsmöglichkeit für Transportprobleme, für Zuordnungsprobleme ist sie weniger gut geeignet.

Schließlich ist bei Erörterung der Anwendung von quantitativen Modellen auf Organisationsprobleme, für die sie normalerweise nicht entwickelt wurden, noch die Frage der Z i e l g r ö ß e n etwas eingehender zu behandeln. Die in Entscheidungsmodellen weitverbreiteten Zielgrößen Gewinn (zu maximieren) und Kosten (zu minimieren) sind für den Organisator nur in Sonderfällen tauglich, da selten ein direkter Zusammenhang zwischen Gewinn und bestimmten Organisationstatbeständen, schon eher — aber immer noch mit Schwierigkeiten — ein solcher zwischen Kosten und Organisation zu erkennen und zu quantifizieren ist. Selbst wenn ein solcher direkter Zusammenhang besteht und erkannt ist, bereitet die Beschaffung verwertbarer Daten oft unüberwindliche Schwierigkeiten. Demgemäß wären Zielgrößen des in Bild 31 dargestellten Typs in Erwägung zu ziehen, die allerdings nur teilweise operabel sind. Diese und weitere Größen operabel zu machen ist eine wichtige, leider vernachlässigte Aufgabe der Organisationsforschung.

III. Beispiele einfacher Modelle als Entscheidungshilfen[50])

1. Zuordnungsmodelle

Zuordnungsmodelle dienen der Analyse und Lösung von Zuordnungs-, Zuweisungs- oder Assignationsproblemen. Das sind Probleme des folgenden Typs:

— Welche Maschine soll für welchen Auftrag eingesetzt werden?

— Welcher Mitarbeiter soll mit welchem Aufgabenbereich betraut werden?

Allgemeine Formulierung:

- *Welche Aktivität soll für welche Operation verwendet werden?*
  Dabei sind die Aktivitäten, Operationen und ein Ziel (formalisiert in Gestalt einer zu maximierenden oder zu minimierenden Zielfunktion) gegeben.

---

[49]) Vgl. Müller-Merbach, H., a. a. O., S. 310 ff.
[50]) Gößler, R., Operations-Research-Praxis, Einsatzformen und Ergebnisse, Wiesbaden 1974; Kaufmann, A. — Faure, R., Methoden des Operations Research, Eine Einführung mit Fallstudien, New York 1974; Müller-Merbach, H., Operations Research, 3. Aufl., München 1973; Hanssmann, F., Unternehmensforschung, Wiesbaden 1971; Ackoff, R. L. — Sasieni, M. W., Operations Research, Stuttgart 1970; Kemeny, J. G. — Schleifer, A. — Snell, J. L. — Thompson, G. L., Mathematik für die Wirtschaftspraxis, 2. Aufl., Berlin 1972; Kern, W., Operations Research, 5. Aufl., Stuttgart 1974; Churchman, C. W. — Ackoff, R. L. — Arnoff, E. L., Operations Research — Eine Einführung in die Unternehmensforschung, 5. Aufl., Wien/München 1967.

160 Entscheidungshilfen

Organisieren kann allgemein als ein methodisches Zuordnen insbesondere von Menschen und Sachen aufgefaßt werden, wie aus der einleitenden Begriffsdefinition hervorgeht. Dieses Zuordnen zur dauerhaften Zielerreichung erfordert eine Gliederung der Gesamtaufgabe in Teilaufgaben, die Organisationsträgern zuzuordnen sind (u. U. auch umgekehrt). Zur Aufgabendurchführung sind Informationen erforderlich, auch diese sind zuzuordnen. So kann man Organisieren in diesem Sinne in einer 4×4-Matrix beschreiben, was mit Bild 32 versucht wird. Auch diese Darstellung enthält Vereinfachungen; so geht es in der Pra-

Bild 32: Organisieren als Zuordnung (Systematik)

E_i \ E_j	M_{01}	S_{02}	A_{03}	I_{04}
Menschen 10	$M \rightarrow M_{11}$	$M \rightarrow S_{12}$	$M \rightarrow A_{13}$	$M \rightarrow I_{14}$
Sachmittel 20	$S \rightarrow M_{21}$	$S \rightarrow S_{22}$	$S \rightarrow A_{23}$	$S \rightarrow I_{24}$
Aufgaben 30	$A \rightarrow M_{31}$	$A \rightarrow S_{32}$	$A \rightarrow A_{33}$	$A \rightarrow I_{34}$
Informationen 40	$I \rightarrow M_{41}$	$I \rightarrow S_{42}$	$I \rightarrow A_{43}$	$I \rightarrow I_{44}$

$E_i \rightarrow E_j$:

Ein Element E_i wird dem Element E_j zugeordnet

Beispiele:

Feld	Beispiele
11	Zusammenstellung einer Arbeitsgruppe
12	Besetzung von Maschinenbedienungsstellen
13	Mitarbeiter für gegebenes Aufgabenpaket
14	Spezialist zur Auswertung von Informationen
21	Maschinen zur Arbeitserleichterung auszuwählen
22	geeignete Maschinenkombination zusammenstellen
23	Maschinen für bestimmte Aufgaben auswählen
24	Computerkonfiguration für Informationsbearbeitung
31	Personal wird mit Aufgaben betraut
32	Maschinenkapazitäten werden ausgelastet
33	geeignete Aufgabenkombination
34	Auswertung gegebener Informationen
41	persönliche Unterrichtung
42	Informationen für die Steuerung und Überwachung von Maschinen
43	Informationen zur Erledigung bestimmter Aufgaben
44	Kombination von Informationen zu Berichten

xis oft nicht um das Zuordnen eines Elementes E_i zu einem gegebenen Element E_j (Auslese), sondern um ein wechselseitiges Anpassen, das sei hier einschränkend bemerkt.

Die mögliche Vorgehensweise bei dieser für Organisationsprobleme — wie gezeigt wurde — durchaus typischen Problemsituation sei an dem folgenden Beispiel erläutert.

Beispiel:

Es sind m Mitarbeiter und n abgegrenzte Aufgabenbereiche gegeben. Die Eignung eines jeden Mitarbeiters für jeden Aufgabenbereich wird durch eine Eignungskennzahl [z. B. 0 („ungeeignet") bis 9 („höchste Eignung")] ausgedrückt. Die Zuordnung der Aufgaben hat z. B. so zu erfolgen, daß als Zielfunktion die Summe der realisierten Eignungskennzahlen maximiert wird. Diese Forderung schließt einige Annahmen ein, z. B. die, es sei für das Ergebnis nur die Summe der realisierten Eignungskennzahlen erheblich, unabhängig davon, wie weit dabei die Leistungspotenz des einzelnen Mitarbeiters ausgeschöpft ist.

Wird diese Annahme als unrealistisch angesehen, können Nebenbedingungen gesetzt werden, z. B.: „Niemand darf für eine Tätigkeit eingesetzt werden, bei der er weiter als x Punkte von seinem persönlichen Leistungsmaximum entfernt ist." Am besten verfährt man in diesem Fall so, seine Eignung für alle anderen Aufgaben, die diese Bedingung verletzen, gleich 0 zu setzen. 0-Felder dürfen dann keinesfalls besetzt werden.

Auch an andere Gegebenheiten des Einzelfalles kann die Problemstruktur angepaßt werden. Ist m $\neq$ n, gibt es also z. B. weniger Aufgabenbereiche als Mitarbeiter, so daß m — n Mitarbeiter zur Entlassung anstehen, können m — n fingierte Arbeitsgebiete „Entlassung" eingefügt werden, bei denen die „Eignungskennzahlen" nun aber nach sozialen und arbeitsrechtlichen Kriterien festgelegt werden. Dabei sind dann freilich Aspekte der Scoring-Modelle (Bewertung bei Mehrfachzielsetzungen) zu beachten, die an anderer Stelle noch behandelt werden (Kapitel E, III, 3).

Für Organisationsprobleme mittlerer Komplexität dürften einfache Lösungswege genügen; mit Einschränkungen: „Verfahren des besten Nachfolgers" oder die „Vogelsche Approximation"[51]). Sehr gut geeignet für Zurechnungsprobleme ist die „Floodsche Zurechnungstechnik", die hier anhand einer Aufgabe näher erläutert werden soll.

---

51) Vgl. Müller-Merbach, H., a. a. O., S. 310 ff.

Die Floodsche Zurechnungstechnik

Aufgabe:

Für drei Arbeitsplätze (N_1, N_2, N_3) stehen fünf Mitarbeiter (M_1, M_2, M_3, M_4, M_5) zur Verfügung. Die Eignung eines jeden Mitarbeiters für einen jeden Arbeitsplatz wurde analytisch[52]) — wie in Matrix 1 angegeben — ermittelt, dabei kennzeichnet 0 die geringste, 9 die höchste Eignung.

Matrix 1: Eignungsmatrix (Skala 0 bis 9)

Arb.Plätze \ Mitarb.	M_1	M_2	M_3	M_4	M_5
N_1	9	6	7	5	9
N_2	8	1	4	8	2
N_3	6	2	7	1	8

Zwei Mitarbeiter sollen entlassen werden, dafür werden „Eignungskennzahlen" aufgrund der sozialen Verhältnisse ermittelt; 0 bedeutet dabei „keine Entlassungsmöglichkeit", 9 bedeutet „keinerlei Kündigungsschwierigkeiten", N_4 und N_5 bedeuten „Entlassung" (vgl. Matrix 2).

Matrix 2: „Eignung" für Entlassung (Skala 0 bis 9)

	M_1	M_2	M_3	M_4	M_5
N_4	7	0	2	2	7
N_5	7	0	2	2	7

Es sollen folgende Nebenbedingungen gelten:
a) Niemandem, dessen Eignung mehr als 3 Bewertungspunkte unter seinem Leistungsmaximum liegt, soll ein Arbeitsplatz zugewiesen werden.
b) Felder mit 0 sollen nicht besetzt werden.

---

[52] Literatur über analytische Arbeitsplatzbewertung und Eignungsuntersuchungen: Pornschlegel, H., Nationale und internationale Faktoren der Arbeitsbewertung, in: Fortschrittliche Betriebsführung und Industrial Engineering, 24 (1975) 1, S. 19—24; Müller, M. M., Leistungsbewertung von Führungskräften, Bern/Stuttgart 1974; Wartensee, R. S. v., Punktfreie Arbeitsbewertung von Angestellten-Tätigkeiten in Industrie und Verwaltung, Bern 1974; Zander, E., Wie sich Leistung bewerten läßt, in: Energiewirtschaftliche Tagesfragen, 19 (1969) 5, S. 184—189.

Daraus ergibt sich das Modell der Matrix 3.

Matrix 3: Gesamtmatrix

	M_1	M_2	M_3	M_4	M_5
N_1	9	6	7	5	9
N_2	8	0	4	8	0
N_3	6	0	7	0	8
N_4	7	0	2	2	7
N_5	7	0	2	2	7

Vorab muß der Arbeitsplatz N_1 dem Mitarbeiter M_2 zugeordnet werden, da er weder entlassen werden kann noch für einen anderen Arbeitsplatz geeignet ist (Nebenbedingungen). Die Matrix M_3 wird damit wie folgt reduziert:

Matrix 4: Ausgangsmatrix für Lösung

	M_1	M_3	M_4	M_5
N_2	8	4	8	0
N_3	6	7	0	8
N_4	7	2	2	7
N_5	7	2	2	7

L ö s u n g :

Die optimale Zuordnung der Arbeitsplätze an die Mitarbeiter erfolgt s c h r i t t w e i s e , wobei von folgendem Grundgedanken ausgegangen wird:

Da jedem Mitarbeiter ein Arbeitsplatz zuzuordnen ist, kann die Lösung aus jeder Zeile und jeder Spalte nur *ein* Element enthalten. Die einzelnen Rechenschritte bezwecken, die Bewertungsmatrix so umzuformen, daß $z = 4$ *unabhängige Null-Elemente* auftreten. „Null"-Elemente haben jetzt eine andere Bedeutung als in Matrix 4. Sie werden „*unabhängig*" genannt, wenn nicht mehr als jeweils eines in der Zeile oder Spalte vorkommt. Die zu den unabhängigen Null-Elementen gehörenden Zuordnungen ergeben die optimale Lösung.

1. Rechenschritt: Von den Spaltenmaxima der Ausgangsmatrix sind die Elemente der betreffenden Spalte abzuziehen — Ergebnis ist die Matrix 5.

Matrix 5

	M_1	M_3	M_4	M_5
N_2	~~0~~	~~3~~	~~0~~	~~8~~
N_3	~~2~~	~~0~~	~~8~~	~~0~~
N_4	1	5	6	1
N_5	1	5	6	1

Mit diesem ersten Schritt ist das Maximum- in ein Minimum-Problem überführt worden.

Es ist nun die Matrix mit der *kleinstmöglichen Zahl* von waagerechten bzw. senkrechten Linien zu überziehen, mit denen *alle Null-Felder* überdeckt werden; wenn mehrere gleichwertige Linienkombinationen möglich sind, ist derjenigen der Vorzug zu geben, bei der die größtmögliche Zahl von Null-Elementen im Schnittpunkt zweier Linien liegt. *Die Optimallösung ist gefunden, wenn die Zahl der Deckungslinien (d) gleich der Zahl der möglichen Zuordnungen (z) ist.* Hier ist d(= 2) < z(= 4). Man erkennt, daß Matrix 5 noch nicht den Lösungsbedingungen entspricht.

2. Rechenschritt: Es sind die *kleinsten Elemente jeder Zeile* zu bestimmen. Diese Zeilenminima sind von den entsprechenden Zeilenelementen abzuziehen; man erhält so die Matrix 6.

Matrix 6

	M_1	M_3	M_4	M_5
N_2	~~0~~	~~3~~	~~0~~	~~8~~
N_3	~~2~~	~~0~~	~~8~~	~~0~~
N_4	0	4	5	0
N_5	0	4	5	0

(Die Rechenschritte 1 und 2 können auch in umgekehrter Reihenfolge — erst Zeile, dann Spalte — durchgeführt werden.)

Matrix 6 ist nun zu prüfen, ob sie bereits die Optimallösung angibt. Dies ist der Fall, da für M_3 und M_4 eindeutige Zuordnungen erfolgen und M_1 und M_5 zur Entlassung anstehen. Wäre die Aufgabe nicht gelöst, hätte ein dritter Schritt wie alle weiteren Rechenschritte zu erfolgen:

Es wird das *kleinste Element* der nunmehr erhaltenen Matrix ermittelt, *durch das keine Linie geht*. Der Wert dieses Elementes wird

— von allen *nicht mit Linien überdeckten Elementen abgezogen* und

— zu allen *im Schnittpunkt zweier Linien liegenden Elementen addiert*.

Alle anderen Elemente werden unverändert in die neue Matrix übernommen; entsprechend ist bei allen weiteren Matrizen vorzugehen.

Die L ö s u n g lautet also:

$N_1 \to M_2$ realisiertes Eignungs-Potential: 6 Punkte

$N_2 \to M_4$ realisiertes Eignungs-Potential: 8 Punkte

$N_3 \to M_3$ realisiertes Eignungs-Potential: 7 Punkte

M_1 und M_5 stehen entsprechend den Modellprämissen zur Entlassung an, es wurden 21 Punkte des Eignungspotentials realisiert sowie 14 „Entlassungs-Punkte".

Hier wird auch klar — das Beispiel ist so gewählt —, daß Modelle dieser Art eben nur Entscheidungs*hilfen* sind. Man wird es sich noch einmal zu überlegen haben, ob man sich tatsächlich von M_1 und M_5 trennen soll, die immerhin ein erhebliches Eignungspotential darstellen. Die Punktwerte für „Entlassung" und für den Einsatz sind eben nur schwer wirklich gleichrangig zu machen.

Ein Modell kann nicht besser sein als die eingehenden Informationen. Probleme des mathematischen Kalküls erscheinen dagegen zweitrangig und werden deshalb hier auch entsprechend behandelt.

2. Warteschlangenmodelle[53]

Die Optimierung von Arbeitsabläufen erlangt im Vergleich zur Optimierung der Aufbauorganisation eine immer größere Bedeutung. Überall wo insbesondere durch Zufallskomponenten Engpässe auftreten, können Warteschlangenprobleme entstehen. Die sich damit befassende Warteschlangentheorie nimmt des-

---

[53] Siehe Fußnote 46, Buchst. (c).

halb schon heute für die praktische Gestaltung von Abläufen einen Platz ein, den sich die Zuordnungsmethoden vielleicht einmal mit dem Schwerpunkt „Aufbauorganisation" erringen könnten. Überhaupt ist die „quantitative" Methodik im Bereich der Ablauforganisation schon weiter entwickelt. Man denke z. B. an die Methodik zur Behandlung von Reihenfolgeproblemen und an die Netzplantechnik, die hier nur erwähnt werden kann[54]).

Mit der Bezeichnung „Warteschlangentheorie" — auch Theorie der Stauungen oder Theorie der Engpässe genannt — (im Englischen Waiting Line Theory und Queuing Theory) — werden mathematische Methoden und Modelle zusammengefaßt, deren gemeinsames Merkmal die folgende Problemstellung ist:

Wegen unregelmäßigen Eintreffens abzufertigender Einheiten an einer oder mehreren Abfertigungsstellen und/oder wegen ihrer unregelmäßigen Abfertigungszeiten können vor den Abfertigungsstellen Stauungen entstehen. Andererseits treten, wenn keine abzufertigenden Einheiten vorhanden sind, Wartezeiten oder Leerzeiten für die Bedienungsstationen auf. In allen genannten Fällen kann man von „Warteschlangen" (im weitesten Sinne) sprechen. Damit sind zwei Arten unterschieden:

(1) die Zugangswarteschlangen, sie beziehen sich auf die Abzufertigenden;

(2) die Abgangswarteschlangen, sie beziehen sich auf die Abfertigenden bzw. die Abfertigungsstellen.

Warteschlangenmodelle dienen i. d. R. der Ermittlung, wie der zu Stauungen führende Engpaß zu dimensionieren ist, damit die beiden Warteschlangenarten im Hinblick auf eine übergeordnete Zielsetzung in einem möglichst günstigen Verhältnis zueinander stehen.

Bild 33 zeigt das Grundschema der Warteschlangenprobleme.

Hinsichtlich der Behandlung eines Warteschlangenproblems können ohne unbedingte zeitliche Folge vier Schnitte unterschieden werden (die Reihenfolge der Schritte 1 bis 3 ist nicht zwingend):

(1) das statistische Erfassen und Aufbereiten der für den Prozeß maßgeblichen Faktoren (z. B. Ermitteln der Verteilung der ankommenden Einheiten),

(2) das Ermitteln der charakteristischen Größen der Warteschlange,

(3) die Wahl der Lösungsmethode (z. B. analytische Behandlung oder Simulation),

(4) die Formulierung der Zielsetzung.

---

[54]) Eine anwendungsgerechte Darstellung mit einem gut ausgewählten Literaturverzeichnis bringen: Küpper, W. — Lüder, K. — Streitferdt, L., Netzplantechnik, Würzburg/Wien 1975; Thumb, N., Grundlagen und Praxis der Netzplantechnik, 3. Aufl., München 1975; Arping, H. — Lakenbrink, K. — Schmitz, A., Entscheidungsnetzplantechnik bei der Auftragsabwicklung in Industriebetrieben mit Einzel- und Kleinserienfertigung, in: Industrial Engineering, 4 (1974) 1, S. 3—15; Voigt, J. P., Fünf Wege der Netzplantechnik, Köln 1971; Waschke, G., Vorgangsknoten-Netzpläne, Hrsg.: DGOR — Deutsche Gesellschaft für Operations Research, Berlin/Köln/Frankfurt a. M. 1970; Kewald, K. — Kasper, K. — Schelle, H., Netzplantechnik, Köln 1969.

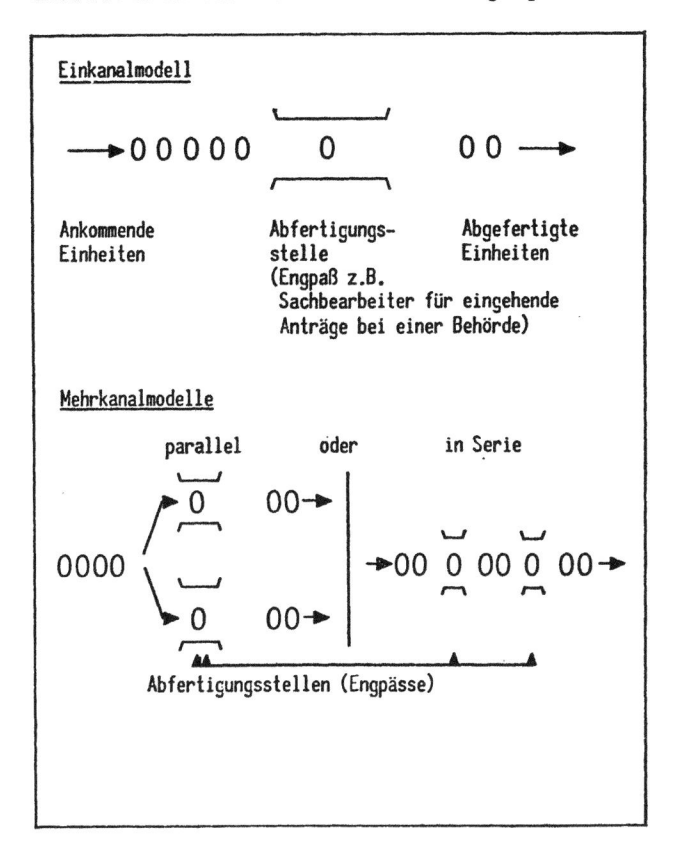

Bild 33: Grundschema von Warteschlangenproblemen

```
Einkanalmodell

    ──▶ O O O O    O        O O ──▶

    Ankommende    Abfertigungs-    Abgefertigte
    Einheiten     stelle           Einheiten
                  (Engpaß z.B.
                  Sachbearbeiter für eingehende
                  Anträge bei einer Behörde)

Mehrkanalmodelle

           parallel        oder        in Serie

                 ▶ O    O O ▶
    O O O O                          ▶O O  O  O O  O  O O ▶
                 ▶ O    O O ▶

         Abfertigungsstellen (Engpässe)
```

Das **statistische Erfassen und Aufbereiten** erstreckt sich insbesondere auf die folgenden Fragengruppen:

— die Art des Engpasses (Abfertigungsstelle),
— der Prozeß der Zugänge (Input-Prozeß),
— der Prozeß der Abgänge (Output-Prozeß),
— die Bedienungsstrategie und
— die Schlangendisziplin.

Bei den Fragen nach der **Art des Engpasses** ist zunächst zu unterscheiden, ob eine oder mehrere Bedienungsstellen (Kanäle) vorliegen. Man spricht entsprechend der Darstellung in Bild 33 vom

— Einkanal-Problem und
— Mehrkanal-Problem.

Bei Engpässen mit mehreren Bedienungsstellen ist zu berücksichtigen, ob

— die einzelnen Bedienungsstellen parallel angeordnet sind (z. B. Reparaturabteilungen mit mehreren Reparaturkolonnen) oder ob

— sie in Serie angeordnet sind (z. B. bei der Fließarbeit).

Weiterhin ist zu fragen, ob Stapelplätze, Warteräume oder dergleichen für die ankommenden Einheiten in beschränktem oder unbeschränktem Umfang (als Zwischenlager bei in Serie angeordneten Bedienungsstellen) vorhanden sind, ob die Zahl der Bedienungsstellen im Zeitablauf konstant bleibt oder nicht.

Die charakteristische Problematik für das Anwenden der Warteschlangentheorie besteht darin, daß der I n p u t - oder der O u t p u t - P r o z e ß (oder auch beide) stochastisch verlaufen, und zwar nach einer bestimmten empirischen oder mathematischen Zufallsverteilung. Ist in diesem Fall die Zahl der Ankünfte pro Zeitabschnitt größer als die der Abfertigung, so entsteht eine Warteschlange, die tendenziell ständig länger wird.

Die für den Input- und Output-Prozeß charakteristischen Größen sind:

— die durchschnittliche *Ankunftsrate* λ und

— die durchschnittliche *Abfertigungsrate* μ,

beide gemessen in Einheiten je Zeitabschnitt, sowie

— die *Verkehrsdichte*, die das Verhältnis von Ankunfts- und Abfertigungsrate durch den Quotienten angibt.

$$\text{Verkehrsdichte} = \frac{\lambda}{\mu}$$

Typische Warteschlangenprobleme liegen nur dann vor, wenn die Verkehrsdichte kleiner als 1 ist:

$$(\frac{\lambda}{\mu} < 1);$$

bei $\frac{\lambda}{\mu} = 1$ kann nämlich die Schlange im Durchschnitt nicht verkürzt werden;

bei $\frac{\lambda}{\mu} > 1$ muß die Schlange auf längere Sicht ständig wachsen.

Die B e d i e n u n g s s t r a t e g i e bestimmt, in welcher Reihenfolge die wartenden Einheiten abgefertigt werden. Zu diesem Zweck werden *Prioritätsregeln* aufgestellt, etwa nach der Ankunftsfolge:

— „first come — first served" oder

— „last come — first served" oder

— „kürzeste Operationszeit zuerst" (KOZ).

Unter der Schlangendisziplin ist das Verhalten der abzufertigenden Einheiten in der Schlange zu verstehen. So ist z. B. die Telefonwarteschlange dadurch charakterisiert, daß der Teilnehmer nach einer gewissen Zeit den Hörer auflegt und sodann neu wählt; für Mängelrügen in der Warteschlange können Termine ablaufen.

Für die Wahl der Lösungsmethode ist von besonderer Bedeutung, welche Verteilung der Ankünfte und Abfertigungen gegeben ist.

Dabei wird am häufigsten von der Annahme ausgegangen, es liege

- die *Poissonsche Zufallsverteilung* vor.

Weiterhin kommen noch in Betracht

- die *Gaußsche Normalverteilung,*
- die *Exponentialverteilung* und
- die *Erlangsche Frequenzverteilung.*

Die Lösung von Fragestellungen mit Warteschlangenmodellen kann unter folgenden Voraussetzungen mathematisch-analytisch erfolgen:

a) Die Zugänge oder/und Abgänge gehorchen bestimmten statistischen Verteilungsgesetzen, wie sie oben exemplarisch aufgeführt wurden.

b) Ankunfts- und Abfertigungsraten sind unabhängig von der Zeit, der Schlangenlänge und anderen Zufallseigenschaften des Systems.

c) Die Komponenten, die in die Beschreibung der Bedienungsstrategie und Schlangendisziplin eingehen, sind nicht zu kompliziert und umfangreich, das heißt, es kann von wenigen relativ einfachen Annahmen ausgegangen werden.

In vielen Fällen ist jedoch die Verteilung der Zugänge und Abgänge empirischer Art, oder die Warteschlangensituation ist so kompliziert, daß eine mathematisch-analytische Behandlung nicht mehr möglich ist oder sehr schwierig und aufwendig werden würde. In solchen Fällen kommt als Lösungsmethode nur die Simulationstechnik unter Einbeziehung der Monte-Carlo-Methode in Betracht.

Die Simulation erfolgt in der Weise, daß man unter Verwendung eines Zufallsmechanismus (Würfeln, Zufallsgenerator) Ankunfts- und Abfertigungszeiten erzeugt, die unabhängig voneinander nach der angenommenen bzw. der am Realsystem ermittelten Zufallsverteilung variieren.

Die Warteschlangentheorie führt zu einer rein sachlich-quantitativen Methodik, mit der man nicht in der Lage ist, ideelle Momente zu erfassen, die — wie etwa ein guter Kundenservice — bei den Wartenden die Bereitschaft zu längeren Wartezeiten und somit zu längeren Warteschlangen hervorrufen können.

Aus der angenommenen bzw. mit Hilfe der ermittelten Wahrscheinlichkeitsverteilung der Wartezeiten und Bedienungszeiten können dann verschiedene Größen errechnet bzw. durch Simulation ermittelt werden, wie:

a) die durchschnittliche Länge der Schlange, ausgedrückt in der Anzahl der wartenden Einheiten,

b) die durchschnittliche Wartezeit, ausgedrückt in Einheiten pro Zeitabschnitt, und

c) die durchschnittliche Bedienungszeit als Summe aus durchschnittlicher Wartezeit und durchschnittlicher Bedienungszeit.

Für die Simulation von Warteschlangenproblemen gibt es auf den Computer zugeschnittene gute Standard-Software, wie z. B. GPSS (General Purpose Systems Simulator = Simulations-Software für Warteschlangenmodelle)[55].

Werden Warteschlangenmodelle als Entscheidungsmodelle eingesetzt, so sind Entscheidungen über die Ziele erforderlich. Als b e t r i e b l i c h e Z i e l s e t z u n g kann z. B. die Minimierung der Kosten in Frage kommen, das heißt, die Kosten, die durch Wartezeiten der Zugänge oder/und der Abfertigungsstelle entstehen, sollen minimiert werden. Dies soll das folgende sehr vereinfachte Beispiel veranschaulichen.

Beispiel:

Zu einer Prüfstelle gelangen pro Stunde im Durchschnitt 96 Einheiten.

$\lambda = 96/60 = 1{,}6$ Einheiten pro Min.

Die Abfertigungszeit betrage durchschnittlich 0,5 Min.

$\mu = 1/0{,}5 = 2$ Einheiten pro Min.

Die durchschnittlichen Ankunfts- und Abfertigungszeiten sind unabhängig von der Zeit, der Schlangenlänge und anderen Zufallseigenschaften des Systems. Die Abfertigung erfolgt in der Reihenfolge, in der die abzufertigenden Einheiten ankommen (first come — first served). Der Warteraum ist kein Problem, ebenso die Möglichkeit eines vorzeitigen Ausscherens der Einheiten aus der Schlange. Für Ankunft und Abfertigung wird die *Poissonsche Zufallsverteilung* angenommen. Für dieses Einkanalproblem ist die Zahl der Bedienungsstationen gleich 1.

Die mittlere Länge $\bar{m}$ der Warteschlange und die mittlere Wartezeit $\bar{w}$ der Einheiten errechnen sich nach folgenden Formeln:

---

[55] Für Warteschlangen steht eine reiche Auswahl an Standard-Software zur Verfügung, z. B.: GPSS (General Purpose Systems Simulator) IBM-Programm-Nr.: 5736 XS3 DOS, IBM-Programm-Nr.: 5734 XS2 OS. Vgl. auch GASP-Sammlung von Fortran-Unterprogrammen, Hrsg.: Pritsker & Associates, Inc., 1201 Wiley Drive, West Lafayette, Indiana 479 06; Q-GERT-Sammlung von Fortran-Programmen, Hrsg.: Pritsker & Associates, Inc., 1201 Wiley Drive, West Lafayette, Indiana 479 06.

$$\overline{m} = \frac{\lambda^2}{\mu(\mu-\lambda)}$$

$$\overline{w} = \frac{\lambda}{\mu(\mu-\lambda)}$$

Im vorliegenden Beispiel gilt also für $\lambda = 1{,}6$ und $\mu = 2$ (Einheiten pro Minute):

$$\overline{m} = \frac{1{,}6^2}{2(2-1{,}6)} = 3{,}2 \text{ (Einheiten)},$$

$$\overline{w} = \frac{1{,}6}{2(2-1{,}6)} = 2 \text{ (Minuten)}.$$

Die mittlere Länge der Warteschlange beträgt 3,2 Einheiten; die mittlere Wartezeit beträgt 2 Minuten.

Die Simulation als Lösungsweg für Warteschlangenmodelle soll weiter unten an einem Beispiel aus der Praxis gezeigt werden; damit soll zugleich ein Beispiel komplexer Modelle gegeben werden.

Für Organisationsentscheidungen dürften in Zukunft komplexere Modelle, die mittels Simulation gelöst werden, die größere Bedeutung erlangen gegenüber Modellen, die mathematisch-analytisch zu lösen sind.

3. Scoring-Modelle[56]

Mit Scoring-Modellen können verschiedene **Teilzielsetzungen** *— wie die verschiedenen Soll-Eigenschaften des Anforderungskataloges —* **auf einen Punktwert-Nenner** *(Score) gebracht und für die Bewertung von Entscheidungsalternativen herangezogen werden.*

Die Teilziele müssen sowohl kausal (gegenseitige Beeinflussung) als auch nutzentheoretisch *unabhängig* sein. Andernfalls sind besondere Schritte erforderlich, den Mangel bei der Bewertung zu neutralisieren. Nutzentheoretische Unabhängigkeit bedeutet: Es ist unerheblich, welches von mehreren Teilzielen einen bestimmten Beitrag zur Gesamtpunktzahl erbringt, lediglich der Gesamtpunktwert entscheidet.

Für verschiedene Organisationsalternativen können die Teilziele, d. h. die Soll-Eigenschaften lt. Anforderungskatalog, hinsichtlich des erwarteten Erfüllungsgrades bewertet (i. d. R. sachverständig eingeschätzt) werden. So ergeben sich schon im ersten Schritt, also ohne weitere Transformation, gleich dimensionierte Einzelscores für die verschiedenen erwünschten Eigenschaften, die nach geeig-

---

[56] Eine Literaturauswahl mit guten Quellenhinweisen: Strebel, H., Forschungsplanung mit Scoring-Modellen, Baden-Baden 1975; Dreyer, A., Scoring-Modelle bei Mehrfachzielsetzungen, ZfB, 44 (1974) 4, S. 255—274; Zangemeister, Ch., Nutzwertanalyse in der Systemtechnik, 3. Aufl., München 1973.
Auf ein Organisationsproblem bezogen ist die folgende Darstellung: Blohm, H., Bewertung qualitativer Organisationskriterien, in: Mikrofilm in der Praxis, AWV-Schrift Nr. 348, Baden-Baden 1974.

Bild 34: *Aufbau und Anwendung eines Scoring-Modells*

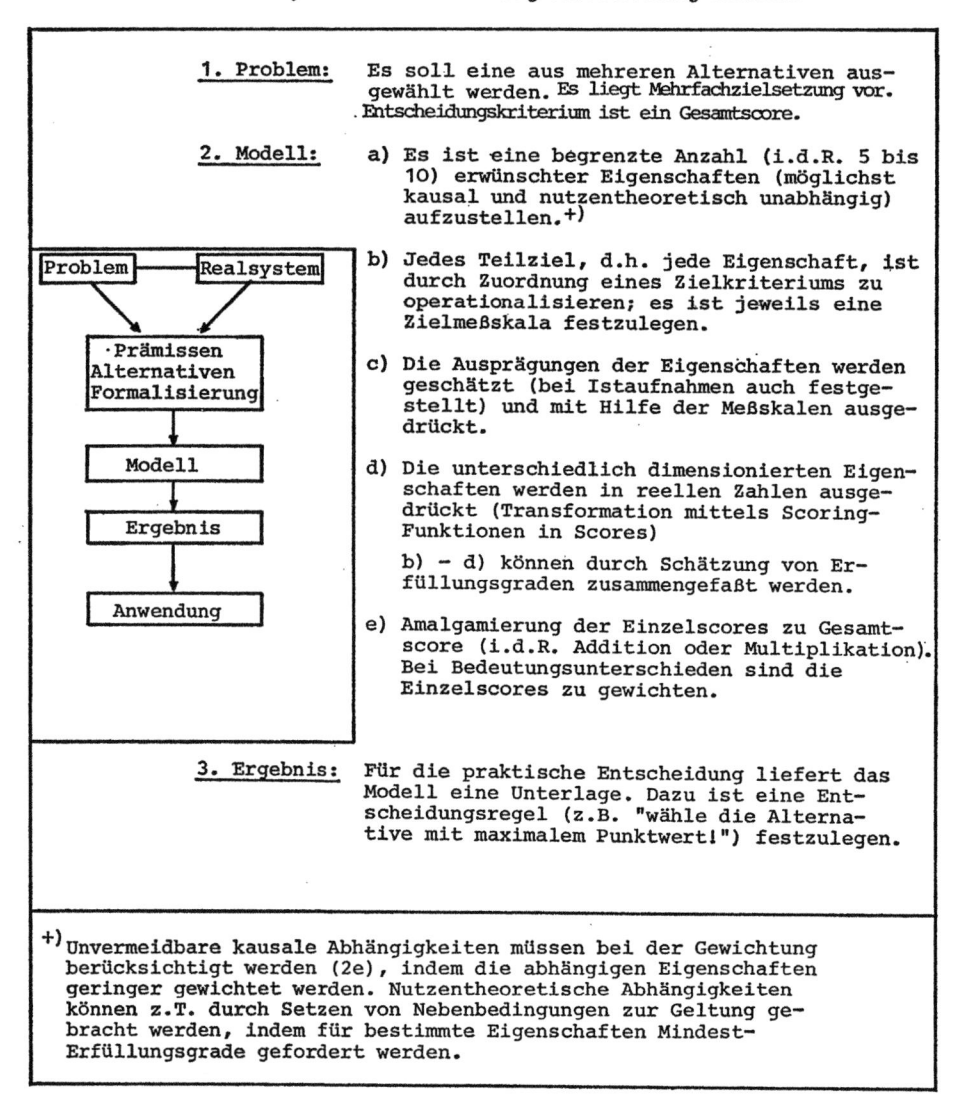

1. Problem:	Es soll eine aus mehreren Alternativen ausgewählt werden. Es liegt Mehrfachzielsetzung vor. Entscheidungskriterium ist ein Gesamtscore.
2. Modell:	a) Es ist eine begrenzte Anzahl (i.d.R. 5 bis 10) erwünschter Eigenschaften (möglichst kausal und nutzentheoretisch unabhängig) aufzustellen.+)
Problem — Realsystem ↓ Prämissen Alternativen Formalisierung ↓ Modell ↓ Ergebnis ↓ Anwendung	b) Jedes Teilziel, d.h. jede Eigenschaft, ist durch Zuordnung eines Zielkriteriums zu operationalisieren; es ist jeweils eine Zielmeßskala festzulegen. c) Die Ausprägungen der Eigenschaften werden geschätzt (bei Istaufnahmen auch festgestellt) und mit Hilfe der Meßskalen ausgedrückt. d) Die unterschiedlich dimensionierten Eigenschaften werden in reellen Zahlen ausgedrückt (Transformation mittels Scoring-Funktionen in Scores) b) - d) können durch Schätzung von Erfüllungsgraden zusammengefaßt werden. e) Amalgamierung der Einzelscores zu Gesamtscore (i.d.R. Addition oder Multiplikation). Bei Bedeutungsunterschieden sind die Einzelscores zu gewichten.
3. Ergebnis:	Für die praktische Entscheidung liefert das Modell eine Unterlage. Dazu ist eine Entscheidungsregel (z.B. "wähle die Alternative mit maximalem Punktwert!") festzulegen.

+) Unvermeidbare kausale Abhängigkeiten müssen bei der Gewichtung berücksichtigt werden (2e), indem die abhängigen Eigenschaften geringer gewichtet werden. Nutzentheoretische Abhängigkeiten können z.T. durch Setzen von Nebenbedingungen zur Geltung gebracht werden, indem für bestimmte Eigenschaften Mindest-Erfüllungsgrade gefordert werden.

neten Amalgamierungsregeln (i. d. R. Addition oder Multiplikation) zu einem Gesamtscore integriert werden. Wird den verschiedenen Eigenschaften ein unterschiedliches Gewicht beigemessen, so ist das durch entsprechende Gewichtungsfaktoren zu berücksichtigen. Der Aufbau eines Scoring-Modells ist in Bild 34 wiedergegeben.

Scoring-Modelle können auf dem Weg des Soll-Ist-Vergleiches (Vergleich von Ist-Scores und Soll-Scores) Auslöser-Informationen liefern, die Veranlassung sein können, sich mit bestimmten Bereichen der Organisation näher zu befassen, getroffene Regelungen zu überprüfen oder auch mit getroffenen Entscheidungen bis auf weiteres zufrieden zu sein. Die Modelle können auch Wahlhandlungen stützen, wie noch an einem Beispiel gezeigt werden soll.

Allerdings ist stets zu bedenken, daß Scoring-Modelle mit Informationen gespeist werden, die fast ausschließlich auf S c h ä t z u n g e n beruhen, und Schätzfehler sich (teilweise unkontrolliert) verstärken oder abschwächen können, so daß die quantitativen Ergebnisse mit aller Vorsicht aufzunehmen sind.

Das ist auch der Grund, warum Einzelheiten dieser Modelle hier unter Verweis auf die umfangreiche Literatur nur angedeutet oder recht kurz behandelt werden. Zweifellos erfüllen Scoring-Modelle aber heute bereits eine wichtige Aufgabe, sie dienen der Versachlichung des Gespräches bei der Erörterung von Organisationsalternativen; das ist für den Praktiker schon sehr viel.

Bild 35 und 36 zeigen die Anwendung des Scoring-Modells an einem Beispiel[57]: Es ist zu entscheiden, ob für ein örtlich dezentralisiertes Unternehmen, das aus zwei Werken und einer Verwaltungs- und Vertriebszentrale besteht, der *Einkauf* in bestimmter Weise zu *zentralisieren oder zu dezentralisieren* ist. Es seien nur jene zwei Alternativen als realisierbar angesehen, die in Bild 35 skizziert sind.

Die Aufstellung einer begrenzten Anzahl realisierbarer Lösungen (der „Alternativen") ist der erste Schritt des hier dargestellten Vorgehens. Schon dieser **Schritt kann durch neuere Hilfsmittel erleichtert werden.** Als Beispiel dafür wurde der *morphologische Kasten* vorgestellt. Mit seiner Hilfe werden die verschiedenen Kriterien der organisatorischen Gestaltung (intensionale Merkmale) in unterschiedlicher Ausprägung (extensionale Merkmale) tabellarisch zusammengestellt, so daß verschiedene, zunächst theoretische Kombinationsmöglichkeiten gefunden, kritisch beurteilt und dann verworfen, modifiziert oder als realisierbare Möglichkeiten angenommen werden können (vgl. Bild 8). Eine zumindest teilweise kausale Abhängigkeit der intensionalen Merkmale erleichtert es, aus der theoretisch recht großen Zahl von Kombinationsmöglichkeiten des morphologischen Kastens eine begrenzte Zahl realistischer Alternativen herauszufinden. Auch Nebenbedingungen unterstützen diesen Vorgang.

Die als realisierbar erkannten Möglichkeiten (hier im Beispiel auf zwei reduziert) werden dann mit Hilfe des Anforderungskataloges (Bild 36 als Ausführung von Bild 35) bewertet. Der Anforderungskatalog wird nach den Regeln der Scoring-Modelle in den folgenden S c h r i t t e n gemäß Bild 34 aufgestellt und ausgewertet (bei der Aufstellung, Gewichtung und Bewertung der Eigenschaften können besondere Methoden, wie die noch zu erläuternde *Delphi-Methode*, eingesetzt werden):

---

[57] Blohm, H., Wie beeinflussen neue Techniken, Entwicklungen und Erkenntnisse der Organisationslehre bisher geltende Organisationsgrundsätze?, in: Datascope, 6 (1975) 16, S. 3—11.

Bild 35: *Vergleich zweier realisierbarer Organisationsstrukturen
(Modell des Einkaufsbereiches eines dezentralen Betriebes)*

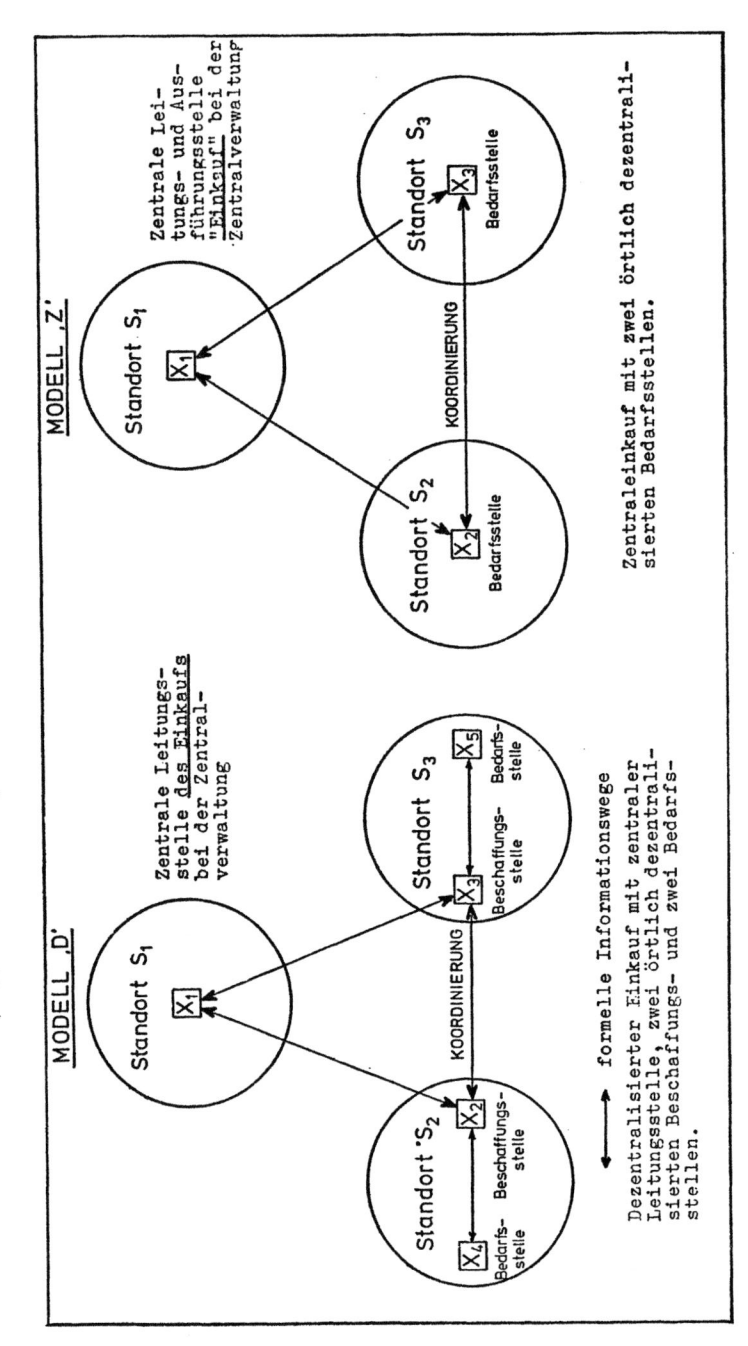

MODELL „D'

Standort S_1 — X_1 — Zentrale Leitungsstelle des Einkaufs bei der Zentralverwaltung

Standort S_2 — X_2 Beschaffungsstelle, X_4 Bedarfsstelle

Standort S_3 — X_3 Beschaffungsstelle, X_5 Bedarfsstelle

KOORDINIERUNG

⟷ formelle Informationswege

Dezentralisierter Einkauf mit zentraler Leitungsstelle, zwei örtlich dezentralisierten Beschaffungs- und zwei Bedarfsstellen.

MODELL „Z'

Standort S_1 — X_1 — Zentrale Leitungs- und Ausführungsstelle "Einkauf" bei der Zentralverwaltung

Standort S_2 — X_2 Bedarfsstelle

Standort S_3 — X_3 Bedarfsstelle

KOORDINIERUNG

Zentraleinkauf mit zwei örtlich dezentralisierten Bedarfsstellen.

Bild 36: Die organisatorische Gestaltung, Beispiel: Einkauf

```
                                    ┌──────────────────────┐
                                    │  übergeordnete Ziele │
                                    └──────────┬───────────┘
                                               ▼
    ┌───────────────┐              ┌────────────────────────────────────────┐
    │  "Regler"=    │              │ ANFORDERUNGSKATALOG                    │
    │  Organisator  │◄─────        │ Eigenschaften  Gewichtung  Maximale    │
    │ Organisations-│              │                            gewichtete  │
    │  abteilung    │              │                            Pluspunkte  │
    │    usw.       │              │                                        │
    └───────┬───────┘              │ Starke Verhand-                        │
                                   │ lungsposition      4           16      │
    ┌──────────────────┐           │ gegenüber Lie-                         │
    │ "Soll-Ist-Vergleich"│        │ feranten                               │
    │ führt zu Vergleichen│        │                                        │
    │ der Eigenschaften│           │ Einheitliche                           │
    │ von Modellen und │           │ Handhabung der     1            4      │
    │ Realsystemen     │           │ Richtlinien                            │
    └──────────────────┘           │                                        │
                                   │ Verhältnis                             │
    ┌──────────────────┐           │ Leistung des                           │
    │ Stellgrößen =    │           │ Einkaufs zu        2            8      │
    │ zu realisierende │           │ den Kosten                             │
    │ Organisations-   │           │ des Einkaufs                           │
    │ Alternativen     │           │ und Folge-                             │
    │ z.B. Zentraler oder│         │ kosten und                             │
    │ dezentraler Einkauf│         │ -leistungen                            │
    └──────────────────┘           │                                        │
                                   │ Flexibilität                           │
    ┌──────────────────┐           │ des Beschaf-       3           12      │
    │ Regelstrecke=    │           │ fungsbereiches                         │
    │ zu organisierender│          │                                        │
    │ Bereich (hier Ein-│          │ Kommunikation                          │
    │ kaufsbereich)    │           │ und Gesamt-        3           12      │
    └──────────────────┘           │ rahmen                                 │
                                   │                                        │
    ┌──────────────────┐           │ Bedarfsnähe,                           │
    │ Störgrößen =     │           │ Sachverständ-      5           20      │
    │ bewirken Abweichun-│         │ nis der Ein-                           │
    │ gen zwischen SOLL und│       │ käufer                                 │
    │ IST wie: Umwelt-ein-│        ├────────────────────────────────────────┤
    │ flüsse, menschliches│        │ Summe: max.                    72      │
    │ Verhalten usw.   │           ├────────────────────────────────────────┤
    └──────────────────┘           │ Wertung:        0 Anforderung nicht    │
                                   │ (hier nur          erfüllt             │
                                   │ positiv)        2 befriedigend er-     │
                                   │                    füllt               │
                                   │                 4 voll erfüllt         │
                                   └────────────────────────────────────────┘
```

Rückmeldung=
Ergebnisse von Organisationsprüfungen und laufender Kontrollmeldungen und/oder der Beobachtung bestimmter Indikatoren, bewertet nach den Vorschriften des Anforderungskataloges und Kontrollmeldungen

a) Aufstellung der erwünschten E i g e n s c h a f t e n : Sammeln, Auswählen, abhängige Kriterien zusammenfassen, gegebenenfalls Nebenbedingungen formulieren.

b) Festlegung der G e w i c h t u n g der einzelnen Eigenschaften: Nach Rangfolge ordnen, relative Bedeutung der ersten und letzten Eigenschaft festlegen, die übrigen einordnen. Bei Vorliegen kausaler Abhängigkeiten die Gewichtung entsprechend modifizieren.

c) B e w e r t u n g der einzelnen Eigenschaften: Erfüllungsgrad der einzelnen Eigenschaften zunächst definieren und dann nach dieser Definition die einzelnen Eigenschaften bewerten.

d) G e s a m t b e w e r t u n g : Erfüllungsgrade können ohne weitere Umformung direkt zusammengefaßt werden. Dazu sind die Einzelwerte mit dem jeweiligen Gewicht zu multiplizieren, die gewichteten Einzelwerte zu addieren, soweit die Addition als geeigneter Vorgang der Zusammenfassung erkannt wurde. Andernfalls ist ein geeignetes Verfahren zu entwickeln.

e) S i m u l a t i o n durch Variation der Gewichtungen und Einzelbewertungen: Feststellung, bei welchen Konstellationen sich das Ergebnis verändert. Kritische Beurteilung dieser Datenkonstellationen.

Nach „klassischer Methode" hätte man wohl versucht, die „Vor- und Nachteile" der beiden Alternativen abzuwägen oder nach „Grundsätzen" zu entscheiden, etwa: „Wenn der allen Bedarfsstellen gemeinsame Bedarf überwiegt, ist die Zentralisation zu bevorzugen!" Im Prinzip wird hier auch der gleiche Weg beschritten, nur ist das Vorgehen methodischer, besser nachvollziehbar. Die Wertzahlen werden in Untersuchungen und Diskussionen ermittelt, gewichtet und für jede Alternative summiert. Die Alternative mit der höchsten Punktzahl gilt formal als die bessere (Bild 37). Das schließt nicht aus, daß man in einer Diskussion des Entscheidungsweges doch der anderen Alternative den Vorzug gibt; man weiß dann aber deutlicher, warum und mit welcher Folge.

Zu betonen ist nochmals, daß der Entscheidungsvorgang mit dieser Methodik nicht völlig objektiviert ist, die Bewertungsvorgänge sind aber in jedem Fall durchsichtiger geworden.

Man kann zur weiteren O b j e k t i v i e r u n g auch noch andere Methoden heranziehen, wie die „D e l p h i - M e t h o d e". Danach wären z. B. zur Festlegung der Soll-Eigenschaften, der Gewichte oder zur Einzelbewertung Experten getrennt zu befragen. Jeder erhält dann die Befragungsergebnisse, um sie mit seiner eigenen Bewertung vergleichen zu können. Hält er eine Extremposition, so kann er diese überprüfen und sich bei einem zweiten (evtl. auch dritten und weiteren) „Durchgang" korrigieren — oder auch nicht. So findet ein Abbau unbegründeter oder eine Untermauerung begründeter Auffassungs- und Bewertungsdifferenzen statt, was einer Verminderung subjektiv-intuitiver Einflüsse gleichkommt.

*Bild 37: Beispiel des bewerteten Anforderungskataloges
zum Vergleich zweier Gestaltungsmöglichkeiten*

Anforderung	Gewicht	Bewertung „D"		Bewertung „Z"	
		nicht gew.	gew.	nicht gew.	gew.
Verhandlungsposition	4	3	12	4	16
Einheitliche Handhabung	1	3	3	4	4
Verhältnis Leistung : Verwaltungskosten	2	3,5	7	2,5	5
Flexibilität	3	4	12	2	6
Kommunikation	3	3	9	2	6
Bedarfsnähe, Sachverstand	5	4	20	2	10
Ergebnis: Summe			63		47
in % des Maximums (72)			88 %		65 %

Ist die nutzentheoretische Unabhängigkeit nicht gegeben, weil z. B. die Verhandlungsposition nicht durch andere Eigenschaften ersetzt werden kann, ist z. B. als Nebenbedingung zu setzen: Verhandlungsposition ≥ 2, d. h., alle Alternativen mit Verhandlungsposition unter 2 sind unzulässig.

Wird die Alternative „D" tatsächlich eingeführt, so kann ein Soll-Ist-Vergleich durchgeführt werden; liegt die tatsächlich erreichte Punktzahl dann unter 63, so ist die Entscheidung zu überprüfen. Das gilt erst recht, wenn die effektive Punktzahl unter 47 liegen sollte.

Zu beachten ist stets, daß der bewertete Anforderungskatalog nur ein Hilfsmittel, ein Modell ist, das auch nur unter bestimmten V o r a u s s e t z u n g e n (Prämissen) gilt; die wichtigsten sind im Fall des Beispiels:

(1) Transport- und Lagerhaltungsprobleme sind zunächst ausgeklammert.

(2) Die Kommunikation besteht nur in dem formellen Austausch von Vollzugsinformationen (wie Wareneingangsmeldungen) und von Informationen, die unmittelbar der Steuerung und Überwachung dienen (wie Anordnungen grundsätzlicher Art über Einkaufsbedingungen, Einkaufsmengen usw.). Die informelle Kommunikation wird nicht bewertet.

(3) Es wird bei Betrachtung des Verhältnisses von Kosten und Leistungen in erster Linie die Kostenseite bewertet, die Leistungen werden in beiden Alternativen weitgehend als gleich angenommen. Die diesbezüglich günstigere Alternative ist also die mit den geringeren Kosten.

(4) Andere als die hier aufgezeigten Kriterien sind unbedeutend, d. h., sie vermögen das Ergebnis nicht wesentlich zu beeinflussen.

Außerdem ist — soweit die anderen nicht zwangsläufig ausscheiden — eine Reduzierung der verschiedenen Alternativen auf zwei als Prämisse anzusehen. Man muß sich aber darüber klar sein, daß die Zurückführung der theoretisch oft sehr großen Zahl von Möglichkeiten auf einige realistische Alternativen, die dann einer eingehenden Analyse unterzogen werden, auch qualitative Auswahlprozesse einschließt, nachdem Nebenbedingungen und kausale Beziehungen die Möglichkeiten eingeschränkt und Zielvorstellungen, die aus der Gesamtkonzeption des Betriebes erwachsen, gewisse Möglichkeiten ausgeschlossen haben.

Zur Beurteilung des hier skizzierten Vorgehens bei der organisatorischen Gestaltung muß berücksichtigt werden, daß die getroffenen Entscheidungen laufend bzw. in angemessenen Abständen überprüft werden, so daß ein ständiger Lernprozeß stattfindet, der schrittweise zumindest in Richtung auf optimale Lösungen führt und subjektive Einflüsse noch weiter neutralisiert. Hervorzuheben ist auch, daß alle Diskussionen, die bis hin zu den Entscheidungen zu führen sind, in dem formalen Gerüst einen festen Halt finden, das immer wieder auf den sachlichen Kern weist, so daß alle Argumente überzeugend begründet und in die Gesamtschau eingeordnet und mit einer Bewertung versehen sein müssen.

4. Kommunikationsmatrizen

Es wurden bisher Modelle quantifizierter Organisationsprobleme vorgestellt, die zeigen, was man alles tun könnte, wenn nur die Quantifizierung tatsächlich gelingen würde. Die Frage lautet dabei: Wie kommt man zu den erforderlichen Daten?

Nun gibt es aber in der neueren Organisationstheorie auch Wege der Quantifizierung organisatorischer Sachverhalte und der Errechnung von Kennzahlen mit Hilfe der so gewonnenen Basisdaten, ohne daß es bisher gelungen wäre, diese tatsächlich verfügbaren Informationen — von Einzelfällen abgesehen — für Modellanwendungen in der Praxis nutzbar zu machen. Hier suchen die Daten eine Auswertung. Repräsentativ hierfür sind die Kommunikationsmatrizen und die auf dieser Grundlage errechneten Strukturparameter[58].

Das Grundprinzip sei an den beiden Struktur-Alternativen „D" und „Z" des Bildes 35 erläutert.

Das sich aus der Aufbauorganisation ergebende Kommunikationssystem (Kommunikation i. S. von organisiertem Informationsaustausch zwischen den Stellen des Systems) wird in Matrixform dargestellt. Besteht zwischen zwei Stellen eine direkte Kommunikation, wird in das entsprechende Matrizenfeld eine 1, besteht

---

[58] Der Abschnitt Kommunikationsmatrizen wurde auf der Grundlage folgender Publikationen bearbeitet: Dworatschek, S., Systemanalyse, in: Zeitschrift für Datenverarbeitung, 7 (1971) 7, S. 480 ff.; Bartram, P., Die innerbetriebliche Kommunikation, Berlin 1969; Blohm, H., Organisationstheorie und -praxis der Unternehmensführung, in: Rationalisierung, 19 (1968) 5, S. 116—120; Blohm, H., Kybernetisches Denken aus betriebswirtschaftlicher und betriebstechnischer Sicht, in: Rationalisierung, 18 (1967) 9, S. 214—218; Bössmann, E., Die ökonomische Analyse von Kommunikationsbeziehungen in Organisationen, Berlin/Heidelberg/New York 1967.

keine direkte Kommunikation, wird eine 0 eingesetzt. Bei der Matrizendarstellung kennzeichnen die einzelnen Stellen in gleicher Reihenfolge einmal die Zeilen und zum anderen die Spalten der Kommunikationsmatrix. Aus dieser Kommunikationsmatrix kann mit Hilfe eines besonderen Algorithmus, der hier nicht interessiert, die „Entfernungsmatrix" abgeleitet werden[59]). Aus der Entfernungsmatrix kann der kürzeste „Weg" zwischen zwei Punkten des Kommunikationsnetzes entnommen werden, wobei die Länge des „Weges" durch die Anzahl der von einem Punkt zum anderen zu durchlaufenden Kanten bestimmt wird. Die Angaben zu dem Beispiel sind mittels der graphischen Darstellung in Bild 35 nachprüfbar.

Rechenbeispiel

a) Kommunikationsmatrix (vgl. Bild 35):

1 = direkte Kommunikation, 0 = keine direkte Kommunikation von Zeile (x_i) an Spalte (x_j).

Modell D

$$X_I \quad \begin{array}{c} \\ x_1 \\ x_2 \\ x_3 \\ x_4 \\ x_5 \end{array} \begin{pmatrix} x_1 & x_2 & x_3 & x_4 & x_5 \\ 0 & 1 & 1 & 0 & 0 \\ 1 & 0 & 1 & 1 & 0 \\ 1 & 1 & 0 & 0 & 1 \\ 0 & 1 & 0 & 0 & 0 \\ 0 & 0 & 1 & 0 & 0 \end{pmatrix}$$

Modell Z

$$X_{II} \quad \begin{array}{c} \\ x_1 \\ x_2 \\ x_3 \end{array} \begin{pmatrix} x_1 & x_2 & x_3 \\ 0 & 1 & 1 \\ 1 & 0 & 1 \\ 1 & 1 & 0 \end{pmatrix}$$

b) Entfernungsmatrix: Elemente δ_{ij} geben die „Entfernung" zwischen x_i und x_j für alle i und j an.

Modell D

$$X_{\delta I} \quad \begin{array}{c} \\ x_1 \\ x_2 \\ x_3 \\ x_4 \\ x_5 \end{array} \begin{pmatrix} x_1 & x_2 & x_3 & x_4 & x_5 \\ 0 & 1 & 1 & 2 & 2 \\ 1 & 0 & 1 & 1 & 2 \\ 1 & 1 & 0 & 2 & 1 \\ 2 & 1 & 2 & 0 & 3 \\ 2 & 2 & 1 & 3 & 0 \end{pmatrix}$$

Modell Z

$$X_{\delta II} \quad \begin{array}{c} \\ x_1 \\ x_2 \\ x_3 \end{array} \begin{pmatrix} x_1 & x_2 & x_3 \\ 0 & 1 & 1 \\ 1 & 0 & 1 \\ 1 & 1 & 0 \end{pmatrix}$$

---

[59]) Vgl. Bössmann, E., a. a. O., S. 66 ff.

Man kann aus den Entfernungsmatrizen eine Reihe von Kennzahlen (S t r u k - t u r p a r a m e t e r n) ableiten, von denen nur diejenigen erörtert werden sollen, die auf das System als Ganzes bezogen sind. Wenn man die nachstehend aufgeführten und erläuterten Strukturparameter auf ihren Aussagewert prüft und beispielsweise mit dem Informationsgehalt klassischer Organisationsprinzipien vergleicht, nach denen etwa die Beschaffung von Gütern gleicher Art in großen Mengen für eine Zentralisierung des Einkaufs spricht, so dürfte es schwierig sein, den Strukturparametern einen Vorteil, ja überhaupt einen konkreten Aussagewert zuzuordnen. Man kann eigentlich auch nicht viel erwarten, denn der Inhalt der Kommunikation ist überhaupt nicht angesprochen. Es wird jede „Entfernung" („Kante" von „Knoten" zu „Knoten" des „Graphes" im Sinne der Graphentheorie) gleich gewertet, unabhängig von den strukturellen Bedingungen der Kommunikation (räumliche Entfernung, Art der Kommunikation: mündlich, fernmündlich, schriftlich, fernschriftlich usw.) und der Häufigkeit der Kommunikation. Davon wird abstrahiert; es liegt also eine nicht ausdrücklich genannte Prämisse vor, die den Aussagewert insoweit herabsetzt.

Als Strukturparameter ergeben sich folgende Größen:

(1) *Dispersion* = Summe aller Entfernungen innerhalb des Modells als Maß für die „Kompaktheit":

$$D = \sum_i \sum_j \delta_{ij} = \text{Summe aller Elemente von } X_\delta$$

(2) *Diameter* = größte Entfernung innerhalb des Modells:

$$d = \max_{i,j} \delta_{ij} = \max_i a_i = \text{größter Wert in } X_\delta, \text{ wobei } a_i = \max_i \delta_{ij}$$

(Maximum der i-ten Zeile der Matrix X_δ), d. h. die größte Entfernung von dem betrachteten Punkt zu allen anderen.

(3) *Existenz eines Zentrums*, d. h. eines Punktes X_z, dessen größte Entfernung zu allen anderen Punkten ein Minimum ist:

$$a_{zen} = \min_i a_i$$

(Minimum der Zeilen- bzw. Spaltenmaxima in X_δ)

(4) *Radius* r = die größte Entfernung vom Zentrum zu irgendeinem anderen Punkt des Modells:

$$r = \max_j \delta_{zenj}\, a_{zen}$$

(Maximum der dem Zentrum entsprechenden Zeile in X_δ)

(5) *Zahl von Zerlegungspunkten*, bei deren Wegnahme das Modell in mehrere Teile zerfällt.

Für das Beispiel sind die entsprechenden Werte:

	D	d	Zentrum	r	Zerlegungspunkte
Modell D	32	3	x_1, x_2, x_3	2	x_2, x_3
Modell Z	6	1	-	-	-

Es wäre freilich zu pessimistisch, wollte man den Strukturparametern jeglichen Aussagewert absprechen. Als Anstoß zu gewissen Fragestellungen, die zu weiteren Untersuchungen qualitativer Art führen, sind auch diese Strukturparameter ein interessanter Teil des Repertoires an organisationsanalytischen Hilfsmitteln. Fragen dieser Art, bezogen auf das behandelte Beispiel, könnten insbesondere sein:

(1) *Gibt es eine die aufbauorganisatorischen Unterschiede ausdrückende Vergleichskennzahl für „D" und „Z"?*

Antwort: Ja, man könnte die relative Kompaktheit (C) der beiden Systeme als Verhältnis der Dispersion bei direkter Verbindung aller Stellen (= Vollstruktur, bei n Stellen: $D_v = n \cdot (n-1)$) zu der effektiven Dispersion angeben.

Relative Kompaktheit:

$$C = \frac{\text{Dispersion bei Vollstruktur}}{\text{effektive Dispersion}} \cdot 100 \text{ (\%)}$$

$$C_D = \frac{20}{32} \cdot 100 = 63 \%$$

$$C_Z = \frac{6}{6} \cdot 100 = 100 \%$$

Man kann nun auch Veränderungen der Struktur als Annäherung an die Vollstruktur oder Entfernung von der Vollstruktur quantitativ ausdrücken.

(2) *Liegt der Diameter dort, wo auch die geringste Kontaktnotwendigkeit besteht?*

Antwort: Wenn es nicht so ist, dürften sich hier informelle Kommunikationskanäle bilden, und es wäre zu fragen, warum ein notwendiger Informationsaustausch über inoffizielle Kanäle geleitet werden muß.

Bild 38: Beispiel bewerteter Kommunikationsmatrizen
(nach S. Dworatschek)

a) Problemstellung des Beispiels

Für die Organisationsstruktur eines Datenfernverarbeitungsnetzes, das der Datenübertragung zwischen der Computer-Zentrale x_1 und den vier Zweigniederlassungen x_2, x_3, x_4, x_5 dienen soll, stehen die Alternativen A und B zur Auswahl. Die Struktur B setzt zusätzlich einen Satelliten-Computer x_6 als Konzentrator ein.
Die Graphen werden in zwei Schritten (Struktur und Ablauf) bewertet und in Matrizen dargestellt.

Alternativen, dargestellt in unbewerteten Graphen

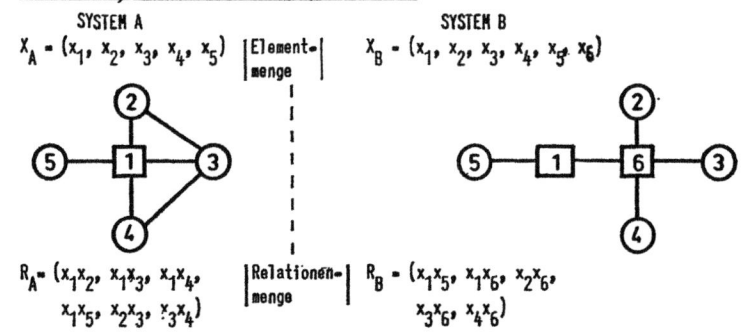

SYSTEM A: $X_A = \{x_1, x_2, x_3, x_4, x_5\}$ |Elementmenge| SYSTEM B: $X_B = \{x_1, x_2, x_3, x_4, x_5, x_6\}$

$R_A = \{x_1x_2, x_1x_3, x_1x_4, x_1x_5, x_2x_3, x_3x_4\}$ |Relationenmenge| $R_B = \{x_1x_5, x_1x_6, x_2x_6, x_3x_6, x_4x_6\}$

b) Strukturbewertung

In der Strukturbewertung wird jeder informationellen Relation ein Gewichtungsfaktor zugeordnet. Im angeführten Beispiel der Datenfernverarbeitung könnte die Gewichtung etwa als Kosten pro übertragenem Zeichen verstanden werden.
Die Distanzmatrizen $X_d = (d_{ij})$ ergeben sich aus diesen Graphen.

c) Ablaufbewertung

Die Distanzmatrizen nach der Strukturbewertung geben die statischen Verhältnisse in den Datenübertragungsnetzen A und B wieder. Jedoch treten informationelle Kontakte zwischen den verschiedenen Organisationsmitgliedern x_i mit unterschiedlicher Häufigkeit auf.
Für das Beispiel werden die Häufigkeiten k_{ij} der Informationskontakte, genauer: der übertragenen Zeichen pro Zeiteinheit, zwischen den Organisationsmitgliedern x_i und x_j in einer Kontaktmatrix $K = (k_{ij})$ in dreiwertiger Stufung dargestellt:

$$k_{ij} = \begin{cases} 1 & \text{(seltene Informationskontakte)} \\ 2 & \text{(normale Informationskontakte)} \\ 3 & \text{(häufige Informationskontakte)} \end{cases}$$

Für das Beispiel seien folgende Kontaktmatrizen als empirisch ermittelt angenommen:

d) Gesamtbewertung

Die Kontaktmatrix $K = (k_{ij})$ wird mit der Distanzmatrix $X_d = (d_{ij})$ zu einer Wertmarke $W = (w_{ij}) = (k_{ij} \cdot d_{ij})$ gekoppelt. In dem angeführten Beispiel würden sich folgende Werte w_{ij} als Kosten pro Zeiteinheit für die Informationskontakte zwischen x_i und x_j ergeben.

$$X_{dA} = \begin{bmatrix} 0 & 3 & 3 & 3 & 1 \\ 3 & 0 & 2 & 6 & 4 \\ 3 & 2 & 0 & 1 & 4 \\ 3 & 6 & 1 & 0 & 4 \\ 1 & 4 & 4 & 4 & 0 \end{bmatrix} \quad K_A = \begin{bmatrix} 0 & 2 & 2 & 3 & 3 \\ 2 & 0 & 2 & 3 & 1 \\ 2 & 2 & 0 & 2 & 2 \\ 3 & 3 & 2 & 0 & 1 \\ 3 & 1 & 2 & 1 & 0 \end{bmatrix} \quad W_A = \begin{bmatrix} 0 & 6 & 6 & 9 & 3 \\ 6 & 0 & 4 & 18 & 4 \\ 6 & 4 & 0 & 2 & 8 \\ 9 & 18 & 2 & 0 & 4 \\ 3 & 4 & 8 & 4 & 0 \end{bmatrix}$$

$$X_{dB} = \begin{bmatrix} 0 & 3 & 3 & 3 & 1 & 2 \\ 3 & 0 & 2 & 2 & 4 & 1 \\ 3 & 2 & 0 & 2 & 4 & 1 \\ 3 & 2 & 2 & 0 & 4 & 1 \\ 1 & 4 & 4 & 4 & 0 & 3 \\ 2 & 1 & 1 & 1 & 3 & 0 \end{bmatrix} \quad K_B = \begin{bmatrix} 0 & 1 & 1 & 2 & 3 & 1 \\ 1 & 0 & 2 & 3 & 1 & 1 \\ 1 & 2 & 0 & 2 & 2 & 1 \\ 2 & 3 & 2 & 0 & 1 & 1 \\ 3 & 1 & 2 & 1 & 0 & 1 \\ 1 & 1 & 1 & 1 & 1 & 0 \end{bmatrix} \quad W_B = \begin{bmatrix} 0 & 3 & 3 & 6 & 3 & 2 \\ 3 & 0 & 4 & 6 & 4 & 1 \\ 3 & 4 & 0 & 4 & 8 & 1 \\ 6 & 6 & 4 & 0 & 4 & 1 \\ 3 & 4 & 8 & 4 & 0 & 3 \\ 2 & 1 & 1 & 1 & 3 & 0 \end{bmatrix}$$

Daraus werden ermittelt:

e) Kennzahlen

1. Distanzmaximum: $\alpha_i = \max_j \{w_{ij}\}$
2. Diameter: $\beta = \max_{i,j} \{w_{ij}\} = \max_i \{\alpha_i\}$
3. Dispersion: $d = \sum_i \sum_j w_{ij}$
4. relative Zentralität: $z_i = d / \sum_j w_{ij}$
5. Gesamtzentralität: $Z = \sum_i z_i$

f) Die Auswertungstabelle ermöglicht eine echte Aussage über die Systeme:

i	x_i	SYSTEM A z_i	$1/z_i$	α_i	β_A	SYSTEM B z_i	$1/z_i$	α_i	β_B
1	x_1	5,3	18,8	9		6,2	16,1	6	
2	x_2	4,0	25,0	18	18	5,9	16,9	6	
3	x_3	6,4	15,6	8		5,3	18,8	8	8
4	x_4	3,9	25,8	18	18	5,0	20,0	6	
5	x_5	6,7	14,8	8		4,8	20,8	8	8
6	x_6	–	–	–		13,3	7,5	3	
		26,3 = Z_A	d_A=128			40,5 = Z_B	d_B=106		

Gesamtkosten: $d_B = 106 < 128 = d_A$
Hinweis auf gleichmäßigere Kostenverteilung für die einzelnen Informationskontakte bei System B: $\beta_B = 8 < 18 = \beta_A$. Die Kehrwerte $1/z_i$ der relativen Zentralität z_i geben den %-Anteil von den Gesamtkosten d an, der durch Informationskontakte, die von x_i ausgehen, verursacht wird.

(3) *Hat es für die Führung eine Bedeutung, daß Modell D zwei Zerlegungspunkte aufweist?*

Antwort: Solange bei „Ausfall" einer dieser Stellen der Mangel durch informelle Kommunikation ausgeglichen wird, nein. Antwort auf Frage (2) gilt weiter sinngemäß.

(4) *Hat es eine Bedeutung, daß in beiden Fällen kein oder kein eindeutiges Zentrum besteht?*

Antwort: Es könnte mit der Ablösung hierarchischer Strukturen zusammenhängen.

Die Antwort auf Frage 4 müßte weiter lauten:

Erst „bewertete" Kommunikationsmatrizen, bei denen die Prämisse „Kante gleich Kante" fällt, könnten hierüber mehr aussagen. Ich habe es schon in dem von mir zitierten 2. Aufsatz in der Zeitschrift „Rationalisierung" als einen möglichen Weg skizziert, zunächst eine „Struktur-" und dann noch eine „Ablaufbewertung" durchzuführen. Für einfachere Systeme (hinsichtlich der Quantifizierbarkeit der übermittelten Informationen) hat das S. Dworatschek[60]) an einem Beispiel gezeigt, das Bild 38 in gestraffter Form vermittelt.

Der Weg, um mit Hilfe von Kommunikationsmatrizen zu objektiven, nachvollziehbaren Aussagen zu gelangen, ist noch weit. Als Orientierungshilfe sind sie durchaus geeignet, bewertet und sogar unbewertet, solange man sich der Prämissen bewußt ist. Das gilt aber für alle Modelle!

IV. Beispiele komplexer Modelle

Mit „komplexen" Modellen werden ganze Systeme oder größere Subsysteme dargestellt. In der Regel handelt es sich um Simulationsmodelle, die die Auswirkung bestimmter organisatorischer Festlegungen (wie Reihenfolge und Art der Bearbeitung bestimmter Vorgänge) auf die Zielkriterien (wie Durchlaufzeiten, Wartezeiten, Leistungsmenge) zeigen.

Die folgenden Beispiele aus der Praxis sollen eine Vorstellung von dem Modellaufbau und der Arbeitsweise vermitteln[61]).

---

60) Vgl. Dworatschek, S., a. a. O.
61) DASIMO/05 ist die gekürzte Darstellung einer vom Institut für Angewandte Betriebswirtschaftslehre — Unternehmensführung der Universität Karlsruhe betreuten praxisorientierten Arbeit von D. Peemöller. — Das System Simulation Model (1100 SSM) wurde mit freundlicher Genehmigung entnommen aus: Sanderova, J., Simulationsmodell für die SPERRY UNIVAC Serie 1100, in: Datascope, 6 (1975) 18, S. 36—41.

1. Ablauf einer Simulation

Das Untersuchungsfeld

Ein bestehender Arbeitsablauf (Erledigung von Anträgen auf Durchführung von Gesundheitsmaßnahmen) erwies sich bei steigender Anzahl von Anträgen als unzureichend. Der Arbeitsbereich der Gesundheitsabteilung sollte deshalb reorganisiert werden. Das Gewicht lag dabei auf dem verstärkten Einsatz von Organisationsmitteln zur Bearbeitung der Anträge.

Die Anträge beziehen sich auf:

(1) allgemeine Heilbehandlungen,

(2) TBC-Behandlungen,

(3) Berufsförderungen,

(4) Kinderheilbehandlungen und

(5) sonstige ambulante Behandlungen.

Das Ziel ist, durch Wahl einer geeigneten Ablauforganisation die ständig zunehmende Zahl der Anträge ohne Stellenneubildung zu bewältigen und dabei die Bearbeitungszeit bis zur Antragsentscheidung zu verkürzen.

Ein Teilziel ist also, den Kundenservice zu erhöhen. Der neue Arbeitsablauf soll weiterhin einen raschen Zugriff auf wichtige Informationen wie die Belegungsdauer und die Kapazität von Heilstätten, Beitragsleistungen von Versicherten und bereits früher gestellte Anträge ermöglichen.

Nebenbedingungen sind:

(1) die Kapazitätsbeschränkungen hinsichtlich der Organisationsmittel,

(2) das Leistungspotential der Mitarbeiter,

(3) Arbeitsvorschriften und unternehmenspolitische Richtlinien (z. B. darf die Gesundheitsabteilung in den Arbeitsablauf der Rentenabteilung nicht integriert werden),

(4) Vorgaben des Verbandes deutscher Rententräger — VdR (z. B. über die Anzahl der zu besetzenden Stellen).

Das Modell

Als Grundlage für die Simulation wurde in dem neu zu gestaltenden Bereich eine Systemanalyse durchgeführt. Diese führte zum einen zu einer Beschreibung der in den Arbeitsablauf integrierten Elemente (z. B. Posteingang und Verteilung, Antragstelle usw.) nach etwa folgenden Charakteristika:

(1) Durchlaufzeit eines Antrages durch ein Element (= Bearbeitungszeit pro Antrag),

(2) Verhalten des Elements bei Schlangenbildung von Arbeitsaufträgen,

(3) maximale Belastbarkeit des Elements,

(4) Störanfälligkeit, Arbeitsrhythmus usw. des Elements,

(5) Verhalten und Eigenschaften von Umweltelementen.

Zum anderen wurden die Elementrelationen, die Verbindungen zwischen den einzelnen Elementen, für den Innenbereich (z. B. Betriebs-, Geschäftsordnung, Organisationsplan) und Umweltbereich (z. B. Vorschriften der Landesversicherungsanstalt) untersucht.

Schließlich ergaben sich die grundsätzlichen Gestaltungsmöglichkeiten, die als Parameter in das Simulationsmodell eingingen (s. Bild 39 und 40). Für die einzelnen Alternativen wurde dabei die Entwicklung der Zeit, die bis zur Erledigung von 500 Anträgen benötigt wird, in Abhängigkeit von der Anzahl der eingehenden Anträge aufgezeichnet. Der Betrachtungszeitraum ist ein Jahr.

Als beste Alternative erwies sich folgender Ablauf (Bild 39, Alternative B, Bild 41):

- Die Anträge laufen nach Posteingang über eine Antragstelle, die Vorarbeiten für die automatische Verarbeitung der Anträge vornimmt. Sämtliche Formulare, Bescheide und statistischen Listen werden mit Hilfe der EDV-Anlage erstellt. Eine gesonderte Statistikstelle wird für die Gesundheitsabteilung nicht benötigt. Die Datenerfassung erfolgt auf Magnetband, die Einteilung von Arbeitsgruppen nach der Versicherungsnummer.

  Die Verarbeitung der Anträge erfolgt direkt nach Eingang. In der Planung sind Bearbeitungsengpässe, die sich aufgrund eines erhöhten Antragseingangs im Frühjahr und Herbst ergeben, berücksichtigt.

Mit Abbildung 41 wird der Arbeitsablauf wiedergegeben, der für die Erledigung von Anträgen auf Durchführung von Gesundheitsmaßnahmen in dem untersuchten Betrieb eingeführt wurde.

Bild 39: Simulationsmodell: Parameter und Alternativen

Parameter	0	1
P(1)	mit Antragstelle	ohne Antragstelle
P(2)	manuelles Erstellen sämtlichen Schriftgutes	alle Ausdrucke mit EDV-Anlage
P(3)	mit Statistikstelle	ohne Statistikstelle
P(4)	Datenträger Lochkarte	Datenträger Magnetband

Unter Berücksichtigung verschiedener Antrags-Ankunftszeiten sowie verschiedener Abarbeitungsfrequenzen auf der EDV-Anlage und der aus der Systemanalyse gewonnenen Elementcharakteristika wurde die Simulation mit 5 Alternativen A bis E durchgeführt, die aus theoretisch $2^5 = 32$ Möglichkeiten ausgewählt wurden.

Alternative	Parameter-stellung	T(x,y)					
		C,5	R,5	8,5	C,1	R,1	8,1
A	1,1,0,0	X	X	X	X	X	X
B	0,1,1,1	X	X	X	X	X	X
C	1,1,1,1,	X	X	X	X	X	X
D	1,0,0,0	X	X	X	X	X	X
E	0,0,0,0,	X	X	X	X	X	X

T(x, y)   hat hier folgende Bedeutung:

x = C: Die Ankunftszeit der Anträge hängt von der Simulationszeit (Jan./Feb. alle 5 Tage, März/April alle 2 Tage usw.) ab.

x = R: Die Ankunft der Anträge ist zufällig (durch Zufallsgenerator erzeugt).

x = 8:   8tägige Ankunft der Anträge.

y = 5:   Abarbeitungsfrequenz auf der EDV-Anlage: alle 5 Tage.

y = 1:   Die Verarbeitung erfolgt jeden Tag.

Bild 40: Graphische Darstellung des Simulationsmodells

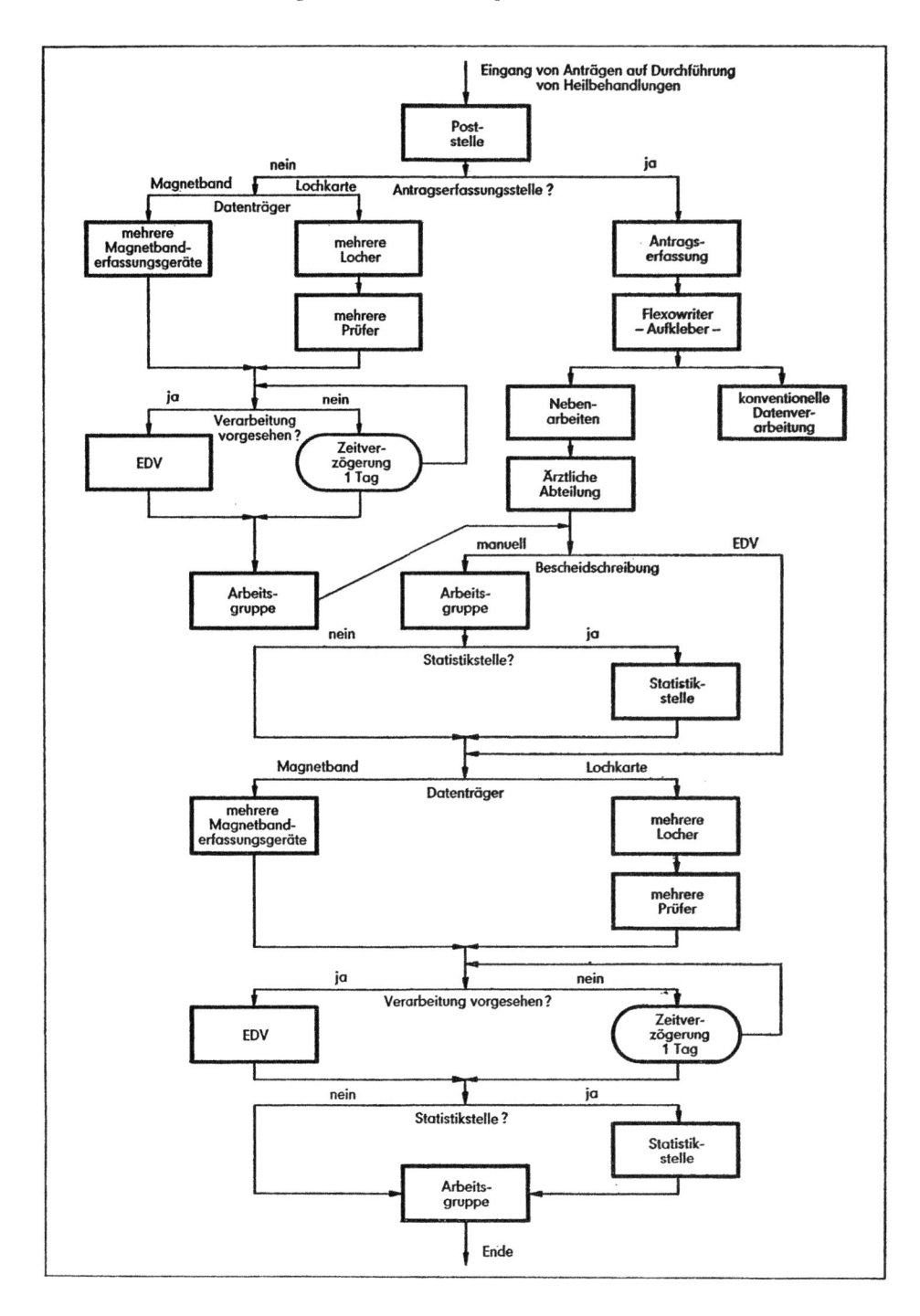

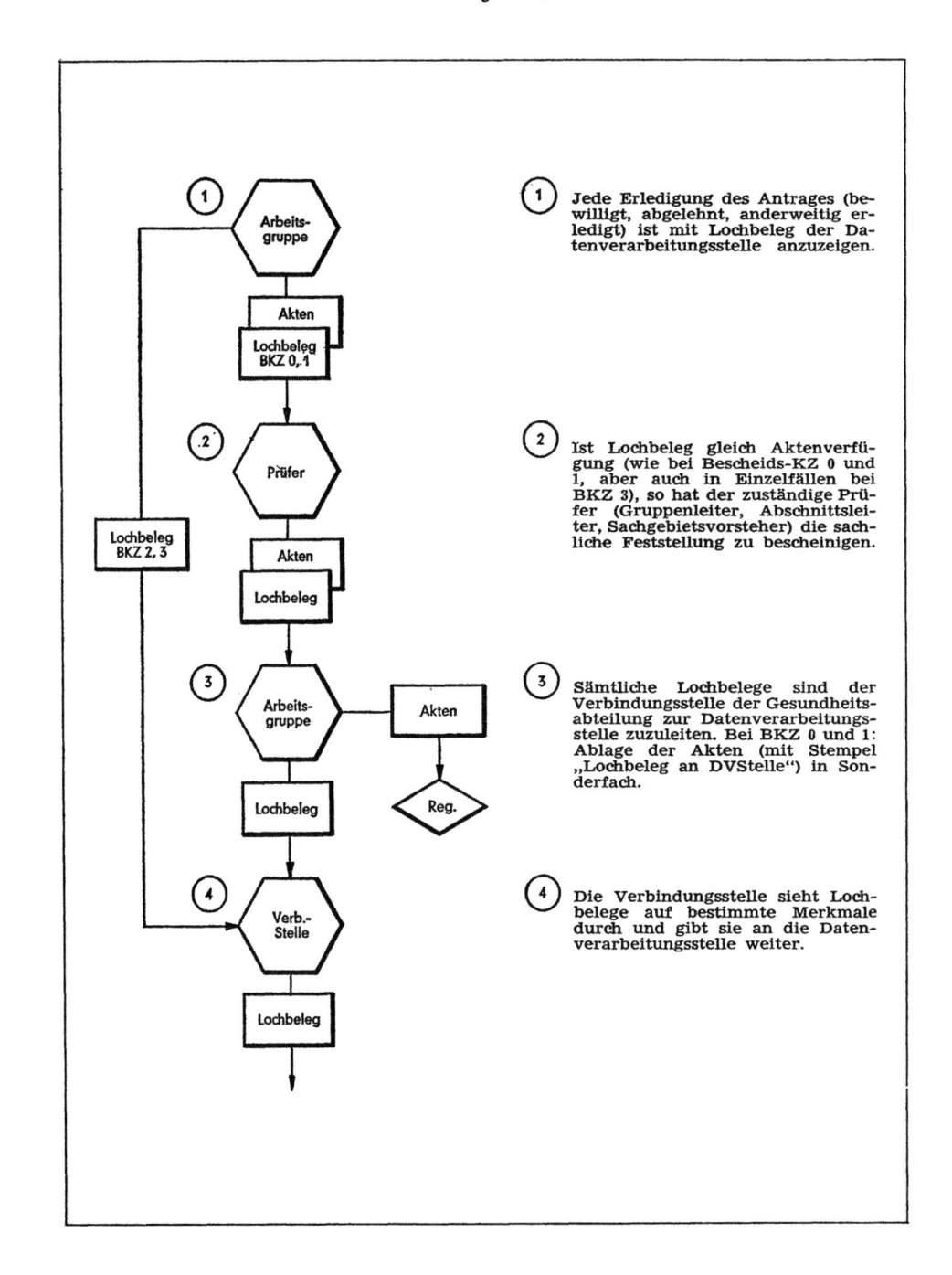

Bild 41: Arbeitsablauf bei der Erledigung von Anträgen auf Durchführung von Gesundheitsmaßnahmen nach Reorganisation

① Jede Erledigung des Antrages (bewilligt, abgelehnt, anderweitig erledigt) ist mit Lochbeleg der Datenverarbeitungsstelle anzuzeigen.

② Ist Lochbeleg gleich Aktenverfügung (wie bei Bescheids-KZ 0 und 1, aber auch in Einzelfällen bei BKZ 3), so hat der zuständige Prüfer (Gruppenleiter, Abschnittsleiter, Sachgebietsvorsteher) die sachliche Feststellung zu bescheinigen.

③ Sämtliche Lochbelege sind der Verbindungsstelle der Gesundheitsabteilung zur Datenverarbeitungsstelle zuzuleiten. Bei BKZ 0 und 1: Ablage der Akten (mit Stempel „Lochbeleg an DVStelle") in Sonderfach.

④ Die Verbindungsstelle sieht Lochbelege auf bestimmte Merkmale durch und gibt sie an die Datenverarbeitungsstelle weiter.

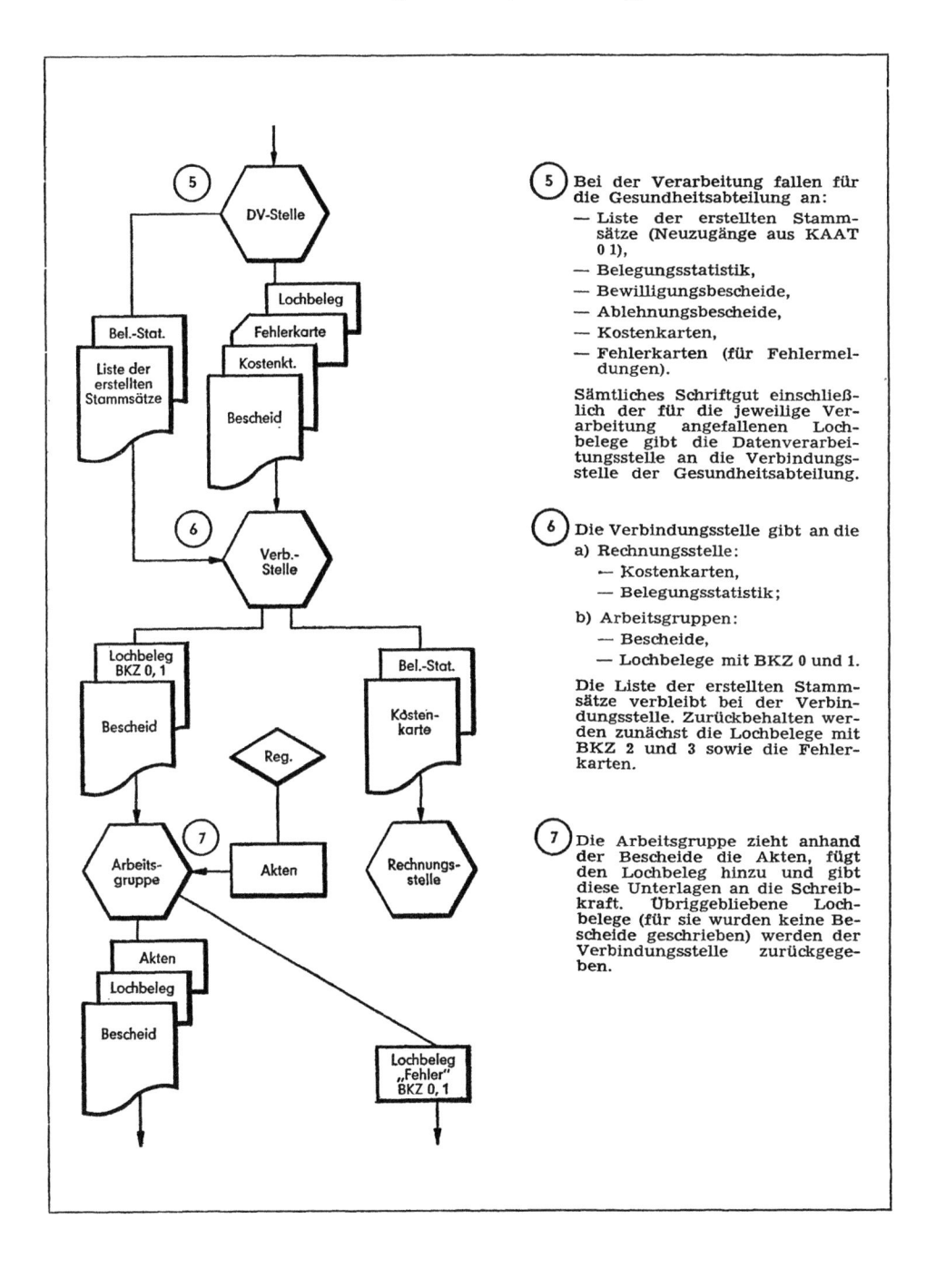

*Bild 41: Arbeitsablauf bei der Erledigung von Anträgen
auf Durchführung von Gesundheitsmaßnahmen
nach Reorganisation (Fortsetzung)*

⑤ Bei der Verarbeitung fallen für die Gesundheitsabteilung an:
— Liste der erstellten Stammsätze (Neuzugänge aus KAAT 0 1),
— Belegungsstatistik,
— Bewilligungsbescheide,
— Ablehnungsbescheide,
— Kostenkarten,
— Fehlerkarten (für Fehlermeldungen).

Sämtliches Schriftgut einschließlich der für die jeweilige Verarbeitung angefallenen Lochbelege gibt die Datenverarbeitungsstelle an die Verbindungsstelle der Gesundheitsabteilung.

⑥ Die Verbindungsstelle gibt an die
a) Rechnungsstelle:
— Kostenkarten,
— Belegungsstatistik;
b) Arbeitsgruppen:
— Bescheide,
— Lochbelege mit BKZ 0 und 1.

Die Liste der erstellten Stammsätze verbleibt bei der Verbindungsstelle. Zurückbehalten werden zunächst die Lochbelege mit BKZ 2 und 3 sowie die Fehlerkarten.

⑦ Die Arbeitsgruppe zieht anhand der Bescheide die Akten, fügt den Lochbeleg hinzu und gibt diese Unterlagen an die Schreibkraft. Übriggebliebene Lochbelege (für sie wurden keine Bescheide geschrieben) werden der Verbindungsstelle zurückgegeben.

Bild 41: Arbeitsablauf bei der Erledigung von Anträgen auf Durchführung von Gesundheitsmaßnahmen nach Reorganisation (Fortsetzung)

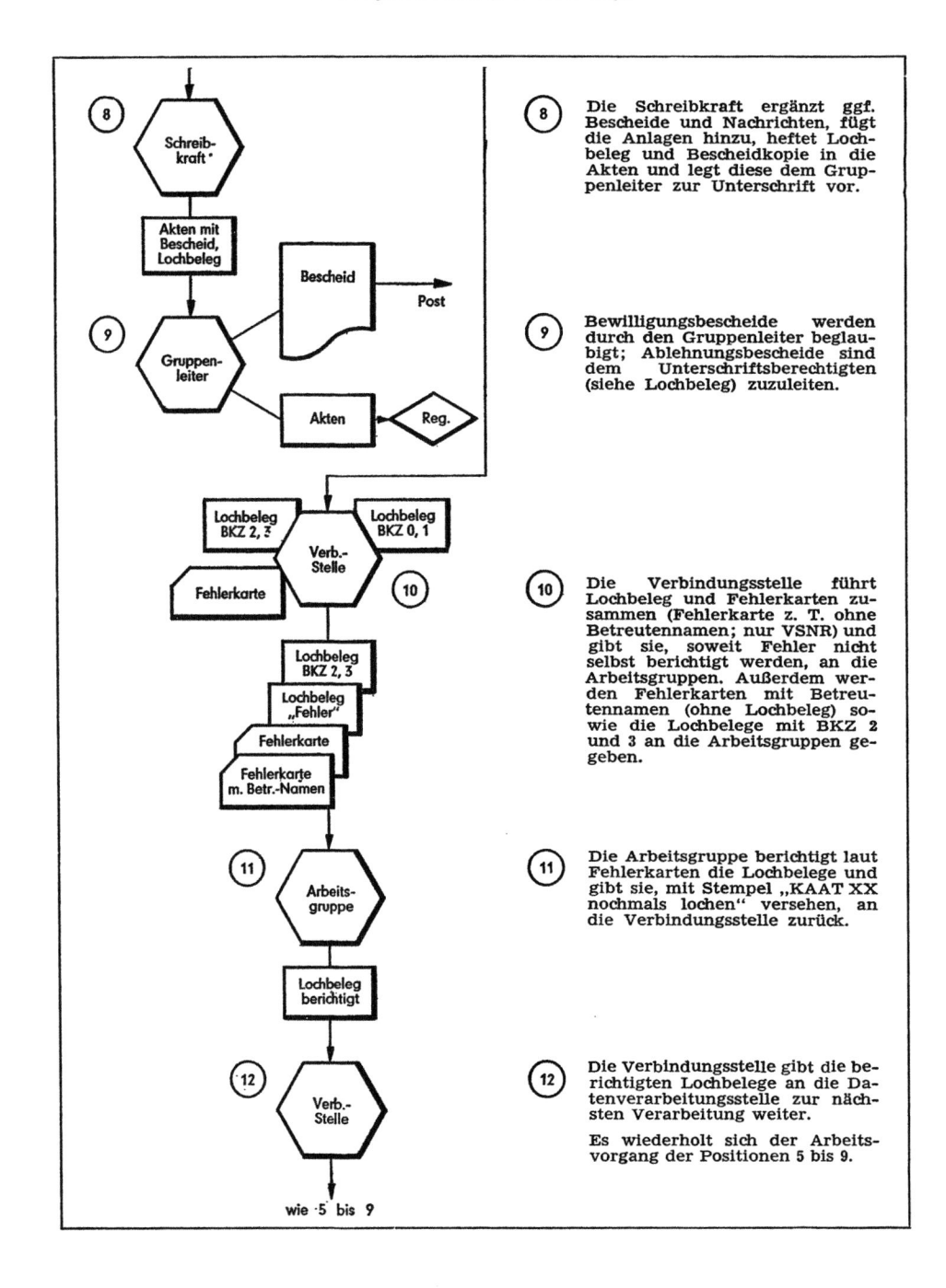

⑧ Die Schreibkraft ergänzt ggf. Bescheide und Nachrichten, fügt die Anlagen hinzu, heftet Lochbeleg und Bescheidkopie in die Akten und legt diese dem Gruppenleiter zur Unterschrift vor.

⑨ Bewilligungsbescheide werden durch den Gruppenleiter beglaubigt; Ablehnungsbescheide sind dem Unterschriftsberechtigten (siehe Lochbeleg) zuzuleiten.

⑩ Die Verbindungsstelle führt Lochbelege und Fehlerkarten zusammen (Fehlerkarte z. T. ohne Betreutennamen; nur VSNR) und gibt sie, soweit Fehler nicht selbst berichtigt werden, an die Arbeitsgruppen. Außerdem werden Fehlerkarten mit Betreutennamen (ohne Lochbeleg) sowie die Lochbelege mit BKZ 2 und 3 an die Arbeitsgruppen gegeben.

⑪ Die Arbeitsgruppe berichtigt laut Fehlerkarten die Lochbelege und gibt sie, mit Stempel „KAAT XX nochmals lochen" versehen, an die Verbindungsstelle zurück.

⑫ Die Verbindungsstelle gibt die berichtigten Lochbelege an die Datenverarbeitungsstelle zur nächsten Verarbeitung weiter.

Es wiederholt sich der Arbeitsvorgang der Positionen 5 bis 9.

2. Modell zur Planung und Untersuchung von Datenverarbeitungsanlagen

Verschiedene Probleme, die im Zusammenhang mit Datenverarbeitungsanlagen entstehen, werden aufgrund der progressiven Entwicklung immer komplizierter.

Bei Auslegung neuer Systeme und Anwendungen wird z. B. eine Vorhersage über das zukünftige Systemverhalten benötigt. Da in der Planungsphase noch kein reales Objekt existiert, kann die Situation überhaupt nur an einem Modell untersucht werden. Die umfangreiche und komplexe Problematik wird oft durch formal präzise mathematische Mittel (z. B. Gleichungssysteme) nicht genügend ausführlich abgebildet und aufgelöst. In diesen Fällen kann eine Lösung mittels Simulation sogar höhere Ansprüche als eine Lösung auf analytischem Wege befriedigen.

Im Entwicklungszentrum von Sperry Univac in Roseville, USA, wurde ein Simulationsmodell unter dem Namen 1100 System Simulation Model (1100 SSM) entwickelt, das zur Planung und Untersuchung von Anlagen der Sperry Univac Serie 1100 bestimmt ist.

Trotz seiner Einfachheit liefert dieses Simulationsmodell sehr brauchbare und der Realität recht entsprechende Ergebnisse. Es können verschiedene Job-Profile und verschiedene Konfigurationen abgebildet werden, wobei die Hauptkomponenten — CPU (zentrale Verarbeitungseinheit), Speicher, Peripherie — im Typ und in der Anzahl variieren. Vom logischen Aufbau her stellt das Modell das Grobkonzept des Betriebssystems für die Anlagen der Serie 1100 dar. Durch dynamische Abbildung der Speicherkonflikte und Berücksichtigung der Taskprioritäten wird die Prozessortätigkeit ausführlich simuliert. Die Verarbeitung der rechenintensiven Job-Profile läßt sich daher besonders gut darstellen.

Das Modell

Das 1100 System Simulation Model ist task-orientiert. Ein Task ist ein ausführlicher Programmteil, der Speicher benötigt und eine Bearbeitung durch die Zentraleinheit und die Peripherie-Untersysteme verlangt.

Die Tasks durchlaufen das Simulationsmodell, wobei ihre Bearbeitung entsprechend den eingegebenen Parametern simuliert wird. Der grobe Modellablauf wird in Bild 42 schematisch dargestellt.

Es werden folgende Schritte unterschieden:

(1) *Task-Generierung*

(2) *Warteschlange*

Der Eintritt der Tasks in das System wird nach Benutzerangaben durch einen Zufallszahlengenerator gesteuert. Außerdem wird er von der Länge der Task-Warteschlange für die Speicherzuteilung beeinflußt. Die maximal erlaubte Länge der Warteschlange wird vom Benutzer festgelegt. Immer bei Erreichen dieser Grenze wird die Generierung neuer Tasks unterbrochen. Wenn die Warteschlange herabsinkt, wird der Generierungsprozeß automatisch erneuert.

(3) *Speicherzuteilung*

Der Speicher wird am Anfang von den ersten Tasks nach der Fifo-Regel (first in — first out) besetzt, soweit das kapazitätsmäßig möglich ist. Im späteren Ablauf wird der frei gewordene Speicherplatz von dem auf die Speicherzuteilung wartenden Task belegt, dessen Speicherbedarf die entstehende Lücke am besten ausfüllt. Bei

Bild 42: Grober Modellablauf mit einigen Ausschnitten aus der Codierung 1100 SSM

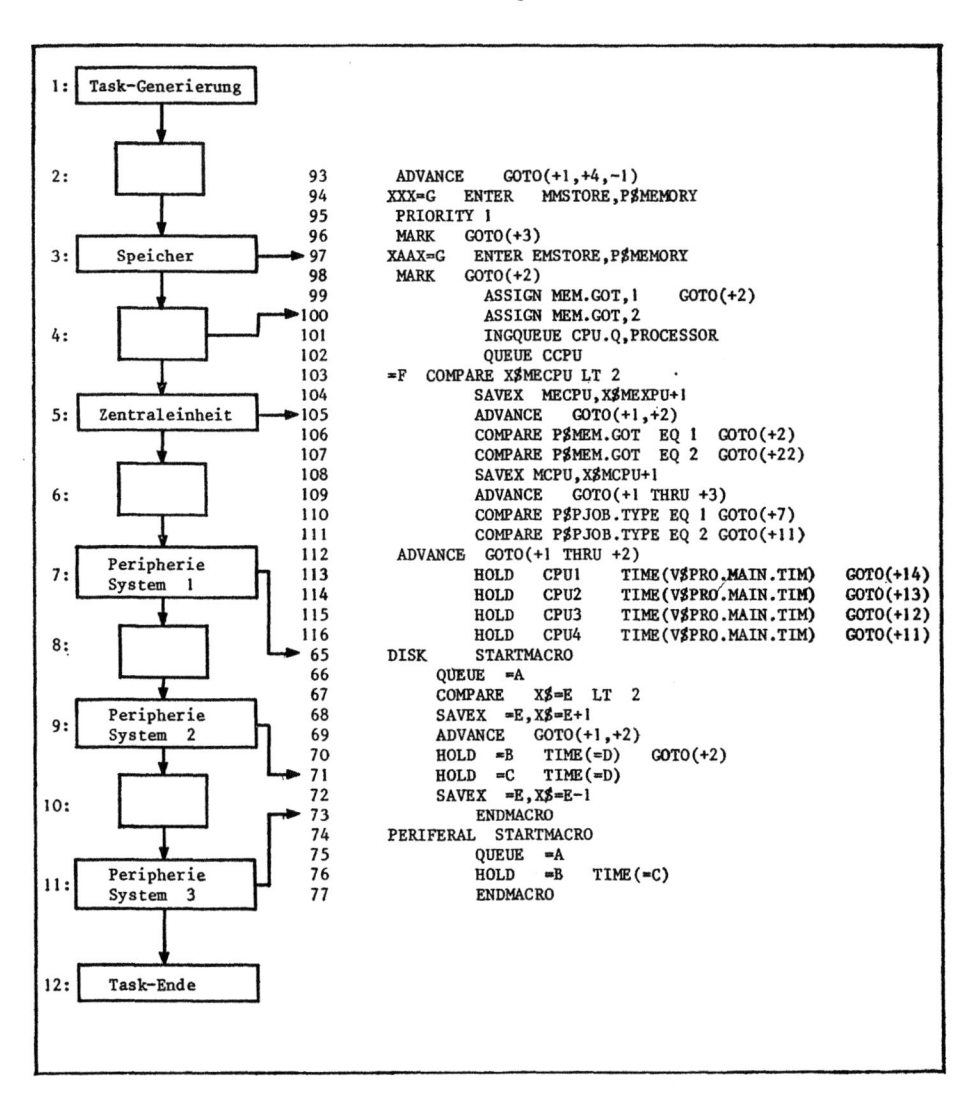

```
 93        ADVANCE    GOTO(+1,+4,-1)
 94  XXX=G ENTER      MMSTORE,P$MEMORY
 95        PRIORITY   1
 96        MARK       GOTO(+3)
 97  XAAX=G ENTER     EMSTORE,P$MEMORY
 98        MARK       GOTO(+2)
 99                   ASSIGN MEM.GOT,1     GOTO(+2)
100                   ASSIGN MEM.GOT,2
101                   INQUEUE CPU.Q,PROCESSOR
102                   QUEUE CCPU
103  =F   COMPARE X$MECPU LT 2
104                   SAVEX  MECPU,X$MEXPU+1
105                   ADVANCE  GOTO(+1,+2)
106                   COMPARE P$MEM.GOT EQ 1  GOTO(+2)
107                   COMPARE P$MEM.GOT EQ 2  GOTO(+22)
108                   SAVEX  MCPU,X$MCPU+1
109                   ADVANCE  GOTO(+1 THRU +3)
110                   COMPARE P$PJOB.TYPE EQ 1 GOTO(+7)
111                   COMPARE P$PJOB.TYPE EQ 2 GOTO(+11)
112        ADVANCE    GOTO(+1 THRU +2)
113             HOLD   CPU1    TIME(V$PRO.MAIN.TIM)   GOTO(+14)
114             HOLD   CPU2    TIME(V$PRO.MAIN.TIM)   GOTO(+13)
115             HOLD   CPU3    TIME(V$PRO.MAIN.TIM)   GOTO(+12)
116             HOLD   CPU4    TIME(V$PRO.MAIN.TIM)   GOTO(+11)
 65  DISK     STARTMACRO
 66          QUEUE  =A
 67          COMPARE  X$=E LT 2
 68          SAVEX  =E,X$=E+1
 69          ADVANCE  GOTO(+1,+2)
 70          HOLD  =B   TIME(=D)     GOTO(+2)
 71          HOLD  =C   TIME(=D)
 72          SAVEX =E,X$=E-1
 73          ENDMACRO
 74  PERIFERAL  STARTMACRO
 75          QUEUE  =A
 76          HOLD   =B   TIME(=C)
 77          ENDMACRO
```

1: Task-Generierung
2:
3: Speicher
4:
5: Zentraleinheit
6:
7: Peripherie System 1
8:
9: Peripherie System 2
10:
11: Peripherie System 3
12: Task-Ende

mehreren in dieser Hinsicht gleichwertigen Tasks wird wieder nach der Fifo-Regel fortgefahren. Paßt keiner der wartenden Tasks in die Lücke hinein, wird gewartet, bis sich der freie Speicherplatz aufgrund der Änderung des Modellzustandes genügend vergrößert. Wenn ein Task Speicherplatz zugeteilt bekommt, wird er ihn während seiner ganzen Bearbeitungszeit (von CPU und Peripherie) ununterbrochen belegen.

(4) *Warteschlange*

Nach der Speicherzuteilung erfordern die Tasks die Bearbeitung durch eine CPU; falls dies nicht möglich ist, warten sie in einer Warteschlange. Bei der Simulation einer Sperry Univac 1106 oder 1108 wird diese CPU-Warteschlange nach Fifo-Regel abgebaut. Bei einer 1110 werden die Tasks für die CPU-Bearbeitung nach den Prioritäten ausgewählt, die bei der Speicherzuteilung vergeben wurden.

(5) *Bearbeitung durch die Zentraleinheit*

Eine CPU kann nur von einem Task belegt werden, und sie bleibt in diesem Status entsprechend der CPU-Bearbeitungszeit dieses Tasktyps.

Die Bearbeitung der im Hauptspeicher liegenden Tasks wird kontinuierlich durchgeführt.

(6) *Warteschlange*

(7) *Bearbeitung durch Peripherie-System*

Nach der CPU-Bearbeitung werden die Tasks an die Peripherie übergeben. Ist die gewünschte Einheit besetzt, kommt der Task in eine Warteschlange. Die Belegungszeiten der Peripheriegeräte werden vom Benutzer im Rahmen der Inputdaten bestimmt.

(8) *Task-Ende*

Zum Schluß werden die Tasks gelöscht.

Ein- und Ausgabedaten

Eingabedaten

Die simulierte Konfiguration und die Arbeitslast werden durch die Eingabedaten beschrieben.

Die Konfigurationsaufgaben beziehen sich auf Typ und Anzahl von

a) CPU,

b) Speichermoduln,

c) Peripherieuntersystemen.

Diese Informationen gehen teilweise direkt als Konfigurationsparameter in das Modell ein, teilweise beeinflussen sie auch den Modellablauf.

Arbeitslastparameter: Die im Modell gegebene Arbeitslastdefinition enthält 45 % wissenschaftliche, 36 % kommerzielle und 19 % sonstige Programme und ist — nach den amerikanischen Untersuchungen — repräsentativ für Benutzer einer Sperry Univac 1108.

Erläuterung „*wissenschaftliche/kommerzielle Programme*":

Wissenschaftliche Programme sind durch wenige Eingabedaten und viele Verknüpfungen charakterisiert, *kommerzielle* Programme zeichnen sich durch großen Datenkranz bei wenigen Verknüpfungsoperationen aus.

Diese Definition wird bei Bedarf an die tatsächlichen Verhältnisse eines Interessenten angepaßt.

Es werden folgende Angaben benötigt:

Programm-Mix

Anhand der Tasks können drei verschiedene Programm-Typen (scientific, business, programm development) separat beschrieben werden. Die Struktur der Arbeitslast wird dann durch die Anzahl der einzelnen Tasktypen eingegeben und im Laufe der Simulation automatisch gebildet.

Taskbeschreibung

Verteilung des Speicherbedarfs. Der Speicherbedarf für die Tasks eines Typs (z. B. wissenschaftlich oder kommerziell) wird in Größenklassen eingeteilt und hierfür eine Häufigkeitsverteilung der Tasks aufgestellt.

CPU-Benutzerzeit und zugehöriger EXEC-Overhead

Diese Eingabedaten beziehen sich auf Einprozessorkonfiguration, wobei die Tasks und EXEC-Routinen nur den Hauptspeicher belegen. Zur Laufzeit werden diese Angaben mit einem Modifikationsfaktor multipliziert, der von Speicherart, Anzahl der Speichermoduln und dem augenblicklichen Zustand der Prozessoren (frei oder belegt) abhängt.

Belegungszeiten für Peripherieeinheiten

Die Belegungszeiten werden für jeden Typ von Peripherieeinheiten eingegeben. Sie können z. B. durch die Formel

$$(ZZ + TR \cdot AW) AZ$$

bestimmt werden. Dabei bedeutet:

ZZ = Zugriffszeit,
TR = Übertragungszeit pro Wort,
AW = Anzahl Worte pro Zugriff,
AZ = Anzahl Zugriffe pro Task.

Ausgabedaten

Die Ausgabedaten liefern eine Reihe ausführlicher Informationen über den abgelaufenen Bearbeitungsprozeß, wie z. B. Durchsatz, Task-Verweilzeit und Auslastung der einzelnen Konfigurationskomponenten. Auch über die Warteschlangenbildung an verschiedenen Stellen im Modell werden zahlreiche Angaben gemacht. Im Lauf der Simulation werden automatisch interne Tabellen geführt, die die Grundlage für die zum Schluß herausgegebenen Verteilungen darstellen.

Bild 43: Ausschnitt aus den Ausgabedaten 1100 SSM

FACILITY NAME	AVERAGE UTILIZATION	NUMBER ENTRIES	AVERAGE TIME/TRANS						
CPU1	.9848	747	2872.20						
CPU2	.9713	759	2787.96						
CPU3	.0000	0	.00						
CPU4	.0000	0	.00						
D432.1	.1602	300	1163.52						
D432.2	.0000	0	.00						
CH.1	.6722	174	9416.25						
CH.2	.4685	126	8100.86						
DTAPE.1	.3907	300	2837.03						
DTAPE.2	.0000	0	.00						

STORAGE NAME	MAXIMUM CONTENTS	AVERAGE CONTENTS	MAXIMUM CAPACITY	TOTAL ENTRIES	ZERO ENTRIES	AVERAGE CAPACITY	AVERAGE UTILIZATION
MMSTORE	49	42.96	49	300	0	49.00	.8767
EMSTORE	186	177.18	186	1506	105	186.00	.9526

QUEUE NAME	MAXIMUM CONTENTS	AVERAGE CONTENTS	TOTAL ENTRIES	ZEROS PERCENT	AV. TIME/ENT (ALL)	TOTAL TRANS	AVERAGE ENT/TRANS	AV. TIME/ENT (NON ZERO)	AVERAGE TIME/ENT	CURRENT CONTENTS	TABLE NAME
CPU.Q	11	5.27	300	.00	38249.89	166	25.02	38249.89	22535.45	0	WAIT.CPU
CCPU	9	3.31	300	6.97	4789.75	134	33.62	5148.73	85688.35	0	
Q432.1	2	.01	0	91.33	71.79			828.38			
Q432.2	0	.00	0	.00	.00			.00			
Q8440	4	.20	300	65.00	1431.77			4090.78			
QTAPE.1	1	.06	300	71.67	438.48			1547.58			
QTAPE.2	0	.00	0	.00	.00			.00			

USER CHAIN NAME	MAXIMUM LENGTH	AVERAGE LENGTH	TOTAL ENTRIES	AVERAGE TIME/TRANS	CURRENT CONTENTS
ORIG	11	10.26	257	86986.86	0
GIRO	11	10.26	257	86986.86	0

Bild 43 zeigt einen Ausschnitt der Ausgabedaten einer 1100 2×2-Simulation mit 64/256 KW Haupt-/Ergänzungsspeicher, mit einem durch Single-Channel angeschlossenen Trommelsystem Univac FH 1782, einem durch Dual-Channel angeschlossenen Wechselplattenspeicher Univac 8440 und einem Magnetbandsystem.

Beim *Dual-Channel-System* sind CPU und Peripherie durch zwei Daten-Kanäle verbunden. Daraus ergeben sich folgende Vorteile:

— Es können in der gleichen Zeiteinheit doppelt soviel Daten übertragen werden;

— wenn ein Kanal ausfällt, kann noch über den anderen übertragen werden (Ausfallsicherheit);

— im Multiprocessor-System werden durch die zwei Kanäle des Dual-Channel zwei verschiedene Zentraleinheiten mit demselben Peripheriegerät verbunden. Dadurch kann das Peripheriegerät weiterarbeiten, selbst wenn eine CPU ausgefallen ist (ebenfalls Ausfallsicherheit).

Es kann aus diesen Daten z. B. entnommen werden, daß das Dual-System die anfallende Belastung noch bewältigen kann. Die einzelnen Kanäle sind zu 67 % und 46 % ausgelastet, wobei die entsprechende Warteschlange „Q 8440" im Durchschnitt nur 0,2 Tasks enthält.

Anwendungsmöglichkeiten

Die Anwendungsmöglichkeiten des 1100 SSM sind:

a) Systemkonfigurierung

Mit diesem Modell kann die Konfiguration mit dem günstigsten Preis-Leistungs-Verhältnis bestimmt werden. Das trifft insbesondere für die Festlegung der optimalen Größe von Haupt- und Ergänzungsspeicher für Anlagen der Sperry Univac Serie 1100 zu.

b) Systemleistung-Untersuchungen

Bei vorgegebener Arbeitslast kann eine Konfigurations-Untersuchung hinsichtlich des Durchsatzes vorgenommen werden.

c) Hochrechnung

Liegen die Benchmark-Daten für eine 1106/1108 vor, so kann mit dem Simulationsmodell auch der voraussichtliche System-Durchsatz einer Sperry Univac 1110 ermittelt werden.

Benchmark = eine ausgewählte, repräsentative Teilmenge des gesamten Job-Profils, die in der Sprache der jeweiligen Anlage programmiert und abgearbeitet wird.

Das 1100 SSM ist in GPSS/1100 geschrieben. Die Vorbereitung der Eingabedaten ist relativ einfach und in einer vertretbaren Zeit durchführbar.

Nach den gemachten Erfahrungen ist das 1100 SSM für verschiedene Systemuntersuchungen sehr gut geeignet. Die Simulationsergebnisse sind überraschend genau, und ihre Ausführlichkeit ist für das Vorgehens-Niveau (Modellierung) vollkommen ausreichend.

V. Real- und Idealmodelle als Orientierungshilfen für Gesamtkonzeptionen

1. Grundsätzliches zur Vorgehensweise

Bei größeren Organisationsvorhaben, z. B. bei einem umfassenden Rationalisierungsprogramm im Verwaltungsbereich oder bei der Schaffung gänzlich neuer Organisationen anläßlich der Neugründung von Betrieben, mangelt es in der Regel an geeigneten Gesamtkonzeptionen. Das gilt auch immer dann, wenn ein gegebener Istzustand in seinen wesentlichen Teilen als ungeeignet erkannt wurde oder wenn bewußt eine gänzlich neue, vom Bisherigen unbeeinflußte Lösung angestrebt wird.

Es wurde bereits darauf hingewiesen, daß ein vorhandener Istzustand stets — also auch wenn man sich von dem bisherigen Lösungsweg distanzieren möchte — aufgenommen und analysiert werden sollte.

Der Istzustand ist ein Spiegel inner- und außerbetrieblicher Bedingungen, in dem sich für den Betrachter die Probleme zeigen, mit der die alte Organisation — möglicherweise nicht sehr geglückt — fertig werden mußte, die aber auch auf jede neue Organisation zukommen, z. B. schwer beeinflußbare informelle Strukturen im personellen Bereich, häufige Änderungsnotwendigkeit von Routineabläufen aufgrund der Marktposition.

Da es unmöglich ist, aus einzelnen Elementen, wie Organisationsgrundsätzen, Beispielen geglückter Lösungen von Einzelfragen usw., eine Gesamtkonzeption ohne jedes Gesamtleitbild aufzubauen, stellt sich die Frage nach geeigneten Leitbildern. Hier bieten sich Realmodelle (im Sinne einer Darstellung der Organisationstatbestände vergleichbarer bzw. typischer Betriebe) und Idealmodelle (allgemein gehaltene, abstrakt formulierte Gesamtkonzeptionen) an.

Sowohl die Real- als auch die Idealmodelle müssen den Gegebenheiten des Realsystems, für dessen Organisation sie Vorbild sein sollen, angepaßt und weiter detailliert werden. Dabei können dann auch die anderen, bereits vorgestellten Instrumente der Organisationsentscheidung (Grundsätze, Schwachstellenkataloge, Entscheidungsmodelle usw.) eingesetzt werden.

Die Übertragung von Real- und Idealmodellen auf einen Betrieb bzw. auf einen bestimmten betrieblichen Bereich soll an einem Beispiel gezeigt werden; als Idealmodelle mögen die Regelkreismodelle im Sinne der Bilder 1 bis 5 mit Erläuterungen, insbesondere Bild 5, dienen[62]).

Als zu organisierender Bereich sei ein Ausschnitt des Berichts- bzw. Informationswesens gewählt. Damit soll zugleich die mehrfach hervorgehobene enge Verbindung von Organisation und Informationswesen noch weiter verdeutlicht werden.

Dem Beispiel seien einige Begriffserklärungen[63]) vorangestellt:

Das Informationswesen, auch „B e r i c h t s w e s e n" als Gegenstand organisatorischen Gestaltens, umfaßt alle Einrichtungen, Mittel und Maßnahmen eines Unternehmens oder Betriebes zu Erarbeitung, Weiterleitung, Verarbeitung und Speicherung von Informationen über den Betrieb und seine Umwelt. Informations- oder Berichtswesen bezeichnet also Strukturen und Abläufe (Prozesse) des Informationsaustausches (der Kommunikation).

Organisatorisch bedeutsam ist auch der engere Begriff (betriebliche) B e r i c h t e r s t a t t u n g. Darunter werden n u r d i e A b l ä u f e zur Vermittlung von Informationen über den Betrieb und seine Umwelt an inner- und außerbetriebliche Empfänger verstanden.

Die Organisation des Informationswesens ist ein wesentlicher Bereich der Gesamtorganisation des Betriebes.

2. Beispiel aus dem Berichts- bzw. Informationswesen:

Institutionalisierung der Berichterstattung für das Management

Das Berichtswesen soll alle betrieblichen Stellen als Informationsgeber und -empfänger zu einem auf die Gesamtzielsetzung des Betriebes bzw. Unternehmens hinwirkenden Gesamtsystem integrieren, den Betrieb mit seiner Umwelt verbinden und die Umwelt über betriebsrelevante Tatbestände und Zusammenhänge informieren, soweit der Betrieb daran interessiert oder dazu verpflichtet

---

[62] Für den Investitionsbereich ausführlich dargestellt in: Blohm, H. — Lüder, K., Investition, 3. Aufl., München 1974, S. 13—19.

[63] Literatur hierzu: Blohm, H., Informationswesen, Organisation des, in: Handwörterbuch der Betriebswirtschaft (HWB), Hrsg.: E. Grochla, Stuttgart 1975, Spalte 1924—1929; Wedekind, H., Datenorganisation, 3. Aufl., Berlin 1975; Blohm, H., Die Gestaltung des betrieblichen Berichtswesens als Problem der Leitungsorganisation, 2. Aufl., Herne - Berlin 1974; Marock, H. — Winkelhage, F., Konzepte und Instrumente des betrieblichen Berichtswesens, in: AWV-Schrift 240, Berlin 1974; Grochla, E., Unternehmensorganisation, Reinbek b. Hamburg 1972; Kappler, E., Systementwicklung, Wiesbaden 1972; Zimmermann, D., Produktionsfaktor Information, Neuwied und Berlin 1972; Zimmermann, D., Strukturgerechte Datenorganisation, Neuwied und Berlin 1972; Wacker, H. W., Betriebswirtschaftliche Informationstheorie, Opladen 1971; Bartram, P., Die innerbetriebliche Kommunikation, Berlin 1969; Flik, H., Kybernetische Ansätze zur Organisation des Führungsprozesses der Unternehmung, Berlin 1969; Schwarz, H., Betriebsorganisation als Führungsaufgabe, München 1969; Wahl, M. P., Grundlagen eines Management-Informationssystems, 2. Aufl., Neuwied und Berlin 1970; Blohm, H. — Heinrich, L. J., Schwachstellen der betrieblichen Berichterstattung, Baden-Baden und Bad Homburg 1965.

ist. Zu diesem Zweck muß das Berichtswesen hinsichtlich Inhalt, Form, Zeit und Organisation selbst koordiniert sein (diese Zusammenhänge zeigt Bild 29). Eine solche Koordinierung stellt sich aber normalerweise nicht von selbst ein, es muß sich im Betrieb mindestens eine Institution um diese Koordinierung verantwortlich bemühen.

Mit dem Beispiel soll skizziert werden, welche Komponenten einer organisatorischen Lösung aus der Verdichtung von Realmodellen und dem Idealmodell des dreidimensionalen Regelkreissystems (Bild 5) entwickelt werden können.

- Die konkrete Aufgabe des Beispiels lautet: Es ist eine Stelle zu schaffen, die alle an das Management im Rahmen der laufenden Berichterstattung und der Berichterstattung auf Abruf gelangenden Informationen im obigen Sinne koordiniert.

Es handelt sich um einen mittleren Großbetrieb (Kapitalgesellschaft) der Metallindustrie mit zwei Werken, drei Produktgruppen (Kleinserienfertigung), einer eigenen Vertriebsorganisation mit vier örtlich zuständigen Verkaufsbüros und einer Exportabteilung. Die Aufbauorganisation nach Grundfunktionen in der oberen Leitungsebene ist gegeben.

Die Entwicklung der Sollkonzeption, die hier an einigen wesentlichen Punkten gezeigt wird, erfolgt auf dem Weg einer Analyse der Ziele und Aufgaben des Bereiches „Management-Informationen". Dieser ist als Gesamtheit aller vorwiegend die Gestaltung, Erarbeitung und Weiterleitung von Informationen für das Management beinhaltenden Teilaufgaben des Gesamtbetriebes — ohne Rücksicht auf die jetzige oder spätere aufbauorganisatorische Zuordnung — abgegrenzt.

Der Analyse folgt eine Synthese im Sinne einer Zuordnung in Stufen an gegebene oder zu schaffende Institutionen zwecks Realisierung der gesetzten Anforderungen.

Das Vorgehen im einzelnen

Im einzelnen ist das folgende Vorgehen als logische Folge zu deduzieren:

(1) Aufstellung der Ziele (Anforderungskatalog im Primär- und im Metabereich).

(2) Qualitative Vorentscheidungen über die organisatorische Lösung.

(3) Untergliederung der Primär- und Metaaufgaben bis zu Elementaraufgaben, die ohne weitere Untergliederung Aufgabenträgern zugeordnet werden können.

(4) Ermittlung der zur Aufgabendurchführung erforderlichen Informationen.

(5) Ermittlung realistischer Alternativen der Zuordnung von Elementaraufgaben und Informationen an die Institutionen in Stufen: zunächst an fingierte, dann an reale Institutionen.

(6) Kontrolle der Aufgaben auf Vollständigkeit.

(7) Kontrolle der Informationen auf Vollständigkeit und Zweckentsprechung im Sinne des Regelkreises.

(8) Konzeption alternativer Arbeitsabläufe.

(9) Modellanalyse, Entscheidung über die zu realisierenden Alternativen.

(10) Simulation (im weitesten Sinne), um das Funktionieren des Systems zu erproben und Schwachstellen möglichst schon vor Einführung zu eliminieren.

(11) Erlassen entsprechender Vorschriften, Unterrichtung, Einführung.

(12) Überwachung im Metaregelkreis und Weiterentwicklung zwecks Annäherung an optimale Organisationsstrukturen und -abläufe auf der Grundlage von Ziel- bzw. Anforderungskatalogen.

Es seien nun die Punkte, die auf der Grundlage von Real- und Idealmodellen behandelt werden können, näher ausgeführt, das sind insbesondere die Punkte 1, 2, 7.

● Zu (1): Anforderungskatalog

Es ist eine spezielle Organisationsstelle zu schaffen, oder es ist die Aufgabe einer vorhandenen Stelle (z. B. der Organisationsabteilung) zuzuordnen. Dementsprechend sind folgende Anforderungskataloge zu erstellen bzw. heranzuziehen:

a) Anforderungen an die Institution und ihre Arbeitsweise.

b) Anforderungen an das Arbeitsergebnis dieser Institution, das zielorientierte Berichtswesen für das Management.

c) Ziele im Primärbereich, deren Realisierung die Informationen dienen.

Bei den Anforderungen an die Institution werden je nach Gesamtzielsetzung, Organisation und Charakteristik des Betriebes die folgenden Eigenschaften anzustreben sein, die im Einzelfall zu präzisieren und zu bewerten sind:

— Koordiniertes Arbeiten mit allen angrenzenden und überlappenden Aufgabenbereichen.

— Vollzug der Berichterstattung nur soweit, wie andere Stellen dafür nicht geeignet sind.

— Steuerung und Überwachung des gesamten Informationsaustausches zur Durchsetzung der Anforderungen an die Berichterstattung.

— Flexibilität der Stelle im Sinne der Anpassung an wechselnde Aufgaben bei unveränderter Organisation, der Änderungsmöglichkeit der Organisation selbst und der inneren Dynamik.

— Wirtschaftliche Durchführung der Aufgabe.

Real- und Idealmodelle als Orientierungshilfen für Gesamtkonzeptionen 201

Diese Eigenschaften können im ersten Entwurf nur als Expertenurteil formuliert werden; sie müssen dann über laufende Lernprozesse den Erfordernissen der Gesamtzielsetzung angepaßt werden (Bild 5, dort: A, B, 10, 11, 15, 12, 27, 28).

Das gilt auch für die Anforderungen an das B e r i c h t s w e s e n , für deren Realisierung die neue Stelle (oder eine alte Stelle zusätzlich) verantwortlich sein soll. Folgende im Einzelfall zu präzisierende und zu bewertende Verhältnisse sind anzustreben:

— Informationsbedarf ist ermittelt und wird laufend ergänzt, korrigiert und optimal befriedigt.
— Rhythmus des Bedarfs ist maßgebend; Trennung in „laufende Berichterstattung" und „Berichterstattung auf Abruf" (vgl. Bild 44, 45 in Verbindung mit Bild 1 bis 5).
— Schwachstellen sind beseitigt.

Bild 44: Die „Größen" des Regelkreissystems

SOLLGRÖSSEN	ISTGRÖSSEN	BEISPIELE – BEMERKUNGEN
FÜHRUNGSGRÖSSEN		OBERGEORDNETE ZIELE WIE STANDARDGEWINN. BEWERTETE UND UNBEWERTETE ZIEL- BZW. ANFORDERUNGSKATALOGE
STELLGRÖSSEN		ABGELEITETE ZIELE UND KONKRETE MASSNAHMEN
	RÜCKMELDUNGEN / KOORDINIERUNGSMELDUNGEN	ALS PROGNOSE-IST ODER VERGANGENHEITS-IST ZUM SOLL-IST-VERGLEICH ALS "AUSLÖSER" VON WEITEREN INFORMATIONEN, ENTSCHEIDUNGEN, HANDLUNGEN
MESSGRÖSSEN		DIENEN DER ABLEITUNG ODER BEURTEILUNG VON SOLLGRÖSSEN UND DEM DIREKTEN VERGLEICH MIT ISTGRÖSSEN IM SINNE VON OBJEKTIVEN VERGLEICHSGRÖSSEN (FÜR ZIELE UND RÜCKMELDUNGEN) MIT MASSSTABSCHARAKTER
	ENTSCHEIDUNGSUNTERLAGEN	UNTERLAGEN MIT SOLL-(ZIEL) UND IST-CHARAKTER (ENTWICKLUNGEN, TATBESTÄNDE WIE MARKTFORSCHUNGSERGEBNISSE)
	BACKGROUND-INFORMATIONEN	INFORMATIONEN ZUR VERMITTLUNG EINER AKTUELLEN GESAMTSCHAU
AUSLÖSER UND BACKGROUND-INFORMATIONEN SIND DER LAUFENDEN, ENTSCHEIDUNGSUNTERLAGEN DER ABRUF-BERICHTERSTATTUNG ZUZUORDNEN! IM METABEREICH GELTEN DIE GRÖSSEN DES PRIMÄRBEREICHES SINNGEMÄSS.		

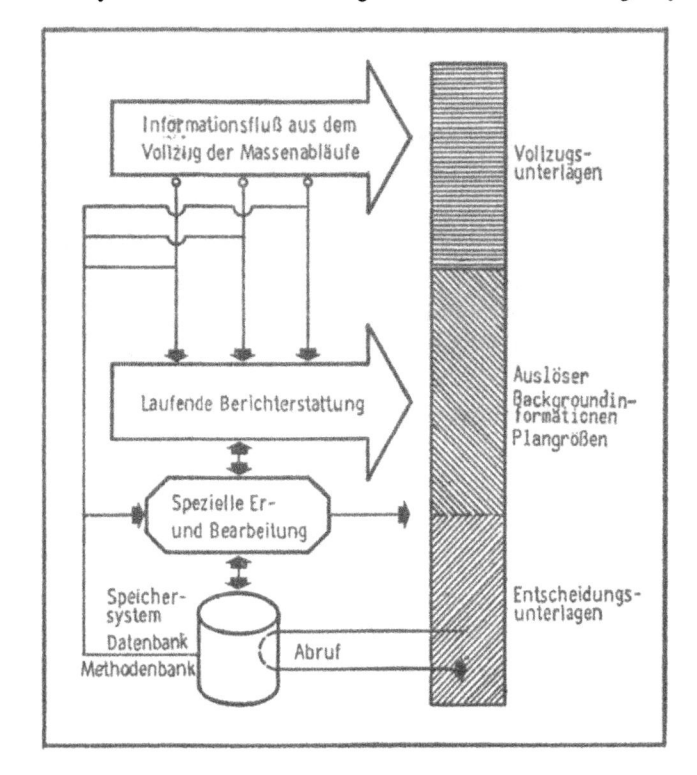

Bild 45: Laufende Berichterstattung und Berichterstattung auf Abruf

— Das Berichtswesen ist ein „lernendes" System, Mängel werden laufend ermittelt und beseitigt.

— Optimaler Automatisierungsgrad.

— Das Wirtschaftlichkeitsprinzip gilt auch für den Bereich der Management-Informationen.

Beide Anforderungskataloge enthalten Führungsgrößen auf zwei Ebenen des Metabereiches (Gestaltung des Systems), wobei die Anforderungen an das Berichtswesen als Metagrößen ersten Grades, die Anforderungen an die Institution als Metagrößen zweiten Grades angesehen werden können. *Das Berichtswesen dient der Zielrealisierung im Primärbereich.*

● Zu (2): Qualitative Vorentscheidungen

Die Möglichkeiten der organisatorischen Lösungen sind, wie bereits mehrfach erwähnt, theoretisch sehr groß. Das wird bei Aufstellung eines morphologischen Kastens deutlich. Im vorliegenden Fall kann dieses Hilfsmittel in enger Anlehnung an Bild 18 (Institutionalisierung der Organisation als „allgemeine" Organisationsstelle) leicht entwickelt werden. Bild 46 zeigt beispiel-

Bild 46: Organisatorische Einordnung der Stelle „Zentrales Berichtswesen"

Nr.	Kriterien \ Gestaltung	01	02	03
10	Grundidee der Institutionalisierung	Koordinationsstelle o. ä.	Informationszentrum o. ä.	Zentralstelle Berichtswesen o. ä.
20	Art der Institution	ständige Einrichtung: Abteilung usw.	ständiger Ausschuß, Arbeitsgruppe usw.	Experten-Bereitschaftsgruppe, Projektgruppe usw.
30	Ebene der Hierarchie	obere Ebene	mittlere Ebene	untere Ebene
40	Charakteristik Stab/Linie usw.	normale Linien- bzw. Zentralstelle mit Anordnungsbefugnis	Stelle nur mit Richtlinienkompetenz	Stabsstelle nur mit Beratungsfunktion
50	Verbindung mit anderen Aufgaben in einer Institution	Zentrales Berichtswesen als selbständige Aufgabe	mit EDV verbunden	mit Organisation und EDV oder nur mit Organisation oder anderen Aufgaben verbunden
60	Grad der Zentralisierung	völlige Zentralisierung	dezentrale Lösung mit Instanzenzug	völlige Dezentralisation
70	Zuordnung zu bestimmten Bereichen	allgemeine Zuordnung, nicht zu einem bestimmten Bereich	funktionale Zuordnung	Spartenzuordnung
80	Auslöser für das Tätigwerden	eigene Initiative, Einsatzplanung	verschiedene Auslöser	auf Anforderung der betroffenen Institutionen

haft das mögliche Ergebnis, wobei die Reihenfolge der intensionalen Merkmale so gewählt wurden, daß zunächst die Charakteristika aufgeführt werden, über die qualitativ, für jede Zeile im einzelnen, entschieden werden kann, und dann die „abhängigen" Charakteristika folgen, so daß sich eine überschaubare Zahl realistischer Alternativen entwickeln läßt.

Es muß klar gesehen werden, daß die Matrix nur ein Hilfsmittel unter vielen ist; denn welche Ausprägungen der Merkmale in der Praxis möglich sind, wie sie sich bewährt haben, das kann nur aus der Darstellung realer Systeme oder aus eigener, methodisch aufbereiteter Erfahrung abgeleitet werden.

Für die Gestaltung einer mit dem Berichtswesen befaßten Institution liegen bereits Erfahrungen vor, die grundsätzlichen Gestaltungsmöglichkeiten ergeben sich aus drei realtypischen Modellen, die einer Darstellung des Verfassers im Handwörterbuch der Betriebswirtschaft zu entnehmen sind[64]).

Die Vorab-Entscheidung für eine der drei Grundtypen ermöglicht es, über die weiteren Gestaltungsfragen unter Berücksichtigung der individuellen betrieblichen Verhältnisse zu entscheiden und so eine erste, grobe Gesamtkonzeption zu gewinnen. Die F r a g e s t e l l u n g der qualitativen Vorentscheidung lautet:

Welche Lösung paßt am besten in unseren Gesamtrahmen und schafft gute Voraussetzungen zur Realisierung der Anforderungen im Meta- und Primärbereich?

Die drei R e a l m o d e l l e sind:

a) *Berichtskoordinations-Stelle*

Eine solche Stelle hat die Aufgabe, alle neuen, wiederkehrenden Berichte auf ihre Zweckmäßigkeit zu beurteilen und für ihren sinnvollen Einbau in das bestehende Berichtssystem zu sorgen. Sie dient vor allen Dingen der Verbesserung der von den Leistungsprozessen weitgehend unabhängigen Berichterstattung. Sie kann nur erfolgreich arbeiten, wenn eine Reihe flankierender Maßnahmen ergriffen werden; z. B.: alle bestehenden Berichte mit einem Code zu versehen und in einer Berichtsdatei zu speichern und für die laufende Gestaltungsarbeit bereitzuhalten.

b) *Informationszentrum*

Es stellt eine Weiterentwicklung des bereits in den 30er Jahren bei DuPont de Nemours verwirklichten Gedankens dar, Führungsinformationen zentral und damit koordiniert zu speichern und zugänglich zu machen. Die Informationen werden z. B. in einem „chart room" bereitgehalten, können in Form von graphischen Darstellungen und Tabellen vervielfältigt und für Konfe-

---

64) Vgl. Blohm, H., Informationswesen, Organisation des, a. a. O.

renzen als Unterlagen geliefert werden. Das Zentrum soll als „Informationsschau" eine zentrale Übersichtsinformation gewährleisten, als Beratungszentrum der weiteren Informationssuche dienen und auch Verwertungsstelle für kritische Rückäußerungen sein. Das Informationszentrum ist von der Aufgabenstellung her anspruchsvoller als Datenbanken, die als Bestandteile von Management-Informationssystemen die möglichst vollständige und zeitgerechte Erfassung wesentlicher Tatbestände bewirken.

c) *Zentralstelle Berichtswesen*

Sie kann für eine sinnvolle Abstimmung zwischen mehreren für die Organisation des Informationswesens verantwortlichen Stellen geeignet sein. Damit ist in der Regel keine — allenfalls eine teilweise — Zentralisierung der Berichterstattung verbunden, weil hierbei Nachteile wie Verzögerung der Berichterstattung, Doppelarbeit leicht überwiegen können.

Der Aufgabenbereich einer Zentralstelle Berichtswesen ist im Normalfall:

— Planung, Organisation, Koordinierung und Überwachung des gesamten Berichtswesens (Überwachungs- und Steuerungsstelle);

— Beschaffung, Verarbeitung, Speicherung und Vermittlung ganz bestimmter Informationen (Dokumentationsstelle).

● Zu (7): Kontrolle der Informationen auf Zweckentsprechung und Vollständigkeit

Hier kann das Regelkreis-Idealmodell direkt für die Beurteilung des Sollentwurfes, der auf der Grundlage von Realmodellen ebenfalls unter Heranziehung des Idealmodells entwickelt wurde, eingesetzt werden; Lücken können mit Hilfe des Idealmodells ausgefüllt, weitere Einzelheiten können abgeleitet oder aus geeigneten Alternativen ausgewählt werden. Dabei kommt es auf die Metagrößen an, weil es sich um eine Gestaltungsaufgabe handelt.

Für die Metagrößen gelten prinzipiell die gleichen Anforderungen wie an die Größen im Primärbereich. Diese Anforderungen können, wie im folgenden dargestellt, aus dem Idealmodell entwickelt werden. Der Sinn des Idealmodells ist also in diesem Fall darin zu sehen, logische Ableitungen zu ermöglichen, die dann zu konkreten Maßnahmen im Realsystem führen oder zur Beurteilung der Eignung geplanter oder bereits realisierter Maßnahmen eine Basis kritischer Vergleiche schaffen.

Anforderungen an die Führungsgrößen

Es handelt sich hierbei um die unter den Erläuterungen zu Punkt 1 genannten Soll-Eigenschaften der Stelle Berichtswesen (Metaführungsgrößen). Für die Arbeit der Institution, also die Berichtsgestaltung, sind die Anforderungen an das Arbeitsergebnis festzulegen.

Welche Eigenschaften sollen die Anordnungen, Vorschriften, Vorschläge der Stelle Berichtswesen im Hinblick auf die Gestaltung des Berichtswesens haben?

— Sie müssen zeitlich und sachlich, möglichst auch in der Form mit allen gleich-, nach- und vorgeordneten Führungsgrößen koordiniert sein.

— Sie müssen formell, zeitlich und sachlich mit den Rückmeldungen und Koordinierungsmeldungen vergleichbar sein. Abweichungen sollten möglichst durch Subtraktion der nach eindeutigen Meßvorschriften ermittelten Größen zu ermitteln sein. Z. B. im Primärbereich: Istumsatz — Sollumsatz = Abweichung. Als Metaführungsgröße: Vorgabe eines Budgets zur Sicherung der wirtschaftlichen Durchführung der Aufgabe.

— Es muß ein Toleranzbereich der Führungsgrößen vorgegeben sein, der der Eigeninitiative ausreichenden Spielraum beläßt, z. B. im Primärbereich: Der Umsatz je Artikel darf, ohne daß besondere Maßnahmen ausgelöst werden, um ± 10 % variiert werden bei gegebenem Gesamtumsatz. Für Metaführungsgrößen: Abweichungen von der Budgetvorgabe.

— Die Koordinierungsverpflichtungen bei Ausnutzung des Toleranzbereiches müssen festgelegt sein, z. B.: Im Primärbereich: Es ist der rückläufige Umsatz eines Artikels vom Vertrieb (möglichst mit Prognosen) an die Bereiche Herstellung und Beschaffung zu melden. Im Metabereich: Kein Formular darf ohne vorherige Unterrichtung der Organisationsabteilung konzipiert werden.

Anforderungen an Rückmeldungen

— Sie müssen die Ermittlung von Abweichungen erlauben, die als Auslöser von Handlungen (direkte Verknüpfung der Abweichungen mit dem Einsatz des Instrumentariums) zwecks Ausschaltung der Abweichung (z. B. im Primärbereich: automatische Nachbestellung bei Erreichung des Lager-Bestellpunktes) und als Auslöser von Entscheidungen (die dann zu Handlungen führen) wirken. Bei der direkten Verknüpfung sind die Entscheidungen vorgegeben (z. B. in einer Entscheidungsmatrix, s. Bild 47), im anderen Falle sind Einzelentscheidungen zu fällen, z. B. im Primärbereich: Investitionsentscheidungen zwecks Rationalisierung und Kostensenkung, nachdem der Auslöser ein zu hohes Kostenniveau angezeigt hat. Im Metabereich könnte die Konzeption der Berichterstattung überprüft werden, wenn z. B. die Innenrevision meldet, daß bestimmte Berichte nicht ausgewertet werden. In einer weiteren Metaebene könnte die Konzeption der Berichtsstelle überprüft werden, wenn aus Rückmeldungen deren unbefriedigende Arbeitsweise abzuleiten ist.

— Es muß festgelegt sein, in welchen Fällen die Rückmeldungen „nach oben" weiterzugeben sind, wenn das Instrumentarium des Reglers zu ihrer Ausschaltung nicht ausreicht oder der Entscheidungsspielraum im Rahmen des Toleranzbereiches der Führungsgröße zu deren Veränderung nicht ausreicht. Z. B.: Produktionsplanung bittet um Fremdbezug eines Vorerzeugnisses, um einen Engpaß zu überbrücken (Primärbereich). Berichtsstelle bittet EDV um Beschleunigung einiger Berichte (Metabereich).

— Die Abweichungen müssen den Weg zu Maßnahmen oder Entscheidungen weisen. Z. B.: Fremdbezug ja oder nein, welche Alternative, falls nein? Investitionsentscheidungen werden auf der Grundlage von Investitionsanträgen gefällt, die von bestimmten Stellen oder Personen zu bestimmten Terminen zu stellen sind. Die Berichtsstelle wertet Berichte der Innenrevision über festgestellte Manipulationen der Anträge aus.

— Die Kriterien, nach denen aus einer Abweichung Maßnahmen, Entscheidungen über Maßnahmen oder Entscheidungen über die Veränderung von Führungsgrößen erfolgen, müssen festliegen.

Bild 47: Entscheidungsmatrix

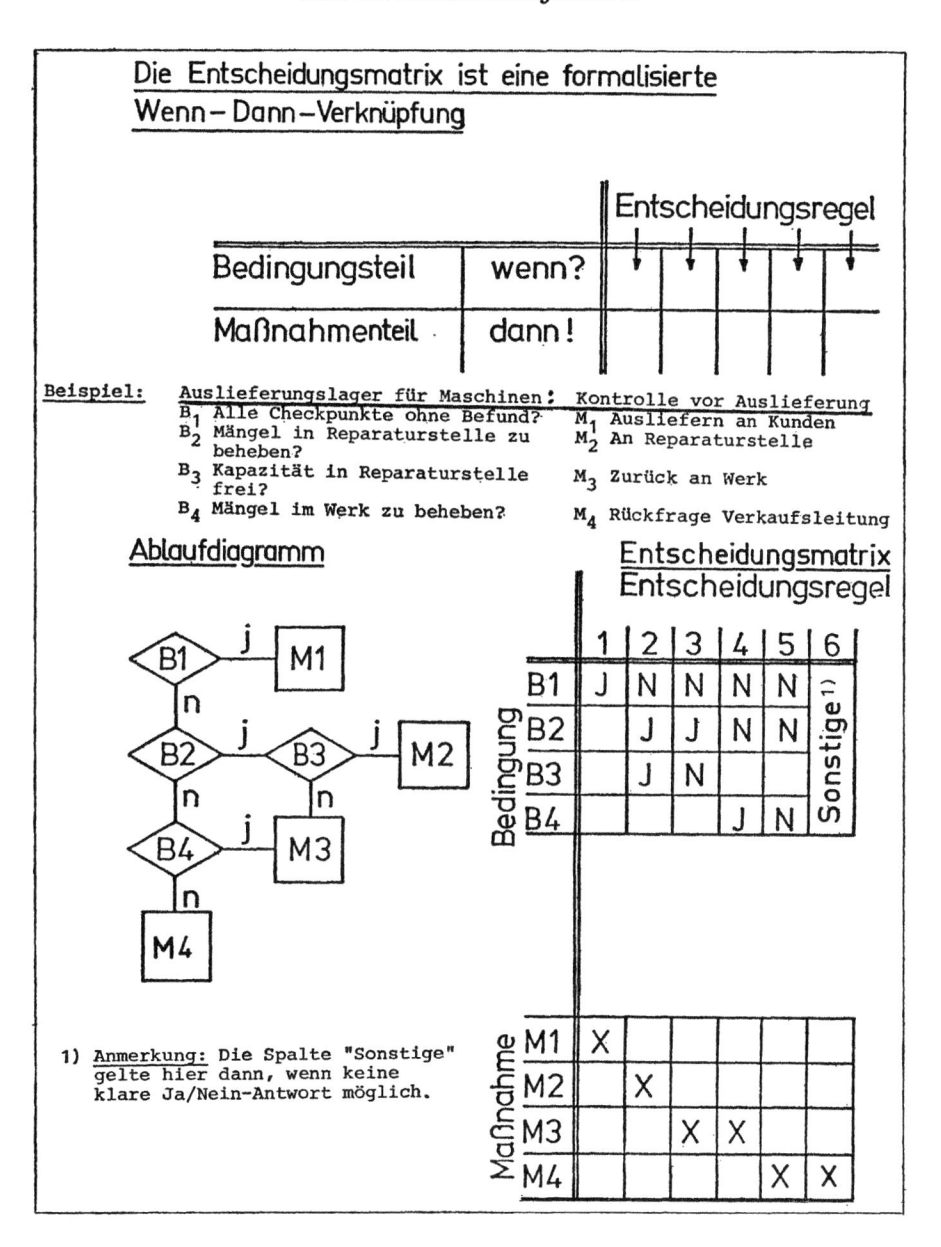

Die Entscheidungsmatrix ist eine formalisierte Wenn-Dann-Verknüpfung

Bedingungsteil	wenn?	Entscheidungsregel
Maßnahmenteil	dann!	

Beispiel: Auslieferungslager für Maschinen: Kontrolle vor Auslieferung

- B_1 Alle Checkpunkte ohne Befund?
- B_2 Mängel in Reparaturstelle zu beheben?
- B_3 Kapazität in Reparaturstelle frei?
- B_4 Mängel im Werk zu beheben?

- M_1 Ausliefern an Kunden
- M_2 An Reparaturstelle
- M_3 Zurück an Werk
- M_4 Rückfrage Verkaufsleitung

Ablaufdiagramm

Entscheidungsmatrix
Entscheidungsregel

		1	2	3	4	5	6
Bedingung	B1	J	N	N	N	N	Sonstige[1)
	B2		J	J	N	N	
	B3		J	N			
	B4				J	N	
Maßnahme	M1	X					
	M2		X				
	M3			X	X		
	M4					X	X

1) Anmerkung: Die Spalte "Sonstige" gelte hier dann, wenn keine klare Ja/Nein-Antwort möglich.

— Es muß unmöglich gemacht werden, Rückmeldungen zu unterdrücken.
— Für direkte Rückmeldungen (z. B.: Revisionstätigkeit und Revisionsberichterstattung als zusätzlicher Sicherungskanal der Leitungsinformation) gelten in erhöhtem Maße die Prinzipien der Objektivität und der Herausstellung des Wesentlichen.

Anforderungen an Stellgrößen

— Sie müssen eine Annäherung an die durch Führungsgrößen gesetzten Vorgaben bewirken.
— Sie sind im Sinne des offenen Systems zugleich Führungsgrößen der nächsten Ebene, ihre Ableitung aus der übergeordneten Führungsgröße muß nachvollziehbar sein. Z. B.: Der Anforderungskatalog für die Stelle Berichtswesen ist Stellgröße der Leitung und Führungsgröße für die Organisation der Stelle Berichtswesen.
— Sie müssen die Interdependenzen im System berücksichtigen.
— Sie müssen einen befriedigenden Entscheidungsspielraum nach unten belassen. Z. B.: Die Stelle Berichtswesen kann nicht die Berichtsgestaltung völlig zentralisieren, dann ginge u. a. die Flexibilität verloren.
— Sie müssen eindeutig, verständlich, sachlich und zeitlich den Anforderungen des Regelkreises entsprechend abgegrenzt und gestellt sein.

Anforderungen an Koordinierungsmeldungen

— Sie müssen einen Grad der Verbindlichkeit aufweisen, der einerseits den hierarchischen Aufbau des Betriebes — soweit dieser erforderlich ist — nicht stört, andererseits aber auch geeignet ist, tatsächlich eine Koordinierung, eine Ausrichtung der Entscheidungen und Handlungen der gleichen Ebene auf die Betriebsziele zu bewirken.
— Die Koordinierungsmeldungen sollen möglichst im Sinne von Horizontalregelkreisen miteinander verknüpft werden (vgl. Bild 21).
— Fehlende Anordnungsgewalt muß durch Sicherung echter Zusammenarbeit ergänzt werden. Z. B. im Primärbereich: Eine regelmäßige Planungsbesprechung bewirkt die Abstimmung von Herstellung und Vertrieb. Im Metabereich müssen sich die Organisationsabteilung und die Stelle Berichtswesen ständig abstimmen, da eine enge Verzahnung der Arbeitsgebiete gegeben ist.

Allgemeine Anforderungen

— Die Kosten-Nutzen-Relation aller Berichte muß wenigstens größenordnungsmäßig untersucht sein und im Sinne der Optimierung des Berichtswesens herangezogen werden.
— Alle Informationen müssen „rechtzeitig" gegeben und ausgewertet werden, d. h. so, daß die praktischen Handlungen noch vor Überschreiten der zulässigen Soll-Ist-Abweichungen greifen.
— Durch generelle Festlegungen müssen die „Spielregeln" des Systems und damit auch die der Kommunikation klar und widerspruchsfrei festgelegt sein.

● Zu (3) bis (6)

Man kann, von den Aufgaben der Elemente des Regelkreises ausgehend, die Fragen stellen:

a) Welche Stellen entsprechen den Elementen des Regelkreissystems idealtypisch, und welche Stellen entsprechen denen im Realsystem?

b) Welche Aufgaben haben die Elemente des Regelkreissystems, welche Informationen benötigen sie dazu, welche Entsprechung hat das idealtypisch für den zu organisierenden Bereich, wie kann und soll die Lösung im Realsystem aussehen?

Ein Beispiel dazu gibt Bild 48.

Bild 48: Die stufenweise Ableitung von Stellen und Aufgaben aus dem Idealmodell

Element des Regelkreissystems	Idealtypische Entsprechung für den Bereich "Berichtswesen"	Mögliche Entsprechung des Realsystems
META-REGLER	Gestalter, Koordinator, Allg. Organisator, Spezial-Organisator	Org.-Abteilung Berichtsstelle (neu) a) Koordinationsstelle b) Informationszentrum c) Zentralstelle
Aufgaben des Elementes im Regelkreissystem	Idealtypische Entsprechung für das Berichtswesen	Möglichkeiten im Realsystem
REALISIERUNG DER FÜHRUNGSGRÖSSE	Der Anforderungskatalog soll durch geeignete Maßnahmen durchgesetzt, Abweichungen sollen erkannt und schrittweise eliminiert werden	Ausarbeitung einer Stellenbeschreibung mit allen Aufgaben, Verantwortlichkeiten usw.

Informationen: Führungsgröße, Stellgröße, Rückmeldung, Koordinierungsmeldungen wurden bereits abgehandelt.

F. Die Überwachung der Organisation

I. Grundsätzliches zur Überwachung der Organisation

Ideal wäre es, könnte man alle für Organisationsfragen Verantwortlichen laufend mittels Kennzahlen über die Wirkungen der Ist-Organisation unterrichten, diese Rückmeldungen mit geeigneten Soll-Größen vergleichen und auf diese Weise das Überschreiten vorgegebener Abweichungs-Toleranzen anzeigen (vgl. Bild 5: 10/27, 20/26), um so weiter gehende Untersuchungen, Entscheidungen und Maßnahmen organisatorischer Art auszulösen. Ein solches Berichtssystem ist bisher nur in wenigen Ansätzen entwickelt. Die Gründe dafür sind in den bereits ausführlich dargelegten Schwierigkeiten der Isolierung und Quantifizierung organisatorischer Tatbestände zu suchen. Sie sind aber auch in einem Mangel an Methodik beim Organisieren zu sehen.

So bleibt heute in der Regel nur der — in der Praxis nicht unbedingt schlechte — Weg, entsprechende Informationen durch gelegentliche spezielle Organisationsprüfungen, durch Aufnahme von Organisationsfragen in geeignete allgemeine Prüfungen oder durch Ableitung organisatorischer Schlußfolgerungen aus anderen Zweigen der betrieblichen Berichterstattung zu gewinnen. Die Organisationsprüfung bietet den Vorteil, die Istaufnahme, die ohnehin am Anfang jeder Neuorganisation stehen sollte, gänzlich oder wenigstens teilweise vorzuleisten.

Zur Gewinnung von Informationen über den Nutzenbeitrag der Organisation sind die Prüfungen der Innenrevision besonders geeignet, da die heute in zahlreichen Betrieben etablierte Innenrevision[65] normalerweise so konzipiert ist, daß sie Sachkenntnisse mit Objektivität verbindet, zwei wichtige Eigenschaften für diesen Aufgabenbereich.

Prüfungen (= Revisionen) dienen zusammen mit den Kontrollen allgemein der Überwachung des Betriebes. Die Überwachung und Steuerung (= Regelung) soll die Erreichung der Unternehmens- bzw. Betriebsziele sichern. Der amerikanische Begriff „control" entspricht nicht dem deutschen „Kontrolle", sondern dem Oberbegriff Überwachung und Steuerung.

---

[65] Zur Innenrevision, Organisationsprüfung und Organisationsanalyse: Peemöller, V. H., Interne Revision, Herne/Berlin 1976; Zünd, A., Kontrolle und Revision in der multinationalen Unternehmung, Bern/Stuttgart 1973; Hofmann, R., Interne Revision, Opladen 1972; Frese, E., Kontrolle und Unternehmungsführung, Wiesbaden 1968; Institut für Interne Revision (Hrsg.), Unternehmensprüfung, München 1962, Blohm, H., Die Innenrevision als Funktion der Leitung in Industriebetrieben, Essen 1957; Fechtner, K., Leitfaden für Organisation und Revision, Essen 1951.

Aus diesen Definitionen sei das folgende Begriffsschema, das der Vermeidung von Mißverständnissen dienen soll, abgeleitet:

- R e g e l u n g = Überwachung + Steuerung.

- Ü b e r w a c h u n g = Prüfung + Kontrolle.

  — P r ü f u n g = Revision = Feststellungen und Soll-Ist-Vergleiche zur Aufnahme und kritischen Beurteilung von Tatbeständen, Vorgängen und Zusammenhängen durch Personen, die von dem zu prüfenden Betriebsbereich unabhängig sind.

    (1) *Externe* Prüfung: durch Wirtschaftsprüfer, Betriebsprüfer des Finanzamtes, Organisatoren, Beratungsunternehmen vorgenommene Prüfungen.

    (2) *Interne* Prüfung: durch Innenrevisoren, Konzernrevisoren, Organisatoren des eigenen Hauses vorgenommene Prüfungen.

  — K o n t r o l l e :

    (1) *Dauernde oder zeitweilige* Überwachung innerhalb der laufenden Arbeitsprozesse oder daran unmittelbar anschließend durch Personen bzw. Institutionen, die für den jeweiligen Betriebsbereich verantwortlich sind.

    (2) Die *laufende, automatische* Kontrolle, wie sie z. B. durch Fehlerkontrollen auch auf organisatorische Tatbestände hinlenken kann.

Die Organisationsprüfung kann als eine besondere Prüfungsart, als Spezialprüfung innerhalb der sogenannten Institutionsprüfungen, die sich auf die Einrichtungen eines Unternehmens erstrecken, bezeichnet werden.

Unternehmen, die die C o n t r o l l e r - Aufgaben institutionalisiert haben (methodische Auswertung von Soll-Ist-Abweichungen), sollten auch die Schaffung und Auswertung geeigneter Rückmeldungen im Metabereich dem Controller zuordnen, so daß dieser letztlich auch die h ö c h s t e O r g a n i s a t i o n s i n s t a n z darstellt.

II. Durchführung von Organisationsprüfungen

1. Aufgabenstellung, Untersuchungsfeld

Wie jede Prüfung ist auch die Organisationsprüfung im Kern ein Soll-Ist-Vergleich. Das bedeutet konkret:

(1) Gegebene inner- und außerbetriebliche Richtlinien und Vorschriften werden mit dem Ist-Zustand der Organisation verglichen.

Frage: Sind die Richtlinien und Vorschriften eingehalten worden?

Beispiel: Bei einer Lagerrevision wird die Einhaltung der bestehenden Organisationsvorschriften geprüft.

(2) Eine an wirtschaftlichen Prinzipien wie Rentabilität, Wirtschaftlichkeit, Produktivität, an konkreten Unternehmens-Zielsetzungen oder an Anforderungskatalogen orientierte Soll-Vorstellung wird dem Ist gegenübergestellt.

Frage: Entspricht die Organisation den Zielsetzungen?

Beispiel: Eine Organisationsprüfung soll die Effizienz der Marktforschungs-Abteilung beurteilen.

(3) Mit dem an wirtschaftlichen Prinzipien, an konkreten Unternehmens-Zielsetzungen oder Anforderungskatalogen orientierten Soll können auch die inner- und außerbetrieblichen Richtlinien und Vorschriften verglichen werden, womit eigentlich ein Soll-Soll-Vergleich durchgeführt wird. Man kann in diesem Fall aber die Richtlinien und Vorschriften als „Ist" ansehen.

Frage: Entsprechen die Richtlinien und Vorschriften erwünschten Eigenschaften laut Anforderungskatalog?

Beispiel: Die Organisationsvorschriften für Kassen werden hinsichtlich ihrer beabsichtigten Präventivwirkung gegen Unterschlagungen analysiert.

Konkrete Gegenstände bzw. Fragestellungen der einzelnen Organisationsprüfungen können sein:

(1) Die gesamte Organisation: Aufbau, Arbeitsabläufe, alle sonstigen organisationsrelevanten Tatbestände eines Unternehmens bzw. Betriebes.

(2) Struktur und Arbeitsabläufe einzelner Institutionen oder Funktionsbereiche, z. B.: Export-Abteilung oder Investitionsbereich.

(3) Einzelne Arbeitsabläufe über alle Abteilungsgrenzen, z. B.: Beschaffung, angefangen von der Bedarfsmeldung über Bestellung, Lieferung, Wareneingang, Wareneingangskontrolle bis zur Rechnungskontrolle und Bezahlung der Rechnungen.

(4) Spezielle Fragestellungen, z. B.: Auslastung des Personals, Eignung einzelner Arbeitsabläufe zur Automatisierung, Möglichkeiten zur Humanisierung der Arbeitsplätze.

Unabhängig von der Art der einzelnen Prüfung, die in dem Prüfungsauftrag zum Ausdruck kommt, vollzieht sich im Normalfall die Organisationsprüfung in folgenden Schritten:

(1) **Vorbereitung** der Prüfung;

(2) **Aufnahme** und geeignete Darstellung des Ist-Zustandes, je nach Prüfungsauftrag auch:

(3) **Analyse** des Ist-Zustandes und Anregungen zum Soll bis zur Entwicklung des Soll-Zustandes;

(4) **Durchsetzung** des Soll-Zustandes;

(5) **Kontrolle** und spätere Prüfung des zum Ist gewordenen Soll, womit der Kreis geschlossen wird.

2. Prüfungsvorbereitung

Eine Grundsatzfrage ist vorab zu klären: Wer soll die Organisationsprüfungen durchführen? Insbesondere: Sollen betriebseigene oder betriebsfremde Prüfer bzw. Organisatoren eingesetzt werden?

Dazu müssen die Vor- und Nachteile eigener und fremder Kräfte im Einzelfall bewertet und abgewogen werden.

Als Vorteile betriebseigener Prüfer gelten im allgemeinen die folgenden Tatsachen:

(1) Eigene Prüfer bzw. Organisatoren sind durch die Leitung des Betriebes *besser lenkbar;* eine umfassende ständige, systematische Prüfung der Organisation nach einem bestimmten Zeitplan ist deshalb mit betriebseigenen Kräften eher durchführbar. Eigene Prüfer können auch eine wertvolle Einsatzreserve für etwaige (sogar kurzfristig) anfallende Sonderaufgaben auf dem Gebiet der Organisation sein.

(2) Eigene Prüfer sind über Einzelheiten des Betriebsablaufes und über die Zusammenhänge im Betrieb *besser unterrichtet,* so daß die Einarbeitung in Einzelprobleme weniger Zeit beansprucht.

(3) Die bei jeder Organisationstätigkeit so bedeutsamen *menschlich-psychologischen Probleme* sind von eigenen Prüfern aufgrund der gründlicheren Betriebskenntnis u. U. besser in den Griff zu bekommen.

(4) *Nebenaufgaben,* für die kein ständiges Personal bereitgestellt werden kann (z. B. bei der Stichtagsinventur), können durch betriebseigene Organe als Springerarbeit bewältigt werden, da die Prüfungstätigkeit im Bedarfsfall Unterbrechungen und zeitliche Verschiebungen erlaubt.

(5) *Kostenvorteile* können sich je nach den besonderen Bedingungen der einzelnen Betriebe ergeben.

(6) Die *Organisationsprüfung* kann eigenen Stellen mit anderen Prüfungsaufgaben, wie der Innenrevision, oder eigenen Stellen mit Organisationsaufgaben, wie der Organisationsabteilung, als sinnvolle Ergänzung ihrer Tätigkeit übertragen werden.

Folgende **Nachteile betriebseigener Prüfer** können auftreten:

(1) Die sogenannte *Betriebsblindheit* kann die Kritikfähigkeit der eigenen Kräfte herabsetzen. Über Möglichkeiten des zwischenbetrieblichen Vergleichs zur kritischen Beurteilung des Ist-Zustandes verfügen betriebseigene Prüfer oft in geringerem Maße als betriebsfremde. Diese Mängel sind freilich durch gezielte Maßnahmen behebbar.

(2) Betriebseigene Kräfte können sich u. U. *nicht so weit spezialisieren,* daß sie als Experten für bestimmte Sachprobleme zu gelten vermögen.

(3) Die persönlichen Beziehungen *zwischen den Prüfern und den geprüften Stellen* können manchmal so eng sein, daß die *Objektivität* dadurch doch *beeinträchtigt* wird.

(4) Die *Objektivität gegenüber den oberen Leitungsorganen* des Betriebes kann durch das Vorgesetztenverhältnis belastet sein. Organisationsarbeit erfordert in vielen Fällen gerade eine Kritik der oberen Leitungsgremien, so daß ein entscheidender Ansatzpunkt der Verbesserung des Ist-Zustandes verlorengehen kann. Allerdings dürften auch betriebsfremde Personen gegenüber ihrem Auftraggeber nicht immer ganz frei sein.

Die Entscheidung fällt in vielen Fällen nicht im Sinne eines „Entweder-Oder", sondern eines „Sowohl-Als-auch". Die Möglichkeiten für eine sinnvolle Arbeitsteilung und Zusammenarbeit sind mannigfaltig.

Entscheidet man sich dafür, die Organisationsprüfung gänzlich oder zum Teil mit eigenen Kräften durchzuführen, so ist die Frage der **Institutionalisierung** dieser Aufgabe zu klären. Es gibt folgende Möglichkeiten:

(1) Einsatz einer *besonderen Abteilung bzw. Stabsstelle* für Organisationsprüfungen.

(2) Erledigung der Aufgaben als eine *ständige Aufgabe neben anderen* in einer noch zu schaffenden oder bereits bestehenden Abteilung (Innenrevision, Organisationsabteilung, Betriebswirtschaftliche Abteilung usw.).

(3) Durchführung der Organisationsprüfung als *gelegentliche Nebenaufgabe* einer bereits bestehenden Abteilung oder auch einer Person. Diese Lösung erlaubt auch Kleinbetrieben eine Prüfung der Organisation mit eigenen Kräften.

Auch diese Möglichkeiten könnten, wie bereits an mehreren Beispielen gezeigt, mit Hilfe der morphologischen Methode entwickelt werden.

Besondere Abteilungen nur für Organisationsprüfungen können sich — selbst wenn dies als zweckmäßig angesehen werden sollte — in der Regel nur große Betriebe leisten. Diese lassen aber in der Regel die Organisationsprüfungen entweder durch ihre Revisionsabteilung (Innenrevision) oder durch die Organisationsabteilung durchführen.

Für die Beauftragung der Revisionsabteilung — falls eine solche besteht — spricht die Tatsache, daß diese in der Regel über keine Anordnungsbefugnis verfügt und damit für die Objektivität der Prüfung die besten Voraussetzungen bestehen. Die prüfende Abteilung wird so nicht in die Lage versetzt, ihre eigenen Maßnahmen zu kritisieren. Auch ergeben sich viele Sachzusammenhänge zwischen dem normalen Stoff der kaufmännischen Prüfungen und der Organisation (z. B.: Bei einer Unterschlagung ergibt sich die Frage: „Wie war das möglich?").

Weiterhin ist zu klären:

(1) Sollen der prüfenden Stelle auch bestimmte *Anordnungsbefugnisse* übertragen werden, oder sollen Prüfung und Ausführung streng getrennt werden?

(2) Wie soll die prüfende Stelle in die Gesamtorganisation eingebaut werden *(Unterstellungsverhältnisse)*?

(3) Soll die Aufgabe der Organisationsprüfung evtl. *dezentralisiert* werden?

Für die laufende Arbeit der Prüfer ist die Unterstützung durch die Betriebs- bzw. U n t e r n e h m e n s l e i t u n g in folgenden Punkten sicherzustellen:

(1) Es muß eine *klare Aufgabenstellung* gegeben werden (allgemeiner Prüfungsauftrag oder Einzelprüfungsaufträge).

(2) Den Prüfungsorganen muß der *nötige Rückhalt* geboten werden, damit sie mit dem Widerstand fertig werden, der oft Prüfungen entgegengesetzt wird.

(3) Die *Unterrichtung über wichtige Gegebenheiten* im Betrieb muß gesichert werden.

(4) Die *Betriebsatmosphäre muß systematisch positiv gestaltet* werden mit dem Ziel, sie so organisationsbewußt und rationalisierungsfreundlich wie möglich zu machen.

(5) Die mittleren und unteren Leitungsorgane müssen von der *Notwendigkeit organisatorischer Arbeit überzeugt* und über wichtige Fragen der Organisation (Arbeitsablauf, Organisationsmittel) unterrichtet werden.

(6) Es müssen *klare Verantwortungsbereiche* geschaffen werden.

(7) *Geheimnistuerei* auf dem Gebiet der Organisation ist zu *vermeiden*, soweit nicht zwingende Gründe eine Zurückhaltung bei der Unterrichtung nahelegen.

Ein O r g a n i s a t i o n s h a n d b u c h , das alle wesentlichen Organisationsvorschriften und organisatorischen Tatbestände enthält, kann eine wertvolle Hilfe für Organisationsprüfungen sein. Das Handbuch nützt aber wenig, wenn es nicht auf dem laufenden gehalten wird. Damit kann eine erhebliche Arbeit verbunden sein, die vor Einführung des Hilfsmittels, das allen an Organisationsfragen Interessierten dienen soll, reiflich überlegt und mit dem erwarteten

Nutzen abgewogen werden sollte. Keinesfalls sollten von solchen Hilfsmitteln Tendenzen ausgehen, die Organisation weniger flexibel zu halten (um die Unterlagen nicht dauernd ändern zu müssen).

Organisationsprüfungen stehen und fallen mit der Qualifikation des damit betrauten Personals und der Vorbereitung. Schlecht vorbereitete und mangelhaft unterstützte Prüfungen schaden mehr, als sie nützen; sie sind geeignet, die Betriebsatmosphäre zu vergiften (namentlich wenn personelle Maßnahmen von ihnen abgeleitet werden), ohne daß irgendein positives Ergebnis dem gegenüberzustehen braucht.

3. Aufnahme des Ist-Zustandes und Darstellung der Organisation

Die eigentliche Prüfung beginnt grundsätzlich mit der Aufnahme des Ist-Zustandes; diese Stufe endet mit der übersichtlichen Darstellung desselben. Das heißt, wie bereits ausgeführt wurde, nicht, daß der Soll-Zustand — als Ergebnis der analysierenden und gestaltenden Arbeit — stets von dem Ist-Zustand abgeleitet werden muß.

Die A u f n a h m e des Ist-Zustandes muß auf exaktem Primärmaterial (schriftliche und mündliche Befragung, Beispiel Bild 49, Arbeitszeit- und Arbeitswertstudien, Leistungsmessungen) und sorgfältig geprüftem Sekundärmaterial (vorhandene Arbeitsanweisungen, Organigramme, Funktionsdiagramme, Stellenbeschreibungen, Arbeitsablaufschaubilder, Kosten- und Leistungsstatistiken usw.) aufbauen.

Der Ist-Zustand sollte allgemeinverständlich und klar in S c h a u b i l d e r n und/oder in Schriftform niedergelegt werden. Die Darstellung der Ist-Aufnahme ist mit den Betroffenen, insbesondere den betroffenen Führungskräften, eingehend zu besprechen; dabei können auch etwaige festgestellte Mängel des Ist-Zustandes bereits zur Sprache kommen.

Einige repräsentative H i l f s m i t t e l d e r D a r s t e l l u n g organisatorischer Tatbestände sind in Bild 50 zusammengestellt und mit Beispielen (vgl. Bild 51 bis 60) veranschaulicht. Weitere Einzelheiten sind der umfangreichen Spezialliteratur zu entnehmen[66]).

---

66) Zu älteren und neueren Methoden der Darstellung organisatorischer Sachverhalte vgl.: Siemens AG (Hrsg.), Organisationsplanung, 2. Aufl., München/Berlin 1974; Schmidt, G., Organisation — Methode und Technik, Gießen 1974; Acker, H. B., Organisationsanalyse, 8. Aufl., Baden-Baden/Homburg v. d. H. 1975; Nordsieck, F., Betriebsorganisation — Lehre und Technik, 2 Bände, 2. Aufl., Stuttgart 1972; Jordt, A. — Gscheidle, K., Erfassung betrieblicher Informationssysteme, in: bto, 10 (1969) 4, 5, 9, 10; Heilmann, W., Die Organisationsinventur, in: ZfO, 38 (1969) 5, S. 143 ff.; Laszlo, H., Wirkungsvolle Darstellung von Arbeitsabläufen, in: bto, 10 (1969) 1, S. 34 ff.; Institut für Interne Revision (Hrsg.), Unternehmensprüfung, München 1962, S. 137—162.

Bild 49: Fragebogen als Grundlage für eine Organisationsprüfung

Den Mitarbeitern und Führungskräften eines Großbetriebes wurden u. a. die folgenden Fragen zur schriftlichen Beantwortung vorgelegt. Die Antworten wurden nach mündlicher Durchsprache mit den Betroffenen erfolgreich ausgewertet (der Platz für Antworten wurde hier weggelassen):

(1) Name des befragten Stelleninhabers.

(2) Welche Bezeichnung hat Ihre Stelle?

(3) Welche Rangstufe hat Ihre Stelle?

(4) Welcher Stelle sind Sie organisatorisch unterstellt?

(5) Welcher anderen Stelle müßten Sie — nach Ihrer Auffassung — unterstehen, um wirkungsvoller arbeiten zu können?

(6) Wer gibt Ihnen — außer Ihrem direkten Vorgesetzten — Weisungen, und welcher Art sind diese?

(7) Welche Weisungsbefugnisse anderer Stellen Ihnen gegenüber sollten eingeschränkt oder ausgedehnt werden?

(8) Welche Stellen sind Ihnen direkt unterstellt?

(9) Welche dieser Stellen brauchten Ihnen nicht direkt zu unterstehen, oder welche müßten Ihnen zusätzlich direkt unterstellt sein, damit Ihr Bereich wirkungsvoller arbeiten kann?

(10) Welche Stellen — außer den Ihnen organisatorisch direkt unterstellten — geben Sie Weisungen, und welcher Art?

(11) Gegenüber welchen Stellen sollten Ihre Weisungsbefugnisse eingeschränkt oder ausgedehnt werden?

(12) Wer nimmt Ihre Aufgaben bei Ihrer Abwesenheit wahr?

(13) Sind Sie der Auffassung, daß Ihre Vertretung anders geregelt werden sollte, und, wenn ja, wie sollte dies geschehen?

(14) Welche Stelleninhaber vertreten Sie?

(15) Sind Sie der Auffassung, daß die Vertretungen anders geregelt werden sollten, und, wenn ja, wie sollte dies geschehen?

(16) Welche speziellen Vollmachten und Berechtigungen haben Sie, die nicht an die Rangstufe gebunden sind und damit über die allgemeine Vollmachtenregelung hinausgehen?

(17) Welche speziellen Vollmachten und Berechtigungen fehlen Ihnen, damit Sie wirkungsvoller arbeiten können? Oder können spezielle Vollmachten und Berechtigungen entfallen?

(18) Welche Tätigkeiten führen Sie aus? Beschreiben Sie dabei auch, in welchen Fällen Sie entscheiden oder andere beraten!

(19) Was müßte sich an Ihrer Tätigkeit ändern, damit Sie wirkungsvoller arbeiten können?

(20) Welche Tätigkeiten, die heute an anderer Stelle erledigt werden, gehörten nach Ihrer Auffassung zusätzlich zu Ihrem Aufgabenbereich?

(21) In welchen Fällen sollte man Ihnen im Gegensatz zur bisherigen Praxis die Entscheidung überlassen oder die gegenseitige Beratung und Information verbessern?

(22) Welche der aufgeführten Tätigkeiten sollten zweckmäßigerweise an anderer Stelle erledigt werden?

(23) Weitere Anmerkungen.

Als allgemeine Zielvorstellung für die Auswahl der Darstellungsart mag die Zweckentsprechung gelten. Eine Darstellung kann folgenden Z w e c k e n dienen:

(1) Sie kann Grundlage der Einführung eines Soll-Zustandes oder der Analyse des Ist, in jedem Falle vorrangig B e s p r e c h u n g s u n t e r l a g e, sein. Dabei ist zu unterscheiden, ob die Darstellungen für Sachverständige gedacht sind oder ob sie auch Nicht-Sachverständigen zur Unterrichtung dienen. Im ersten Falle können auch Symboldarstellungen verwendet werden, die zu erlernen einigen Zeitaufwand erfordert.

(2) Sie kann der D o k u m e n t a t i o n dienen, dazu muß sie eindeutig und klar sein.

(3) Sie kann als A n o r d n u n g dienen, um einen Soll-Zustand einzuführen.

(4) Sie kann dem überbetrieblichen E r f a h r u n g s a u s t a u s c h , der Aufnahme in wissenschaftliche Arbeiten usw. dienen.

Die Darstellung organisatorischer Tatbestände ist keine zweitrangige Formsache; die Anwendung geeigneter Darstellungsmethoden ist eine wesentliche Voraussetzung effizienter Organisationsarbeit; gilt es doch ein Maximum an simultaner Informationsmöglichkeit über einen äußerst komplexen Sachverhalt zu verschaffen.

Das erkannte schon Altmeister Bogdanow[67]). Er führte dazu aus: „Die Tektologie (Organisation als Gestaltungslehre, d. Verf.) ist die einzige Wissenschaft, die ihre Methoden nicht nur unmittelbar ausarbeiten, sondern auch untersuchen und erklären muß, deshalb bildet sie auch die Krönung des ganzen Zyklus der Wissenschaften. Die Ausarbeitung einer passenden Symbolik ist eine der ersten und vielleicht auch schwersten Aufgaben bei der Schaffung der Tektologie. Sie ist aber zugleich, wie die Geschichte der Mathematik zeigt, eine der wichtigsten Voraussetzungen ihres Erfolges. Bei der Tektologie ist die Sache noch schwieriger, weil so die Erscheinungen in größerem Umfange und in größerer Kompliziertheit betrachtet werden als die Mathematik."

---

[67]) Bogdanow, A., Allgemeine Organisationslehre, 1. Band, Tektologie, deutsche Übersetzung, Berlin 1926, S. 74.

Bild 50: Hilfsmittel zur Darstellung organisatorischer Tatbestände

Zweck der Unterlage, Beispiel	Art der Erarbeitung	Form der Darstellung[48]	Erkenntniswert	Anmerkungen
Darstellung des Gesamtaufbaus, der Eingliederung der Abteilungen in den Funktions- und Abteilungsbau des Gesamtbetriebes	Auswertung vorhandener Organisationspläne; Zusammenstellung aus Stellenbeschreibungen, aus bestehenden Rahmenfunktionsbeschreibungen; Befragung der Abteilungsleiter und Mitarbeiter	Schaubildliche Darstellung der funktionalen und disziplinarischen Unterstellungsverhältnisse, der Informationswege, auch der De-facto-Vollmachten und Beeinflussungsmöglichkeiten, soweit dies notwendig und möglich ist (Bild 51 a, 59, 60)	Verantwortungsbereiche und Unterstellungsverhältnisse der leitenden Kräfte; Funktions- und Abteilungsgliederung im Rahmen des Gesamtbetriebes, tatsächliche Einwirkungsmöglichkeiten, Informationswege	Die üblichen „Organigramme" geben nur einzelne Tatbestände wieder, in der Regel den hierarchischen Aufbau und die disziplinarischen Unterstellungsverhältnisse. Bei Aufnahme auch der sachlichen Unterstellungsverhältnisse und der sonstigen Informationswege werden die Darstellungen leicht unübersichtlich (Bild 51 b)
Darstellung der Stellen- und Funktionsgliederung innerhalb von Abteilungen und Aufgabenbereichen	Auswertung vorhandener Abteilungsorganisationspläne usw., schriftliche und mündliche Befragung aller Leitungskräfte und Mitarbeiter (Bild 49)	Schaubildliche Darstellung wie oben (Bild 51 b, 59, 60)	Verantwortungsbereiche und Unterstellungsverhältnisse, detailliert bis zum Sachbearbeiter und zu den Hilfskräften	Innerhalb von Bereichen und Abteilungen ist eine detaillierte Darstellung ebenfalls in Schaubildern möglich
Darstellung des Arbeitsablaufes innerhalb der Abteilung und ihrer Untergliederungen	Vornahme spezieller Arbeitsablaufstudien, Auswertung von Arbeitsablaufdarstellungen und Stellenbeschreibungen	Arbeitsablaufschaubilder mit oder ohne Verwendung von Symbolen, Vordrucke usw. als Anlage beigeben (Bild 52 bis 60)	Ablauf und Zuordnung der Arbeit, Übersicht über die verwendeten Vordrucke und andere Unterlagen, Beurteilung der geeigneten Folge und Zuordnung	Im Verwaltungsablauf werden praktisch nur Informationen erarbeitet, weitergeleitet und verarbeitet, das bestimmt den Charakter der Darstellung
Darstellung des arbeitsmäßigen Zusammenhanges der Abteilung und ihrer Stellen mit anderen Abteilungen	Wie oben, unter Verwendung von Unterlagen der Abteilungen, mit denen ein arbeitsmäßiger Zusammenhang besteht	Arbeitsablaufschaubilder mit oder ohne Verwendung von Symbolen, Funktionendiagramme, Vordrucke können als Anlage beigegeben werden (Bild 59, 60)	Arbeitsablaufmäßiger Zusammenhang der Abteilungen, Zusammenwirken bei verschiedenen Teilaufgaben	Die Zusammenhänge können aufbauorganisatorisch und/oder ablauforganisatorisch gesehen werden
Beschreibung der Stellenaufgaben	Aufnahme, Berichtigung und Ergänzung vorhandener Unterlagen	verbale Stellenbeschreibung, Funktionendiagramm (Bild 59, 60, Abschn. F, IV)	Beurteilung der geeigneten Zerlegung und Zusammenfassung von Aufgaben	Bei vorhandenen Unterlagen ist die Feststellung, ob sie auf dem neuesten Stand sind, ein Indiz für die Einstellung zu Organisationsfragen

Personalübersicht	Vorhandene Personalunterlagen der Personalabteilung, ergänzende Befragung	Übersicht mit Angaben wie: Name, Alter, Vorbildung, Fortbildung, Betriebserfahrungen, Funktion im Betrieb, besondere Fähigkeiten, Gehalt bzw. Lohn, Ergebnis der Arbeitsbewertung	Unterlage zur Beurteilung der personellen Besetzung in qualitativer und quantitativer Hinsicht	Faßt man Personalverwaltung als Bereitstellungsaufgabe auf, so müßten alle Unterlagen auf dem neuesten Stand vorhanden sein
Sammlung von Angaben zur Beurteilung der Stellenanforderungen	Arbeitszeit- und Arbeitswertstudie; Vergleiche mit Hilfe von Meßzahlen	Meßzahlenübersicht; Auswertungsbogen für Arbeitszeit- und Arbeitswertstudien in bezug auf die Stellenaufgaben	Weitere Unterlage für die Beurteilung der personellen Besetzung und der Produktivität der Abteilungen	Die Beurteilung erfolgter Zuordnungen erfordert Kenntnis der Stellenanforderung und der Eignung der Stelleninhaber
Raumpläne der Abteilungen und ihrer Untergliederungen	Vorhandene Raumpläne; evtl. selbstgefertigte Freihandskizze mit ungefähren Maßangaben	Skizze, am besten auf Millimeterpapier	Unterlage für die Untersuchung des Arbeitsflusses und der Raumausnutzung	Die Flexibilität der Raumausstattung muß ebenfalls gewertet werden
Darstellung der Ausstattung mit Maschinen und Organisationsmitteln	Inventarverzeichnisse, körperliche Bestandsaufnahme, Befragung	Verzeichnis, evtl. Eintragung in Raumplanskizze	Unterlage für die Beurteilung der angemessenen Ausstattung und auch für die Beurteilung der Arbeit in qualitativer und quantitativer Hinsicht	Die EDV-Ausstattung ist in der Regel Gegenstand spezieller Analysen und kann hier nicht behandelt werden
Kostenübersichten und Investitionsrechnungen	Analyse vorhandenen Materials; in Sonderfällen eigene Erhebungen, Zusammenstellungen oder Rechnungen	Kostenübersichten; Verarbeitung zu geeigneten Kennzahlen; Kennzahlenübersichten; Produktivitäts-, Wirtschaftlichkeits- und Rentabilitätskennzahlen	Beurteilung der Wirtschaftlichkeit der Leistungserstellung, Beitrag zur Feststellung des Zielerreichungsgrades	Investitionsrechnungen können für die objektivweise Nachrechnung verwendet werden
Sammlung repräsentativer Arbeitsergebnisse	Durchsicht der Akten bzw. der Archive	Materialsammlung, Anlage eines repräsentativen Materialauszuges	Beurteilung der Leistung in qualitativer und quantitativer Hinsicht, der Produktivität, Wirtschaftlichkeit, Rentabilität sowie des Zielerreichungsgrades einzelner Abteilungen oder bestimmter Arbeitsabläufe	Der „repräsentative" Charakter des Materials muß kritisch geprüft werden
Anforderungskataloge der Institutionen und Abläufe	Ableitung aus den übergeordneten Zielvorstellungen (Bild 6, 7)	Aufstellung Zielmatrizen, Scoring-Modelle	Beurteilung des Zielerreichungsgrades	Muß heute in der Regel noch vom Prüfer selbst erstellt werden.

68) Siehe Fußnote 66.

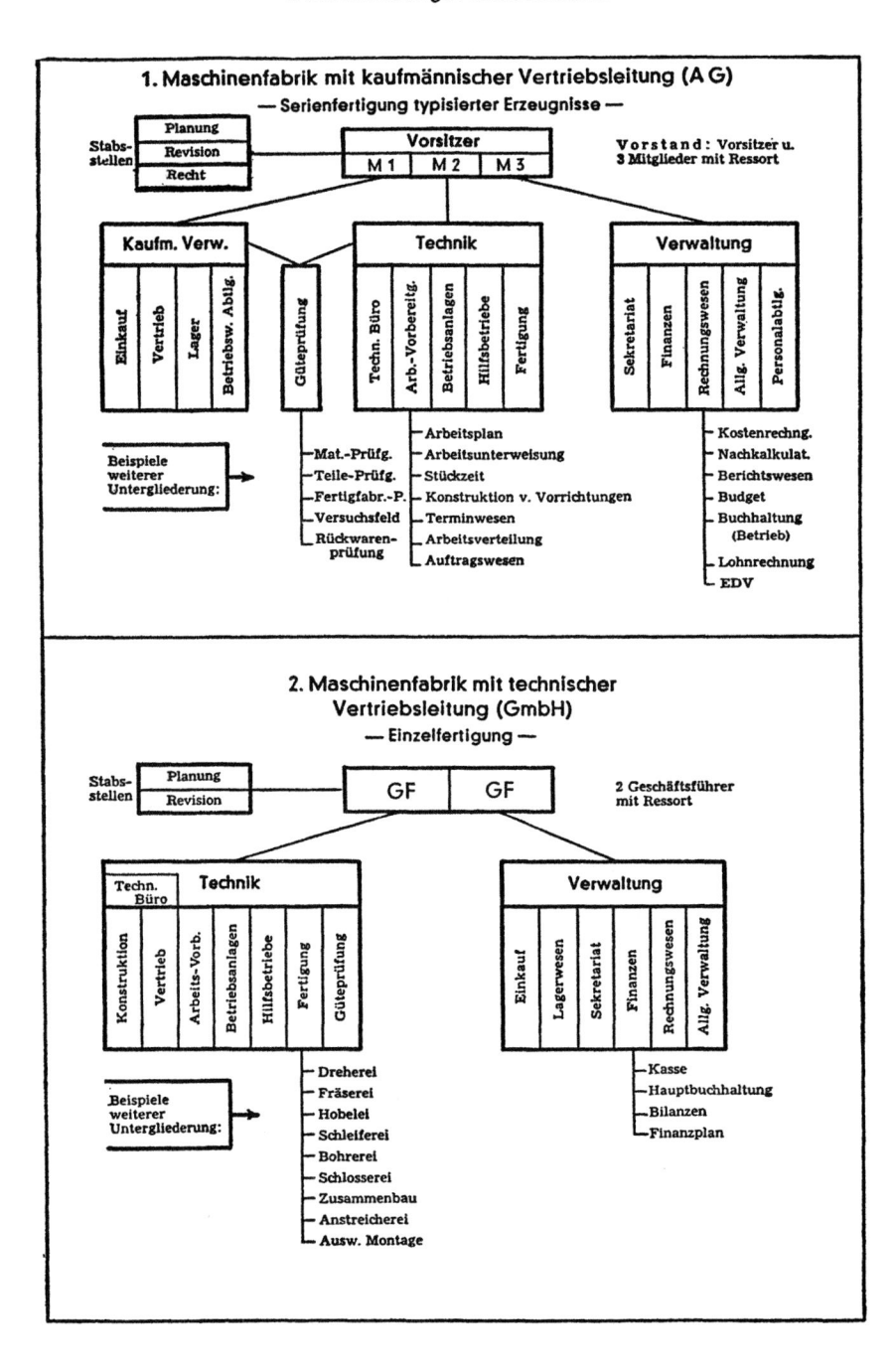

Bild 51 a: *Organigramme; zwei Beispiele nur mit den disziplinarischen Unterstellungsverhältnissen*

1. Maschinenfabrik mit kaufmännischer Vertriebsleitung (AG)
— Serienfertigung typisierter Erzeugnisse —

Stabsstellen: Planung, Revision, Recht

Vorsitzer | M 1 | M 2 | M 3

Vorstand: Vorsitzer u. 3 Mitglieder mit Ressort

Kaufm. Verw.: Einkauf | Vertrieb | Lager | Betriebsw. Ablg.

Technik: Güteprüfung | Techn. Büro | Arb.-Vorbereitg. | Betriebsanlagen | Hilfsbetriebe | Fertigung

Verwaltung: Sekretariat | Finanzen | Rechnungswesen | Allg. Verwaltung | Personalabtlg.

Beispiele weiterer Untergliederung:

- Mat.-Prüfg.
- Teile-Prüfg.
- Fertigfabr.-P.
- Versuchsfeld
- Rückwarenprüfung

- Arbeitsplan
- Arbeitsunterweisung
- Stückzeit
- Konstruktion v. Vorrichtungen
- Terminwesen
- Arbeitsverteilung
- Auftragswesen

- Kostenrechng.
- Nachkalkulat.
- Berichtswesen
- Budget
- Buchhaltung (Betrieb)
- Lohnrechnung
- EDV

2. Maschinenfabrik mit technischer Vertriebsleitung (GmbH)
— Einzelfertigung —

Stabsstellen: Planung, Revision

GF | GF — 2 Geschäftsführer mit Ressort

Techn. Büro | **Technik**: Konstruktion | Vertrieb | Arbeits-Vorb. | Betriebsanlagen | Hilfsbetriebe | Fertigung | Güteprüfung

Verwaltung: Einkauf | Lagerwesen | Sekretariat | Finanzen | Rechnungswesen | Allg. Verwaltung

Beispiele weiterer Untergliederung:

- Dreherei
- Fräserei
- Hobelei
- Schleiferei
- Bohrerei
- Schlosserei
- Zusammenbau
- Anstreicherei
- Ausw. Montage

- Kasse
- Hauptbuchhaltung
- Bilanzen
- Finanzplan

Bild 51 b: "Totales" Organogramm mit disziplinarischen und sachlichen Unterstellungsverhältnissen und sonstigen Verkehrswegen

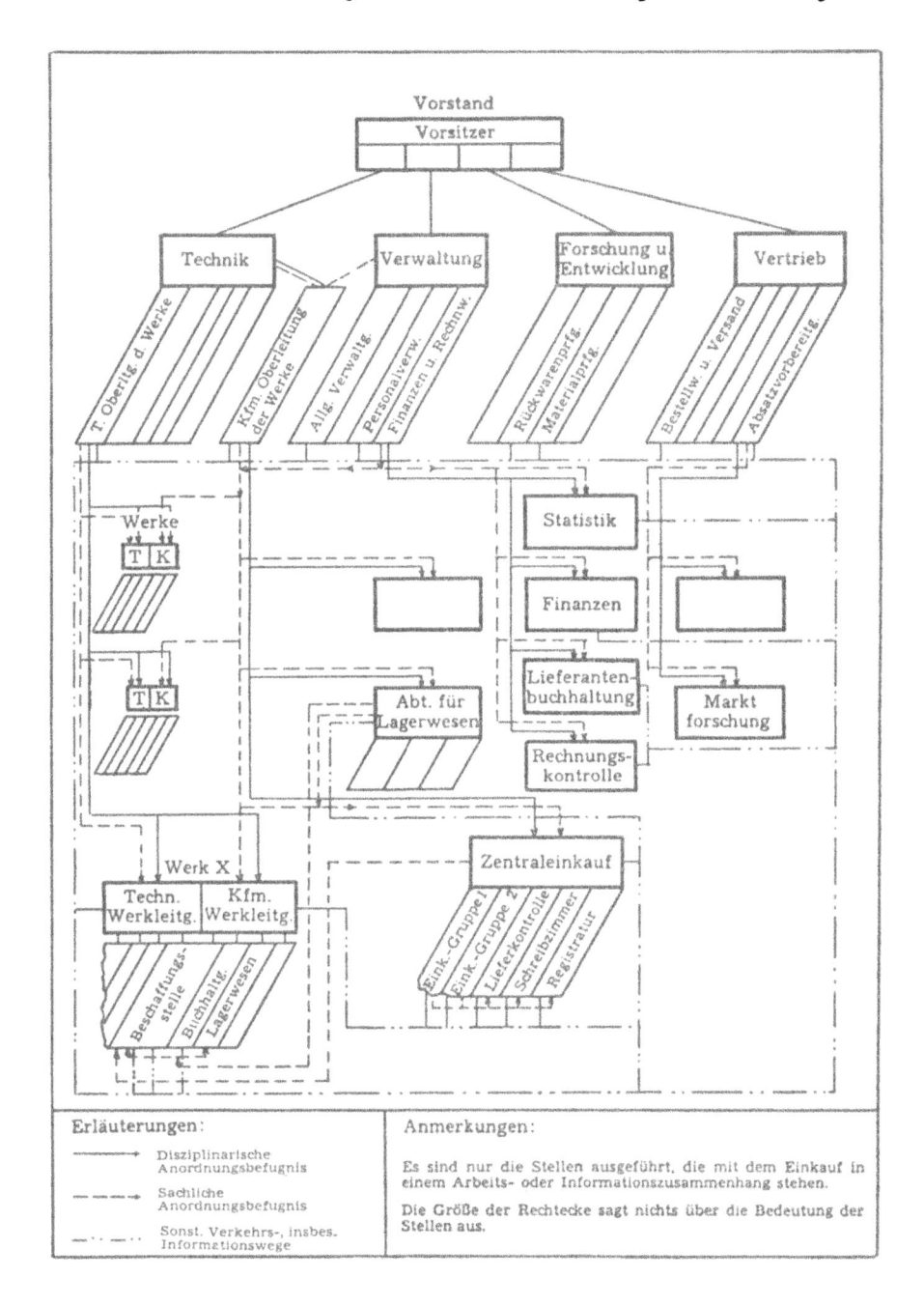

*Bild 52: Darstellung eines einfachen Arbeitsablaufs
nach dem „Fünf-Elementesymbol-Verfahren"*

ARBEITSABLAUF		I Sachbearbeitung	II Schreibdienst	III Botendienst	IV Poststelle
Lfd. Nr.	Arbeitsgänge				
1	Brief auf Tonträger diktieren				
2	Tonträger zum Schreibdienst bringen				
3	Schreiben nach Tonträger				
4	Zurück zur Unterschrift				
5	Unterschrift, Kontrolle				
6	In die Poststelle				
7	Post bis Postschluß sammeln				
8	Couvertieren, frankieren				
9	Post aufgeben				

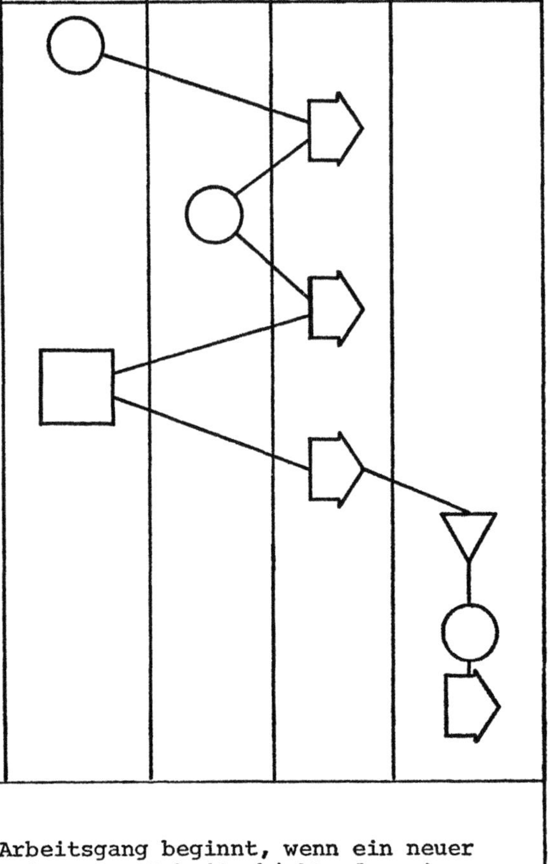

Anmerkung: Ein neuer Arbeitsgang beginnt, wenn ein neuer Bearbeiter, ein neues Arbeitsobjekt oder eine neue Bearbeitungsart einsetzt.

Die Bedeutung der Symbole ergibt sich aus dem Ablauf.

Bild 53: Symbole zur Arbeitsablaufdarstellung (DIN 66001)

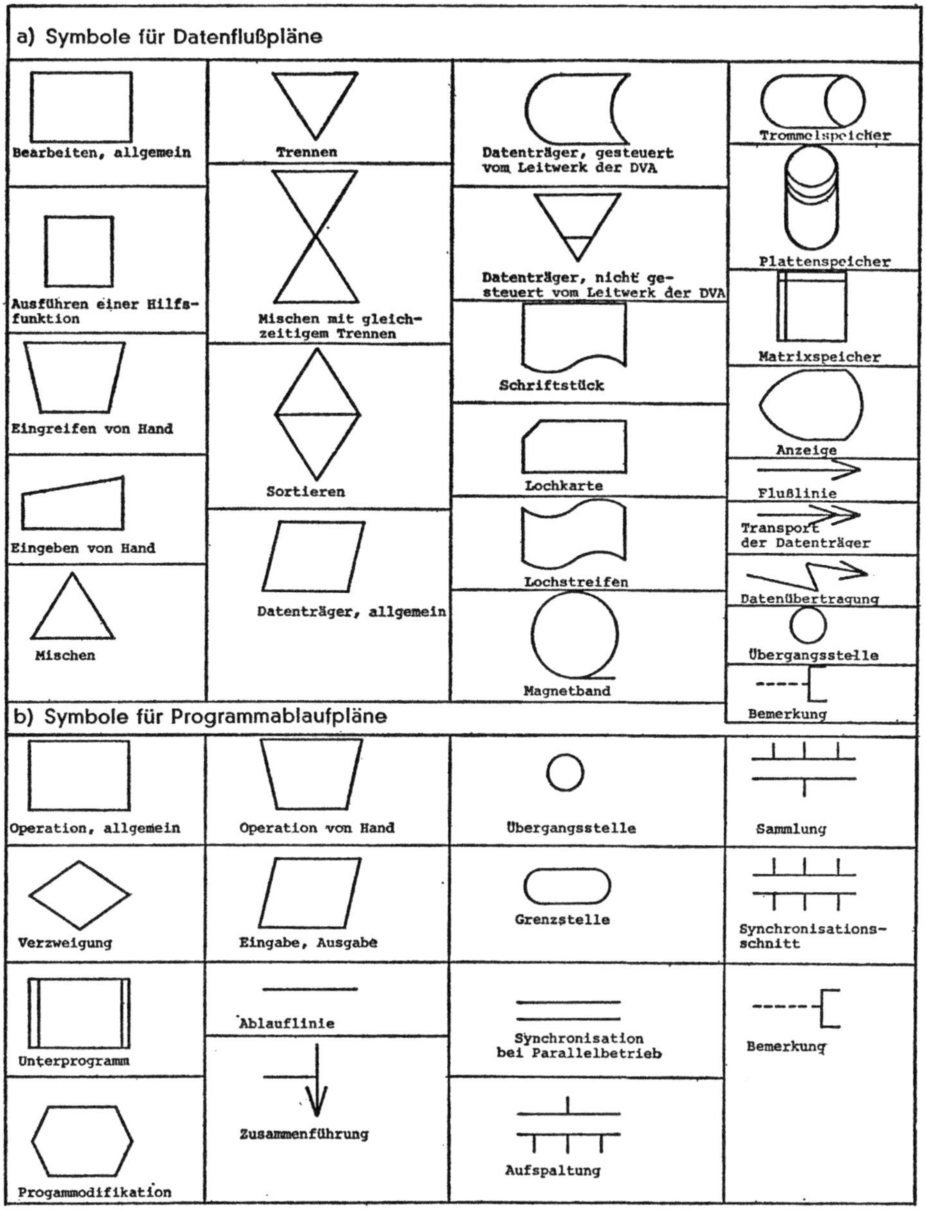

a) Symbole für Datenflußpläne

Symbol	Bezeichnung	Symbol	Bezeichnung	Symbol	Bezeichnung	Symbol	Bezeichnung
▭	Bearbeiten, allgemein	▽	Trennen	⊂⊃	Datenträger, gesteuert vom Leitwerk der DVA	⌭	Trommelspeicher
▭	Ausführen einer Hilfsfunktion	⋈	Mischen mit gleichzeitigem Trennen	▽	Datenträger, nicht gesteuert vom Leitwerk der DVA	⌭	Plattenspeicher
⏢	Eingreifen von Hand	◇	Sortieren	⌒	Schriftstück	□	Matrixspeicher
▱	Eingeben von Hand	▱	Datenträger, allgemein	⏝	Lochkarte	◯	Anzeige
△	Mischen			〰	Lochstreifen	→	Flußlinie
				◯	Magnetband	⇒	Transport der Datenträger
						↝	Datenübertragung
						⌐	Übergangsstelle
						---⌐	Bemerkung

b) Symbole für Programmablaufpläne

Symbol	Bezeichnung	Symbol	Bezeichnung	Symbol	Bezeichnung	Symbol	Bezeichnung
▭	Operation, allgemein	▱	Operation von Hand	◯	Übergangsstelle	⊥⊥⊥	Sammlung
◇	Verzweigung	▱	Eingabe, Ausgabe	⬭	Grenzstelle	⊥⊥⊥	Synchronisationsschnitt
▭	Unterprogramm	—	Ablauflinie	═╤═	Synchronisation bei Parallelbetrieb	---⌐	Bemerkung
⬡	Progammodifikation	⬇ Zusammenführung		┬┬┬	Aufspaltung		

Bild 54: Zwei Verfahren zur schaubildlichen Darstellung
von Arbeitsabläufen (Arbeitsablauf in einer Einkaufsgruppe)

1. Verfahren, besonders geeignet für Dienstanweisungen

Lfd. Nr.	Nr. bei Bearbeiter					Vorgang
	Registratur	Einkäufer	Schreibkraft	Hilfskraft	Einkaufsleiter	
1	1					Warenanforderungen sortieren und an zuständige Einkäufer leiten
2		1	1			Bestellung aufmachen, Diktat oder Entwurf an Schreibkraft
3			2			Laufende Nummer aus Bestellbuch entnehmen
4			3			Nr. der Warenanforderung und Lieferanten in Bb eintragen
5			4			Bestellung mit 4 Durchschlägen (a, b, c, d) schreiben
6			5			Bestellnummer auf W vermerken
7			6			Bis 15 Uhr W und B (a—d) an Einkäufer
8			7			Bis 16 Uhr Bb an Registratur
9		2				B prüfen an Hand von W
10		3				B bis 15 000 DM rechts unterschreiben, über 15 000 DM unten abzeichnen
11		4				W und B (a—d) an Einkaufsleiter bis 16 Uhr
12					1	Bestellungen bis 15 000 DM stichprobenweise, über 15 000 DM vollständig prüfen
13					2	B bis 15 000 DM links, über 15 000 DM rechts unterschreiben
14					3	W und B (a—d) an Registratur
15	2					W ablegen
16	3					B (a) mit Bb vergleichen und abhaken, B über 15 000 DM an Prokuristen
17	4					(B) postfertig

2. Verfahren, besonders geeignet für Arbeitsablaufuntersuchungen

(Symbole vgl. Bild 55)

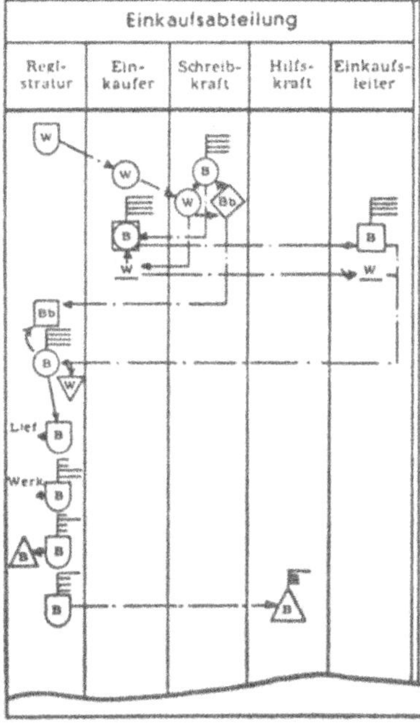

Einkaufsabteilung					Vorgang	Arbeitsunterlagen
Registratur	Einkäufer	Schreibkraft	Hilfskraft	Einkaufsleiter		
					W Sortieren an Eink. leiten Eink. macht Bestellung auf, Schreiben in Schreibzimmer, vermerken in Bestellbuch. Lfd. Nr. aus Bb in B übernommen, B bis 15 Uhr zur Unterschrift, Bb bis 16 Uhr an Registratur. W und B bis 16 Uhr an Einkaufsleiter.	W = Warenanford. B = Bestellsatz mit 4 Du. Bb = Bestellbuch
					W ablegen, B (a) mit Bb vergleichen, abh., Verteilen: B an Lieferant, B (a) an Hilfskraft, B (b) in Schriftwechselmappe, B (c, d) an Besteller (Werk).	
					Hilfskraft legt B (a) nach Lieferterminen ab zur Lieferkontrolle.	

*Bild 55: Symbole für Arbeitsablaufschaubilder
(manuelle Bearbeitung)*

1. Angaben über den Arbeitsvorgang

○ Bearbeitung

◇ Ausfüllen, eintragen o. dgl.

● Entscheiden

☐ Kontrolle

▽ Ablage

△ muß zur weiteren Bearbeitung vorhanden sein
auch vorübergehende Ablage

▱ Kontrollierende Bearbeitung, z. B. verantwortliche Unterschrift

⌒ Transport (weitergeben)

↓→ dient als Unterlage für

⌣ Zusammenfassen

⋈⋈⋈⋈ Besonders beachten: Ansatzpunkt für Rationalisierung
z. B. Abschreibarbeit

2. Angaben über die verwendeten Unterlagen

2̲ unterstrichene Zahl = Original-Vordruck, Nummer der Unterlage
lt. Verzeichnis

⌐ 1 Durchschlag

⌐⌐ 2 Durchschläge

⌐⌐⌐ 3 Durchschläge

⌐₃ 3. Durchschlag

Die in den Kurzzeichen stehenden Zahlen geben die Nummer der verwendeten Unterlage (des betr. Vordrucks o. ä.) an.

3. Beispiele

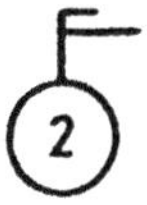

②⌐⌐ Bearbeitung des Vordrucks Nr. 2, und zwar Original
mit 2. Durchschlag

⌐
[5]
↓
⌐
③
Kontrollierende Bearbeitung (z. B. Empfangsbestätigung aufstempeln). Der Vordruck Nr. 5 dient als Unterlage für die Eintragung in den 1. Durchschlag von Vordruck Nr. 3.

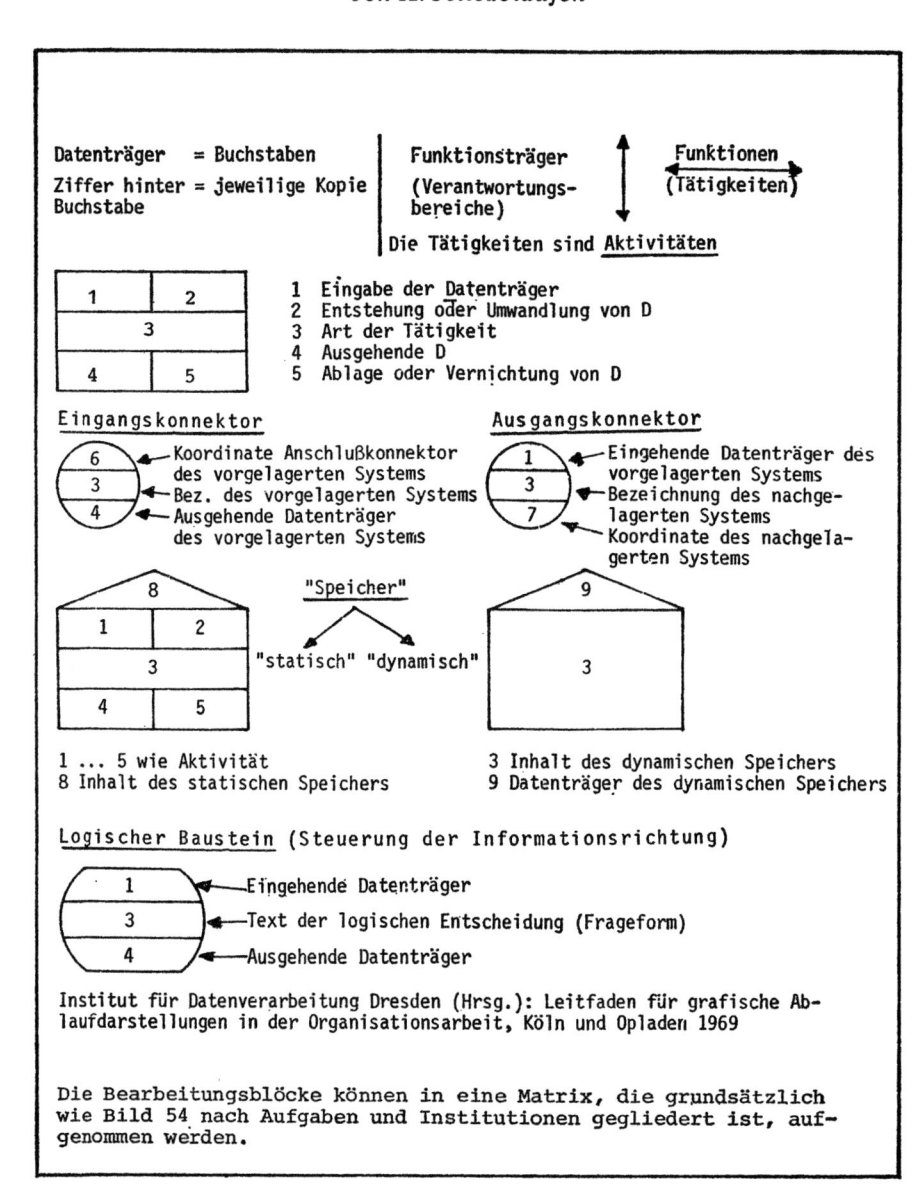

Bild 56 a: Symbole der Blockschaltbildmethode zur Darstellung von Arbeitsabläufen

---

Datenträger = Buchstaben
Ziffer hinter Buchstabe = jeweilige Kopie

Funktionsträger (Verantwortungsbereiche) ↕ Funktionen (Tätigkeiten)

Die Tätigkeiten sind <u>Aktivitäten</u>

1	2
3	
4	5

1 Eingabe der Datenträger
2 Entstehung oder Umwandlung von D
3 Art der Tätigkeit
4 Ausgehende D
5 Ablage oder Vernichtung von D

Eingangskonnektor

⎯ 6 ⎯ Koordinate Anschlußkonnektor des vorgelagerten Systems
⎯ 3 ⎯ Bez. des vorgelagerten Systems
⎯ 4 ⎯ Ausgehende Datenträger des vorgelagerten Systems

Ausgangskonnektor

⎯ 1 ⎯ Eingehende Datenträger des vorgelagerten Systems
⎯ 3 ⎯ Bezeichnung des nachgelagerten Systems
⎯ 7 ⎯ Koordinate des nachgelagerten Systems

"Speicher"
"statisch" "dynamisch"

1 ... 5 wie Aktivität
8 Inhalt des statischen Speichers
3 Inhalt des dynamischen Speichers
9 Datenträger des dynamischen Speichers

<u>Logischer Baustein</u> (Steuerung der Informationsrichtung)

1 ⎯ Eingehende Datenträger
3 ⎯ Text der logischen Entscheidung (Frageform)
4 ⎯ Ausgehende Datenträger

Institut für Datenverarbeitung Dresden (Hrsg.): Leitfaden für grafische Ablaufdarstellungen in der Organisationsarbeit, Köln und Opladen 1969

Die Bearbeitungsblöcke können in eine Matrix, die grundsätzlich wie Bild 54 nach Aufgaben und Institutionen gegliedert ist, aufgenommen werden.

Durchführung von Organisationsprüfungen   229

Bild 56 b: *Beispiel zur Anwendung der Blockschaltbildmethode: Teil eines Arbeitsablaufs bei Fremdbezug*

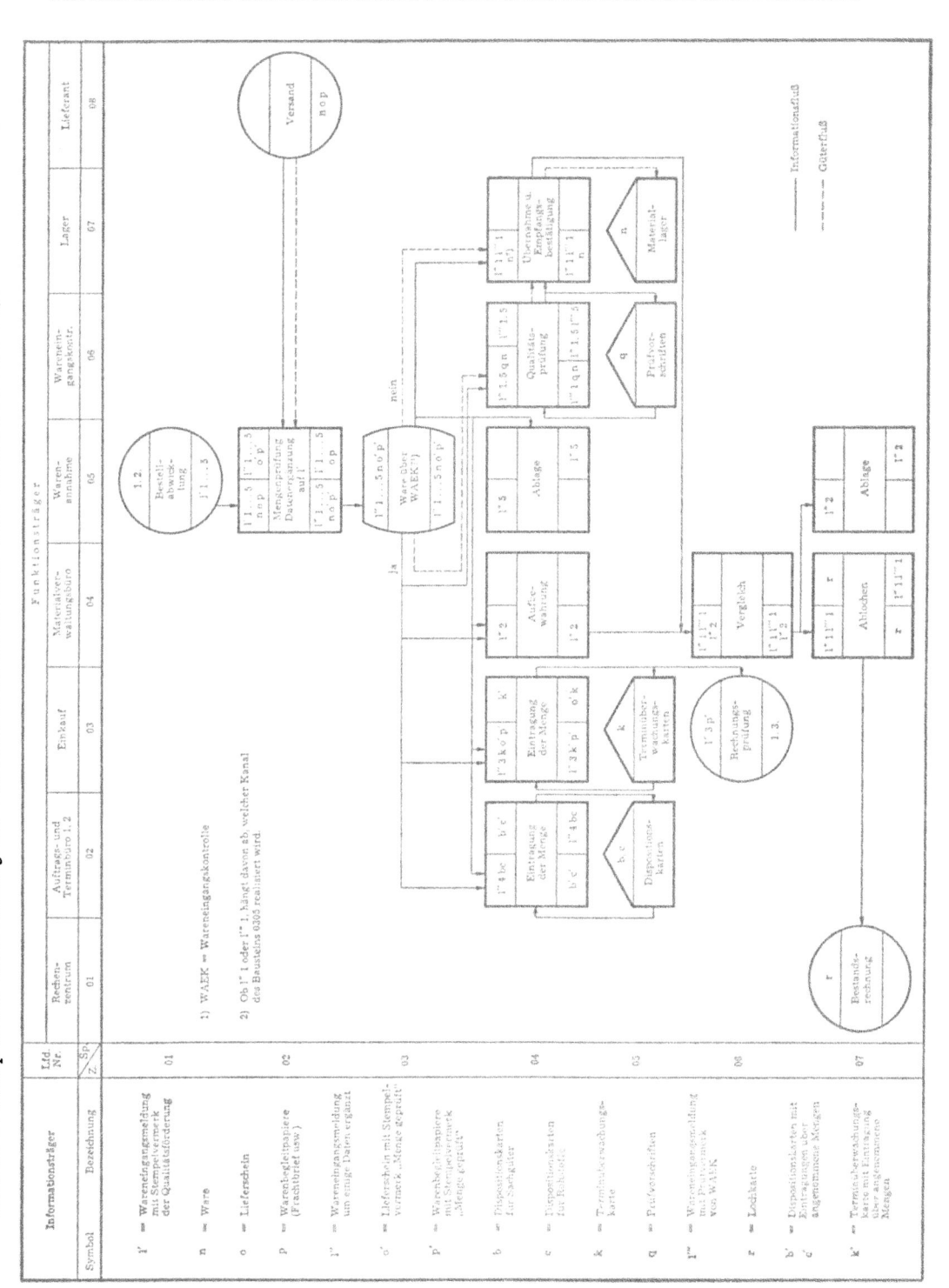

Bild 57: Darstellung der Informationsverarbeitung
in einer Abteilung (Einkauf)

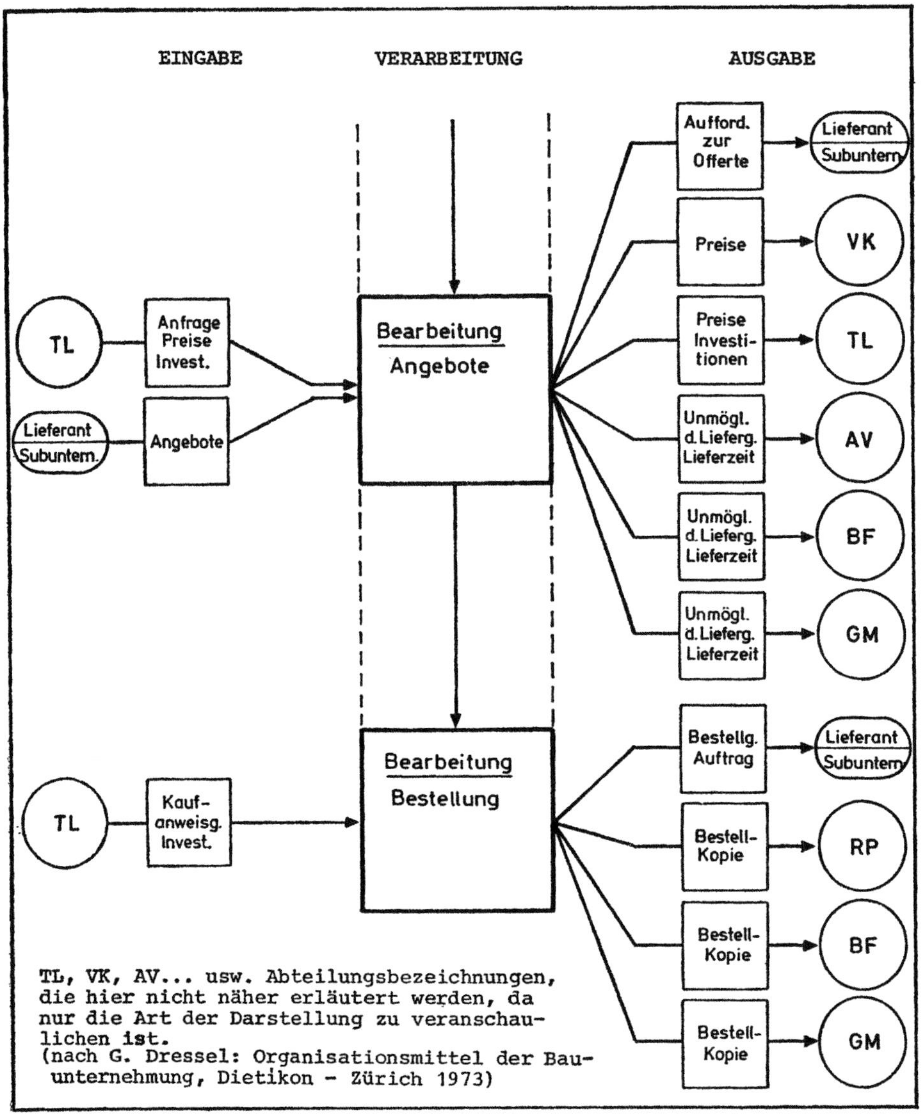

TL, VK, AV... usw. Abteilungsbezeichnungen, die hier nicht näher erläutert werden, da nur die Art der Darstellung zu veranschaulichen ist.
(nach G. Dressel: Organisationsmittel der Bauunternehmung, Dietikon - Zürich 1973)

Bild 58: Das Zusammenwirken von Stellen (Entscheidungsprozesse)

	AUFGABEN \ AUFGABENTRÄGER	Geschäftsleitung	Koordinations-funktion der GL	Betriebsrat	PG - Leiter	PG - Leiter	PG - Leiter	PG - Leiter	PG - Leiter	PG - Leiter	ST - Personal	ST - Entwicklung	Q - Funktionen
		L	Ko	Br	A	B	C	D	E	F	ST	ST	Q
1	Unternehmensplanung	x	E		(x)	(x)	(x)	(x)	(x)	(x)			
2	Organisation, EDV	x	Eg	(x)	(x)	(x)	(x)	(x)	(x)	(x)		(x)	
3	Produktplanung u. Entwicklung	x	E		(x)(y)	(x)(y)	(x)	(x)	(x)(y)		x		x
4	Etatplanung u. Budgetierung	x	E		(x)	(x)	(x)	(x)	(x)(y)	x			x
5	Investitionsplanung	x	E	(x)	(x)	(x)	x	(x)	(x)(y)	x		(x)	
6	Personalplanung	x	Eg	(x)	(x)(y)	(x)(y)	(x)	(x)	(x)(y)	(x)(y)	x		
7	Absatzplanung	x	Eg		(x)	(x)	(x)(y)	(x)	(x)				x
8	Marketing u. Werbung	x	Eg		(x)	(x)	(x)(y)	(x)	(x)				
9	Materialwirtschaft	x	Eg		(x)(y)	(x)(y)	(x)	(x)	(x)(y)				x
10	Betriebswirtschaft	x	Eg		(x)	(x)	(x)	(x)	(x)	x			
11	Kalkulationswesen	x	Eg		(x)	(x)	(x)	(x)	(x)				x
12	PG - Verrechnungspreise	x	Eg		(x)	(x)	(x)	(x)	(x)	x			
13	System - Revision	x	E		x	x	x	x	x	x		(x)	
14	Erfolgsbeteiligung	x	E		(x)	(x)	(x)	(x)	(x)	(x)			

Weitere Anmerkungen siehe Bild 60.

x = in jedem Fall anwesend oder vertreten
(x) = je nach Fall anwesend oder vertreten
(y) = sachverständiger Stellvertreter

Die Überwachung der Organisation

Bild 59: Funktionendiagramm einer Produktgruppe

Aufgaben \ Aufgabenträger	Produktgruppenleiter	Abteilungsleiter stv. PGL	Abteilungsleiter	Hauptsachbearbeiter	Hauptsachbearbeiter	Hauptsachbearbeiter	Hauptsachbearbeiter	Sachbearbeiter	Sachbearbeiter	Sachbearbeiter	Meister	Meister	Meister	Ausbilder
	S_1	S_2	S_3	S_4	S_5	S_6	S_7	S_8	S_9	S_{10}	S_{11}	S_{12}	S_{13}	S_{14}
1.0 Konstruktion														
1.1 Weiterentwicklung	E	J		J										
1.2 Auftragskonstruktion	Ew	En		A										
1.3 Betriebsmittelkonstrukt.			Ew	A		En								
2.0 Beschaffung														
2.1 Materialdisposition	Ew			En	EnPA	(A)								
2.2 Bestellwesen	Ew				EnA	(A)	A		(A)					
2.3 Terminkontrolle					A						J	J	J	
2.4 Materialfortschreibung					A				A					
2.5 Wareneingangsrevision	Ew				En						OEn	En	En	
2.6 Lagerwesen	Eg		Ew		J						OEn	En	En	
2.7 internes Transportwesen	Eg		Ew								En	En	En	
3.0 Fertigung														
3.1 Produktionsplanung	Ew			En	(A)	(A)	AEn		(A)					
3.2 Produktionssteuerung			Ew			En					A	A	A	
3.3 Arbeitsvorbereitung				(A)		A		A	A					
3.4 Zeitwirtschaft	Ew		En			A			A					
3.5 Terminkoordination	Ew	Em	Em			A	A							
3.6 Fertigungsrationalisierg	Ew		En	J		J			J		J	J	J	
3.7 Vorkalkulation	EA		A		A	A			A					
3.8 Nachkalkulation					A	A			A					
3.9 Qualitätswesen, Revision		Em	Em								A	A	A	
3.10 Reklamationen	Ew	En												
3.11 Monteurausseneinsatz	Eg	En					A		(A)					
3.12 Unfallschutz	E		A											
4.0 Vertrieb														
4.1 Verkaufsplanung	Em	Em												
4.2 Ext. Vertriebssteuerung	Ew	EnA							(A)					
4.3 Kundenberatung		PA	(A)		(A)	(A)	A							
4.4 Reiseplanung	Ew	EnA												
4.5 Marktbeobachtung	JA	JA												
4.6 Werbung	(P)Em	PEmA												
4.7 Angebotswesen	Ew	EnA					EnA							
4.8 Auftragsabwicklung		EwA				(A)	EnA							
4.9 Rechnungslegung		A					A							
4.10 Versand		E							A					
5.0 Verwaltung PG														
5.1 Personalwesen	EmP	M	M											J
5.2 Organisation	E	M	M											
5.3 Statistik	A	A	A		A	A	A	A	A					A
5.4 BWL-Analysen	Ew	En	En		A									
5.5 Anlagenverwaltung	Ew										EnO			
5.6 Ausbildung	Ew													EnA
5.7 Schreib- u. Umdruckarb.							A			A				

Anmerkungen siehe Bild 60

Bild 60: *Anmerkungen zum Funktionendiagramm*

I *Initiativfunktion:*
Der Mitarbeiter ergreift die Initiative, regt an, schlägt vor und gibt Impulse für . . .

P *Planungsfunktion:*
Der Mitarbeiter plant, bereitet die Planung zur Entscheidung vor, analysiert und erarbeitet entscheidungsreife Unterlagen.

(P) *Planungsfunktion federführend:*
Der Mitarbeiter koordiniert die Planung, faßt die Teilplanungen zusammen und ist für die Planungssystematik verantwortlich.

E *Entscheidungsfunktion:*
Der Mitarbeiter entscheidet über . . ., genehmigt oder lehnt ab und wählt zwischen zwei oder mehreren Alternativen.

Eg *Entscheidungsfunktion in Grundsatzfragen:*
Der Mitarbeiter entscheidet über Richtlinien und Anweisungen.

En *Entscheidungsfunktion im Normalfall:*
Der Mitarbeiter entscheidet im Rahmen bestehender Richtlinien und Anweisungen.

Ew *Entscheidungsfunktion in wichtigen Einzelfällen:*
Der Mitarbeiter entscheidet in wichtigen Einzelfällen, die entweder qualitativ oder quantitativ umschrieben sind.

Em *Mitentscheidungsfunktion:*
Zwei oder mehrere Mitarbeiter entscheiden nach gemeinsamer Einigung.

M *Mitsprachefunktion:*
Der Mitarbeiter hat ein Mitspracherecht, er muß vor der Entscheidung angehört werden.

O *Anordnungsfunktion:*
Der Mitarbeiter ordnet an, veranlaßt und setzt durch.

A *Ausführungsfunktion (Sachbearbeitung):*
Der Mitarbeiter vertritt nach außen . . ., veranlaßt und erledigt.

(A) *Ausführungsfunktion, in Vertretung im Bedarfsfall:*
Sachbearbeitung in Vertretung oder im Bedarfsfall zusätzlich.

Aw *Ausführungsfunktion in wichtigen Einzelfällen:*
Der Mitarbeiter übernimmt die Sachbearbeitung in besonders wichtigen Einzelfällen.

K *Kontrollfunktion:*
Der Mitarbeiter kontrolliert intensiv, überwacht speziell und beaufsichtigt.

Q *Querschnittskoordinationsfunktion:*
Der Mitarbeiter hat Richtlinienkompetenzen. Er koordiniert, zentralisiert und kontrolliert spezielle Aufgabenbereiche, um die Gesamtunternehmensinteressen und Zielsetzungen sicherzustellen.

Auf der Basis von Acker, H. B.: Organisationsanalyse, 8. Aufl., Baden-Baden/Bad Homburg v. d. H. 1975.

III. Auswertung der Istaufnahme

1. Kritische Analyse des Ist-Zustandes, Entwicklung des Soll

Bei einer systematischen Darstellung der Organisationsprüfung ist es zweckmäßig, eine klare Trennung von Aufnahme und Darstellung des Ist-Zustandes einerseits und seiner Analyse als Grundlage für die Entwicklung des Soll-Zustandes andererseits vorzunehmen. In der praktischen Arbeit ist beides eng miteinander verbunden.

Bei der Analyse kommt es vor allem darauf an, Kriterien zu finden, die ein Urteil über den Ist-Zustand erlauben. Zahlreiche Methoden, die z. T. hier als Organisationsmethoden vorgestellt wurden, stehen zu diesem Zweck zur Verfügung:

(1) Arbeitszeit-, Arbeitswert- und Arbeitsablaufstudien;

(2) Eignungs- und Anforderungsuntersuchungen;

(3) Ableitung spezieller Urteile und Problemlösungen aus Organisationsgrundsätzen und Schwachstellenkatalogen;

(4) Betriebsvergleiche;

(5) Kosten- und Leistungsanalysen;

(6) Beurteilung durch Vergleich mit Ideal- und Realmodellen;

(7) Entwicklung von Alternativlösungen mittels kreativitätsfördernder Methoden;

(8) systematische Auswertung von Expertenurteilen;

(9) Simulation alternativer Lösungen am Modell;

(10) sonstige Verfahren, z. B. mathematische Analysen.

Im Grunde kommt es bei allen Verfahren darauf an, Alternativen zu finden, diese mit dem Ist zu vergleichen und im Hinblick auf die Erreichung von Soll-Eigenschaften im Sinne der Betriebsziele kritisch zu beurteilen.

Bei der Entwicklung des konkreten Soll-Zustandes kann man grundsätzlich zwei Wege unterscheiden:

(1) Mängelbeseitigung, schrittweise Annäherung an ein Optimum;

(2) völlige Neukonzeption, dem entspricht auch die Erst-Konzeption.

Die eigentliche Mängelbeseitigung kann zwei Wege beschreiten:

(1) Auffinden von Mängeln in den Arbeitsergebnissen, Ermittlung der Ursachen und Abstellen der Mängel bei den Ursachen;

(2) Untersuchung der Aufbau- und Ablauforganisation selbst, z. B. auf Einhaltung von Grundsätzen, Bestehen von Schwachstellen, unbegründete Abweichung von bewährten Real- und Idealmodellen.

Zu beachten ist, daß der Aufbau auch nur aufgrund der sich im Rahmen der Strukturorganisation vollziehenden Abläufe beurteilt werden kann.

Bei völliger N e u k o n z e p t i o n liegt — sofern es sich um eine neu zu schaffende Organisation handelt — kein Istzustand vor, der die Probleme offenbaren könnte. In diesem Falle müssen durch Simulation i. w. S. die mit geeigneten Organisationsmaßnahmen zu bewältigenden Probleme ermittelt werden. Das Vorgehen bei der Neuorganisation: Anforderungskatalog, alternative Gestaltungsmöglichkeiten, Modellanalyse, Auswahl der geeigneten Alternativen, Durchsetzung, Überwachung, wurde eingehend behandelt.

2. Beseitigung von Prüfungsmängeln

Die Prüfung selbst braucht keineswegs frei von Mängeln zu sein. Deshalb ist die Prüfungstätigkeit ebenfalls einem Lernprozeß mit dem Ziel der Mängelbeseitigung und Effizienzsteigerung zu unterwerfen. Die häufigsten Mängel bei der Organisationsprüfung, die am besten von vornherein vermieden werden sollten, sind in der nachfolgenden Übersicht zusammengestellt. Es handelt sich hierbei um einen weiteren Schwachstellenkatalog im Sinne von Kapitel E, I, 2.

Schwachstellen der Organisationsprüfung

(1) *Bei Einsichtnahme in das Unterlagenmaterial*

a) *Sekundärmaterial*
Unterlagen können unvollständig und fehlerhaft sein. Sekundärmaterial stellt in der Regel für einen anderen als den Prüfungszweck ausgewertetes Primärmaterial dar (z. B. Verkaufsstatistik). Ist die Auswertung bewußt oder unbewußt gefärbt, so muß auch jede darauf aufbauende Prüfungsfeststellung davon beeinflußt werden.

b) *Primärmaterial*
Jede Prüfung, die nicht lückenlos ist, also sich auf eine Auswahl beschränkt, kann durch zufällige Anhäufung oder durch zufälliges Übersehen bestimmter Tatbestände zu falschen Schlüssen gelangen, solange nicht eine systematische Auswahl des Prüfungsstoffes eine größtmögliche Sicherheit garantiert. Organisationsprobleme treten aber normalerweise nicht mit der Häufigkeit auf, die die Anwendung statistischer Regeln ermöglichen.

Abhilfe zu a) und b):

Annäherung an einen Tatbestand von mehreren Seiten. Methodische Auswahl bei Stichprobenprüfungen. Zusammenarbeit mehrerer Prüfer. Kritische Untersuchung der Unterlagen (diese können z. B. auch gefälscht sein), Erfahrungsaustausch mit anderen Betrieben, um das Erfahrungsfeld zu verbreitern.

(2) *Beim Beobachten*

Zufällige Anhäufung oder zufälliges Nichteintreten bestimmter Tatbestände. Personen, die sich beobachtet wissen, verhalten sich bekanntlich nicht wie gewöhnlich. Sie sind u. U. verkrampft und erhöhen die Fehler, oder sie schalten ihnen bekannte Mängel während der Beobachtung aus.

Abhilfe:

Das Beobachten von Handlungen muß unauffällig sein. Möglichst mehrmaliges Beobachten durch mehrere Personen zu verschiedenen Zeitpunkten. Moderne systematisierte Form z. B. in der Multimomentaufnahme ist — soweit möglich — anzuwenden.

(3) *Bei mündlicher Befragung*

Fragen sind oft nicht geschickt gestellt, nehmen z. B. Antwort vorweg, oder werden falsch verstanden, da sie nicht scharf genug formuliert sind.

Befragter ist nicht wortgewandt, reagiert zu langsam oder ist gehemmt. Antwort gibt dadurch Tatbestand nicht richtig wieder. Umgekehrt kann ein wortgewandter, schnell reagierender Mensch den Prüfer überspielen, speziell wenn er sich geschickt seine größere Sachkenntnis von Einzelheiten zunutze macht oder dem Prüfer geschickt eine bestimmte Auffassung suggeriert.

(4) *Bei schriftlicher Befragung*

Der mündlichen Befragung gegenüber besteht der Vorteil, daß die Antwort in Ruhe formuliert werden kann. Die Geschicklichkeit im schriftlichen Ausdruck beeinflußt allerdings das Ergebnis. Das Ursprüngliche, Spontane der mündlichen Antwort fehlt. Bei Befragung von Einzelpersonen hat die schriftliche Befragung den Nachteil, daß sich die Befragten untereinander verständigen können; es sei denn, die Befragung wird unter Klausur vorgenommen.

Abhilfe zu 3) und 4):

Fragen sorgfältig formulieren, Kontrollfragen zur Aufdeckung von Widersprüchen einbauen.

Fragesteller muß speziell bei mündlicher Befragung eine ausreichende Menschenkenntnis besitzen, um Antworten von nicht rein sachlichen Argumenten bereinigen zu können.

Mündliche Befragung soll möglichst nur in Gegenwart eines zweiten Prüfers vorgenommen werden. Am besten ist eine schriftliche Befragung mit anschließender mündlicher Befragung.

(5) *Bei der Mitarbeit des Prüfers in der zu prüfenden Stelle*

Für Organisationsprüfungen eine zeitraubende, aber gute Arbeitsweise. Fehler treten auf, wenn die Beeinflussung des Prüfers durch die geprüfte Abteilung zu groß ist. Beeinflussung kann dazu führen, den Prüfer für Abteilungsziele einzuspannen. Prüfer kann leicht die Übersicht verlieren, wenn er zu sehr in die Einzelheiten geht. Das Verhalten der Mitarbeiter in der Stelle kann sich ähnlich wie bei der Beobachtung verändern.

Abhilfe:

Bei Prüfungsfeststellungen, die auf die Erfüllung spezieller Abteilungswünsche hinzielen, ist eine besonders kritische Überprüfung der Arbeitsergebnisse durch den Leiter der Revision zu empfehlen.

(6) *Bei der Darstellung der Tatbestände*

Unbewußte und auch bewußte Färbung des Inhaltes der Berichte durch Hervorhebung einzelner Tatbestände, durch Auswahl des Stoffes und durch die Ausdrucksweise. Für die Darstellung der Beurteilung und der Vorschläge gilt das gleiche sinngemäß.

Abhilfe:

Besprechung des Berichtes mit der geprüften Stelle vor der Herausgabe. Durcharbeitung des Berichtes durch den Leiter der Revision und Besprechung. Es kann empfehlenswert sein, ein Protokoll über die Schlußbesprechung anzufertigen und vom Leiter der geprüften Stelle mit abzeichnen zu lassen. Wichtige Feststellungen sollen vom Leiter der Revision überprüft werden.

(7) *Bei der vergleichenden Betrachtung und Beurteilung der Tatbestände*

Tatbestände sind oft nicht ausreichend vergleichbar, z. B. schon wegen unterschiedlicher Abgrenzungen. Abweichungen sind vielfach auf einen Komplex von Ursachen zurückzuführen, die nicht isoliert werden können.

Die Beurteilung ist unsicher, wenn das „Soll" nicht eindeutig bestimmt ist, so daß für subjektive Anschauung zu viel Raum ist. Wenn die Ermittlung des Tatbestandes auch schon fehlerhaft ist, kann u. U. eine völlig abwegige Beurteilung entstehen.

Abhilfe:

Vergleich nur nach eingehender Analyse der Tatbestände und nach Bereinigung von Faktoren, die den Vergleich stören.

Bei schwerwiegenden Abweichungen vom „Soll" Besprechung mit den interessierten Stellen (am besten Rundgespräch). Sorgfältiges Abwägen von Argumenten und Gegenargumenten. Geprüfte Dienststelle muß stets Stellung nehmen können.

(8) *Bei der Ableitung von Maßnahmen*

   a) *Anregung, Vorschlag*

      Der Prüfer kennt oft die Einzelheiten zu wenig, um praktische Lösungen vorschlagen zu können, er kommt dadurch zu falschen Lösungen.

   b) *Überwachung der Durchführung*

      Unsachgemäße Beurteilung ist möglich, wenn Prüfer die Schwierigkeiten der Durchführung nicht ausreichend zu würdigen weiß, auch wenn ihm die Schwierigkeiten übertrieben dargestellt werden und er diese nicht richtig abzuwägen versteht.

Abhilfe zu a) und b):

Ausführung der Vorschläge soll stets den zuständigen Exekutivstellen überlassen werden. Von erzieherischem Wert ist es, die Prüfer zeitweilig gemeinsam mit Exekutivstellen Anordnung bis in die letzten Einzelheiten durcharbeiten zu lassen, sie werden so mit den Schwierigkeiten der Praxis vertraut.

Mit der Überwachung der Durchführung von Vorschlägen sollten nur Prüfer mit ausreichenden praktischen Kenntnissen betraut werden, oder es sollten Urteile von unabhängigen Sachverständigen eingeholt werden.

IV. Stellenbeschreibung für den Leiter einer Organisationsabteilung (Exkurs)

Die nachfolgende Stellenbeschreibung soll als Beispiel verbaler Stellenbeschreibungen dienen und zugleich die Tätigkeit des Organisationsabteilungs-Leiters an einem Beispiel aus der Praxis verdeutlichen. Zu beachten ist bei diesem Beispiel, daß hier nicht nur Teilaufgaben, Kompetenz, Verantwortung, Informations-, Arbeitsbeziehungen, Unterstellungsverhältnisse, Stellvertretung und Vertretungsbefugnisse nach außen — wie üblich — behandelt werden, sondern daß auch qualitative Hinweise auf die erwarteten Arbeitsergebnisse (im Sinne einer Vorstufe des Meta-Anforderungskataloges) gegeben werden.

Leiter der Organisationsabteilung — Stellenbeschreibung

I. Gesamtaufgaben

Schafft Unterlagen für die Leiter der organisatorischen Einheiten der Gesellschaft durch Beratung und Assistenz in der Entwicklung, Handhabung und Verbesserung von Plänen, betreffend: Organisationsstrukturen (Aufbau und Ablauf) nebst Ergänzungen; Funktionen, Verantwortung und Kompetenzen und Eingliederung; Übersicht über Löhne, Gehälter, Betriebskosten und Arbeitseinsatz; ferner die Geschäftsgrundsätze zu diesen Angelegenheiten, und zwar für die Gesellschaft als Ganzes, für ihre Abteilungen und Unterabteilungen.

II. Verantwortung und Zuständigkeiten

Nachstehend aufgeführte Verantwortung und Kompetenzen unterliegen den festgelegten Grundsätzen.

(1) Eigene Aufgaben

    a) Pläne entwickeln mit dem Ziel, daß jede organisatorische Einheit der Gesellschaft ein logisches, abgegrenztes, integriertes Glied der Gesellschaft bildet, welches angemessene Verantwortung, Kompetenzen und Rechenschaftsregelung handhabt im Rahmen klar definierter Grenzen.

    b) Definiert und klärt Funktion, Verantwortung und Kompetenz, auch die Eingliederung jeder neuen oder veränderten Führungsposition in Zusammenarbeit mit der Geschäftsleitung. Hält das Organisationshandbuch für alle davon Betroffenen verfügbar.

    c) Betreibt die Zentralisation der Verwaltungskontrolle und die Dezentralisation der Verantwortung für das Detail nebst entsprechender Vollmacht; sorgt dafür, daß die Entscheidungen auf dem noch praktisch entscheidungsfähigen niedrigsten Führungsrang getroffen werden, wo sie noch vernünftig ausfallen.

    d) Führt auf Anforderung oder eigene Initiative Untersuchungen durch zur Festlegung der Güte und Angemessenheit des Organisationsplans der Gesellschaft; formuliert oder empfiehlt Vorschläge zur Änderung dieses Planes.

e) Nimmt auf Anforderung oder eigene Initiative Einblick in die Geschäftsführung der organisatorischen Einheiten, um sicherzustellen, daß der Arbeitseinsatz mit den Anforderungen und Erfolgen übereinstimmt; initiiert und assistiert bei der Feststellung von Arbeits- und Verfahrensnormen, die als Maßstab bei der Kontrolle des Arbeitseinsatzes dienen.

f) Bereitet periodische Prüfungsunterlagen über die Aufgaben der Gesellschaft vor, um ihre Notwendigkeit und Angemessenheit im Lichte des Gesellschaftsziels festzustellen. Formuliert oder empfängt und legt Vorschläge vor für die Ausmerzung unwesentlicher oder unproduktiver Funktionen, Arbeitsverfahren und Arbeitsabläufe ferner für die Einführung neuer, um zu sichern, daß der Arbeitseinsatz so wirtschaftlich wie möglich gehandhabt wird.

g) Prüft, erläßt und erprobt Stellenbeschreibungen, die von den Einheitsleitern vorbereitet sind; leitet die erforderlichen Stellenbewertungen, um Vorschläge auszuarbeiten für gerechte Gehalts- und Lohntabellen. Stellt auf und publiziert Gehalts- und Lohntabellen für die ganze Gesellschaft, ihre Abteilungen und Unterabteilungen, die auf den geltenden Organisations- und Detailplänen beruhen; berät und unterstützt Mitglieder der Geschäftsführung bei der Handhabung des Gehalts- und Lohnwesens ihrer Abteilungen.

h) Formuliert oder erhält und legt Vorschläge für Geschäftsprinzipien vor, führt laufend ein Handbuch über alle förmlich eingeführten Geschäftsprinzipien.

i) Formuliert oder erhält und legt Vorschläge für Änderungen im Organisationshandbuch vor; hält alle festgestellten Änderungen zwecks Verteilung an die Benutzer auf dem laufenden.

j) Berät die Mitglieder der Geschäftsführung auf Wunsch bei der Vorbereitung des Jahresbudgets und außerordentlichen Finanzbedarfs, indem er Empfehlungen und betriebswirtschaftliche Urteile abgibt.

k) Formuliert oder erhält und legt Vorschläge für die Einführung oder Änderung von Ausgabenkontrollen vor.

(2) Organisation der eigenen Abteilung

a) Empfiehlt Änderungen in der Grundstruktur.

b) Empfiehlt die Eingruppierung für solche Personen, die nicht den allgemeinen Tarifen unterliegen.

c) Sorgt für die Ausarbeitung neuer und revidierter Organisationshandbücher und Stellenbeschreibungen.

(3) Personalverwaltung der eigenen Abteilung

a) Stellt ein oder ernennt Angestellte — mit Ausnahme von Führungskräften — im Rahmen des genehmigten Stellenplanes, nachdem er sich versichert hat, daß geeignete Kräfte aus der Gesellschaft nicht verfügbar sind.

b) Genehmigt Gehaltsverbesserungen für Angestellte, die nicht dem allgemeinen Angestelltentarif unterliegen, soweit der Betrag . . . DM nicht übersteigt; schlägt darüber hinausgehende Erhöhungen vor.

c) Genehmigt Lohnsteigerungen für Mitarbeiter, die unter den Tarif fallen.

d) Empfiehlt Beförderungen, Herabstufungen und Entlassung aller Angestellten, die nicht unter den Tarif fallen.

e) Dasselbe für solche, die unter den Tarif fallen.

f) Genehmigt Urlaub und kurzfristige Beurlaubung, ausgenommen eigene.

g) Bereitet die nötigen Stellenbeschreibungen vor.

(4) **Finanzen seiner Abteilung**
   a) Jahresbudget vorbereiten.
   b) Die budgetmäßig verfügbaren Mittel und außerplanmäßig zugeteilte Mittel oder Zuwendungen verwalten.
   c) Vollmacht zur Anweisung solcher Geldmittel in laufender Rechnung nicht über ... DM, die nicht durch Plan gedeckt sind.
   d) Außerordentliche (einschl. Investitions-) Ausgaben vorschlagen.
   e) Haushaltsvorschriften handhaben.
   f) Gegenzeichnung aller Verfügungen, die zwar andere Pläne betreffen, aber sein Fachgebiet berühren.

III. Eingliederung, Beziehungen

Untersteht dem Vorstandsvorsitzenden.

Berät und unterstützt andere Abteilungsdirektoren und Abteilungsleiter auf seinem Fachgebiet, koordiniert und kooperiert bei Angelegenheiten, die sich berühren.

Unterhält die zu seiner Aufgabe gehörigen Kontakte.

G. Psychologische Aspekte der Realisierung organisatorischer Maßnahmen

Die Durchsetzung des Soll-Zustandes gegen psychisch bedingte Widerstände kann mehr Schwierigkeiten bereiten als die sachliche Arbeit. Ausgehend von einer interdisziplinären Untersuchung[69]), die sich mit den psychologischen Schwierigkeiten bei der Einführung der Unternehmensplanung befaßte, können die folgenden Empfehlungen auch für die Organisationsarbeit abgeleitet werden die freilich den Gegebenheiten des jeweiligen Betriebes, insbesondere dem herrschenden Betriebsklima und der vorherrschenden Grundhaltung der Belegschaft, anzupassen sind (vgl. Kapitel C, II, 1).

(1) Bei jeder organisatorischen Änderung muß mit dem Auftreten sachlicher und psychologischer Schwierigkeiten gerechnet werden.

(2) Sachliche und psychologische Schwierigkeiten können völlig unabhängig voneinander auftreten.

(3) Mögliche Widerstände sollten vor dem Versuch, Änderungen einzuführen, ermittelt werden, und es sollten Maßnahmen überlegt und geplant werden, ihnen zu begegnen.

(4) Hinsichtlich der Erwartung psychologischer Schwierigkeiten ist ein Zuviel besser als ein Zuwenig. Es ist leichter, latent vorhandene Ursachen zu neutralisieren als solche, die während der Einführung der Neuerung bereits zu Schwierigkeiten geführt haben.

(5) Die Organisatoren sollten ihre Aufmerksamkeit besonders auf die Mitarbeiter der unteren Betriebsebene, deren teilweise stark negative Haltung ein entscheidendes Hindernis für die erfolgreiche Einführung der Neuerung sein kann, lenken. Es ist zu bedenken, daß es der Mitarbeit des „letzten" Mannes bedarf, um die sachlichen Schwierigkeiten im Detail zu überwinden.

(6) Es kann nicht mit einer allgemeinen Zustimmung der Mitarbeiter gerechnet werden, auch wenn sich kein offener Widerstand zeigt.

(7) Die mit der Durchsetzung einer organisatorischen Neuerung zu betrauenden Personen müssen sorgfältig ausgewählt werden. Langjährige Mitarbeiter in leitenden Stellungen eignen sich besser als junge, aufstrebende Kräfte, die bei älteren Mitarbeitern auf Ablehnung stoßen, wenn sie Neuerungen einführen wollen.

(8) Maßnahmen zur Neutralisierung psychologischer Schwierigkeiten sind stets im Hinblick auf die Art der Ursachen und auf die betriebliche Stellung der Person, deren Haltung beeinflußt werden soll, zu beurteilen.

---

69) Vgl. Blohm, H. und Heinrich, L. J., Psychologische Widerstände bei der Unternehmensplanung, in: Rationalisierung, 15 (1964) 6, S. 129 ff.

(9) Man kann sich bei der Ausschaltung der Ursachen psychologischer Schwierigkeiten nicht ausschließlich darauf verlassen, die Mitarbeiter zu überzeugen. Die Überzeugung sollte zwar im Vordergrund stehen, aber durch ein gewisses Maß an Druck unterstützt werden.

(10) Man sollte stets versuchen, mit dem Erfolg der Neuerung zu argumentieren. Dabei können die Erfahrungen anderer Betriebe mit der Neuerung angeführt werden.

(11) Es ist zu beachten, daß jede Neuerung einen Entwicklungsprozeß darstellt. Dieser beginnt vor der eigentlichen Einführung durch Vorbereitung im sachlichen und menschlichen Bereich. Darauf aufbauend, muß eine sinnvolle Art der Durchsetzung des Soll entwickelt werden.

(12) Eine lebendige, dynamische Organisation, wie sie hier als ein sich schrittweise dem Optimum annäherndes System dargestellt wurde, bedarf der Mitarbeit aller ihrer Mitglieder. *Organisieren in diesem Sinne ist ein laufendes Gespräch über Ziele, Mittel und Erfahrungen im zielorientierten Einsatz der Mittel.*

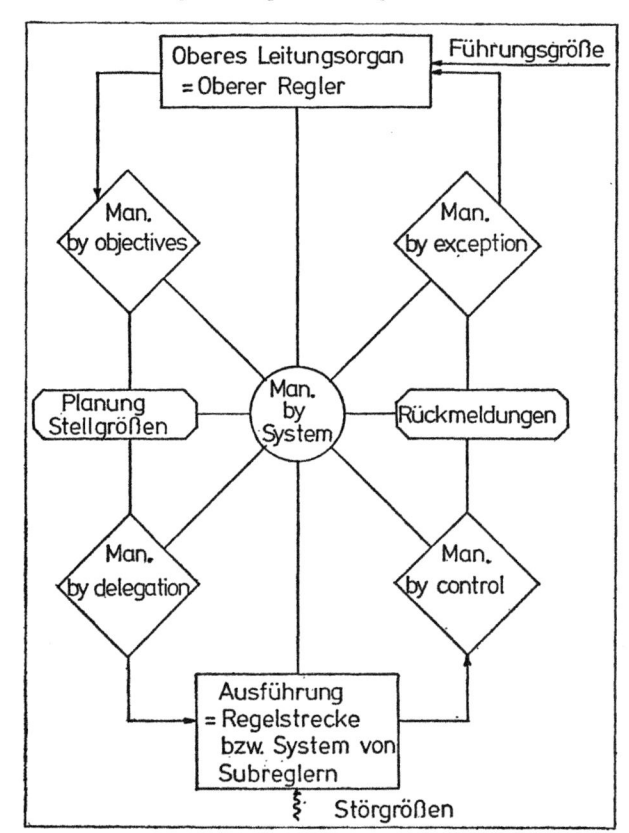

Bild 61: Führungskonzepte im Regelkreis nach Schwartz

Bild 62: Führungskonzepte nach J. Wild

BESTANDTEILE UND PRINZIPIEN (x = berücksichtigt) \ FÜHRUNGSKONZEPTE	Führung durch Selbstvollzug (Pseudoführung)	Führung durch Einzelauftrag (Management by Direction and Control)	Führung durch Eingriffsverzicht (Laissez-faire)	Führung durch Aufgabendelegation (»Harzburger Modell«)	Führung durch Ausnahmeeingriff (Management by Exception)	Führung durch Zielvereinbarung (Management by Objectives)	Führung durch Systemsteuerung (Management by System)
Aufgabenfestlegung				x	x	x	x
Führungsinitiative	x		x	x	x	x	x
Selbststeuerungserwartung			x	x	x	x	x
Delegation				x	x	x	x
partizipativer Führungsstil				x	x	x	x
Ausnahmeregelungen				x	x	x	x
Stellenbeschreibungen				x	x	x	x
Zielbilder (Ziele, Leistungsstandards)					x	x	x
periodische Ziel-Ergebnis-Analysen					x	x	x
Kontrolldaten — feed back (Kontrollsystem)					x	x	x
Informationsbilder						x	x
revolvierendes Planungssystem						x	x
periodischer Managementzyklus						x	x
Regeln für die Zielbildungs-, -anpassungs- und Abstimmungsprozesse						x	x
Ziel- bzw. erfolgsorientierte Mitarbeiterbeurteilung						x	x
zielbezogene Leistungs- und Lernmotivation zielbezogenes Anreizsystem						x	x
System der Führungspotential-entwicklung (Management Development)						x	x
integriertes Führungsinformationssystem (IMPICS)							x

Das Betriebsklima muß innovationsfreundlich und organisationsbewußt sein. Das kann nicht für Zwecke des Organisierens isoliert geschaffen werden, es muß Teil eines positiven Gesamtklimas sein. Dieses setzt die Anwendung geeigneter Führungskonzepte voraus.

Führungskonzepte sind ein besonderes, hier nicht näher zu behandelndes Thema, doch sei abschließend ein Hinweis dazu gegeben: Dem für die organisatorische Gestaltung verwendeten Regelkreismodell können bestimmte Führungskonzepte für die einzelnen Phasen des Kreisprozesses zugeordnet werden, die diesen Phasen idealtypisch entsprechen (Bild 61[70]). Die einzelnen Konzepte sind in Bild 62[71]) kurz erläutert.

Die Trennung von Organisation und Führung (bzw. Leitung) ist eine analytische Zweckmäßigkeit der praktischen Systemgestaltung. Die Praxis erfordert übereinstimmende Lösungen zur dauerhaften Sicherung der Zielerreichung des Betriebes.

---

70) Schwartz, H., Management by System, in: Bürotechnik, 20 (1972) 3, S. 399 ff.
71) Wild, J., Organisationstheorie. Die Führungsstruktur wandelt sich, in: Wirtschaftswoche, 25 (1971) 24, S. 50.

H. Zusammenfassung, Schlußbemerkungen

Mit dem hier vorgelegten Gesamtrahmen sollte weder die vielgestaltige Tätigkeit des Organisierens in ein Schema gepreßt werden, noch sollten die Lücken in einem Konzept, das wissenschaftlichen Ansprüchen mit dem Kriterium der Nachvollziehbarkeit genügen will, vertuscht werden. Sie werden eher verdeutlicht, aber auch für die Organisationsaufgabe wenigstens zum Teil als unvermeidbar charakterisiert.

Wenn dennoch abschließend mit Bild 63 ein Schema des praktischen Vorgehens vorgelegt wird, so ist das mehr als ein Baukasten anzusehen, der die in dieser Arbeit behandelten Themen anschaulich und nach einem möglichen Ablauf geordnet enthält[72]). *Je nach der vorliegenden Organisationsaufgabe haben die einzelnen Bausteine unterschiedliches Gewicht* (mit dem unteren Grenzwert 0) und können auch in abweichender Reihenfolge in den Gesamtprozeß eingestellt werden.

Typische Organisationsaufgaben sind:

(1) laufende Lernprozesse: Verbesserungen, Anpassungen und Ergänzungen (Auswertungen von Meta-Rückmeldungen);

(2) organisatorische Verbesserungen, Anpassungen und Ergänzungen aus besonderem Anlaß (wie Rationalisierungsaufgaben, die sich z. B. vom Absatzmarkt her stellen);

(3) völlige Neugestaltung der Organisation
   a) einzelner Bereiche (vom Entwurf bis zur Realisierung und Kontrolle möglich);
   b) eines Betriebes oder eines Verbundes (ebenfalls vom Entwurf bis zur Realisierung und Kontrolle möglich);

So stehen bei der *laufenden Organisationsarbeit*, die auch die vorausschauende Anpassung (Organisationsplanung) enthält, die Auslöserinformationen als Problem im Vordergrund. Bei dem Auftrag zum Entwurf einer *neuen Organisation* kann dagegen die Frage der Gewinnung von Alternativen und ihre Reduzierung auf wenige vergleich- und realisierbare Möglichkeiten vorrangig sein. Das

---

[72]) Es gibt zahlreiche schematische Darstellungen für Entscheidungsabläufe, Abläufe der Systemgestaltung und der Organisation. Ein besonderer Hinweis sei auf die 6-Stufen-Methode des REFA-Verbandes gegeben in: REFA, Refa-Buch, Bd. 3: Methodenlehre des Arbeitsstudiums, 3. Aufl., München 1973, S. 70.
Außerdem: Kirchner, J.-H., Frageliste zur praktischen Durchführung der Systemgestaltung nach der 6-Stufen-Methode, in: REFA-Nachrichten, 29 (1976) 1, S. 3 ff.; Göltenboth, H., Erfolgreiche Schwachstellenanalyse und -beseitigung im Betrieb, in: Fortschrittliche Betriebsführung, 23 (1974) 2, S. 73 ff.

letztgenannte Problem ist für die laufende Organisationsarbeit schon deshalb nicht so bedeutsam, weil hier die durchsetzbaren Möglichkeiten von vornherein stark begrenzt zu sein pflegen.

B i l d 6 3 enthält in den vier Kästen (a, b, c, d) Abschnitte der Organisationstätigkeit, die Pfeile (1, 2, 3, 4, 5, 10, 20, 30, 40) stellen die Informationseingaben und -ausgaben dar und verdeutlichen, daß auch die Organisationsarbeit letztlich einen Prozeß der Informationserarbeitung und -verarbeitung darstellt. Die Pfeile enthalten weiterhin die Verweise auf die wichtigsten Kapitel, in denen diese Themen behandelt werden (vgl. im übrigen das Stichwortverzeichnis, das die in den Pfeilen vermerkten Begriffe enthält).

Das kreisförmige Mittelfeld (e) stellt das Repertoire an wissenschaftlichen Einsichten über Gestaltungsmöglichkeiten, Zusammenhänge und Methoden dar, das für alle Tätigkeitsabschnitte herangezogen werden kann.

In dem hier vertretenen pragmatischen Konzept wird die Bedeutung des Repertoires vorrangig in der gedanklichen Bereithaltung von Gestaltungsmöglichkeiten und von Methoden zur Hervorbringung von Alternativen, zur rationalen Organisationsentscheidung und zur Überwachung der Organisation gesehen. Weniger sollen gültige Gesetzmäßigkeiten über menschliches Verhalten, Relationen sachlicher Art usw. aus dem Repertoire geschöpft werden.

Die speziellen Gesetzmäßigkeiten dieser Art sind für die einzelne Organisationsaufgabe vorrangig aus den gegebenen betrieblichen Verhältnissen heraus zu entwickeln; das wird in Bild 63 dadurch deutlich, daß der Informationspfeil (1) „Informationen über Istorganisation" in alle Tätigkeitsabschnitte einmündet. Es bedarf wohl keiner näheren Begründung, daß auch der hier vertretene pragmatisch-situative Ansatz auf einen interdisziplinären Grundstock an allgemeinen Einsichten über Gesetzmäßigkeiten der oben genannten Art nicht verzichten kann; er braucht es auch nicht, denn schließlich wird von den betroffenen Disziplinen diese Mindestforderung durchaus erfüllt.

Auch durch die Auswahl des Stoffes zur Veranschaulichung der Konzeption sollte deren Wesen verdeutlicht werden. So wurden die Ergebnisse der Konfliktforschung z. B. nicht behandelt, da ich meine, gerade diese Dinge sollten im Einzelfall präzisiert werden. Es besteht m. E. leicht die Gefahr, Probleme in den Betrieb hineinzuinterpretieren. Das gilt für manche anderen organisatorischen Betrachtungsfelder, denen umfangreiche Abhandlungen gewidmet sind, sinngemäß (z. B. Kleingruppenforschung).

Bild 63: *Organisieren als Entwerfen und Gestalten von soziotechnischen Systemen mit erwünschten Eigenschaften*

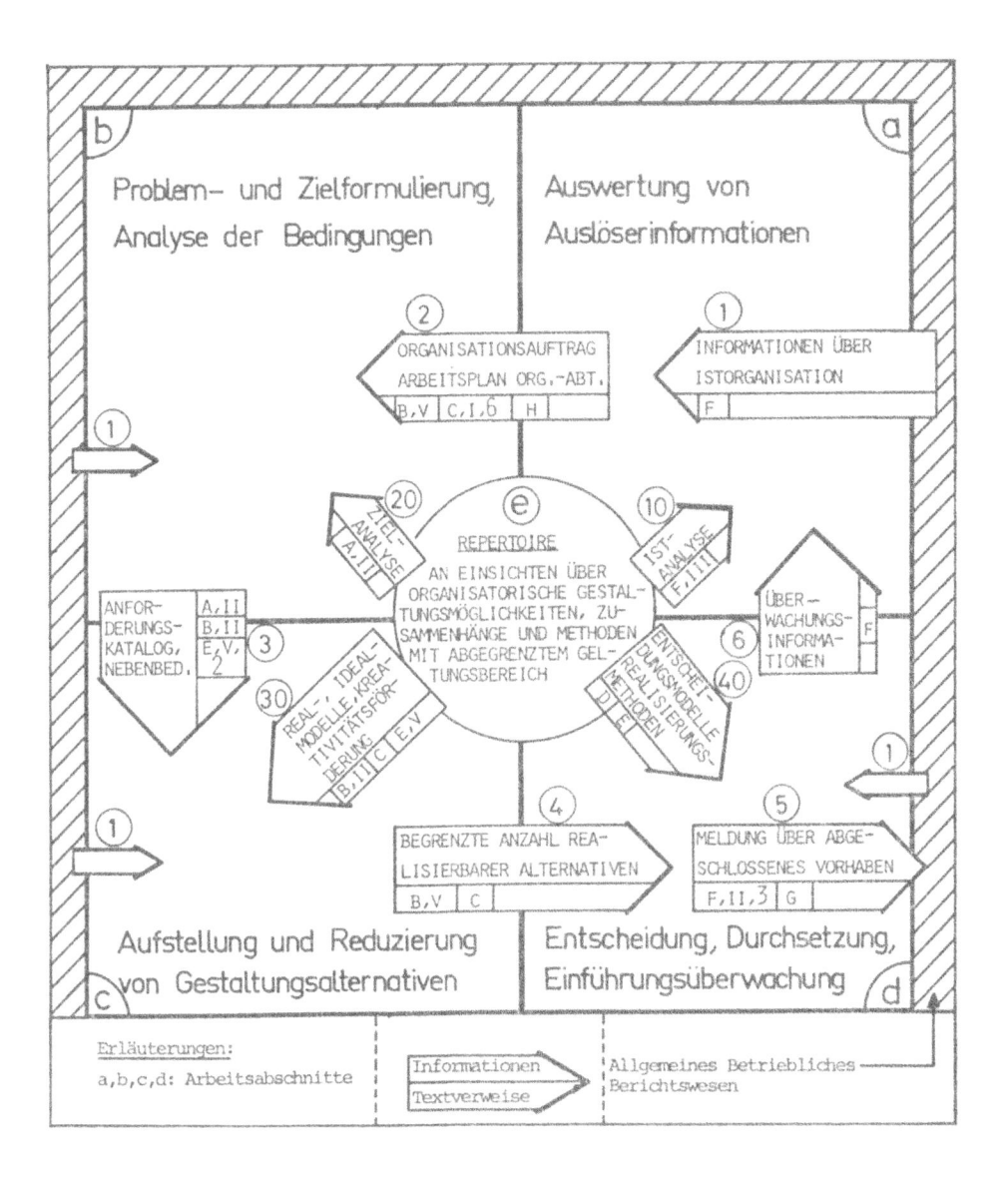

Abschließend sind noch zwei sich aufdrängende Fragengruppen zu beantworten:

- *Was ist von dem Konzept in der Praxis bereits realisiert, was hat sich bewährt? Was hat eine Chance, sich zu bewähren?*

Die bewußte Anwendung des Systems als Ganzes — von der Abwicklung von Einzelaufträgen abgesehen — ist nach meiner Erfahrung bisher noch Neuland; es gibt aber keinen hier behandelten Baustein, der nicht einzeln nachweisbar praktische Bewährungen erfahren hat. Das geistige Band dieser bewährten Bausteine, das in manchen Betrieben durchaus erkennbar ist, sollte gezeigt werden.

Das Konzept möge nicht als Versuch eines Patentrezeptes angesehen werden. Das kann und soll es nicht sein, sowenig wie etwa der Systembestandteil Regelkreisanalogie als ein solches Bestand haben könnte.

Organisieren heißt Gestalten und ist deshalb eine schöpferische Arbeit. Diese läßt sich zum Nutzen aller Beteiligten bis zu einem gewissen Grad (und nicht vollständig) versachlichen und nachvollziehbar gestalten. Die Versachlichung läßt die Tätigkeit des Organisierens und deren Ergebnis, die Organisation, menschengerechter werden. Dieses polare Spannungsfeld der sach- und menschengerechten Gestaltung scheint mir die K e r n p r o b l e m a t i k   d e s   O r g a n i s i e r e n s zu sein.

- *Wurde bei dem Ausfüllen der Lücken im „Organisieren auf wissenschaftlicher Grundlage" nicht zu großzügig mit der Bestimmung dessen vorgegangen, was man als Wissenschaft bezeichnen kann?*

Das ist ein Punkt, über den noch mehr zu sagen wäre als in den Rahmen dieses Buches paßt.

Die Regeln der wissenschaftlichen Arbeit und die Kriterien einer als „wissenschaftlich" bezeichneten Aussage müssen dem Gegenstand der Betrachtung und den praktischen Möglichkeiten entsprechen. Ich vertrete die Auffassung, daß viele dieser Regeln und Kriterien, die anderen Disziplinen und auch Teildisziplinen der Betriebswirtschaftslehre entlehnt sind, die Entwicklung der Organisationslehre eher hemmen als fördern und deshalb zu modifizieren sind. Wenn eine repräsentative Umfrage keine Chance hat, sachgemäß beantwortet zu werden — was auf dem Gebiet der Organisation eher die Regel als die Ausnahme darstellt —, dann wird auch eine noch so gute statistisch-mathematisch fundierte Auswertung des Materials an diesem entscheidenden Mangel nichts ändern. Eine nicht fundierte Behauptung gewinnt auch nicht dadurch an Aussagewert, daß man sie mit genauer Quellenangabe zitiert. Vielleicht bringt ein kritisch geprüftes Fachgespräch oder die Auswertung eigener Erfahrung, nachdem sie zur Diskussion gestellt und systematisiert wurde, mehr als „anerkannte" Methoden wissenschaftlicher Arbeit. Wer darf sich überhaupt als zuständig ansehen, etwas anzuerkennen? — Für den Betriebswirt und den Wirtschaftsingenieur dürfte die erfolgreiche Umsetzung in die Praxis der Hauptaspekt seiner „Anerkennung" sein. Gern möchte ich nach dieser Regel weiterlernen.

Literaturverzeichnis

Abromeit, G.: Erzeugungsplanung und Produktionsprogramm, Wiesbaden 1955

Acker, H. B.: Organisationsanalyse. Verfahren und Techniken praktischer Organisationsarbeit, 8. Aufl., Baden-Baden und Bad Homburg v. d. H. 1975

Acker, H. B.: Organisationsstruktur, in: Organisation, TfB-Handbuchreihe, Band I, Hrsg.: E. Schnaufer und K. Agthe, Berlin/Baden-Baden 1961, S. 119 ff.

Acker, H. B.: Die organisatorische Stellengliederung im Betrieb, Wiesbaden 1961

Ackermann, A. — Feurer, W. — Ulrich, H.: Innerbetriebliche Information als Führungsaufgabe, Bern 1959

Ackoff, R. L.: Systems, Organization and Interdisciplinary Research, in: Research and Design, Proceedings of the First Systems Symposium at the Case Institute of Technology, New York 1961, S. 26 ff.

Ackoff, R. L.: Towards a Behavioral Theory of Communication, in: Management Science 4 (1957/1958), S. 218—234.

Ackoff, R. L. — Sasieni, M. W.: Operations Research, Stuttgart 1970

Adam, A.: Messen und Regeln in der Betriebswirtschaft, Würzburg 1959

Agthe, K. — Schnaufer, E. (Hrsg.): Organisation, TfB-Handbuchreihe, Band I, Berlin/Baden-Baden 1961

Akademie für Organisation: Handlexikon Organisation, Frankfurt/M. 1971

Albach, H.: Entscheidungsprozeß und Informationsfluß in der Unternehmensorganisation, in: Organisation, TfB-Handbuchreihe, Band I, Hrsg.: E. Schnaufer und K. Agthe, Berlin/Baden-Baden 1961

Albach, H.: Zur Theorie der Unternehmensorganisation, in: ZfhF, 11 (1959), S. 238 ff.

Allen, L. A.: Management und Organisation, Gütersloh 1958

Altfelder, K.: Stabsstellen und Zentralabteilungen als Formen der Organisation der Führung, Berlin 1965

Ansoff, H.-J.: A Quasi-Analytic Method for Long Range Planning, in: Organisational Decision Making, Hrsg.: Alexis, M. and Wilson, C., Englewood Cliffs, N. J. 1967, S. 427 ff.

Apel, M.: Philosophisches Wörterbuch, Berlin 1948

Argyris, Ch.: Personality and Organization, The Conflict Between System and the Individual, New York 1970

Arping, H. — Lakenbring, K. — Schmitz, A.: Entscheidungsnetzplantechnik bei der Auftragsabwicklung in Industriebetrieben mit Einzel- und Kleinserienfertigung, in: Industrial Engineering, 4 (1974) 1, S. 3—15

Ashby, W. R.: Design for a Brain, 2. Aufl., New York 1960

Ashby, W. R.: Einführung in die Kybernetik (An Introduction to Cybernetics, dt. Übersetzung), Frankfurt 1974

Ashby, W. R.: General Systems Theory as a New Discipline, in: Management in Perspective, Hrsg.: W. E. Schlender, L. G. Scott, A. C. Filley, Boston 1965, S. 392 ff.

Ausschuß für wirtschaftliche Fertigung e. V. (AWF) (Hrsg.): Schwachstellenforschung und Rationalisierungsmaßnahmen im Betrieb, Schriftenreihe „Arbeitsvorbereitung", Heft 2, Frankfurt a. M./Berlin o. J.

Ballmann, W.: Leitfaden der internen Revision, München 1967

Barkdull, C. H.: Span of Control. A Method of Evaluation, in: Michigan Business Review, 15 (1963) 3, S. 25 ff.

Barnard, Ch. J.: The Functions of the Executive, Cambridge, Mass. 1960

Barnard, Ch. J.: Organization and Management, Cambridge, Mass. 1948

Bartölke, K.: Überlegung zu den Grundlagen der Planung von Betriebsorganisationen, Betriebswirtschaftliche Schriften, Heft 34, Berlin 1969

Bartram, P.: Die innerbetriebliche Kommunikation, Berlin 1969

Bass, B. M.: Organizational Psychology, Boston 1965

Baumberger, H. U.: Die Entwicklung der Organisationsstruktur in wachsenden Unternehmungen, 2. Aufl., Bern 1968

Baumgarten, R.: Betriebliche Führungsstile. Eine Untersuchung zur Typologie und Effizienz von Führungsstilen, Diss., Berlin 1974

Beensen, R.: Organisationsprinzipien, Berlin 1969

Beer, S.: Kybernetik und Management, 3. Aufl., Frankfurt a. M. 1967

Beer, S.: Kybernetische Führungslehre, Frankfurt a. M. 1973

Behlert, K.: Vom Organisieren, Stuttgart 1949

Bell, G. D.: Determinants of Span of Control, in: The American Journal of Sociology, 73 (1967/1968) 1, S. 100 ff.

Bender, K.: Pretiale Betriebslenkung, Essen 1951

Bennis, W. G.: Changing Organizations, New York usw. 1966

Bennis, W. G.: Theory and Method in Applying Behavioral Science to Planned Organizational Change, in: Operational Research and the Social Science, Hrsg.: J. R. Lawrence, London/New York usw. 1966, S. 33 ff.

Bente, H.: Organisierte Unwirtschaftlichkeit, Jena 1929

Bergmann, J. — Zapf, W.: Kommunikation im Industriebetrieb, Frankfurt 1965

Bertalanffy, L. v.: General Systems Theory: A New Approach to Unity of Science, in: Human Biology, 23 (1951), S. 303—361

Berthel, J.: Informationen und Vorgänge ihrer Bearbeitung in der Unternehmung, Berlin 1967

Berthel, J.: Wirksame Organisation — Eine Utopie ohne interdisziplinäre Wissens-Integration, in: ZfO, 42 (1973) 8, S. 431 ff.

Berthel, J. — Moews, D.: Information und Planung in industriellen Unternehmungen, Berlin 1970

Blake, R. R. — Mouton, J. S.: Das Verhaltensgitter, eine Methode zur optimalen Führung in Wirtschaft und Verwaltung, 2. Aufl., Düsseldorf/Wien 1969

Bleicher, K.: Aufgabengliederung und Abteilungsbildung, in: Organisation, TfB-Handbuchreihe, Bd. I, Hrsg.: E. Schnaufer und K. Agthe, Berlin/Baden-Baden 1961, S. 197 ff.

Bleicher, K.: Die Entwicklung eines systemorientierten Organisations- und Führungsmodells, in: ZfO, 39 (1970) 4, S. 166 ff.

Bleicher, K.: Führungsstile, Führungsformen und Organisationsformen, in: ZfO, 38 (1969) 2, S. 31 ff.

Bleicher, K.: Konferenzen. Ihre Organisation und Leitung, Wiesbaden 1960

Bleicher, K.: Koordinationsorgane in der Unternehmungsorganisation, in: ZfO, 37 (1968) 8, S. 281—288

Bleicher, K. (Hrsg.): Organisation als System, Wiesbaden 1972

Bleicher, K.: Zur Zentralisation und Dezentralisation von Aufgaben in der Organisation der Unternehmung, Berlin 1966

Bleicher, K.: Zur Zentralisation und Dezentralisation von Entscheidungsaufgaben der Unternehmung, in: Die Unternehmung, 23 (1969) 2, S. 123—139

Blohm, H.: Bewertung qualitativer Organisationskriterien, in: Mikrofilm in der Praxis, AWV-Schrift Nr. 348, Baden-Baden 1974

Blohm, H.: Der Geschäftsbericht als Mittel der Betriebspolitik, Baden-Baden 1962

Blohm, H.: Die Gestaltung des betrieblichen Berichtswesens als Problem der Leitungsorganisation, 2. Aufl., Herne/Berlin 1974

Blohm, H.: Hat die Wissenschaft von der Organisation noch nicht begonnen?, in: Bürotechnik, 13 (1967) 8, S. 654—657

Blohm, H.: Informationswesen, Organisation des, in: Handwörterbuch der Betriebswirtschaft, Hrsg.: E. Grochla, Stuttgart 1975, Sp. 1924 ff.

Blohm, H.: Die Innenrevision als Funktion der Leitung in Industriebetrieben, Essen 1957

Blohm, H.: Kybernetisches Denken aus betriebswirtschaftlicher und betriebstechnischer Sicht, in: Rationalisierung, 18 (1967) 9, S. 214 ff.

Blohm, H.: Organisation, Information und Überwachung, Wiesbaden 1969

Blohm, H.: Organisationsprinzipien, in: Organisationsleiter-Handbuch, Hrsg.: A. Degelmann, 2. Aufl., München 1972

Blohm, H.: Organisationsprüfung, in: Organisationsleiter-Handbuch, Hrsg.: A. Degelmann, 2. Aufl., München 1972

Blohm, H.: Organisationstheorie und -praxis der Unternehmensführung, in: Rationalisierung, 19 (1968) 5, S. 116—120

Blohm, H.: Wie beeinflussen neue Techniken, Entwicklungen und Erkenntnisse der Organisationslehre bisher geltende Organisationsgrundsätze?, in: Datascope, 6 (1975) 16, S. 3—11

Blohm, H. — Brenneis, F. J.: Wegweiser für den Einsatz von interner Revision, Berlin 1964

Blohm, H. — Heinrich, L. J.: Psychologische Widerstände bei der Unternehmensplanung, in: Rationalisierung, 15 (1964) 6, S. 129 ff.

Blohm, H. — Heinrich, L. J.: Schwachstellen der betrieblichen Berichterstattung, Baden-Baden/Bad Homburg v. d. H. 1965

Blohm, H. — Lüder, K.: Investition, 3. Aufl., München 1974

Böhrs, H.: Grundfragen und Methoden der Bürorationalisierung, München/Bern 1958

Böhrs, H.: Organisation des Industriebetriebes, 2. Aufl., Wiesbaden 1974

Böhrs, H.: Planen, Improvisieren und Organisieren, in: Betriebswirtschaftliche Forschung und Praxis, 2 (1950) 6, S. 321 ff.

Bössmann, E.: Die ökonomische Analyse von Kommunikationsbeziehungen in Organisationen, Berlin/Heidelberg/New York 1967

Bogdanow, A.: Allgemeine Organisationslehre, Bd. 1 und 2, Berlin 1926/28

Bonk, W.-R.: Sind Organisationsgrundsätze überholt?, in: Bürotechnik, Heft 11, 1975, S. 1238—1241

Brown, W.: Unternehmensführung als Forschungsobjekt, Essen 1964

Busse v. Colbe, W. (Hrsg.): Leitungsorganisation und Personalführung, in: ZfbF, 24 (1972), Sonderheft 1

Camra, J. J.: Gedanken zur Humanisierung der Arbeit, in: Fortschrittliche Betriebsführung, 23 (1974) 1, S. 19—20

Casson, H. N.: Casson-Brevier, Geschäftsprinzipien und Erfolg, Stuttgart, o. J.

Cherry, C.: Kommunikationsforschung — eine neue Wissenschaft, Frankfurt 1963

Chmielewicz, K.: Forschungskonzeptionen der Wirtschaftswissenschaft. Zur Problematik einer entscheidungstheoretischen und normativen Wirtschaftslehre, Stuttgart 1970

Chorafas, D. N.: Systems and Simulation, New York 1965

Churchman, C. W. — Ackoff, R. L. — Arnoff, E. L.: Operations Research — Eine Einführung in die Unternehmensforschung, 5. Aufl., Wien/München 1971

Clark, P. B. — Wilson, J. Q.: Incentive Systems: A Theory of Organizations, in: Administrative Science Quarterly, 6 (1961), S. 129 ff.

Cleland, D. J. — William, R. K.: Systems Analysis and Project Management, New York/St. Louis u. a. 1968

Cordinger, R. J.: New Frontiers for Professional Managers, New York 1957

Cyert, R. M. — James, G. M.: A Behavioral Theory of the Firm, Englewood Cliffs 1963

Czeranowsky, G. — Strutz, H.: Ergebnisse einer empirischen Untersuchung über Unternehmensziele, in: H. Jacob (Hrsg.): Zielprogramm und Entscheidungsprozeß in der Unternehmung, Schriften zur Unternehmensführung, Bd. 11, Wiesbaden 1970

Dahrendorf, R.: Sozialstruktur des Betriebes, Wiesbaden 1959

Dale, E.: Organization, New York 1967

Dale, E.: Planning and Developing the Company Organization Structure, in: American Management Association Research Report Nr. 20, New York 1952

Danert, G.: Betriebskontrollen, Essen 1952

Degelmann, A. (Hrsg.): Organisationsleiter-Handbuch, 2. Aufl., München 1972

Desbazeille, G.: Unternehmensforschung, Übungen und Aufgaben mit Lösungen, Stuttgart/Berlin/Köln/Mainz 1970

Deutscher Normenausschuß (DNA) (Hrsg.): DIN 19226 — Regelungstechnik und Steuertechnik — Begriffe und Benennungen, in: DIN-Taschenbuch 25 — Informationsverarbeitung, Berlin/Köln/Frankfurt 1969, S. 25—51

Deutsches Institut für Interne Revision (Hrsg.): Bericht über eine Fragebogenerhebung, Berlin 1974

Dienstbach, H.: Die Anpassung der Unternehmungsorganisation — Zur betriebswirtschaftlichen Bedeutung des „Planned Organizational Change", Diss. München 1968

Dienstbach, H.: Dynamik der Unternehmensorganisation, Wiesbaden 1972

Dlugos, D.: Forschungsstand und Neuorientierung der Betriebswirtschaftlichen Organisationslehre, in: ZfbF, 22 (1970) 3, S. 591 ff.

Dressel, G.: Organisation der Bauunternehmung, Grundriß der Baubetriebslehre, Band 1, Dietikon/Zürich 1965

Dressel, G.: Organisationsmittel der Bauunternehmung, Grundriß der Baubetriebslehre, Band 2, Dietikon/Zürich 1973

Dreyer, A.: Scoring-Modelle bei Mehrfachzielsetzungen, in: ZfB, 44 (1974) 4, S. 255—274

Drumm, H.-J.: Elemente und Strukturdeterminanten des informationellen Kommunikationssystems industrieller Unternehmungen, Berlin 1969

Dworak, W.: Moderne Unternehmungsorganisation in der Praxis, München 1972

Dworatscheck, S.: Systemanalyse, in: Zeitschrift für Datenverarbeitung, 7 (1971) 7, S. 480 ff.

Eckner, K.: Das Berichtswesen industrieller Betriebe, Wiesbaden 1960

Ellinger, Th.: Ablaufplanung, Stuttgart 1959

Emery, F. E. — Trist, E. L.: The Causal Texture of Organizational Environments, in: F. E. Emery (Hrsg.): Systems Thinking, Harmondsworth 1969, S. 241 ff.

Entwisle, D. R. — Walton, J.: Observations of the Span of Control, in: Administrative Science Quarterly, 6 (1961) 4, S. 522 ff.

Erdmann, R.: Grundlagen einer Organisationslehre, Leipzig 1921

Eulenburg, F.: Das Geheimnis der Organisation, Berlin 1952

Etzioni, A.: Soziologie der Organisation, 4. Aufl., München 1973

Falk, B.: Amerikanischer Zeitschriften-Spiegel, in: Der Betrieb, 12 (1959) 47, S. 1295

Falk, B.: Funktionaler Organisationsunfug, in: Der Betrieb, 11 (1958) 26, S. 717 ff.

Falkenhausen, H. v.: Prinzipien und Rechenverfahren der Netzplantechnik, 2. Aufl., Kiel 1968

Fayol, H.: Allgemeine und industrielle Verwaltung, München/Berlin 1929

Fechtner, K.: Handbuch der Betriebsorganisation, Nürnberg 1950

Fechtner, K.: Leitfaden für Organisation und Revision, Essen 1951

Fisch, G. G.: Stretching the Span of Management, in: Harvard Business Review, 41 (1963) 5, S. 80

Fischer, G.: Die Grundlagen der Organisation, 2. Aufl., Dortmund 1948

Flechtner, H.-J.: Grundbegriffe der Kybernetik, 5. Aufl., Stuttgart 1970

Flik, H.: Kybernetische Ansätze zur Organisation des Führungsprozesses der Unternehmung, Berlin 1969

Forrester, J. W.: Industrial Dynamics, in: Harvard Business Review, 36 (1958) 4, S. 37 ff.

Forrester, J. W.: Industrial Dynamics, Cambridge, Mass. 1961

Frank, G.: Die Verantwortungsspanne in der Organisationsstruktur, in: Industrielle Organisation, 42 (1973) 3, S. 101—104

Frese, E.: Kontrolle und Unternehmungsführung, Wiesbaden 1968

Frese, E.: Management by Exception, in: Handwörterbuch der Organisation, Hrsg.: E. Grochla, Stuttgart 1969, Sp. 956—959

Fuchs, H.: Systemtheorie und Organisation, Wiesbaden 1973

Funke, H.: Die Betriebswirtschaft im Maschinenbau und in verwandten Industrien, 3. Aufl., Freiburg i. Br. 1963

Funke, H. — Blohm, H.: Allgemeine Grundzüge des Industriebetriebes, 2. Aufl., Essen 1969

Futh, H.: EDV-Organisation, Bd. 1, Entwicklung eines EDV-Systems, 2. Aufl., München/Wien 1972

Futh, H.: EDV-Organisation, Bd. 2, Einführung eines EDV-Systems, 2. Aufl., München/Wien 1973

Futh, H.: Organisationshandbuch der DV-Abteilung, Köln 1972

Gaddis, P. O.: The Project Manager, in: Harvard Business Review, 37 (1959) 3, S. 89 ff.

Gäfgen, G.: Theorie der wirtschaftlichen Entscheidung, Tübingen 1963

Gälweiler, A.: Grundlagen der Divisionalisierung, in: ZfO, 40 (1971) 2, S. 55—66

Gardner, B. B.: Praktische Menschenführung im Betrieb, Köln/Opladen 1957

Gasser, Ch.: Arbeitsteilung und Zusammenarbeit in ihren organisatorischen Formen. Kleine Organisationslehre, Zürich 1939

Gast, W.: Principles of Business Management, St. Louis 1955

Gebert, D.: Organisationsentwicklung, Stuttgart 1974

Gerwig, E.: Organisation und Führung industrieller Unternehmungen, 3. Aufl., Stuttgart 1959

Glasl, F. — Houssaye, L.: Organisationsentwicklung, Bern 1975

Göltenboth, H.: Erfolgreiche Schwachstellenanalyse und -beseitigung im Betrieb, in: Fortschrittliche Betriebsführung, 23 (1974) 2, S. 73 ff.

Gößler, R.: Operations-Research-Praxis — Einsatzformen und Ergebnisse, Wiesbaden 1974

Graef, M. — Greiller, R. — Hecht, G.: Datenverarbeitung im Realzeitbetrieb. Eine Einführung, 2. verb. Aufl., München/Wien 1972

Grochla, E.: Automation und Organisation, Wiesbaden 1966

Grochla, E.: Erkenntnisstand und Entwicklungstendenzen der Organisationstheorie, in: ZfB, 39 (1969) 1, S. 1 ff.

Grochla, E. (Hrsg.): Handwörterbuch der Organisation, Stuttgart 1969

Grochla, E.: Integrierte Gesamtmodelle der Datenverarbeitung, München/Wien 1974

Grochla, E.: Organisationstheorie, 1. und 2. Teilband, Stuttgart 1975/1976

Grochla, E.: Unternehmensorganisation, Reinbek b. Hamburg 1972

Grochla, E. — Raueiser, H. — Weber, H. — Gürth, H. (Hrsg.): Anwendung der Mittleren Datentechnik, München 1974

Gronau, H.: Die soziologische Rollenanalyse als betriebsorganisatorisches und berufspädagogisches Instrument, Stuttgart 1965

Großner, K. (Hrsg.): Das 198. Jahrzehnt, Hamburg 1969

Grün, O.: Informale Erscheinungen in der Betriebsorganisation, Berlin 1966

Günther, U.: Der Begriff der Unternehmungsverwaltung in der Organisationslehre, Bern 1949

Guest, R. H.: Dealing with Change, in: Handbook of Business Administration, Hrsg.: H. B. Maynard, New York/San Francisco usw. 1967, S. 35 ff.

Guserl, R. — Hofmann, M.: Das Harzburger Modell — Idee und Wirklichkeit und Alternative zum Harzburger Modell, 2. Aufl., Wiesbaden 1976

Gutenberg, E.: Einführung in die Betriebswirtschaftslehre, Wiesbaden 1958

Gutenberg, E.: Grundlagen der Betriebswirtschaftslehre, 1. Bd.: Die Produktion, 21. Aufl., Berlin/Heidelberg/New York 1975

Gutenberg, E.: Grundlagen der Betriebswirtschaftslehre, 2. Bd.: Der Absatz, 14. Aufl., Berlin/Heidelberg/New York 1973

Gutenberg, E.: Grundlagen der Betriebswirtschaftslehre, 3. Bd.: Die Finanzen, 6. unveränd. Aufl., Berlin/Heidelberg/New York 1973

Gutenberg, E.: Unternehmensführung, Organisation und Entscheidungen, Wiesbaden 1962

Hackstein, R. — Paffenholz, B.: Notwendigkeit einer quantitativen Erfassung organisatorischer Sachverhalte, in: Fortschrittliche Betriebsführung, 23 (1974) 2, S. 81 ff.

Häbich, W.: Organisationselemente einer Funktionstechnik, München 1958

Häusler, J.: Grundfragen der Betriebsführung, Wiesbaden 1966

Häusler, J.: Ist die Hierarchie noch zeitgemäß?, in: Bürotechnik, 17 (1969) 5, S. 334 ff.

Hage, J.: An Axiomatic Theory of Organizations, in: Administrative Science Quarterly, 10 (1965), S. 289 ff.

Hanssmann, F.: Optimierung der Organisationsstruktur, in: ZfB, 40 (1970) 1, S. 17 ff.

Hanssmann, F.: Unternehmensforschung, Hilfsmittel moderner Unternehmensführung, USW-Schriften für Führungskräfte, Bd. 5, Wiesbaden 1971

Hartmann, B.: Betriebswirtschaftliche Grundlagen der automatisierten Datenverarbeitung, 2. Aufl., Freiburg i. Br. 1961

Hartmann, B.: The Effect of EDP Systems on the Internal Organization of the Firm, in: The International Journal of Accounting, 1 (1966) 2, S. 101—117

Hasenack, W.: Funktionenlehre, betriebswirtschaftliche, in: Handwörterbuch der Betriebswirtschaft, 3. Aufl., Stuttgart 1957, Sp. 2095 ff.

Hasenack, W.: Kassenrevision und Kontrolle, in: E. Grochla (Hrsg.): Handwörterbuch der Betriebswirtschaft, 3. Aufl., Stuttgart 1957, Sp. 3049 ff.

Hauff, H. J. P.: Organisation in Industrieunternehmen, Wiesbaden 1974

Hauschildt, J.: Zur Artikulation von Unternehmenszielen, in: ZfbF, 22 (1970) 8/9, S. 545 ff.

Hax, H.: Die Koordination von Entscheidungen, Köln/Berlin/Bonn/München 1965

Heilmann, W.: Die Organisationsinventur, in: ZfO, 38 (1969) 5, S. 143 ff.

Heinen, E.: Einführung in die Betriebswirtschaftslehre, 5. Aufl., Wiesbaden 1974

Heinen, E.: Grundlagen betriebswirtschaftlicher Entscheidungen. Das Zielsystem der Unternehmung, 2. Aufl., Wiesbaden 1971

Heinrich, L. J.: Die Ausschaltung von Störungen als Voraussetzung optimaler Berichterstattung, Diss., Karlsruhe 1963

Heinrich, L. J.: Systemplanung, 2 Bände, Berlin/NewYork 1976

Hellfors, S.: Management — Datenverarbeitung — Operations Research. Die Auswirkungen moderner Datenverarbeitungstechniken auf die betriebliche Leitungstätigkeit, München/Wien 1967

Hennig, W.: Betriebswirtschaftliche Organisationslehre, 3. Aufl., Wiesbaden 1965

Herzberg, F. — Mausner, B. — Bloch-Snyderman, B. B.: The Motivation to Work, 6. Aufl., New York/London/Sydney 1967

Hicks, H. G. — Gullett, C. R.: Organizations: Theory and Behavior, New York 1975

Hilkert, R. N.: Achieving Competence as the Boss, in: Personnel Journal, Juli/Aug. 1959, S. 585 ff.

Hill, W.: Zur Entwicklung der Theorie der Unternehmensorganisation, in: Beiträge zur Lehre von der Unternehmung, Festschrift für K. Käfer, Hrsg.: O. Angehrn und H. P. Künzi, Zürich 1968, S. 225 ff.

Hill, W. — Fehlbaum, R. — Ulrich, P.: Konzeption einer modernen Organisationslehre, in: ZfO, 43 (1974) 1, S. 4 ff.

Hill, W. — Fehlbaum, R. — Ulrich, P.: Organisationslehre, 2 Bände, Bern/Stuttgart 1974

Hiller, E.: Vortragstechnik, Stuttgart 1970

Hinterhuber, H. H.: Entwicklungslinien der Arbeitsorganisation, in: Fortschrittliche Betriebsführung und Industrial Engineering, 24 (1975) 4, S. 197—203

Höhn, R.: Die Führung mit Stäben in der Wirtschaft, Bad Harzburg 1961

Höhn, R.: Führungsbrevier der Wirtschaft, 8. Aufl., Bad Harzburg 1974

Höhn, R.: Die Stellvertretung im Betrieb, 3. Aufl., Bad Harzburg 1971

Höhn, R. — Böhme, G.: Stellenbeschreibung und Führungsanweisung, Bad Harzburg 1966

Hoffmann, F.: Betriebswirtschaftliche Organisationslehre, Wiesbaden 1976

Hoffmann, F.: Entwicklung der Organisationsforschung, 2. Aufl., Wiesbaden 1976

Hoffmann, F.: Organisation der Führungsgruppe, Berlin 1969

Hofmann, R.: Interne Revision, Opladen 1972

Hofmann, W.: Lehrbuch der Mathematik für Volks- und Betriebswirte, 3. Aufl., Wiesbaden 1974

Hofstätter, P.: Gruppendynamik. Die Kritik der Massenpsychologie, 2. Aufl., Hamburg 1968

Hohenstein, G. (Hrsg.): Managementperspektiven der 70er Jahre, München 1970

Holzinger, D.: Die organisatorischen Verbindungswege und Probleme ihrer allgemeinen und gegenseitigen Abhängigkeiten in kaufmännischen Unternehmungen, Berlin 1962

Homans, G. C.: Theorie der sozialen Gruppe, 6. Aufl., Köln 1972

Homer, E. D.: A Generalized Model for Analysing Management Information Systems, in: Management Science, 8 (1962), S. 500—515

Horné, A.: Die leitenden Angestellten, in: Der Volkswirt, 14 (1960) 28, S. 1402—1404

Hoss, K.: Fertigungsablaufplanung mittels operationsanalytischer Methoden unter besonderer Berücksichtigung des Ablaufplanungsdilemmas in der Werkstattfertigung, Würzburg/Wien 1965

House, R. J. — Miner, J. B.: Merging Management and Behavioral Theory, The Interaction between Span of Control and Group Size, in: Administrative Science Quarterly, 14 (1969) 3, S. 451 ff.

Institut für Interne Revision (Hrsg.): Unternehmensprüfung, München 1962

Irle, M.: Macht und Entscheidungen in Organisationen, Frankfurt a. M. 1971

Iskander, A.: Über den Einfluß von Pausen auf das Anlernen sensumotorischer Fertigkeiten, Berlin/Köln/Frankfurt a. M. 1968

Jacob, H. (Hrsg.): Allgemeine Betriebswirtschaftslehre in programmierter Form, 3. Aufl., Wiesbaden 1976

Jaggi, B. L.: Das Stabsproblem in der Unternehmung, Berlin 1969

Jaglom, A. M.: Wahrscheinlichkeit und Information, Berlin 1960

Janowsky, B.: Organisationslehre II (Entwicklung im englischsprachigen Raum), in: Grochla, E. (Hrsg.): Handwörterbuch der Organisation, Stuttgart 1969, Sp. 1168 ff.

Jaques, E.: Preliminary Stretch of a General Structure of Executive Strata, in: Brown, W. — Jaques, E. (Hrsg.): Glacier Project Papers, London 1965, S. 114 ff.

Jirasek, J.: Systemdenken — Zur Bewältigung der Komplexität in der Wirtschaft, in: Die Wirtschaftsprüfung, 27 (1974) 13, S. 341—345

Johnson, R. A. — Kast, F. E. — Rosenzweig, J. E.: The Theory and Management of Systems, 3. Aufl., New York usw. 1973

Jordt, A. — Gscheidle, K.: Erfassung betrieblicher Informationssysteme, in: Bürotechnik, 10 (1969) 4, 5, 9, 10

Jordt, A. — Gscheidle, K.: Fernkurs für Organisation, 2. Aufl., Wiesbaden 1969

Judson, A. S.: A Manager's Guide to Making Changes, London/New York usw. 1966

Junckerstorff, K.: Die Funktionen des Managements in Theorie und Praxis der USA, in: ZfB, 27 (1957) 1, S. 193—198

Kaaz, M. A.: Zur Formalisierung der Begriffe: System, Modell, Prozesse, Struktur, in: Angewandte Informatik, 14 (1972) 12, S. 537—544

Kalaba, R. E. — Juncosa, M. L.: Optimal Design and Utilization of Communication Networks, in: Management Science, 3 (1956/57), S. 33—34

Kalveram, W.: Industriebetriebslehre, 8. Aufl., Wiesbaden 1972

Kaminsky, G. — Schmidtke, H.: Arbeitsablauf- und Bewegungsstudien, München 1960

Kanellopoulos, Ch. K.: Kommunikation und Kollegialorgane, Berlin 1970

Kappler, E.: Systementwicklung, Wiesbaden 1972

Katz, D. — Kahn, R. L.: The Social Psychology of Organizations, New York/London/Sydney 1966

Kaufmann, A. — Faure, R.: Methoden des Operations Research — Eine Einführung mit Fallstudien, New York 1974

Kaufmann, F. X.: Das Informationsproblem in der Unternehmung, Bern 1963

Kemeny, J. G. — Schleifer, A. — Snell, J. L. — Thompson, G. L.: Mathematik für die Wirtschaftspraxis, 2. Aufl., Berlin 1972

Kern, W.: Operations Research, 5. Aufl., Stuttgart 1974

Kern, W.: Optimierungsverfahren in der Ablauforganisation. Gestaltungsmöglichkeiten mit Operations Research, Essen 1967

Kesselring, F.: Schöpferische Arbeit in Technik und Wirtschaft, in: Fortschrittliche Betriebsführung, 21 (1968), S. 39 ff.

Kewald, K. — Kasper, K. — Schelle, H.: Netzplantechnik, Köln 1969

Kieser, A.: Zur Flexibilität verschiedener Organisationsstrukturen, in: ZfO, 38 (1969) 7, S. 273—282

Kirchner, J.-H.: Frageliste zur praktischen Durchführung der Systemgestaltung nach der 6-Stufen-Methode, in: REFA-Nachrichten, 29 (1976) 1, S. 3 ff.

Kirsch, W.: Entscheidungsprozesse, 3 Bände, Wiesbaden 1970/71

Kirsch, W. (Hrsg.): Unternehmensführung und Organisation, Wiesbaden 1973

Kirsch, W. — Meffert, H.: Organisationstheorien und Betriebswirtschaftslehre, Wiesbaden 1970

Kirsch, W. u. a.: Planung und Organisation in Unternehmen, München 1975

Klaus, G. (Hrsg.): Wörterbuch der Kybernetik, 2. Aufl., Berlin 1968

Klein, H. K.: Heuristische Entscheidungsmodelle, Wiesbaden 1971

Köhler, R.: Modelle, in: E. Grochla (Hrsg.): Handwörterbuch der Betriebswirtschaft, Stuttgart 1975, Sp. 2702—2716

König, R.: Die informellen Gruppen im Industriebetrieb, in: Organisation, TfB-Handbuchreihe, Hrsg.: E. Schnaufer — K. Agthe, Band I, Berlin/Baden-Baden 1961

Köster, J.: Die Organisation und ihre Planung, Schriftenreihe „Führung und Organisation der Unternehmung", Bd. 5, Bern/Stuttgart 1969

Koestler, A.: Das Gespenst in der Maschine, Wien/München/Zürich 1967

Koller, H.: Simulation als Methode in der Betriebswirtschaft, in: ZfB, 36 (1966) 2, S. 95 ff.

Koller, H.: Simulation und Planspieltechnik, Wiesbaden 1969

Koontz, H.: Making Theory Operational: The Span of Management, in: The Journal of Management Studies, 3 (1966) 3, S. 229 ff.

Koreimann, D.: Aufgaben und Organisation einer betrieblichen Informationsstelle, in: Betriebswirtschaftliche Forschung und Praxis, 15 (1963) 3, S. 160 ff.

Kortzfleisch, G. v.: Betriebswirtschaftliche Arbeitsvorbereitung, Berlin 1962

Kortzfleisch, G. v.: Die Planung der Innenrevision, in: Betriebswirtschaftliche Planung in industriellen Unternehmungen, Festgabe für Theodor Beste, Hrsg.: J. Ries — G. v. Kortzfleisch, Berlin 1959, S. 119—129

Kosiol, E.: Aufgabenanalysen, in: Handwörterbuch der Organisation, Hrsg.: E. Grochla, Stuttgart 1969, Sp. 199 ff.

Kosiol, E.: Einführung in die Betriebswirtschaftslehre. Die Unternehmung als wirtschaftliches Aktionszentrum, Wiesbaden 1968

Kosiol, E.: Grundlagen und Methoden der Organisationsforschung, 2. überarb. u. erw. Aufl., Berlin 1968

Kosiol, E.: Organisation der Unternehmung, Wiesbaden 1962

Kosiol, E. (Hrsg.): Organisation des Entscheidungsprozesses, Berlin 1969

Kosiol, E.: Die Unternehmung als wirtschaftliches Aktionszentrum, Einführung in die Betriebswirtschaftslehre, Reinbek b. Hamburg 1966 (Taschenbuchausgabe 1972)

Kosiol, E. — Szyperski, N. — Chmielewicz, K.: Zum Standort der Systemforschung im Rahmen der Wissenschaften, in: ZfbF, 17 (1965), S. 337 ff.

Krähe, W.: Konzernorganisation, Aufgaben- und Abteilungsgliederung im industriellen Unternehmungsverbund, 2. Aufl., Köln/Opladen 1964

Krähe, W.: Organisation der Geschäftsführung, Köln/Opladen 1971

Krähe, W.: Unternehmungsorganisation, Aufgaben und Abteilungsgliederung in der industriellen Unternehmung, 3. Aufl., Köln/Opladen 1957

Kramer, R.: Information und Kommunikation — Betriebswirtschaftliche Bedeutung und Einordnung in die Organisation der Unternehmung, Berlin 1965

Kreikebaum, H.: Die Anpassung der Betriebsorganisation, Wiesbaden 1975

Kreikebaum, H.: Einführung in die Organisationslehre, Wiesbaden 1975

Kreikebaum, H.: Neuere Entwicklungstendenzen auf dem Gebiet der Organisationslehre, in: ZfB, 35 (1965) 10, S. 663 ff.

Krug, H.: Zur Anwendung mathematischer Programmierungsverfahren auf die Bestimmung wirtschaftlich optimaler Informationsvorgänge, Berlin 1970

Kubicek, H.: Empirische Organisationsforschung, Stuttgart 1975

Küpper, W. — Lüder, K. — Streitferdt, L.: Netzplantechnik, Würzburg/Wien 1975

Labsch, N.: Intuition und Unternehmungsentscheidungen: Unternehmerische Problemlösungsprozesse im Lichte der neueren Denkpsychologie, in: ZfO, 42 (1973) 3, S. 156—162

Laszlo, H.: Wirkungsvolle Darstellung von Arbeitsabläufen, in: Bürotechnik, 10 (1969) 1, S. 34 ff.

Laudon, W.: Kritische Fragen der Betriebsorganisation, in: Betriebswirtschaftliche Forschung und Praxis, 12 (1960) 6, S. 356 ff.

Lawrence, P. R. — Lorsch, J. W.: Developing Organizations. Diagnosis and Action, Menlo Park/London 1969

Lawrence, P. R. — Lorsch, J. W.: Organization and Environment. Managing Differentiation and Integration, Boston 1967

Leavitt, H. J.: Applied Organizational Change in Industry: Structural, Technical and Human Approaches, in: New Perspectives in Organization Research, Hrsg.: W. W. Cooper — H. J. Leavitt — M. W. Shelly II, New York/London usw. 1964, S. 55 ff.

Lehmann, H. — Fuchs, H.: Probleme einer systemtheoretisch-kybernetischen Untersuchung betrieblicher Systeme, in: ZfO, 40 (1971) 5, S. 251 ff.

Lehmann, M. R.: Allgemeine Betriebswirtschaftslehre, 3. Aufl., Wiesbaden 1956

Lersch, Ph.: Der Mensch als soziales Wesen. Eine Einführung in die Sozialpsychologie, 2. Aufl., München 1965

Lewis, R. B.: Chef — Kontrolltechniken zur Gewinnverbesserung, München 1966

Lievegoed, B. C. J.: Entwicklungsphasen des Menschen und der Betriebe, Manuskript des NPI (Niederländisches Pädagogisches Institut), Zeist 1967

Likert, R.: New Patterns of Management, New York/Toronto/London 1961

Lindemann, P.: Unternehmensführung und Wirtschaftskybernetik, Band 3 der Schriftenreihe Wirtschaftsführung, Kybernetik, Datenverarbeitung, Hrsg.: P. Lindemann — K. Nagel, Neuwied 1970

Linhardt, H.: Grundlagen der Betriebsorganisation, Essen 1954

Linnert, P.: Handbuch Organisation, Gernsbach 1975

Lippitt, R. — Watson, J. — Westley, B.: The Dynamics of Planned Change, New York 1958

Lochstampfer, P.: Systemorientierte Betriebsorganisation, München 1974

Lockyer, K. G.: Einführung in die Netzplantechnik, 2. verb. Aufl., Köln 1969
Löffelholz, J.: Repetitorium der Betriebswirtschaftslehre, 5. Aufl., Wiesbaden 1975
Lohmann, E.: Arbeitsanweisungen, Arbeitsabläufe, Arbeitsuntersuchungen, 3. Aufl., Wiesbaden 1962
Lohmann, E.: Organisation — Grundlage jeder Rationalisierung, in: Der Volkswirt, 23 (1956) 41, S. 53—54
Loitlsberger, E.: Zum Informationsbegriff und zur Frage der Auswahlkriterien von Informationsprozessen, in: E. Loitlsberger (Hrsg.): Empirische Betriebswirtschaft, Festschrift für L. L. Illetschko, Wiesbaden 1963
Lüder, K.: Das Optimum in der Betriebswirtschaftslehre, Diss. Karlsruhe 1964
Luhmann, N.: Funktionen und Formen formaler Organisationen, 2. Aufl., Berlin 1972
Lukatis, I.: Organisationsstrukturen und Führungsstile in Wirtschaftsunternehmen, Frankfurt 1972
Lundberg, C. C.: Toward Understanding Behavioral Science by Administrators, in: Management and Organizational Behavior Theories, Hrsg.: W. T. Greenwood, Cincinnati, Ohio 1965, S. 51 ff.
Mag, W.: Grundfragen einer betriebswirtschaftlichen Organisationstheorie, 2. Aufl., Köln/Opladen 1971
Mag, W.: Zum Umfang und Inhalt der betriebswirtschaftlichen Organisationslehre, in: ZfbF, 21 (1969) 4, S. 250—279
Mand, J.: Betriebsorganisation, 4. Aufl., Wiesbaden 1973
Mand, J.: Die Frage der personellen Gliederung im Rahmen der betriebswirtschaftlichen Organisation, in: Betriebswirtschaftliche Forschung und Praxis, 4 (1952) 6, S. 321 ff.
Mand, J.: Die Organisationspläne des Betriebes, in: Das rationelle Büro, Heft 4, 1953
Mann, F. C. — Neff, F. W.: Managing Major Change in Organizations, Ann Arbor, Mich. 1961
March, J. G. — Simon, H. A.: Organizations, 3. Aufl., New York/London 1961
Marock, J. — Winkelhage, F.: Konzepte und Instrumente des betrieblichen Berichtswesens, in: AWV-Schrift 240, Berlin 1974
Marschak, J.: Towards an Economic Theory of Organization and Information, in: R. M. Thrall u. a. (Hrsg.): Decision Processes, New York/London 1954
Martens, H.: Organisationsprüfung — Grundsätze und Verfahren, Wiesbaden 1972
Mayer, A.: Der arbeitende Mensch in unserer Zeit, in: ZfB, 26 (1956) 12, S. 669—678
Maynard, H. B.: Handbuch des Industrial Engineering, Teil 1—8, Berlin/Köln/Frankfurt o. J.
Maynard, H. B. (Hrsg.): Top Management Handbook, New York 1960
Mayntz, R. (Hrsg.): Bürokratische Organisation, Köln/Berlin 1968
Mayntz, R.: Die Organisationssoziologie und ihre Beziehung zur Organisationslehre, in: Organisation, TFB-Handbuchreihe, Band I, Hrsg.: K. Agthe — E. Schnaufer, Berlin/Baden-Baden 1961, S. 29—54
Mayntz, R.: Soziologie der Organisation, Reinbek bei Hamburg 1967
McDaniel, H.: Entscheidungstabellen, Stuttgart 1970
McGregor, D.: Der Mensch im Unternehmen, 2. Aufl., Düsseldorf/Wien 1971
McMurry, R. N.: Why Management has Difficulty Handling Problem Employees, in: The Iron Age, August 1959, S. 51 ff.
Mechler, H.: Die betriebswirtschaftliche Organisationsprüfung, Berlin 1948
Megla, G.: Vom Wesen der Nachricht, Stuttgart 1961

Mellerowicz, K.: Allgemeine Betriebswirtschaftslehre; Band I, 14. veränd. Aufl., Berlin 1973; Band II, 13. veränd. Aufl., Berlin 1970; Band III, 13. Aufl., Berlin 1971; Band IV, 12. Aufl., Berlin 1968; Band V, Berlin 1971

Mellerowicz, K.: Betriebswirtschaftslehre der Industrie, 6., überarbeitete und erweiterte Aufl., Freiburg 1968

Mellerowicz, K.: Strukturwandel und Unternehmensführung, Freiburg 1975

Mellerowicz, K.: Wege und Irrwege der Organisationstheorie, in: Wirtschaft und Wirtschaftsprüfung, Festschrift für H. Rätsch, Hrsg.: K. Mellerowicz — J. Bankmann, Stuttgart 1968, S. 15 ff.

Mertens, P.: Industrielle Datenverarbeitung, Band I, Administrations- und Dispositionssysteme, 2. Aufl., Wiesbaden 1972

Mertens, P.: Simulation, Stuttgart 1969

Mertens, P. — Griese, J.: Industrielle Datenverarbeitung, Band II, Informations- und Planungssysteme, Wiesbaden 1972

Meyer, E.: Bestimmungsfaktoren der Leitungsspanne, in: ZfO, 37 (1968) 4, S. 121—129

Middleton, C. J.: How to set up a Project Organization, in: Harvard Business Review, 45 (1967) 2, S. 73 ff.

Miller, E. J. — Rice, A. K.: Systems of Organization, 2. Aufl., London/New York 1970

Mirow, H. M.: Kybernetik — Grundlagen einer allgemeinen Theorie der Organisation, Wiesbaden 1969

Moreno, J. L.: Die Grundlagen der Soziometrie, 4. Aufl., Köln/Opladen 1974

Müller, M. M.: Leistungsbewertung von Führungskräften, Bern/Stuttgart 1974

Müller-Merbach, H.: Operations Research, 3. Aufl., München 1973

Müller-Pleuss, J. H.: Besser organisieren im Büro, 4. Aufl., Heidelberg 1974

Netzhorn, H.: Leitfaden der Arbeitsanalyse, Bad Harzburg 1964

Newman, D.: Organisation Design, London 1973

Nicklisch, H.: Der Weg aufwärts! Organisation, Stuttgart 1920

Niederauer, F.: Die Leitungsorganisation des Betriebes, in: K. Theisinger (Hrsg.): Die Führung des Betriebes (Festschrift für W. Kalveram), Berlin/Wien 1942

Niederberger, A. R. V.: Das betriebliche Informationssystem, Wiesbaden 1967

Nordsieck, F.: Betriebsorganisation, Betriebsaufbau und Betriebsablauf, 4. Aufl, Stuttgart 1972

Nordsieck, F.: Betriebsorganisation, Lehre und Technik, 2 Bde., 2. Aufl., Stuttgart 1972

Nordsieck, F.: Grundlagen der Organisationslehre, Stuttgart 1934

Nordsieck, F.: Rationalisierung der Betriebsorganisation, 2. Aufl., Stuttgart 1955

Nürck, R.: Steuerung, Regelung, Kybernetik, Wirtschaftskybernetik, in: Betriebswirtschaftliche Forschung und Praxis, 17 (1965) 6, S. 329 ff.

Odiorne, G. S.: Management by Objectives. Führung durch Vorgabe von Zielen, München 1967

Organisationsamt des Senats der Freien und Hansestadt Hamburg (Hrsg.): 20 Organisationsgrundsätze, Hamburg 1962

Pack, L.: Betriebliche Investition, 2. Aufl., Wiesbaden 1966

Paffenholz, B.: Quantitative Analyse arbeitsorganisatorischer Strukturen mit Hilfe eines neuentwickelten Klassifikationsmodells, in: Zeitschrift für wirtschaftliche Fertigung, 69 (1974) 2, S. 73 ff.

Pankoke, W.: Die Anpassung der Führungsorganisation an wachsende Betriebsaufgaben, Zürich 1964

Peemöller, V. H.: Interne Revision — Grundlegender Wegweiser, Herne/Berlin 1976

Peltzer, K.: Das treffende Wort, Wörterbuch sinnverwandter Ausdrücke, 13. Aufl., Thun/München 1972

Pfau, W. — Knopf, H.: EDV-Informationssysteme. Planung, Entwicklung, Einführung, Stuttgart/Berlin/Köln/Mainz 1973

Picot, A.: Experimentelle Organisationsforschung, Wiesbaden 1975

Pierce, J. R.: Phänomene der Kommunikation, Düsseldorf 1965

Pietzsch, J.: Die Information in der industriellen Unternehmung — Grundzug einer Organisationstheorie für elektronische Datenverarbeitung, Köln/Opladen 1974

Plenge, J.: Drei Vorlesungen über die allgemeine Organisationslehre, Essen 1919

Poensgen, O. H.: Geschäftsbereichsorganisation, Opladen 1973

Pornschlegel, H.: Nationale und internationale Faktoren der Arbeitsbewertung, in: Fortschrittliche Betriebsführung und Industrial Engineering, 24 (1975) 1, S. 19 ff.

Post, K.: Die Unterschlagung im Betrieb und ihre Bekämpfung unter Berücksichtigung der elektronischen Datenverarbeitung, 3. Aufl., Düsseldorf 1971

Potthoff, E.: Die funktionelle Organisation im wachsenden Industriebetrieb, in: ZfbF, 16 (1964), S. 280 ff.

Potthoff, E.: Die Leitungsorganisation deutscher Großunternehmen im Vergleich zum westlichen Ausland, in: ZfhF, N. F., 8 (1956), S. 407 ff.

Presthus, R.: Individuum und Organisation. Typologie der Anpassung, Frankfurt a. M. 1962

Prim, R.: Über die Grenzen methodologischer Auseinandersetzung. Gutenbergs „generelle" und „fallweise Regelungen" und Siebels kritische Analyse, in: ZfB, 37 (1967), S. 127 ff.

Puschkin, B.: Die heuristische Tätigkeit in einem großen System, in: Ideen des exakten Wissens, 1 (1968) 1, S. 5 ff.

Raasch, K.: Techniker und Kaufmann in der Unternehmung, in: K. Theisinger (Hrsg.): Die Führung des Betriebes (Festschrift für W. Kalveram), Berlin/Wien 1942, S. 161 ff.

Rago, L. J. v.: Organisation und Rationalisierung in Amerika, in: Rationalisierung, 6 (1955) 6, S. 125 ff.

REFA (Hrsg.): Refa-Buch, Bd. 1: Arbeitsgestaltung, 10. Aufl., München 1961

REFA (Hrsg.): Refa-Buch, Bd. 2: Arbeitsunterweisung, München 1967

REFA (Hrsg.): Refa-Buch, Bd. 3: Methodenlehre des Arbeitsstudiums, 3. Aufl., München 1973

Rice, A. K.: Productivity and Social Organization, The Ahmedabad Experiment, London 1958

Riebel, P.: Die Gestaltung der Kostenrechnung für Zwecke der Betriebskontrolle und Betriebsdisposition, in: ZfB, 26 (1956) 5, S. 278—289

Riedel, J.: Arbeiten und Lernen, Braunschweig 1962

Riedel, J.: Einführung in die Arbeitspädagogik, Braunschweig 1967

Riedel, J.: Die Fabrikorganisation, eine Darstellung der Organisationsgrundlagen verschiedener Organisationen und bewährter Organisationshilfsmittel, 3. Aufl., Leipzig 1942

Riester, W. F.: Kybernetische Untersuchungen in einem Wirtschaftsbetrieb, in: H. Koller und H. P. Kicherer (Hrsg.): Probleme der Unternehmensführung, Festschrift für E. H. Sieber, München 1970

Riester, W. F.: Die Organisation, in: W. Prion (Hrsg.): Die Lehre vom Wirtschaftsbetrieb, 3. Buch, Berlin 1936

Rippe, W.: Betriebswirtschaftslehre — Organisation und Personalwesen, Düsseldorf 1971

RKW (Hrsg.): Handbuch der Rationalisierung, Berlin 1932

Rohmert, W. J. — Kirchner, J. H.: Anlernung sensumotorischer Fertigkeiten in der Industrie, Berlin/Köln/Frankfurt a. M./Darmstadt 1969

Ropohl, G.: Systematische Ansätze bei der Anwendung der morphologischen Methode in der Praxis, in: Blohm, H. — Steinbuch, K. (Hrsg.): Technische Prognosen in der Praxis, Düsseldorf 1972, S. 29 ff.

Ropohl, G.: Systemtechnik — Grundlagen und Anwendung, München 1975

Ropohl, G.: Systemtechnik als umfassende Anwendung kybernetischen Denkens in der Technik, in: Werkstattechnik, Zeitschrift für industrielle Fertigung, 60 (1970) 9, S. 542—545

Rubenstein, A. H. — Haberstroh, Ch. J. (Hrsg.): Some Theories of Organizations, Homewood, Ill. 1966

Rühl, G.: Arbeitsgestaltung, in: Industrielle Produktion — Handwörterbuch für Führungskräfte, Baden-Baden/Bad Homburg 1967, S. 229 ff.

Rühl, G.: Modische Falschbehauptungen, in: Der Arbeitgeber, 25 (1973) 19, S. 881—885

Rühl, G.: Untersuchungen zur Arbeitsstrukturierung, in: Industrial Engineering, 3 (1973) 3, S. 147—197

Ruffner, A.: Prinzipien der Organisation, in: E. Grochla (Hrsg.): Handwörterbuch der Organisation, Stuttgart 1969, Sp. 1330 ff.

Sanderova, J.: Simulationsmodell für die SPERRY UNIVAC Serie 1100, in: Datascope, 6 (1975) 18, S. 36—41

Sandig, C.: Die Führung des Betriebes, 2. Aufl., Stuttgart 1965

Schade, H. C.: Erfolgreiches Management, Düsseldorf/Wien 1970

Schäfer, E.: Die Funktionalbetrachtung in der Betriebswirtschaftslehre, in: Gegenwartsprobleme der Betriebswirtschaft, Festschrift für W. le Coutre, Baden-Baden 1955

Schäfer, E.: Die Unternehmung, 8. Aufl., Köln/Opladen 1974

Scheibler, A.: Unternehmungsorganisation, Wiesbaden 1974

Scherke, F.: Die Arbeitsgruppe im Betrieb, Wiesbaden 1956

Schiemenz, B.: Regelungstheorie und Entscheidungsprozesse — Ein Beitrag zur Betriebskybernetik, Wiesbaden 1972

Schirm, R. W.: Unterweisung im Betrieb, 3. Aufl., Berlin/Köln/Frankfurt a. M./Schönberg i. Ts. 1968

Schmalenbach, E.: Neue Aufgaben der Betriebswirtschaftslehre, in: Betriebswirtschaftliche Beiträge, Köln/Opladen 1948

Schmalenbach, E.: Pretiale Wirtschaftslenkung, Bd. 2, Pretiale Lenkung des Betriebes, Bremen-Horn 1948

Schmidt, G.: Organisation — Methode und Technik, Gießen 1974

Schnelle, E.: Organisation der Entscheidungen, in: Kommunikation, Heft 2, 1965, S. 59 ff.

Schnutenhaus, O. R.: Allgemeine Organisationslehre, Berlin 1951

Schnutenhaus, O. R.: Probleme der Organisationstheorie und -praxis, in: Betriebswirtschaftliche Forschung und Praxis, 1 (1950) 2, S. 83 ff.

Schramm, W.: Die betrieblichen Funktionen und ihre Organisation, Berlin 1936

Schröder, H.: Projekt-Management. Eine Führungskonzeption für außergewöhnliche Vorhaben, Wiesbaden 1970

Schultz, W.: Orga-Praxis, Hamburg/Wien/Zürich 1975

Schulz, D.: Unternehmensgröße, Wachstum und Reorganisation, Berlin 1970

Schwartz, H.: Management by System, in: Bürotechnik, 20 (1972) 3, S. 399 ff.

Schwarz, H.: Betriebsorganisation als Führungsaufgabe, 7. Aufl., München 1974

Schweiker, K. F.: Grundlagen einer Theorie betrieblicher Datenverarbeitung, Wiesbaden 1966

Schweitzer, M.: Probleme der Ablauforganisation in Unternehmungen, Berlin 1964

Schweitzer, M.: Zum Wandel in den betriebswirtschaftlichen Organisationsvorstellungen, in: WiSt, 2 (1973) 4, S. 170 ff.

Scott, W. G.: Human Relations in Management — A Behavioral Science Approach, Homewood, Ill. 1962

Scott, W. G.: Organization Theory: An Overview and an Appraisal, in: Journal of the Academy of Management, 1961, S. 7 ff.

Seidel, N.: Betriebsorganisation, Berlin/Wien 1932

Seiler, J. A.: Systems Analysis in Organizational Behavior, Homewood, Ill. 1967

Sellien, R. — Sellien H. (Hrsg.): Dr. Gablers Wirtschafts-Lexikon, 2 Bände, 9. Aufl., Wiesbaden 1975

Siebel, W.: Zur Typologie betrieblicher Entscheidungen, Gutenbergs „generelle" und „fallweise Regelungen", in: ZfB, 37 (1967) 6, S. 359 ff.

Siemens AG (Hrsg.): Organisationsplanung, 2. Aufl., Berlin/München 1974

Simon, H. A.: Administrative Behavior, 2. Aufl., New York 1957

Simon, H. A.: A Comparison of Organization Theories, in: Review of Economic Studies, 1952/53

Simon, H. A.: Models of Man — Social and Rational, New York 1957

Simon, H. A.: The New Science of Management Decision, New York 1960

Simon, H. A.: Das Verwaltungshandeln, Eine Untersuchung der Entscheidungsvorgänge in Behörden und privaten Unternehmungen, Stuttgart 1955

Sofer, C.: The Organization from Within, London 1961

Spann, O.: Fundament der Volkswirtschaftslehre, Wien 1923

Stachowiak, H.: Denken und Erkennen im kybernetischen Modell, 2. Aufl., Wien/New York 1969

Staehle, W. H.: Organisation und Führung sozio-technischer Systeme, Stuttgart 1973

Staehle, W. H.: Der situative Ansatz in der Betriebswirtschaftslehre, in: Arbeitspapiere Betriebswirtschaftslehre, T. H. Darmstadt, 1975

Staerkle, R.: Anpassung der Organisation an den Menschen, 2. Aufl., Bern 1966

Stahlknecht, P.: Operations Research, 2. Aufl., Braunschweig 1970

Stefanic-Allmayer, K.: Allgemeine Organisationslehre, Wien/Stuttgart 1950

Steinbuch, K.: Automat und Mensch, 4. Aufl., Berlin/Heidelberg/New York 1971

Steinmann, H.: Planungsmodelle zur optimalen Lösung von Zielkonflikten, in: H. Koller und Kicherer (Hrsg.): Probleme der Unternehmensführung, Festschrift für E. H. Sieber, München 1970, S. 95 ff.

Stewart, R.: Realismus in der Organisation, New York 1973

Stratmann, H. B.: Die Kriterien der Leistungswirksamkeit im Rahmen der Gestaltung betriebswirtschaftlicher Organisationen, Diss. München 1968

Strebel, H.: Forschungsplanung mit Scoring-Modellen, Baden-Baden 1975

Szyperski, N.: Analyse der Merkmale und Formen der Büroarbeit, in: E. Kosiol (Hrsg.): Bürowirtschaftliche Forschung, Berlin 1961

Szyperski, N.: Entscheidungstheorie, Stuttgart 1974

Taylor, F. W.: Die Grundsätze wissenschaftlicher Betriebsführung (The Principles of Scientific Management), übersetzt von R. Roesler, 3. Aufl., München/Berlin 1919

Tengelmann, K.: Kunst des Verhandelns, 3. Aufl., Heidelberg 1973

Theisinger, K.: Die Führung der Unternehmung als organisatorisches Problem, in: ZfB, 10 (1933) 11, S. 658 ff.

Theisinger, K.: Grundsätze der Betriebsorganisation, in: Die Führung des Betriebes, Festschrift für W. Kalveram, Berlin/Wien 1942, S. 142 ff.

Thompson, J. D.: Organizations in Action, New York usw. 1967

Thompson, St.: Management Creeds and Philosophies, AMA, New York 1958

Thoms, W.: Der Begriff „Funktion" in der Betriebswirtschaft, in: Buchhaltungsbriefe, Herne 1960

Thoms, W.: Betriebsverwaltung, Stuttgart 1934

Thumb, N.: Grundlagen und Praxis der Netzplantechnik, 2 Bde., 3. Aufl., München 1975

Trist, E. L. — Higgin, G. W. — Murray, H. — Pollock, A. B.: Organizational Choice, London 1963

Ulich, E.: Neue Formen der Arbeitsstrukturierung, in: Fortschrittliche Betriebsführung, 23 (1974) 3, S. 187—196

Ulich, E. — Groskurth, P. — Bruggemann, A.: Neue Formen der Arbeitsgestaltung, Frankfurt a. M. 1973

Ulrich, H.: Kontrollspanne und Instanzenaufbau, in: K. Agthe — E. Schnaufer (Hrsg.): Organisation, TfB-Handbuchreihe, Band I, Berlin/Baden-Baden 1961, S. 267 ff.

Unsin, E.: Wirtschaftsmathematik, Grafenau/Stuttgart 1975

Vörös, L.: Die Organisation des Rechnungswesens, in: Das Rechnungswesen, Eiserfeld a. d. Sieg 1959

Vogler, G.: Die Unternehmung als Steuerungssystem, Stuttgart 1969

Vogt, W.: Die Regelung des Verhaltens der Mitarbeiter in der Unternehmung, in: Führungspraxis, Heft 9, 1963, S. 26—31

Voigt, J. P.: Fünf Wege der Netzplantechnik, Köln 1971

Wacker, W. H.: Betriebswirtschaftliche Informationstheorie, Opladen 1971

Wadia, M. S.: Management Principles, Fact or Fallacy, in: Pittsburgh Business Review, 34 (1964) 9, S. 1 ff.

Wagner, S. W.: Historisches zum Begriff Kybernetik, in: Kommunikation — Zeitschrift für Planungs- und Organisationskybernetik, Nr. 2, 1965, S. 93—98

Wahl, M. P.: Grundlagen eines Management-Informations-Systems, 2. Aufl., Berlin/Neuwied 1970

Wartensee, R. S. v.: Punktfreie Arbeitsbewertung von Angestellten-Tätigkeiten in Industrie und Verwaltung, Bern 1974

Waschek, G.: Vorgangsknoten-Netzpläne, Hrsg.: DGOR — Deutsche Gesellschaft für Operations Research, Berlin/Köln/Frankfurt a. M. 1970

Wedekind, H.: Datenorganisation, 3. Aufl., Berlin 1975

Weilbach, E.: Funktionale Organisation — ein Unfug?, in: Der Betrieb, 12 (1959) 37, S. 1009 ff.

Weller, M.: Das Buch der Redekunst, Düsseldorf/Wien 1968

Wheaton, R. G.: Wird die Personalabteilung falsch bewertet?, in: Blick durch die Wirtschaft v. 2. 3. 1960

Whyte, W. H.: Herr und Opfer der Organisation, Düsseldorf 1958

Wickelsberg, A. U. — Cronin, T. C.: Management by Task Force, in: Harvard Business Review, 40 (1962) 6, S. 111 ff.

Wiener, N.: Kybernetik. Regelung und Nachrichtenübertragung im Lebewesen und in der Maschine, 4. Aufl., Düsseldorf/Wien 1968

Wild, J.: Betriebswirtschaftliche Organisationslehre: Gegenwartsstand und Zukunftsperspektiven, in: ZfO, 38 (1969) 2, S. 3 ff.

Wild, J.: Grundlagen und Probleme der betriebswirtschaftlichen Organisationslehre, Berlin 1966

Wild, J.: Neuere Organisationsforschung in betriebswirtschaftlicher Sicht, Berlin 1968

Wild, J.: Organisationstheorie. Die Führungsstruktur wandelt sich, in: Wirtschaftswoche, 25 (1971) 24, S. 49 ff.

Wild, J.: Zur praktischen Bedeutung der Organisationstheorie, in: ZfB, 37 (1967) 9, S. 567 ff.

Wilson, C. — Alexis, M.: Basic Framework for Decisions, in: The Making of Decision, Hrsg.: W. J. Gore — J. W. Dyson, London 1964, S. 180 ff.

Wirtz, C.: Die Grundformen der Leitungsorganisation in Unternehmen, insbesondere in Aktiengesellschaften, in: ZfhF, 2 (1950), S. 311 ff.

Wirtz, C.: Organisationsformen der Betriebsführung, in: ZfhF, 1 (1949) 1, S. 10 ff.

Witte, E.: Analyse der Entscheidung. Organisatorische Probleme eines geistigen Prozesses, in: Organisation und Rechnungswesen, Hrsg.: E. Grochla, Berlin 1964, S. 101—124

Witte, E.: Das Informationsverhalten in Entscheidungsprozessen, Tübingen 1972

Witte, E.: Die Organisation komplexer Entscheidungsverläufe, ein Forschungsbericht, in: ZfbF, 20 (1968) 9, S. 581 ff.

Witte, E.: Phasen-Theorem und Organisation komplexer Entscheidungsverläufe, in: ZfbF, 20 (1968), S. 625 ff.

Wittmann, W.: Unternehmung und unvollkommene Information — Unternehmerische Voraussicht — Ungewißheit und Planung, Köln/Opladen 1959

Wöhe, G.: Einführung in die allgemeine Betriebswirtschaftslehre, 11. Aufl., Berlin/Frankfurt a. M. 1974

Wolff, L.: Netzplantechnik (CPM). Beispiele, Aufgaben. Einführung in die Praxis durch programmierte Unterweisung, 3. Aufl., Köln o. J.

Wysocki, K. v.: Grundlagen des betriebswirtschaftlichen Prüfungswesens, Berlin/Frankfurt a. M. 1967

Zahn, E.: Systemforschung in der Bundesrepublik Deutschland, Göttingen 1972

Zander, E.: Wie sich Leistung bewerten läßt, in: Energiewirtschaftliche Tagesfragen, 19 (1969) 5, S. 185 ff.

Zangemeister, Ch.: Nutzwertanalyse in der Systemtechnik, 3. Aufl., München 1973

Zemanek, H.: Elementare Informationstheorie, München/Wien 1959

Zimmermann, D.: Produktionsfaktor Information, Band 12 der Schriftenreihe Wirtschaftsführung, Kybernetik, Datenverarbeitung, Hrsg.: P. Lindemann — K. Nagel, Neuwied/Berlin 1972

Zimmermann, D.: Strukturgerechte Datenorganisation, Neuwied - Berlin 1972

Zispe, H. W.: Quantitative Aussage über die Erhöhung der Erfolgswahrscheinlichkeit durch gezielte Informationskoppelungen (Kooperation), in: Hoesch-Berichte, Dortmund 1972, S. 101

Zünd, A.: Kontrolle und Revision in der multinationalen Unternehmung, Bern/Stuttgart 1973

Zwicky, F.: Entdecken, Erfinden, Forschen im morphologischen Weltbild, München/Zürich 1966 (Taschenbuchausgabe, München/Zürich 1971)

Abkürzungen:

AWV	=	Ausschuß für Wirtschaftliche Verwaltung e. V.
WiSt	=	Wirtschaftswissenschaftliches Studium
ZfB	=	Zeitschrift für Betriebswirtschaft
ZfbF	=	Zeitschrift für betriebswirtschaftliche Forschung
ZfhF	=	Zeitschrift für handelswissenschaftliche Forschung
ZfO	=	Zeitschrift für Organisation

Stichwortverzeichnis

A

Ablaufdiagramm 224 ff.
Ablauforganisation 52
Absatzverhältnisse, Einfluß auf Organisation 128
Abstraktion 24
Abteilung 62
—, Begriff 59
—, Einkaufs-, siehe Einkauf, Einkaufsabteilung
— mit „Funktionsbezeichnungen" 70 ff.
—, Organisations- 74 ff.
—, Revisions- 215 f.
Abteilungsbildung 58 ff.
80-20-Regel 99
aktive Koordinierung 88
Algorithmus 156
Alternative
—, optimale 152 ff.
—, Organisations- 42
Analyse
—, Arbeits- 52
—, Aufgaben- 51, 92 f.
—, Break-Even- 108
— des Ist-Zustandes 234
—, Modell- 151
—, System- 26, 185
—, Zweikreis- 72
analytische OR-Verfahren 156
Änderungen, organisatorische 118 ff.
— aus besonderem Anlaß 46, 245
Änderungsdienst-Simulation 151
Anforderungsarten 92 f.
Anforderungsbild 92 f.
Anforderungskatalog beim Organisieren 22, 125
—, Berichtswesen 200
—, bewerteter 41
—, unbewerteter 41
Angestellte, leitende 63
Anordnungen 80
Anordnungsbefugnis 59, 73 ff., 85 f.
—, disziplinarische 77
Anordnungskette 84
Anpassung 91 ff.
— von Mensch und Aufgabe 92 ff.
— von Mensch und Sachen 102 ff., 114
Anweisungen 80

Approximation, Vogelsche 159, 161
Arbeitsablauf, Darstellung 224 ff.
Arbeitsanalyse 52
Arbeitsbelastung 92 f.
Arbeitsgänge 58
Arbeitsganganalyse 104
Arbeitskenntnisse 92 f.
Arbeitsplatzgestaltung im Büro 104
Arbeitsrecht, Einfluß auf Organisation 132 f.
Arbeitsstrukturierung 102 ff., 114
Arbeitsteilung 50 ff., 103
— im Büro 114
Arbeitsträger 58
—, Anforderungen an 92
Arbeitszufriedenheit 95
Assignationsprobleme 159
Aufbauorganisation 51, 60 ff., 65 f.
Aufgabe
—, Analyse der 51, 92 f.
—, Ausführungs- 73
—, Bereitstellungs- 99
—, Führungs- 59, 73
—, Glied- 53
—, Leitungs- 59, 73
—, Management- 59, 73
—, Organisatorische 46 ff., 245
—, Stellen- 59
—, Teil- 53
—, Übereinstimmung mit Mensch 92 ff.
—, Zerlegung der 50 ff., 57, 65 ff., siehe auch Gliederung
—, Zuordnung der 47, 52, 56 f.
Aufgabenanalyse 51, 92 f.
Aufgabengliederung, siehe Gliederung
—, Beispiel 65 ff.
Aufgabensynthese 52, 56 f., 65 ff.
Aufgabenträger 58
—, Anforderungen an 92
Aufgabenverteilung 92 ff.
Aufgabenzuordnung 47, 51 f., 56 f.
—, Beispiel 65 ff.
Auftragserteilung, Einheit der 83
Ausführungsaufgaben 73
Auslese 91 ff.
Auslöser im Regelkreis 38
Ausschüsse 88

Automation, Automatisierung 86, 102 ff.
— der Schreibarbeiten 107
autoritärer Führungsstil 62

B

Beanspruchung 92 f.
Bedienungsstrategie bei Warteschlangenproblemen 168
Beförderung (Transport) 55
befriedigende Lösungen 153
Beharrung der Organisation 118 ff.
Benchmark 196
Bereich
—, Begriff 39
—, Neugestaltung einzelner 46, 245
Bereitstellungsaufgabe 99
Berichterstattung 109 ff.
— auf Abruf 112 ff., 202
— für das Management, Institutionalisierung 198 ff.
—, inoffizielle 145
—, laufende 112 ff., 202
—, offizielle 145
—, Orientierung am Informationszweck 146
Berichtsdatei 204
Berichtskoordinationsstelle 204
Berichtswesen
—, Anforderungskatalog 200
—, Begriff 198
—, Computereinsatz 109 ff.
—, Organisation des 198 ff.
—, Schwachstellen 145 ff., 148
—, zentrales 203
Beschaffung, siehe Einkauf, Einkaufsabteilung
Beschaffungsverhältnisse, Einfluß auf Organisation 130
Betrieb
— als System von Regelkreisen 20, 30 ff.
— als „Wirksystem" 20
—, Charakteristik 129
—, Einfluß auf Organisation 127 ff.
—, Gesamtaufgabe 21
—, Grundfunktionen 53
—, Harmonisierung mit Umwelt 117
—, kybernetische Betrachtung 20, 30 ff.
—, Neugestaltung 46, 245
—, Zielsystem 21
betriebliches Vorschlagswesen 121
betriebliche Zielsetzung 21 ff.
betriebseigener Prüfer 214 f.
Betriebsgliederung, siehe Gliederung

Betriebsgröße, Einfluß auf Organisation 131
Betriebsklima 99, 242
Betriebsmeister, Anforderungsbild 93
Betriebsrat 132
Betriebsverfassungsgesetz 132 f.
betriebswirtschaftliche Organisationslehre, siehe Organisationslehre
bewertete Kommunikationsmatrix 182 f.
bewerteter Anforderungskatalog 41
binary digit 157
bit 157
Bleicher, Organisationsgrundsätze 140
Blockschaltbildmethode 228 f.
Brainstorming 42
Break-Even-Analyse 108
Breitengliederung 60 f.
Büro
—, Arbeitsplatzgestaltung 104
—, Arbeitsteilung 114
—, Computereinsatz 108 ff.
—, Mechanisierung 103 ff.

C

Computereinsatz
— im Berichtswesen 109 ff.
— im Büro 108 ff.
—, Organisation des 111
control, Begriff 211 f.
Controller 79

D

Darstellung organisatorischer Tatbestände 219 ff.
Datei, Berichts- 204
Datenerfassung 108 ff.
Datenflußpläne, Symbole für 225
Datenverarbeitung, elektronische 108 ff.
Datenverarbeitungsanlagen, Simulationsmodelle zur Planung und Untersuchung 191 ff.
Deduktion 24
Delphi-Methode 23, 173, 176
Dezentralisation 85 ff., 122
—, Begriff 86
— der Leitung 64
—, örtliche 86
dezentralisierte Großunternehmen 86, 88
Diameter als Strukturparameter 180
Dienstbezeichnung 63
Dienstrang 63
Dienststellung 63
Dienstweg 80 ff.
direkte Unterrichtung 80

Direktor 63
Direktorialsystem 79
Direktübermittlung 30 ff.
Direktweg 80 ff.
Dispersion als Strukturparameter 180
Disponieren als Leitungsaufgabe 73
disziplinarische Anordnungsbefugnis 77
disziplinarische Unterstellung 77
Divisionsgliederung 51, 54, 65, 67, 132, 143
dynamische Programmierung 155

E

EDV 108 ff.
Eigeninitiative 59
Eigenschaften
— des Aufgabenträgers 92
— einer Organisation 22, 125
Eigenverantwortung 73
Eignungskennzahl 161 ff.
Einkanal-Problem 167
Einkauf, Einkaufsabteilung 53, 71 f.
—, Arbeitsablaufdarstellung 226 f.
—, Informationsverarbeitung im 230
—, organisatorische Gestaltung 173 ff.
Einliniensystem 83 f.
einstufige Organisation 60
Elastizität der Organisation 119 ff.
elektronische Datenverarbeitung 108 ff.
Elementaraufgaben, Zerlegung in
   50 ff., 57
—, Beispiel 65 ff.
Empfehlungscharakter, Organisations-
   grundsätze mit 139 ff.
Engpässe, Theorie der 155, 165 ff.
Entfernungsmatrix 179, 207
Entropie 157
Entscheidungen 73
—, Organisations- 125 ff., 137 ff., 152 ff.,
   159 ff., 183 ff.
Entscheidungsbefugnis 59
Entscheidungshilfen 137 ff.
Entscheidungsmodelle
—, einfache 159 ff.
—, komplexe 183 ff.
— zur Optimumbestimmung 152 ff.
Entscheidungszentralisation 87
Entwicklung, Forschung und 56
Enumeration 156
Erlangsche Frequenzverteilung 169
Erwägungscharakter, Organisations-
   grundsätze mit 139 ff.

Erzeugnisse, siehe Produkt (-)
—, Einfluß auf Organisation 128
Erzeugung, siehe Produktion
Exponentialverteilung 169
externe Prüfung 212

F

fallweise Regelungen 123
Fayol 69, 83
Feed-back 34 ff.
Fehlersimulation 151
Fertigung 31, 33, 55
—, Einfluß auf Organisation 130
—, Mechanisierung der 102 f.
Flexibilität der Organisation 119 ff.
Fließfertigung 103
Floodsche Zurechnungstechnik 162 ff.
formale Zentralisation 87
Formalziele 22
Forschung und Entwicklung 56
Fragebogen als Grundlage
   für Organisationsprüfung 218
Fremdverantwortung 73
Frequenzverteilung, Erlangsche 169
Führung
—, autoritäre 62
— durch Aufgabendelegation 243
— durch Ausnahmeeingriff 243
— durch Eingriffsverzicht 243
— durch Einzelauftrag 243
— durch Selbstvollzug 243
— durch Systemsteuerung 243
— durch Zielvereinbarung 243
Führungsaufgabe 59, 73
—, Motivation als 73, 89, 95, 98
Führungsgröße im Regelkreis 34 ff.
Führungskonzepte 242
— im Regelkreis nach Schwartz 242
— nach J. Wild 243
Führungskräfte, Anforderungen an 92
Führungsstil, siehe Führung
Fünf-Elementesymbol-Verfahren 224
funktionale Gliederung 51 ff., 54, 67 f., 87
Funktionsbezeichnungen 70 ff.
Funktionendiagramm einer Produkt-
   gruppe 332 f.
Funktionssystem 84 f.

G

ganzzahlige Programmierung 155
Gaußsche Normalverteilung 169

Generalbevollmächtigte 63
Generaldirektor 63
General Purpose Systems Simulator 170, 196
generelle Regelungen 123
Gesamtaufgabe des Betriebs 21
—, Gliederung, siehe Gliederung
Geschäftsführer 63
Geschäftsleitung 62, 73
Geschicklichkeit 92 f.
Gesellschafter 63
Gesellschaftsrecht,
    Einfluß auf Organisation 132 f.
Gestaltungsfunktion 56
Gestaltungslehre, Organisation als 219 ff.
Gestaltungsmöglichkeiten,
    organisatorische 49 ff.
Gestaltungsregeln 139, 142
Gliedaufgaben 53
Gliederung 50 ff., 57, 65 ff., 87
—, Breiten- 60 f.
—, Divisions- 51, 54, 65, 67, 132, 143
—, funktionale 51 ff., 54, 67 f., 87
—, hierarchische 51, 60 ff., 65 f.
—, Matrix- 69, 89, 142, 144
—, Objekt- 47 f., 51, 54, 67 f., 87
—, Produktgruppen- 51, 54, 65, 67, 132, 143
—, produktorientierte 47 f., 51, 54, 67 f., 87
—, Sparten- 51, 54, 65, 67, 132, 143
—, Tiefen- 51, 60 ff., 65 f.
—, Verrichtungsprinzip 51 ff., 54, 67 f., 87
GPSS 170, 196
Größe des Betriebes,
    Einfluß auf Organisation 131
Großunternehmen, dezentralisierte 86, 88
Grundfunktionen des Betriebes 53
Grundsätze, Organisations- 137 ff., 142
Gruppe 62

H

Handelsrecht, Einfluß auf Organisation 132 f.
Handlungsbevollmächtigte 63
Harmonisierung
— von Betrieb und Umwelt 117
— von Mensch und Aufgabe 92 ff.
Harzburger Modell 243
Hauptabteilung 62
Hauptverwaltung 86
Hierarchie 51, 60 ff., 65 f.
—, partielle 65
—, umfassende 65
Horizontalregelung 89 f.

I

Idealmodell 150 f.
— als Orientierungshilfe
    für Gesamtkonzeptionen 197 ff.
— des Regelkreises 30 ff.
Improvisation 96
Induktion 24
Industriezweig,
    Einfluß auf Organisation 128
Informationen 80
—, Kontrolle der 205
—, Management- 104, 108 ff., 198 ff.
Informationsaustausch 80, 109 ff.
Informationsbereich 31
—, Meta- 38
Informationstheorie 157
Informationsverarbeitung, Schaubild 230
Informationsweg 80 ff.
Informationswesen
—, Begriff 198
—, Institutionalisierung 198 ff.
—, Organisation 198 ff.
Informationszentrum 204
Innenrevision, Organisationsgrundsätze 142
inoffizielle Berichterstattung 145
Instanz 59
—, Plural- 79
Instanzenbau 60 ff.
Instanzensprung 80 ff.
Instanzenzug 80
Institutionalisierung
— der Berichterstattung
    für das Management 198 ff.
— der Organisationsprüfung 215
interne Prüfung 212
Intuition 43
Istaufnahme 217
—, Auswertung 234 ff.
Istzustand 197
—, Analyse 234
—, Aufnahme 217

J

Job Rotation 88

K

Kapitalbeschaffung als Leitungsaufgabe 77
Kapitalverfügung 78
Kartelle 134
Kenntnisse 92 f.
Kollegialsystem 79

Kombinat 134
kommerzielle Programme (EDV) 194
Kommunikation 45, 80
Kommunikationsmatrix 178 ff.
—, bewertete 182 f.
Kompetenzbereich 59
Komplexität der Organisationsaufgabe 47
Kontrolle
— als Leitungsaufgabe 73, 76
—, Begriff 211 f.
— der Informationen 205
Kontrollspanne 60, 64
Konzern als dezentralisiertes Großunternehmen 86
Koordinierung 87 ff.
—, aktive 88
— als Leitungsaufgabe 77
—, passive 88
KOZ-Regel 152, 168
Kreativität 43
„kürzeste Operationszeit zuerst" 152, 168
Kybernetik, Begriff 31
kybernetische Betrachtung
— der Organisation 30 ff., 38 ff.
— des Betriebes 20, 30 ff.

L

Lagerung 53
Laissez-faire-Stil 243
laufende Berichterstattung 112 ff., 202
laufende organisatorische Arbeit 46, 245
Leistungsbereich 31 f.
Leistungserstellung 55,
 siehe auch Produktion
Leistungsfähigkeit,
 Vergleich Mensch/Maschine 115 f.
leitende Angestellte 63
Leiter einer Organisationsabteilung,
 Stellenbeschreibung 238 ff.
Leitung 62
— als Aufgabe und Institution 73 ff.
—, Dezentralisation 64
—, sachbezogene 78
Leitungsaufgaben 59, 73
Leitungsbefugnisse 78
Leitungsorgan 79
Leitungsspanne 60, 64
Leitungssysteme 79
Lernprozeß, Organisieren als 38 ff.
lineare Programmierung 155
Linienstellen 144
Liniensystem 83 f.

Lösungen
—, befriedigende 153
—, Näherungs- 156, 159
—, optimale 152 ff.
—, suboptimale 153
—, zulässige 152

M

Management
— by Direction and Control 243
— by Exception 243
— by Objectives 243
— by System 243
—, Top- 74
Managementaufgaben 59, 73
Management-Informationssysteme 104, 108 ff.
Mängelbeseitigung 234
Marketing-Konzept 67
Maschinen
— im Büro 103 ff.
— in der Fertigung 102 f.
—, Wirtschaftlichkeit 106
mathematische Programmierung 155
mathematisch fundierte Optimierungslehre 154 ff.
Matrix
—, Entfernungs- 179, 207
—, Kommunikations- 178 ff.
—, Ziel- 125 f.
Matrixorganisation 69, 89, 142, 144
Mechanisierung 102 ff.
— der Büroarbeit 103 ff.
Mehrkanal-Problem 167
Mehrliniensystem 84 f.
mehrstufige Organisation 60
Mellerowicz,
 Organisationsgrundsätze 140
Mensch
—, organisierbarer 97
—, Übereinstimmung mit Aufgabe 92 ff.
—, Übereinstimmung mit sachlichen Hilfsmitteln 102 ff., 114
Menschentyp 96
Mensch-Maschine-Systeme 102 ff., 114
Meßglied 32 ff.
Meta-Informationsbereich 38
Metaregelsystem als Idealmodell organisatorischen Gestaltens 29 ff.
Metaziele 22
Methoden der Organisationslehre 24 ff.
MIS 104, 108 ff.
Mißtrauen 96
Mitarbeiter, Motivation der 73, 89, 95, 98
Mitbestimmung 134

mittelbare Leitungsbefugnisse 78
Modell
—, Ideal- 30 ff., 150 f., 197 ff.
—, Organisationsentscheidungs-
   152 ff., 159 ff., 183 ff.
—, Real- 150 f., 197 ff.
—, Regelkreis- 20, 30 ff., 151
—, Zuordnungs- 159 ff.
Modellanalyse 40, 44, 151
Modellformulierung 24
Montanindustrie, Mitbestimmung 134
morphologische Methode 42 f.
morphologischer Kasten 42, 202 f.
Motivation der Mitarbeiter 73, 89, 95, 98

N

Näherungslösungen 156, 159
Nebenbedingungen bei Entscheidungsfindung 161 ff.
Netzplantechnik 155
Neugestaltung, Neukonzeption 235
— eines Betriebes 46, 245
— einzelner Bereiche 46, 245
nichtlineare Programmierung 155
Normalverteilung, Gaußsche 169

O

Objektgliederung 47 f., 51, 54, 67 f., 87
Objektzentralisation 87
Odds-and-Ends-Fabrik 122
offizielle Berichterstattung 145
Operations Research 154 ff.
optimale Alternative 152 ff.
optimale Lösung 152 ff.
Optimierungslehre,
   mathematisch fundierte 154 ff.
Optimum
—, Bestimmung 152 ff.
—, praktisches 153
OR 154 ff.
Organigramme 54, 65, 222 f.
Organisation
—, Ablauf- 52
— als Gestaltungslehre 219 ff.
—, Anforderungskatalog,
   siehe Anforderungskatalog
—, Aufbau- 51, 60 ff., 65 f.
—, Aufgabe 46 ff., 245
—, Begriff 17 ff.
—, Beharrung 118 ff.
—, Darstellung 219 ff.
— des Berichtswesens 198 ff.
— des Computereinsatzes 111
— des Einkaufs 173 ff.

— des Informationswesens 198 ff.
—, Divisions- 51, 54, 65, 67, 132, 143
—, Eigenschaften 22, 125
—, Einflußfaktoren 127 ff., 132 ff.
—, einstufige 60
—, Elastizität 119 ff.
—, Flexibilität 119 ff.
—, funktionale 51 ff., 54, 67 f., 87
—, kybernetische Betrachtungsweise
   30 ff., 38 ff.
—, Matrix- 69, 89, 142, 144
—, mehrstufige 60
—, objektbezogene 47 f., 51, 54, 67 f., 87
—, Produktgruppen- 51, 54, 65, 67, 132, 143
—, Prüfung der 121, 212 ff.
—, psychologische Aspekte 241 ff.
—, Schwachstellen 147
—, Sparten- 51, 54, 65, 67, 132, 143
—, Starrheit 118 ff.
—, Substitutionsprinzip der 123
—, Tensor- 69
—, Über- 96, 123
—, Überwachung der 121, 212 ff.
—, Veränderung der 46, 118 ff., 245
—, verrichtungsbezogene 51 ff., 54, 67 f.,
   87
—, Zielmatrix 125 f.
Organisationsabteilung 74 ff.
Organisationsabteilungs-Leiter,
   Stellenbeschreibung 238 ff.
Organisationsalternativen 42
Organisationsaufgaben 46 ff., 245
—, Komplexität 47
Organisationsentscheidungen 125 ff.,
   137 ff.
—, Modelle für 152 ff., 159 ff., 183 ff.
Organisationsgrundsätze 137 ff.
— für Innenrevision 142
Organisationshandbuch 216
Organisationslehre 24 ff.
—, kybernetischer Ansatz 30 ff., 38 ff.
—, Methoden 24 ff.
—, pragmatisches Konzept 29 ff.
—, situativer Ansatz 29 ff.
—, systemtheoretische 19, 26
—, traditionelle 25
—, Verfahren 24 ff.
Organisationsplan 54, 65
Organisationsprüfung 121, 212 ff.
—, Fragebogen als Grundlage 218
—, Institutionalisierung 215
—, Schwachstellen 235 ff.
—, Vorbereitung 214 ff.
Organisationsrevision 211 ff.
Organisationsrichtlinien 76

Organisationssystem 83 ff.
Organisationstheorie 157
organisatorische Änderungen 118 ff.
— aus besonderem Anlaß 46, 245
organisatorische Gestaltungsmöglichkeiten 49 ff.
organisatorische Tatbestände, Darstellung 219 ff.
organisierbarer Mensch 97
Organisieren
— als Leitungsaufgabe 73, 74
— als „Regeln im Metabereich" 39 f.
— als Regel- und Lernprozeß 30 ff., 38 ff.
örtliche Zentralisation bzw. Dezentralisation 86

P

partielle Hierarchie 65
passive Koordinierung 88
Personalabteilung, zentrale 99 ff.
Personalführung als Leitungsaufgabe 77
persönliche Rangordnung 63
persönliche Zentralisation 87
Phase, Aufgabengliederung nach der 52
Plan, Organisations- 54, 65
Planung
— als Leitungsaufgabe 73, 74
—, System- 26
Planungssystem 21
Planungszentralisation 87
Planvorgaben 21
Pluralinstanz 79
Poissonsche Zufallsverteilung 169
pragmatisches Organisationskonzept 29 ff.
praktisches Optimum 153
Production-Line 51, 54
Produktgruppe, Funktionsdiagramm 232 f.
Produktgruppengliederung 51, 54, 65, 67, 132, 143
Produktgruppen-Manager 70
Produktion 31, 53, 55
—, Einfluß auf Organisation 130
—, Mechanisierung der 102 ff.
produktorientierte Betriebsgliederung 47 f., 51, 54, 67 f., 87
Profit-Center 67, 70
Programmabläufe, Symbole für 225
Programme (EDV) 194
Programmierung
—, dynamische 155
—, ganzzahlige 155
—, lineare 155
—, mathematische 155

—, nichtlineare 155
—, stochastische 155
Prokuristen 63
Prüfer, betriebseigener 214 f.
Prüfung
— als Leitungsaufgabe 73
—, Begriff 211 f.
—, externe 212
—, interne 212
—, Organisations- 121, 212 ff.
Prüfungsmängel 235 ff.
psychologische Aspekte der Organisationsarbeit 241 ff.

Q

Queuing Theory 155, 165 ff.

R

Rang, Aufgabengliederung nach dem 52
Rangfolge 63
Rangordnung, persönliche 63
Rangstufen 63
rationale Organisationsentscheidungen 125 ff.
Rationalisierung
— der Büroarbeit 103 ff.
— der Fertigung 102 f.
— durch Computereinsatz 108 ff.
Raumzentralisation 87
Realmodell 150 f.
— als Orientierungshilfe für Gesamtkonzeptionen 197 ff.
Rechnungswesen 131
Rechtsordnung, Einfluß auf Organisation 132 f.
Regelgröße 34 ff.
Regelkreis
—, Gesamtzusammenhang 33 f.
—, Vermaschung von 36, 43 ff.
Regelkreismodell 20, 30 ff., 151
Regelkreissystem, Betrieb als 20, 30 ff.
Regeln im Metabereich, Organisieren als 39 f.
Regelprozeß, Organisieren als 38 ff.
Regelstrecke 36
Regelung 32
—, Begriff 211 f.
—, fallweise 123
—, generelle 123
—, Horizontal- 89 f.
Ressort 59, 62
Revision 215 f.
— als Leitungsaufgabe 76
—, Begriff 211 f.

18 Blohm

Revisionsabteilung 215 f.
Richtlinien 80
—, Organisations- 76
Rückkopplung 34 ff.
Rückmeldung 34 ff.

S

sachbezogene Leitung 78
sachliche Hilfsmittel,
    Anpassung an Mensch 102 ff., 114
sachliche Zentralisation 87
Sachmittelzentralisation 87
Schaubilder
—, Arbeitsablauf- 224 ff.
—, Informationsverarbeitung
    im Einkauf 230
—, Organigramme 54, 65, 222 f.
Schlangendisziplin 169
Schreibarbeiten, Automatisierung 107
Schwachstellen
—, Begriff 144
— der Organisation 147
— der Organisationsprüfung 235 ff.
— des Berichtswesens 145 ff., 148
Schwachstellenkataloge 144 ff.
Scoring-Modelle 171 ff.
Selbstverwirklichung 95
Simulation 24, 121, 155, 156, 157, 184 ff.
—, Änderungsdienst- 151
—, Begriff 151
— bei Warteschlangenproblemen 169 ff.
—, Fehler- 151
Simulationsmodell
— 1100 SSM 191 ff.
—, graphische Darstellung 187
— zur Planung und Untersuchung
    von Datenverarbeitungsanlagen 191 ff.
— zur Reorganisation eines Arbeits-
    ablaufs 184 ff.
situativer Ansatz 29 ff.
Soll-Ist-Vergleich 212 ff.
Sonderanfertigung 122
soziotechnisches Wirksystem 19
span of control 60, 64
Spartenorganisation 51, 54, 65, 67, 132, 143
Spieltheorie 155
Stabliniensystem 84 f.
Stabmehrliniensystem 84 f.
Stabsstellen 74 ff., 84 f., 144
ständige Vertretung 79
Starrheit der Organisation 118 ff.
Stauungen, Theorie der 155, 165 ff.
Stelle
—, Begriff 58 f.

—, Linien- 144
—, Stabs- 74 ff., 84 f., 144
—, Zusammenarbeit 88, 231
Stellenaufgabe 59
Stellenbeschreibung 59
— für Leiter einer Organisations-
    abteilung 238 ff.
Stellenbildung 58 ff.
Stelleninhaber 59
Stellglied 32
Stellgröße 34 ff.
Stellung, Dienst- 63
Stellvertretung 78
Steuerung, Begriff 211 f.
stochastische Größe 36
stochastische Programmierung 155
Störgröße 36
Störungen im Regelkreis 36
Strukturparameter 180
Stufen, Rang- 63
suboptimale Lösungen 155
Substitutionsprinzip der Organisation
    123
Synthese der Teilaufgaben 52, 56 f.
System
—, Begriff 20
—, Betrieb als 20, 30 ff.
—, Organisations- 83 ff.
—, Planungs- 21
—, Ziel- 21
Systemanalyse 26, 185
Systemplanung 26
systemtheoretische Organisationslehre
    19, 26
Systemtheorie 19, 26, 157

T

Taktabstimmung 103
task-orientiertes Simulationsmodell 191
Taylor 85
Teilaufgaben 53
Tektologie 219 ff.
Tensororganisation 69
Tiefengliederung 51, 60 ff., 65 f.
Titel 63
Top-Management 74
totales Organigramm 223
traditionelle Organisationslehre 25
trägerorientierte Betriebsgliederung 87
Transport 55
Typ, Menschen- 96

U

überbetriebliche Organisationsformen, Einfluß auf Organisation 134
Überorganisation 96, 123
Überwachung
— als Leitungsaufgabe 73, 76
—, Begriff 211 f.
— der Organisation 121, 212 ff.
Überwachungszentralisation 87
umfassende Hierarchie 65
Umgebungseinflüsse 92 f.
Umwelt des Betriebes 31, 117
—, Einfluß auf Organisation 135
unbewerteter Anforderungskatalog 41
unmittelbare Leitungsbefugnisse 78
Unterabteilung 62
Untergebene 62
Untergruppe 62
Unternehmensgröße, Einfluß auf Organisation 131
Unternehmensziele 74
Unternehmungsform, Einfluß auf Organisation 132 f.
Unterrichtung, direkte 80
Unterstellung, disziplinarische 77

V

Veränderung der Organisation 118 ff.
— aus besonderem Anlaß 46, 245
Verantwortung 59, 73, 92 f.
—, Eigen- 73
—, Fremd- 73
Verfahren der Organisationslehre 24
Vergleich, Soll-Ist- 212 ff.
Verhinderungsvertretung 78
Verkaufsabteilung, Automatisierung in 107
Verkaufsleitung 73
Verkehr, Werk- 55
Verkehrsweg 80 ff.
Vermaschung von Regelkreisen 36, 43 ff.
Verrichtungsprinzip, Gliederung nach 51 ff., 54, 67 ff., 87
Verrichtungszentralisation 87
Verteilung, Wahrscheinlichkeits- 169
Vertretung 78
—, ständige 79
—, Verhinderungs- 78
Vertrieb 55
Verwaltung 56
—, Computereinsatz in der 108 ff.
—, Haupt- 86
—, Zentralisation 87
Vogelsche Approximation 159, 161

Vorgaben, Plan- 21
Vorgesetzte 62
Vorschlagswesen, betriebliches 121
Vorsitzer 63
Vorstand 62, 73
Vorstandsmitglieder 63

W

Wahrscheinlichkeitsverteilung 169
Waiting Line Theory 155, 165 ff.
Warteschlangenmodelle 165 ff.
Warteschlangentheorie 155, 165 ff.
Weg
—, Dienst- 80 ff.
—, Direkt- 80 ff.
—, Informations- 80 ff.
—, Verkehrs- 80 ff.
Werk 86, 131
Werkleitung 73
Werkverkehr 55
Wirksystem, Betrieb als 20
Wirtschaftlichkeit des Maschineneinsatzes 106
Wirtschaftssystem, Einfluß auf Organisation 134
wissenschaftliche Arbeitsmethoden der Organisationslehre 24
wissenschaftliche Programme (EDV) 194

X

X-Typ 96

Y

Y-Typ 96

Z

Zeitzentralisation 87
zentrale Personalabteilung 99 ff.
zentrales Berichtswesen, organisatorische Einordnung 203
Zentralisation 85 ff.
—, Begriff 86
—, formale 87
—, Objekt- 87
—, örtliche 86
—, persönliche 87
—, Raum- 87
—, sachliche 87
—, Sachmittel- 87
—, Verrichtungs- 87
—, Zeit- 87
Zentrum als Strukturparameter 180

Zerlegung in Elementaraufgaben 50 ff., 57
—, Beispiel 65 ff.
Zerlegungspunkte als Strukturparameter 180
Ziele 21
—, Formal- 22
—, Meta- 22
Zielerreichung, Stufen 152 ff.
Zielgrößen 158 f.
Zielmatrix des Organisierens 125 f.
Zielsetzung, betriebliche 21 ff.
Zielsystem des Betriebes 21
Zufallsverteilung, Poissonsche 169

Zufriedenheit, Arbeits- 95
zulässige Lösungen 152
Zuordnung, Aufgaben- 47, 51 f., 56 f.
—, Beispiel 65 ff.
Zuordnungsmodelle 159 ff.
Zurechnungstechnik, Floodsche 162 ff.
Zusammenarbeit der Stellen 88, 231
Zusammenfügen der Teilaufgaben 50 ff., 56 f.
Zuständigkeitsbereich 59
Zuweisungsprobleme 159
Zweck, Aufgabengliederung nach dem 52
Zwecke 21
Zweikreis-Analyse 72

Organisation

Prof. Dr. H. Kreikebaum
Einführung in die Organisationslehre
100 Seiten br. 15,60 DM

Das Buch bietet einen Einblick in die Schwerpunkte der Organisationslehre und vermittelt das theoretische Rüstzeug, das zur Lösung von Organisationsaufgaben in der beruflichen Praxis notwendig erscheint. Aus diesem Grunde ist z. B. der Spartenorganisation und der Matrixorganisation ebenso wie den Management-Informationssystemen ein entsprechendes Gewicht beigelegt worden.

Prof. Dr. H. Kreikebaum
Die Anpassung der Betriebsorganisation
157 Seiten br. 19,50 DM

Der Verfasser entwickelt anhand von Beispielen aus der Organisationspraxis Kriterien für die Überwachung des zeitlichen Verlaufs der Effizienz organisatorischer Regelungen und behandelt Maßnahmen zur Überwindung des Effizienzabbaus. Diese Maßnahmen haben zum Ziel, die Betriebsorganisation flexibel zu gestalten und rechtzeitig an veränderte Umweltbedingungen anzupassen.

Organisation als System
Herausgeber: Prof. Dr. K. Bleicher
375 Seiten Ln. 48,30 DM

Das Sammelwerk enthält Beiträge maßgebender Wissenschaftler, die das zur Zeit bestehende Wissen über die Anwendung der Systemtheorie auf die Organisation wiedergeben. Insbesondere handelt es sich um Beiträge aus der allgemeinen Systemtheorie, der Kybernetik, der Soziologie und der öffentlichen Verwaltung.

Prof. Dr. A. Scheibler
Unternehmungs-Organisation
295 Seiten br. 25,– DM

Dem Verfasser kommt es darauf an, die verschiedenen Methoden der Unternehmungsorganisation, d. h. die alternativen Verfahren der Aufgabenfindung, Stellenbildung, Führungs- und Leitungsgestaltung einerseits und des organisatorisch wirksamen Aufgaben-, Stellen- und Personenverbundes andererseits, lehrend und arbeitsanweisend vorzuführen und dabei die Informationsprozesse in das Unternehmungssystem zu integrieren.

Dr. E. A. Schmidt
Organisation des mittelständischen Betriebes
184 Seiten Ln. 27,30 DM

Das Werk stellt zur Betriebsorganisation einen Modellfall vor, der für die Gestaltung des inneren Betriebsgeschehens allgemein zugrunde gelegt werden kann.

Prof. Dr. F. Hoffmann
Entwicklung der Organisationsforschung
390 Seiten br. 42,80 DM, Ln. 49,40 DM

Das Buch stellt den Versuch dar, das vorhandene Wissen über die Organisation der Unternehmung — als Ergebnis der Organisationsforschung — zu ordnen, zu analysieren und kritisch auf seinen Anwendungsbezug zu untersuchen. Dabei werden vor allem auch die Ergebnisse empirischer Forschungsarbeit berücksichtigt.

Prof. Dr. F. Hoffmann
Betriebswirtschaftliche Organisationslehre in Frage und Antwort
185 Seiten br. 18,60 DM

Mit dem Arbeitsbuch zu dem Werk „Entwicklung der Organisationsforschung" wird dem Studierenden und dem interessierten Leser eine Lernhilfe an die Hand gegeben, die ihnen den Zugang zu den Problemkreisen und Erkenntnissen einer anwendungsorientierten Organisationstheorie und -forschung erleichtern soll.

Prof. Dr. H. Böhrs
Organisation des Industriebetriebes
202 Seiten Ln. 21,70 DM

Aus dem Inhalt: Das System der Funktionen eines Betriebes — Die Ursachen und Wirkungen der Arbeitsteilung — Die Verteilung der Funktionen auf die Betriebsangehörigen — Der Funktionsbegriff in der bisherigen Organisationslehre — Die Organisation der Arbeitsabläufe.

Dr. A. Picot
Experimentelle Organisationsforschung
352 Seiten Ln. 29,80 DM

Die Arbeit unterzieht die klassische Methode der empirischen Forschung, die experimentelle Methode, einer eingehenden Analyse. Sie untersucht in detaillierter Form den von der Methodenliteratur bislang kaum beachteten Prozeß experimenteller Forschung, der für die Betriebswirtschaftslehre ein interpersoneller Vorgang besonderer Art ist.

Dr. H. Martens
Organisationsprüfung
111 Seiten br. 17,50 DM, Ln. 19,50 DM

Das Buch von Martens setzt sich zum Ziel, Grundsätze für Organisationsprüfungen zu entwickeln und das Prüfungsverfahren in einem geschlossenen System darzustellen: in seinen Phasen, seinen Stufen und seiner Technik. Besonders wertvoll ist ein empirisches Prüfungsbeispiel, das die Ausführungen veranschaulicht und erhärtet.

Betriebswirtschaftlicher Verlag Dr. Th. Gabler, Wiesbaden

Organisation und Information

Prof. Dr. E. Grochla
Automation und Organisation
143 Seiten   22,80 DM

Aus dem Inhalt: Die Automation — Die betriebswirtschaftlichen Auswirkungen der Automation — Der Einfluß der Automation auf die Betriebsorganisation, auf Aufgabe und Aufgabenträger, auf die Aufbau- und Ablauforganisation.

Dr. H. Fuchs
Systemtheorie und Organisation
239 Seiten   Ln. 35,80 DM

Der Autor stellt die Unternehmung als offenes System dar. Er zeigt Möglichkeiten der Analyse betrieblicher Systeme sowie ihre strukturelle und funktionelle Betrachtung. Die Grundstruktur betrieblicher Informationssysteme ist so beschaffen, daß sich Subsysteme bilden lassen, die in Beziehung sowohl untereinander als auch zu dem Gesamtinformationssystem stehen.

Prof. Dr. B. Schiemenz
Regelungstheorie und Entscheidungsprozesse
208 Seiten   Ln. 29,80 DM

Aus dem Inhalt: Die formale Gleichartigkeit von Steuerungs- und Regelungsprozessen und betrieblichen Entscheidungsprozessen — Die Anwendbarkeit der Modellbildung der Regelungstheorie auf betriebliche Systeme — Kurze Einführung in einige mathematische Verfahren der Regelungstheorie — Grundzüge des dynamischen Programmierens (dynamic programming) — Gestaltung eines betrieblichen Entscheidungsprozesses entsprechend dem „modernen" Konzept der Regelungstheorie.

Dr. G. Wegner
Systemanalyse und Sachmitteleinsatz in der Betriebsorganisation
124 Seiten   br. 19,80 DM

Im ersten Teil des Buches werden die Grundlagen für die Behandlung der Fragen des Sachmitteleinsatzes im Rahmen der Organisationstheorie entwickelt. Der zweite Teil ist der Systemanalyse gewidmet.

H. J. P. Hauff
Organisation im Industrieunternehmen
201 Seiten   br. 26,— DM

Auf Grund eines systemanalytischen Ansatzes werden in diesem Werk Möglichkeiten und Besonderheiten der Organisation in einem Industrieunternehmen aufgezeigt. Dabei wurde besonders auf die Übertragbarkeit der theoretischen Ansätze in die Wirtschaftspraxis geachtet.

Management-Informationssysteme
Herausgeber: Prof. Dr. E. Grochla /
Prof. Dr. N. Szyperski
868 Seiten   Ln. 78,— DM

Das Buch enthält die Ergebnisse eines Symposiums mit international bekannten Spezialisten auf dem Gebiet der Management-Informationssysteme.
Aus dem Inhalt: Grundlegende Problemstellungen in MIS — Software- und Sprachsysteme in MIS — Gestaltungs- und Implementierungsprobleme in MIS — Modelle und Methoden in MIS — Auswirkungen von MIS auf Organisationsstruktur und Unternehmungsführung — Benutzerprobleme und Informationsbedarf in MIS.

Das Büro als Zentrum der Informationsverarbeitung
Herausgeber: Prof. Dr. E. Grochla
435 Seiten   Ln. 59,60 DM

Aus dem Inhalt: Aspekte der Zentralisation und Dezentralisation von Informationsverarbeitungsprozessen — Controllership — Lohnfestsetzung im Bürobereich — Organisatorische Probleme der Kommunikation bei maschineller Integration der betrieblichen Informationsverarbeitung.

Prof. Dr.-Ing. W. Dreger
Management-Informationssysteme
254 Seiten   Ln. 39,80 DM

Ausgehend von seinen langjährigen praktischen Industrie- und Managementerfahrungen, stellt der Autor die Bedeutung und Entwicklung der betrieblichen Informationsversorgung dar, wobei der Führungsprozeß besondere Beachtung findet. Darauf aufbauend, werden praktische Probleme der Informations- und Entscheidungsstruktur eines Unternehmens betrachtet.

Dr. D. Römheld
Informationssysteme und Management-Funktionen
182 Seiten   Ln. 26,90 DM

Der Autor untersucht die Frage, welche Einwirkungen von Informationssystemen auf Management-Funktionen ausgehen. Als Management-Funktionen werden dabei Planung, Organisation und Kontrolle angesehen.

Dr. G. Zepf
Kooperativer Führungsstil und Organisation
231 Seiten   Ln. 32,— DM

Diese Arbeit stellt unter Beweis, daß der Organisator bei seiner Tätigkeit in der Unternehmung sich nicht auf die Probleme und das Fachwissen einer Disziplin beschränken darf.

Betriebswirtschaftlicher Verlag Dr. Th. Gabler, Wiesbaden

Zeitschriften für Studium und Praxis

Zeitschrift für Betriebswirtschaft

Herausgeber:
Prof. Dr. Dr. h. c. mult. E. Gutenberg

Monatlich 1 Heft   6,90 DM

Die Zeitschrift für Betriebswirtschaft hat das Ziel, eine für beide Seiten fruchtbringende Verbindung von Wissenschaft und Praxis zu schaffen. Um das zu erreichen, stellt sie vor allem die aktuellen Probleme der Betriebswirtschaft in den Mittelpunkt ihres Arbeitsgebietes. — Große Aufsätze behandeln grundlegende Fragen in klaren und systematischen Darstellungen. Kleine Beiträge nehmen zu aktuellen Fragen aus allen Zweigen der Betriebswirtschaft Stellung.

Besonders wichtig für den Studenten wie für den Praktiker sind das betriebswirtschaftliche Repetitorium und die Dokumentation von Doktor- und Diplomarbeiten (Verfasser und Thema) auf wirtschaftswissenschaftlichem Gebiet.

Betriebswirtschafts-Magazin

Zeitschrift für Betriebswirtschaft, Steuer- und Wirtschaftsrecht

Monatlich 2 Hefte   je Heft 2,80 DM

Das „BWM" behandelt alle aktuellen Fragen aus dem Wirtschaftsleben. Jeder Betrieb, alle in der Wirtschaft Tätigen (auch Studien-Praktikanten) finden im „BWM" die Lösung für die täglich anfallenden Probleme, z. B. im Rechnungswesen, in der Finanzierung, im Marketing, im Einkauf, in der Fertigung, im Verkauf, im Steuerrecht, in der Organisation, EDV oder im Arbeits- und Wirtschaftsrecht.

Der graduierte Betriebswirt

Zeitschrift für Studium und Praxis

Monatlich 1 Heft   4,60 DM

„Der graduierte Betriebswirt" ist eine Fachzeitschrift, die gleichermaßen für Studierende der Wirtschaftswissenschaften wie auch für Wirtschaftspraktiker geeignet ist. Der Ausbildungsteil dieser Zeitschrift enthält u. a. Beiträge zu aktuellen Problemen der Betriebswirtschaft und Volkswirtschaft sowie ein Repetitorium mit kurzlexikalischen Erläuterungen.

Bilanz- und Buchhaltungs-Praxis

Zeitschrift für Rechnungswesen und Steuer

Monatlich 1 Heft   3,90 DM

Die „Bi-Bu-Praxis" veranschaulicht Buchungsvorgänge und Probleme aus dem laufenden Geschäftsverkehr sowie durchgearbeitete Buchhaltungs- und Bilanzfälle der verschiedenen Unternehmensformen, klärt aber auch alle sonstigen „Fälle" des Rechnungswesens, einschließlich des Steuerrechts und der Datenverarbeitung.

Zeitschrift für Organisation – Neue Betriebswirtschaft

Herausgegeben im Auftrag der GfürO

Hauptschriftleiter: Prof. Dr. K. Bleicher

Im Jahr 8 Hefte   je Heft 7,80 DM

Die Zeitschrift für Organisation hat sich die Aufgabe gestellt, eine Brücke zwischen Theorie und Praxis zu schlagen. Dazu sollen Beiträge bekannter Organisatoren, prominenter Führungskräfte der Wirtschaft und qualifizierter Wissenschaftler ebenso dienen wie Fallstudien aus der Organisationspraxis. Vor allem soll deutlich gemacht werden, daß Organisation eine generelle Führungsaufgabe ist, deren Bedeutung ständig zunimmt, da die Rolle der Menschen und der Mitteltechnik immer stärker beachtet werden muß.

Informations- und Planungssysteme, Managementtechniken und Personalfragen bilden Schwerpunkte der Beiträge. Der internationale Fachzeitschriften-Report bringt kurze Auszüge wichtiger Aufsätze.

Management International Review

Internationale Zeitschrift für Betriebswirtschaft und Unternehmensführung

Herausgeber: EFMD, CIOS, TIMS, EAPM

Im Jahr 4 Hefte   je Heft 16,80 DM

Die Zeitschrift stellt das Management sowie die betriebswirtschaftliche Entwicklung auf internationaler Basis (in deutscher, englischer und französischer Sprache) dar.
Sachgebiete: Unternehmensleitung und -planung, Beschaffung, Fertigung, Absatz, Finanzwirtschaft, Rechnungswesen, Betriebssoziologie, Betriebspsychologie, Betriebsmorphologie, Arbeitspsychologie sowie eine internationale Bibliographie von 20 Seiten je Ausgabe.

Kostenrechnungs-Praxis

Zeitschrift für Betriebsabrechnung, Kostenrechnung und Kostenplanung

Alle 2 Monate 1 Heft   je Heft 5,20 DM

Die „KRP" unterrichtet den Wissenschaftler und den Wirtschaftspraktiker eingehend über die neuesten Entwicklungen und Verfahren auf allen Gebieten der Kostenrechnung. Sie soll vor allem dem Erfahrungsaustausch dienen, den Praktiker mit den Erkenntnissen der Wissenschaft und den Wissenschaftler mit den Sorgen und fachlichen Problemen des Praktikers vertraut machen sowie Anregungen und Tips für die tägliche Berufsarbeit vermitteln. Wer die „KRP" liest, braucht sich über Probleme, die andere schon gelöst haben, den eigenen Kopf nicht mehr zu zerbrechen.

In einem besonderen Teil jedes Heftes wird durch kurze Grundsatzdarstellungen eine systematische Übersicht über das gesamte Fachgebiet gegeben, die vor allem für den Lernenden zur schnellen Orientierung über Grundsatzfragen bestimmt ist.

Betriebswirtschaftlicher Verlag Dr. Th. Gabler, Wiesbaden

Printed by Printforce, the Netherlands